JOHANNES PAUL II.
GOTTGEWEIHTES LEBEN

Johannes Paul II.

GOTTGEWEIHTES LEBEN

Predigten, Botschaften, Ansprachen
und Schreiben an Mitglieder
von geistlichen Gemeinschaften

Auswahl und Einführung
von Barbara Albrecht

Patris Verlag · Vallendar-Schönstatt

CIP-Kurztitelaufnahme der Deutschen Bibliothek:

Johannes Paulus ‹Papa, II.›:
Gottgeweihtes Leben:
Predigten, Botschaften, Ansprachen u. Schreiben
an Mitglieder von geistl. Gemeinschaften / Johannes Paul II.
Ausw. u. Einf. von Barbara Albrecht. –
Vallendar-Schönstatt: Patris Verlag, 1982.
ISBN 3-87620-078-4
Vw.: Wojtyla, Karol [Früherer Name] → Johannes Paulus ‹Papa, II.›

Textzitation nach L'Osservatore Romano – Deutsche Ausgabe
mit freundlicher Genehmigung der Libreria Editrice Vaticana, Rom.
Titelfoto: Arturo Mari, Rom
Umschlagentwurf: Helmut Depré
Gesamtherstellung: Neuwieder Verlagsgesellschaft mbH, Neuwied

INHALT

Einführung

1. Berufung zum gottgeweihten Leben
2. Das Charisma der Gründer
3. Das Zeugnis des Seins
4. Gebet und Kontemplation
5. Forderungen an das Apostolat
6. Gemeinschaftsleben
7. Selbstverständnis
8. Schwierigkeiten, Versuche, Erneuerung
9. Orden und Gesamtkirche
10. Maria
11. Es lohnt sich!

Texte

Quellenverzeichnis

Stichwortverzeichnis

Einführung

In der vorliegenden Sammlung sind die meisten Äußerungen Papst Johannes Paul II. aus den ersten drei Jahren seines Pontifikates zum Leben und Dienst der Mitglieder von Orden und anderen geistlichen Gemeinschaften (wenngleich des öfteren in gekürzter Fassung) zusammengestellt.

Die großen Schreiben und Ansprachen (z. B. zum Gedenken an den hl. Benedikt, Franziskus, Katharina von Siena, Theresia von Avila und Vinzenz von Paul), die Botschaften zum jährlichen Welttag der geistlichen Berufe, die vielen Ansprachen an Ordensleute in Rom und auf seinen Pastoral-Reisen zeigen uns einen Papst, der wahrlich ein Freund, ja ein Liebhaber der geistlichen Gemeinschaften ist: mit einer unerhörten Sensibilität für ihr je spezifisches Charisma und ihre einzigartige Bedeutung für das Leben der Kirche im ganzen. Der Ordensberuf gehört zu jener »geistlichen Fülle ..., die der Geist selbst – der Geist Christi – im Volk Gottes weckt und entfaltet. Ohne die Orden ... wäre die Kirche nicht im Vollsinn sie selbst« (5)*.

Zugleich aber zeigen uns die Texte einen Papst, der selber ein starker geistlicher Führer ist, eindringlich an Prioritäten des geistlichen Lebens erinnert, Akzente setzt, vor Gefahren warnt, Forderungen stellt – und das alles als einer, der mit innerer Kraft und Eindeutigkeit die Einheit von Nachfolge Christi und Amt zu leben sucht und sich seiner Verantwortung vor dem Herrn der Kirche für die Kirche in unserer Zeit voll bewußt ist.

Einige dieser Akzente, die sich aus der Gesamtheit der Texte ergeben, sollen im folgenden skizziert werden.

---

* Die Ziffern in Klammern beziehen sich auf die numerierten Texte

1. Berufung zum gottgeweihten Leben

Das Zusammenspiel von göttlich freiem Ruf und menschlich freiem Jawort zu einem dem dreifaltigen Gott geweihten Leben ist ein Geheimnis, das sich der »schöpferischen Initiative Gottes« (47) und seinem Liebesplan für jeden einzelnen Menschen verdankt (vgl. 47). Eine Berufung ist daher nicht zuerst Aufgabe, sondern Gabe, »ein ungeheuer großes und ganz freies Geschenk Gottes« (27) – Anlaß zu stetem Dank und tiefer Freude, ja zum Staunen (41). Denn das ist das immer neu Staunenswerte:
Wer sein Jawort zu einer geistlichen Berufung wagt (41), der gewinnt durch den »sanften Hauch« des Geistes Gottes »in seinem hinfälligen menschlichen Wesen klares Profil« (11). Und zugleich durchpulst ihn jene »Kraft, die uns in der Liebe festigt und unser Dasein in das Wirken Gottes einfügt, in seinen Plan zur Schöpfung des neuen Menschen in Christus, mit anderen Worten zum Aufbau seiner neuen Familie der Erlösten« (11). Keine Berufung eines Christen erfolgt also nur um des einzelnen willen. Vielmehr ist eine jede immer auch ein Angebot der Liebe und des Heilsplanes Gottes für alle, ein Faktum, das von seiten eines jeden Berufenen darum in Lebenszeugnis und Dienst höchste Verantwortlichkeit für alle einschließt (vgl. 41). Berufung ist ein Geheimnis der Liebe im dialogischen Sinn. Denn »wir antworten mit Liebe auf die Initiative der Liebe«, so sagte der Papst vor Seminaristen und Ordenskandidaten in Porto Alegre (47).

Das Jawort der Liebe ist eine Sache des Glaubens an den treuen Gott, eines Glaubens, mit dem ein Mensch sich »festmacht« in dem, der ihn berufen hat. Und zugleich ist das Jawort höchster Ausdruck der Freiheit, in der die Liebesantwort auf den Ruf in die gleichsam dreigliedrige Form des Gelöbnisses der evangelischen Räte gegossen wird. Den Ordensbrüdern in Chicago rief Johannes Paul II. darum zu: »Was andere auch behaupten oder die Welt glauben mag, – euer Gelöbnis, die evangelischen

Räte zu beachten, hat eure Freiheit nicht eingeschränkt. Ihr seid nicht weniger frei, weil ihr gehorsam seid; ihr liebt nicht weniger, weil ihr ehelos lebt. Im Gegenteil! Die treue Beachtung der evangelischen Räte stellt eure menschliche Würde besonders heraus, sie macht das Menschenherz frei ... Aber diese Freiheit eines ungeteilten Herzens (vgl. 1 Kor 7, 32–35) muß durch ständige Wachsamkeit und glühendes Gebet erhalten werden« (23).

Die Wachsamkeit muß sich insbesondere auf die Glaubwürdigkeit des Rätelebens beziehen. Ein wichtiger Aspekt dieser Glaubwürdigkeit ist die Art, wie gottgeweihte Menschen in ihrer ganz an den Herrn gebundenen Liebe zugleich ganz frei und gelöst, also ›menschlich‹ ihren Menschenbrüdern und –schwestern begegnen. »Möge euer Gelübde der Jungfräulichkeit«, so der Wunsch des Papstes für die Ordensfrauen in Paris, »euch veranlassen, wirklich euren Brüdern und Schwestern in ihren jeweiligen konkreten Situationen in Menschlichkeit zu begegnen! Wie viele Menschen in unserer Welt sind in irgendeiner Weise verwirrt, niedergedrückt, verzweifelt! Laßt sie, unter Beachtung der Regeln der Klugheit, fühlen, daß ihr sie in der Weise Christi liebt, indem ihr aus seinem Herzen die menschliche und göttliche Liebe schöpft, die er ihnen entgegenbringt.

Ebenso habt ihr Christus gelobt, wie er und mit ihm arm zu sein. Sicher, die Industrie- und Konsumgesellschaft stellt die evangelische Armutspraxis vor komplizierte Probleme. Hier ist nicht der Ort und die Zeit, darüber zu sprechen. Mir scheint, daß jede Kongregation in diesem Wirtschaftsphänomen eine Aufforderung der Vorsehung erblicken sollte, dem armen Christus eine Antwort zu geben, die althergebracht und trotzdem neu ist« (41). »Wichtig ist freilich, daß es sich um echte Armut im Sinn des Evangeliums handelt, denn sonst kann man Christus nicht in den ›Geringsten‹ erkennen; man muß sich mit dem Bruder in Not zu identifizieren wissen, ›vor Gott arm sein‹ (vgl. Mt 5,3); das erfordert aber Einfachheit und Demut,

Friedensliebe, Freisein von Anhänglichkeit an Aufgaben und Zerstreuung, Bereitschaft zur völligen Selbstverleugnung in Freiheit und Gehorsam, Verfügbarkeit und Beharrlichkeit, Freundlichkeit und Festigkeit in der Gewißheit des Glaubens« (45).

Armut im Sinn des Evangeliums ist also nicht einzuschränken allein auf den materiellen Aspekt. Es gibt eine Überfülle an immer neuen Möglichkeiten, sie zu leben. Diese Möglichkeiten im Heiligen Geist zu erkennen und das Erkannte auch zu tun, wäre Nachfolge Christi und zugleich ein Dienst an unserer Gesellschaft. »Allen Ordensleuten obliegt die Verantwortung dafür, mit eindeutigem Zeugnis, durch Umkehr des Herzens und des Lebensstils, die Werte der wirklichen Armut, der Einfachheit des Lebens, der brüderlichen Liebe und des selbstlosen Teilens wieder in die Gesellschaft einzuführen« (64). Unter diesem Aspekt hat der Heilige Vater sehr bewußt den Abschluß des Benediktusjahres mit dem Beginn des Gedenkjahres zum 800. Geburtstag des hl. Franz von Assisi verbunden.

Der Gehorsam schließlich, der die »dauernde Sehnsucht voraussetzt, den eigenen Willen dem Willen Gottes anzugleichen« (52) ist »zweifelsohne der schärfste der goldenen Nägel, die die Nachahmer und Nachahmerinnen Jesu Christi auf seinen Willen festnageln. Kann man überhaupt auf das Kreuz des Herrn Jesus blicken, ohne seinem Geheimnis des Gehorsams gegenüber dem Vater Folge zu leisten?« (32). Diese Frage in der Ansprache an das Generalkapitel der Vinzentinerinnen geht alle an. Sehr deutlich hat der Papst allerdings auch darauf verwiesen, daß ein solcher Gehorsam sich in der Abhängigkeit von menschlichen Obern bewähren muß.

Noch einen anderen Aspekt des gottgeweihten Lebens bringt Johannes Paul II. oft zur Sprache. Ein solches Leben in der Bindung an den ewigen Gott hat von seinem Wesen her mit Dauer zu tun. In Altötting erinnerte er die vieltausendköpfige Schar der Ordensleute daran: »Im

Glauben an die Treue des Rufenden und die Kraft seines Geistes habt ihr euch in den Gelübden der Armut, der gottgeweihten Jungfräulichkeit und des Gehorsams Gott zur Verfügung gestellt; und das nicht als ›Verpflichtung auf Widerruf‹, nicht als ›Kloster auf Zeit‹, nicht als Mitarbeit in einer Gruppe, die sich für eine Aufgabe zusammenfindet und beliebig wieder auseinandergeht. Nein, ihr habt im Glauben ein Ja für ganz und für immer gesprochen, das in eurer Lebensform, bis hin zum Ordenskleid, seinen Ausdruck findet. In unserer Zeit der Bindungsangst, wo viele in ein ›Leben auf Probe‹ ausweichen möchten, kommt es euch zu, Zeugnis dafür zu geben, daß eine endgültige Bindung, eine das ganze Leben tragende Entscheidung auf Gott hin gewagt werden kann; mehr noch: daß sie euch frei und froh macht, wenn sie Tag für Tag erneuert wird« (56).

Menschen, die ein solches Zeugnis der Freude geben (vgl. 3) und dadurch gottgeweihtes Leben »anziehend ... machen« (59), sind die beste ›Werbung‹ für geistliche Berufe! Natürlich müssen diese zuerst erbeten werden. Sie sollten aber auch für Christus in einer »begeisternden Jugendpastoral« (7) hervorgelockt werden. Ja, der Papst ruft die Bischöfe und Priester höchst persönlich auf zu einem Einsatz für geistliche Berufe, wie er selber ihn in Krakau praktiziert hat und auf seinen Pastoralreisen und bei jeder sich bietenden Gelegenheit wiederholt: »Geht mitten unter eure Jugendlichen. Geht ihnen persönlich entgegen und ruft sie. Die Herzen zahlreicher junger und auch nicht mehr ganz junger Menschen sind bereit, auf euch zu hören. Viele von ihnen sind auf der Suche nach einem Lebenszweck; sie sind nur darauf bedacht, eine wertvolle Mission zu entdecken, der sie ihr Leben weihen können. Christus hat sie auf seinen und euren Ruf vorbereitet. Wir müssen rufen. Den Rest wird der Herr tun« (12). Also lautet die Devise sehr grundsätzlich: »Nichts ohne Gott, aber auch nichts ohne uns!« – eine urkatholische Wahrheit, die bei der Berufung in ein gottgeweihtes Leben wahrlich konkret wird.

2. *Das Charisma der Gründer*

In einer Zeit, in der die junge Generation auch in der Kirche immer weniger Traditions- und Geschichtsbewußtsein kennt und nicht wenige innerkirchliche Krisenerscheinungen gerade auf dieses Phänomen zurückzuführen sind, ist es ein deutliches Anliegen des Papstes, an die Ursprünge zu erinnern. Denn der jeweilige Ursprung der vielen Orden und anderen geistlichen Gemeinschaften, in denen das gottgeweihte Leben des einzelnen gelebt wird, ist nichts Vermodertes, Verstaubtes, sondern frischer Quell, Glut eines Lebens im Gehorsam gegen den Geist, in dem von Gott berufene Gründer und Gründerinnen die ihnen aufgetragene Sendung oft unter schwersten Bedingungen angenommen und durchgetragen haben.

Am Ursprung jeder Gemeinschaft steht ein prophetischer, ein von seiner Sendung ergriffener Mensch mit einem besonderen Charisma. Für Christus war »jeder eurer Ordensstifter« (so sagte der Papst den Generalobern männlicher Gemeinschaften) »... ein außergewöhnliches ›Werkzeug‹ in seinem Heilswerk, das eben auf diese Weise in der Menschheitsgeschichte weiterlebt. Die Kirche hat diese Charismen nach und nach akzeptiert, sie beurteilt und, wenn für echt befunden, dem Herrn dafür gedankt und versucht, sie im Leben der Gemeinschaft ›sicherzustellen‹, damit sie immer Früchte bringen können« (5). Darum ist es der ausdrückliche Wunsch des Papstes, daß sich diejenigen, die zu einem gottgeweihten Leben in Gemeinschaft berufen sind, – insbesondere sind dabei die Kontemplativen angesprochen – »immer mehr in die Spiritualität ihrer Gründer vertiefen, um sie noch intensiver zu leben, ohne sich von Methoden, die gerade modern sind, oder von Techniken, deren Inspiration meist nicht viel mit dem Evangelium zu tun hat, verführen zu lassen. Das kontemplative und mystische Erbe der Kirche ist von einzigartiger Größe und Tiefe. Es gilt daher darüber zu wachen, daß alle

Klöster sich darum bemühen, es kennenzulernen, zu pflegen und zu lehren« (35).
Doch nicht wenige Glieder geistlicher Gemeinschaften haben heute die Anfänge vergessen. Sie wissen gar nicht mehr um das Spezifische der Spiritualität und des Auftrags, unter dem die Gründergeneration einmal angetreten ist. Kein Wunder, daß es dann zur Nivellierung, zum Verlust des geistlichen Profils nicht nur der einzelnen Gemeinschaft, sondern der ganzen Kirche kommt.
In Wahrheit aber machen nicht Kompromißbereitschaft (3) und Nivellierung, sondern Profilierung, nicht Uniformität, sondern Pluralität der Charismen die Schönheit der Kirche aus! Darum mahnt der Papst: »Möge jede geistliche Familie sorgfältig über ihre besondere Eigenart im Hinblick auf das Wohl der ganzen Kirche wachen. Das, was an einem Ort geschieht, muß nicht unbedingt anderswo nachgeahmt werden« (43). Die Kirche braucht »eine klare Unterscheidung (keine Vermischung) und eine fruchtbare gegenseitige Ergänzung (keine Isolierung) der Charismen« (46). Noch einmal: »Der geistliche Reichtum der Kirche und ihres Dienstes an den Menschen (liegt) in der Vielfalt« (46)! Gerade sie ist für suchende junge Christen die Chance, daß jeder ›seinen‹ Weg finden, ›seine‹ Berufung und Sendung nach dem Plan Gottes leben kann. Nur durch die Treue zu Christus und zum Charisma der Gründer und Gründerinnen ist diese Vielfalt gesichert. Und nur diese Treue ist zugleich der ›Schlüssel‹, der die Wirksamkeit der Orden selbst erschließt und sichert.

3. *Das Zeugnis des Seins*

Jeder, der die Äußerungen des Papstes unvoreingenommen auf sich wirken läßt, wird spüren, wie sehr er den tätigen Einsatz der Ordensleute in allen Apostolatsbereichen – alten (45) und neuen (67) – wertschätzt. Es dürfte z. B. kaum wärmere päpstliche Worte zum Dienst an den Armen und Kranken geben, wie sie in dem Schreiben zum 400. Geburtstag des hl. Vinzenz von Paul enthalten sind (69), kaum bestätigendere und dringlichere als die über den katechetischen und pastoralen Einsatz von Ordensschwestern in der Ansprache an die Ordensfrauen in Kinshasa/Zaire (37).

Doch aller apostolischer Einsatz bliebe wirkungslos, wenn er nicht gegründet wäre in einem kraftvollen geistlichen Leben. Was der Papst den Priestern und Ordensleuten in Maynooth/Irland zugerufen hat, hat er auch den in Rom versammelten Generaloberinnen, der Vollversammlung der Kongregation für die Ordensleute und Säkularinstitute und schließlich den in St. Paul versammelten Mönchen in die Seele gebrannt: »Eure erste apostolische Pflicht ist eure eigene Heiligung. Kein Wandel im Ordensleben hat irgendeine Bedeutung, wenn er nicht auch in eurer eigenen Umkehr zu Christus besteht. Keine Bewegung im religiösen und im Ordensleben hat irgendeinen Wert, wenn sie nicht auch eine innere Bewegung ist, hin zu der ›stillen Mitte‹ eurer Existenz, wo Christus wohnt. Nicht was ihr tut, zählt am meisten, sondern was ihr ... seid« (22).

Es wäre nun aber ein totales Mißverständnis, den Vorrang des Seins und der eigenen Heiligung als Heilsegoismus zu interpretieren. Worum es dem Heiligen Vater geht, ist nicht, daß Ordensleute um sich kreisen und sich selbst zur Geltung bringen, »sondern Christus Jesus als den Herrn« (24). Es geht um das Zeugnis für den »Vorrang Gottes« (4) und somit um die Glaubwürdigkeit des Lebens derer, denen das »Geschenk« (47) einer besonderen Berufung in die Nachfolge Christi zuteil wurde. Diese Berufung ist etwas, »das den Einsatz der ganzen Existenz verdient, aber ihn auch kostet« (11), etwas, das in und aus der Tiefe des menschlichen Seins gelebt werden muß (vgl. 47), damit Christus unter den Menschen erkennbar werde. »Die Epiphanie, die Erscheinung des Herrn, die ihr in Afrika so gern feiert, hängt von euch ab!«, so rief der

Papst den afrikanischen Ordensfrauen zu. Dieser Aufruf dürfte jedoch ein Imperativ für alle sein, »damit die Welt glaube«!

4. Gebet und Kontemplation

Wieder und wieder verweist der Papst nicht nur die monastisch-kontemplativen, sondern besonders dringlich auch die apostolisch tätigen Gemeinschaften auf die vertikale (5), die kontemplative Dimension ihres Lebens: die tägliche Betrachtung des Wortes Gottes, das persönliche und gemeinschaftliche Gebet, Dank und Lob Gottes und die »Bitte um die Freiheit eines ungeteilten Herzens« (23). Natürlich weiß der Heilige Vater um die Spannung zwischen Gebet und Arbeit. Er weiß: »Eine ständige Gefahr für die im Apostolat Tätigen besteht darin, daß sie sich so von ihrem Wirken für den Herrn vereinnahmen lassen, daß sie den Herrn allen Wirkens vergessen« (35).
Hinzu kommt eine andere Gefahr. Heute dringt selbst durch die Ritzen der Klausur nicht selten die »Versuchung zu Geschäftigkeit und Zerstreuung ..., die die moderne Konsumgesellschaft mit allen ihren materialistischen Zwischentönen nach sich zieht« (62). Gerade darum erinnert der Papst an das für jedes Ordensleben so lebensnotwendige Schweigen. Doch dieses Element geistlichen Lebens erfordert »Zonen wirklicher Stille und persönlicher Disziplin des einzelnen, um den Kontakt zu Gott zu begünstigen« (35).
Was den einzelnen Ordenschristen angeht, ist zugleich eine Forderung an alle: »Die Ordenshäuser müssen ... Oasen des Gebets und der Sammlung sein, Stätten des persönlichen und gemeinschaftlichen Dialogs mit dem, der der Erste ist und bleiben muß, der wichtigste Gesprächspartner ihrer Tage, die so sehr mit Arbeit angefüllt sind. Die Obern sollen sich also nicht scheuen, ihre Mitbrüder immer wieder daran zu erinnern, daß ein Intervall echter

Anbetung mehr und reichere Frucht trägt als irgendeine andere, noch so intensive Tätigkeit, mag sie auch dem Apostolat dienen« (35). Ja, jeder tätige »Einsatz eines großherzigen Dienstes an den Menschen« wird gerade von dieser Quelle aus möglich und erhält von ihr aus seinen »Antrieb« (28). Bloße Menschenfreundlichkeit genügt einfach nicht (vgl. 64). »Die Menschen müssen spüren«, so sagte der Heilige Vater in Altötting, »daß durch euch ein Anderer wirkt. Denn in dem Maß, in dem ihr eure volle Hingabe an den Herrn lebt, teilt ihr etwas von ihm mit; und nach ihm verlangt letztlich das menschliche Herz« (56).
Gar nicht zu übersehen ist in diesem Zusammenhang die tiefe persönliche Beziehung des Heiligen Vaters zur kontemplativen Form des Ordenslebens. Es gibt kaum eine Ansprache, in der er nicht auf ihre Bedeutung für Kirche und Welt von heute eingeht. Was er den Schwestern in Lisieux zurief, gilt für alle: »Nehmt die Herausforderung der heutigen Welt und der Welt überhaupt an, indem ihr radikaler als je das Geheimnis eurer ursprünglichen Eigenart lebt, die Torheit in den Augen der Welt und Weisheit im Heiligen Geist ist. Lebt die ausschließliche Liebe zum Herrn und zu all euren Menschenbrüdern in ihm. Versucht nicht, euch zu rechtfertigen. Jede Liebe trägt ihre Rechtfertigung in sich selbst, wenn sie nur echt, rein und selbstlos ist. Ohne Lohn lieben zu dürfen, ist ein unveräußerliches Recht der Person, und das gilt vor allem, wenn der Geliebte Gott selber ist. Fahrt also im Gefolge der Kontemplativen und Mystiker aller Zeiten fort, kräftig und demütig zugleich die transzendente Dimension der menschlichen Person zu bezeugen« (43).

5. Forderungen an das Apostolat

Von der geistlichen Grundforderung an jegliches Apostolat eines zum gottgeweihten Leben Berufenen, von der

Bemühung um die »Symbiose« (28) von Gebet und Arbeit, war bereits die Rede. Sie fordert ganz konkret, so der Papst an die Ordensfrauen in Manila, »daß ihr jeden Tag bestimmte Zeiten dem persönlichen und dem gemeinsamen Gebet widmet. Diese Gebetszeiten müssen sorgfältig eingehalten werden und lang genug sein, und ihr dürft nicht zögern, sie zu gewissen Zeiten, die diesem Zweck vorbehalten sind, durch Perioden tieferer Sammlung und intensiveren Gebets zu ergänzen. Ihr müßt sicherstellen, daß die Eucharistie natürlicher Mittelpunkt eurer Gemeinschaften ist; das tut ihr, wenn ihr täglich mit Eifer an der Meßfeier teilnehmt und eure Gemeinschaftsgebete in einem Oratorium verrichtet, wo die eucharistische Gegenwart Christi das zum Ausdruck bringt und verwirklicht, was die erste Sendung jeder Ordensfamilie sein muß« (59).
Hier geht es um eine andere Richtung, die der Papst nicht minder eindringlich zur Sprache bringt: die »Qualität« der apostolischen Arbeit (66), und zwar in theologisch-spiritueller, menschlicher und berufspraktischer Hinsicht und immer in brüderlich-schwesterlicher Solidarität. »Reicht euch von Ordenshaus zu Ordenshaus, von Kongregation zu Kongregation die Hand, um Zeiten und Orte der Stille und der Meditation zu organisieren, um an Kursen für Spiritualität, Theologie und Seelsorge teilzunehmen. Ermutigt euch gegenseitig zur Teilnahme daran. Leistet einander Hilfe, um die aus solchen Einkehrtagen und Kursen erwachsenden Kosten zu übernehmen. Euer Zeugnis der brüderlichen Liebe muß offenkundig sein ... Da ihr heute als Ordensschwestern lebt, ist es unerläßlich, auch wenn ihr kontemplativen Orden angehört, auf eure menschliche Bildung zu achten, das Leben und die Probleme der heutigen Menschen ausreichend zu kennen, vor allem wenn ihr ihnen das Evangelium verkünden sollt. Jugendliche und Erwachsene sind äußerst sensibel für die menschliche Seite derer, die ›alles aufgegeben und alles gewonnen haben‹, um Christus nachzufolgen« (37).

»Auch eure Berufstätigkeit ist ein sehr wichtiger Faktor, und sie wird sehr ernst zu nehmen und möglichst auf dem neuesten Stand sein müssen«, so mahnte der Papst die Mitglieder des Generalkapitels der Barmherzigen Brüder (30). Allerdings ist auch in diesem Bereich wieder die Bemühung um eine »Symbiose« nötig: Eine nur fachliche, ja auch eine »nur menschliche Beziehung ... zu den Kranken läuft Gefahr, fruchtlos zu bleiben, weil tiefreichende Wurzeln fehlen ... Wenn eure Arbeit ... nicht durch den Glauben gefiltert wird, ist sie immer im Begriff, materialisiert« und steril zu werden, und es wird nicht lange dauern, daß sie auch ihre Menschlichkeit einbüßt (30). Erst mit Hilfe der inneren Durchdringung von Gebet, Glaube und beruflicher Kompetenz (die der Papst vor allem auch von den Mitgliedern der Säkularinstitute erwartet, s. Nr. 49) »kann sich eure Arbeit ... in echtes Apostolat verwandeln« (30).

In diesen Zusammenhang gehört der wiederholte Hinweis des Heiligen Vaters auf jene Gruppe von gottgeweihten Menschen, die für jedes Apostolat von besonderer Wichtigkeit sind. »Wie könnte ich die kranken, schwachen und alten Schwestern vergessen? Während des Tages und oft auch während der Nacht, wenn sie nur schwer Schlaf finden, bringen sie dem Herrn das stille Opfer ihrer nahezu ununterbrochenen Gebete dar, ihrer körperlichen oder geistigen Leiden, ihres ›fiat‹, ihres ›ja‹ zum göttlichen Willen. Sie sind auf diese Weise das priesterliche Volk, das Christus sich durch das Blut an seinem Kreuz erworben hat. Mit ihm erretten sie die Welt« (37). Darum muß ihnen von seiten aller anderen Mitglieder der Gemeinschaften besonders dankbare und liebevolle Zuwendung geschenkt werden.

Eine andere Richtung päpstlicher Orientierungshilfe zum rechten Verständnis des Apostolats dürfte nicht nur für die jungen Kirchen, sondern für die Gesamtkirche bedenkenswert sein: »Die Orden haben bekanntlich immer der vertikalen Dimension große Bedeutung beigemessen, in-

dem sie nach dem Evangelium leben und dafür mit ihrem eigenen, persönlichen Beispiel Zeugnis geben – mit einem richtig gelesenen Evangelium: nämlich auf der Grundlage der Lehre der Kirche und in Treue zu ihrem Lehramt. So soll und muß es auch heute sein. Zeugnis ja – Protest nein! Auf jeder Kommunität, auf jedem Ordensangehörigen lastet eine besondere Mitverantwortung dafür, daß Christus, der freundlich und demütig ist, in unserer heutigen Welt als der Gekreuzigte und Auferstandene, als Christus unter seinen Brüdern gegenwärtig ist. Das ist der Geist des Maximalismus im Evangelium, der sich von jedem gesellschaftspolitischen Radikalismus unterscheidet« (5).
Auch das, woran der Papst in Manila erinnert hat, muß Leitlinie für das Apostolat aller Ordensleute sein: daß »jede apostolische Bemühung in Übereinstimmung stehen muß mit der Lehre der Kirche, mit den apostolischen Zielsetzungen eurer jeweiligen Ordensinstitute und mit dem ursprünglichen Charisma eurer Gründer« (60).
Damit kommt eine der wichtigsten Forderungen an das Apostolat gottgeweihter Menschen in geistlichen Gemeinschaften in Sicht: die Zusammenarbeit. Es geht um das Miteinander von Verbänden der Höheren Ordensobern und nationalen Bischofskonferenzen, Ordensleuten und Ortsordinarien, Ordensklerus und Weltklerus, Ordensleuten und Laien. Dabei betont Johannes Paul II. aufgrund mancherorts eingerissener Fehlentwicklungen ungemein ernst und eindringlich die einheitstiftende Funktion und die Autorität des Lehramts der Bischöfe. Es geht darum, daß die Ordensleute in der theologischen Lehre und pastoralen Praxis »nicht nur die Einheit mit dem Bischof annehmen, sondern daß sie eine solche unauflösliche Einheit der Ziele und des Handelns mit den Bischöfen ernsthaft suchen. Diesen steht es zu, die Wege der Predigt und pastoralen Aktion aufzuzeigen ... Es darf und soll ihnen die Mitarbeit, eine verantwortliche, aktive Mitarbeit der Ordensleute, nicht fehlen; eine vertrauensvolle, bereitwillige Mitarbeit, die von dem ihnen eigenen Charisma

inspiriert ist, das sie zu besonders verfügbaren Dienern des Evangeliums macht. In diesem Sinne haben alle die ernste Pflicht, in der kirchlichen Gemeinschaft keine parallelen Lehrämter zu errichten, die kirchlich unannehmbar und pastoral unfruchtbar sind« (7). So der Papst an die lateinamerikanischen Bischöfe in Puebla.
Wie wichtig die innerkirchliche Einheit in jeder Richtung ist, weiß wohl keiner so gut wie gerade dieser Papst, der in sein schweres Amt die Erfahrung eines Bischofs aus dem kommunistischen Machtbereich einbringt. Es ist um des Lebens der Kirche willen darum nur zu verständlich, daß er gerade bei den Ordensleuten an deren spirituelle Befähigung zum Dienst an der kirchlichen Einheit appelliert und den Ordensmännern in Manila, stellvertretend wiederum für alle, zurief: »Ihr seid als Ordensmänner in der Lage, einen besonderen Beitrag zur Förderung der Einheit der Kirche zu leisten. Eure Erfahrung des Gemeinschaftslebens, des gemeinsamen Gebets und des gemeinschaftlichen apostolischen Dienstes bereitet euch auf diese Aufgabe vor. Mögt ihr euch mit neuer Kraft der großen Sache der Einheit widmen, indem ihr im Geist der Offenheit und gegenseitiger Achtung danach trachtet, trennende Schranken niederzureißen und zu fortschreitender Eintracht und gegenseitiger Zusammenarbeit zu ermutigen« (60).

6. *Gemeinschaftsleben*

Für gottgeweihtes Leben in Jungfräulichkeit, Armut und Gehorsam ist es charakteristisch, daß dieses Leben in der Regel nicht außerhalb, sondern innerhalb von Gemeinschaft gelobt und gelebt wird. Das gemeinsame Leben ist, so heißt es in der Ansprache an die Generaloberinnen, »in der Tat ein wichtiges Element des Ordenslebens und hat von Anfang an die Lebensweise der Ordensleute gekennzeichnet, denn geistliche Verbundenheit kann nur durch tägliche und dauernde Beziehungen entstehen. Solch ein gemeinschaftliches Leben in evangelischer Liebe ist eng mit dem Geheimnis der Kirche verbunden, das ein Geheimnis der Gemeinschaft und der Teilnahme ist, und es gibt Zeugnis von eurer Weihe an Christus. Setzt alle Mühe und Sorgfalt dafür ein, daß dieses Leben in Gemeinschaft gut geführt und geliebt wird, damit es zu einem wertvollen Mittel gegenseitiger Hilfe und persönlicher Verwirklichung wird« (27).

Wenn der Heilige Vater die Generaloberinnen konkret auffordert, alles zu tun, »was zur Einheit des Geistes und der Herzen beitragen kann«, so nicht nur, weil die Umwelt für kaum etwas so sensibel ist wie für das Zeugnis eines guten oder aber unguten Gemeinschaftslebens der Ordensleute. »Ein echtes und herzliches schwesterliches Leben ist (auch deshalb) unbedingt notwendig, damit die Schwestern imstande sind, ihre Pflichten zu erfüllen und Mühen und Schwierigkeiten, die ein Leben der Hingabe und des Apostolats heute in der Welt mit sich bringt, zu überwinden« (27). Darüber hinaus ist die Sorge der Obern und die Mitverantwortung eines jeden Gliedes einer Gemeinschaft für das Gelingen von Gemeinschaft eine echte menschliche und geistliche Aufgabe. »Die Annahme des Bruders mit seinen Fähigkeiten und seinen Mängeln, das Bemühen um die Einordnung der eigenen Initiativen in die gemeinsam getroffenen Entscheidungen, die aus dem ständigen Vergleich mit den Bewertungen und Standpunkten anderer erwachsene Selbstkritik werden nicht nur zu einer äußerst wirksamen Schule menschlicher und christlicher Tugenden, sondern auch zu einem Prüfstein für den Ernst, mit dem man die mit der Ordensprofeß übernommenen Verpflichtungen ins Leben überträgt« (31).

»Liebe fängt zu Hause an« (Mutter Teresa)! Der ›Nächste‹ im Sinn des Evangeliums ist zuerst der Mitbruder, die Mitschwester. Lebendige Liebe zu diesem ganz konkreten Nächsten sollte einen jeden drängen, »sich dem Wohl des Bruders zu widmen und seinen eigenen Vorteil beiseite zu rücken« (51). »Wenn der Mensch sich Tag für Tag müht, die unaufgebbare Forderung der Sammlung und Bescheidenheit mit der anderen, ebenso unerläßlichen Forderung der Teilnahme am gemeinsamen Leben in Übereinstimmung zu bringen, dann wächst in ihm die Fähigkeit, als echte Person zu handeln, die in Beziehung zu den anderen und erst recht in Beziehung zu Gott steht« (51). Diese vom Papst am benediktinischen Gemeinschaftsleben abgelesenen Antworten auf die Frage nach dem oft so spannungsreichen Verhältnis von Einzelmensch und Gemeinschaft sind gewiß gültig für alle geistlichen Gemeinschaften – und darüber hinaus.

Damit das Gemeinschaftsleben gelinge, bedarf es gelebter Autorität der Obern. »Die Ausübung der Autorität im Geist des Dienstes und der Liebe zu allen Schwestern ist eine lebensnotwendige Aufgabe, wenn sie auch schwierig ist und nicht wenig Mut und vollen Einsatz fordert. Die Oberin hat die Pflicht, der Schwester zu helfen, ihre Berufung immer vollkommener zu erfüllen. Dieser sicher schweren, aber notwendigen Pflicht kann sie sich nicht entziehen.

Um einer solchen Aufgabe gerecht zu werden, braucht es beständiges Gebet, Überlegung und Beratung, aber auch mutige Entscheidungen im Bewußtsein der eigenen Verantwortung vor Gott, vor der Kirche und vor den Schwestern, die diesen Dienst erwarten. Schwäche ist ebenso wie autoritäres Auftreten ein Fehlverhalten, das dem Wohl der Seelen und der Verkündigung des Gottesreiches schadet« (27).

Was zum Wesen und zur Ausübung wahrer Autorität gehört, hat Papst Johannes Paul II. in sehr dichter und grundsätzlicher Weise an dem abgelesen, was der hl. Benedikt in seiner Regel über den Abt als geistlichen Vater schreibt. Es ist eine solche Fülle, daß – ausgehend von der persönlichen Meditation des großen päpstlichen Schreibens zur 1500-Jahrfeier der Geburt des hl. Benedikt (51) – sich für alle männlichen und weiblichen Obern die Be-

schäftigung mit der Regel dieses Vaters der abendländischen Mönchs- und Ordenstradition lohnen würde.
Es gibt einen anderen Aspekt des Gemeinschaftslebens, auf den der Papst mehrfach ›den Finger legt‹ und von dem her Licht fällt auf die Bedeutung des Gemeinschaftslebens für Kirche und Welt insgesamt. »Ihr seid aus sehr verschiedenen sozialen Schichten, Ländern und sogar Kontinenten zum Ordensleben gekommen und lebt in Gemeinschaft, um – gegen Nationalismen, Vorurteile, mitunter sogar Haß – die Möglichkeit und Wirklichkeit universaler Brüderlichkeit zu beweisen, nach der sich alle Völker irgendwie sehnen« (37), so stellte der Papst im Blick auf die Ordensfrauen in Kinshasa fest. Kommunitäten (wie z.B. die der unmittelbar angesprochenen Weißen Väter) müssen sein und sind »ein Zeugnis dafür ..., daß die Vorurteile von Rasse, Klasse, Nation, Kultur um des Reiches Gottes willen aufgegeben werden können. So lebt ihr eure Hingabe an die Mission. So wollt ihr auf den Wegen eines tiefen geistlichen Lebens schreiten, wo die Werte der Armut, der Ehelosigkeit und des Gehorsams ihren ganzen Sinn wiedergewinnen, ob ihr Patres oder Brüder seid. ... Der Papst freut sich zutiefst darüber und ermutigt euch aus ganzem Herzen. Die Kirche und die Welt von heute bedürfen durchaus solcher Kommunitäten, in denen die Teilnahme und die Gemeinschaft nicht nur in Worten besteht, sondern von Tag zu Tag mit Demut und Begeisterung gelebte Wirklichkeit ist. Braucht man noch hinzufügen, daß solche Kommunitäten – und sie allein – ein Appell an die Jugend und auch an die Erwachsenen aller Länder sein werden, sich in eure Reihen einzugliedern und das Ordenskleid zu nehmen?« (63).
›Gemeinschaft‹ will aber nicht nur im eigenen Konvent und im eigenen Orden, in der eigenen Kongregation gelebt werden. Es ist eine äußerst aktuelle Forderung auch für die Zusammenarbeit der Orden und anderen geistlichen Gemeinschaften untereinander – »ob ihr euch der Kontemplation oder Aufgaben der direkten Evangelisierung wid-

met – euch untereinander wie im Verhältnis der Kongregationen zueinander ganz schwesterlich zu erweisen und euch gegenseitig immer besser zu helfen auf drei Ebenen, die mir wesentlich scheinen: dem richtigen Verständnis und der tapferen Erfüllung eures Gelöbnisses, dem Eifer zur Teilnahme an der Sendung der Kirche, der Weiterführung einer soliden geistlichen Bildung und der klugen Öffnung für die Wirklichkeiten eurer Zeit und eurer Lebensbereiche« (37).
Sollten alle diese und manche anderen vom Heiligen Vater skizzierten Elemente nicht den oft so verdunkelten Blick des Herzens füreinander im großen wie im kleinen wieder aufhellen und zu einer tiefen Freude an der geistlichen Gemeinschaft führen können? Das wäre ein Beitrag zur Einheit der Kirche wie kaum ein anderer!

7. *Selbstverständnis*

Der Papst weiß: Der Begriff ›Selbstverständnis‹ hat es in sich! Gerade darum taucht wenn auch nicht das Wort, so doch die Sache in seinen Ansprachen oft auf.
Im Grunde handelt es sich zunächst um eine Variation dessen, was er immer wieder im Blick auf die Treue des einzelnen und der je einzelnen Gemeinschaften zum Charisma ihres Gründers sagt, nun aber erweitert im Blick auf gottgeweihtes Leben als Ordenschrist überhaupt, und dann je spezifisch als Ordensmann und Ordensfrau.
Wie aktuell das Problem ist, zeigt sich in folgenden Sätzen des Papstes an die brasilianischen Ordensmänner: »Beim Streben nach Zusammenarbeit begegnet man häufig der Versuchung, weitgehend aufzulösen, ja geradezu abzuschaffen, was dem Ordensleben und den Ordensleuten Charakter gibt. Es ist wohl klar, daß dies nicht positiv zu bewerten ist, weder für das Ordensleben noch für die Zusammenarbeit. Ein Ordenspriester, der an der Seite von Weltpriestern in der Seelsorge mitarbeitet, müßte in sei-

nem Verhalten klar zeigen, daß er Ordensmann ist. Die Gemeinschaft müßte das spüren. Dasselbe wäre von einem Laienbruder oder einer Ordensfrau bei der Zusammenarbeit mit Laien zu sagen« (46).
Auch die Zustandsbeschreibung, die der Papst in seiner Ansprache an mexikanische Ordensfrauen gegeben hat, dürfte für unsere Verhältnisse nicht ganz unzutreffend sein: Es fehlt »nicht an Beispielen der Unklarheit über das Wesen des gottgeweihten Lebens und des eigenen Charismas. Zuweilen vernachlässigt man das Gebet, um es durch Tätigkeit zu ersetzen; man interpretiert die Ordensgelübde nach der Mentalität einer säkularisierten Welt, so daß die religiösen Motive für die Wahl des eigenen Lebensstandes sich auflösen; man gibt mit einem gewissen Leichtsinn das Gemeinschaftsleben auf; man stellt sozialpolitische Forderungen als eigentliche Zielsetzungen heraus, eingeschlossen die bekannten radikalen Ideologien.
Wenn man zuweilen die Gewißheiten des Glaubens verdunkelt, führt man als Grund das Suchen nach neuen Horizonten und Erfahrungen an, vielleicht mit dem Vorwand, so den Menschen näher und ganz für bestimmte Gruppen da zu sein, die man aber nach Kriterien ausgesucht hat, die nicht immer dem Evangelium entsprechen.
Liebe Schwestern: vergeßt nie, daß ihr, wenn ihr an einem klaren Konzept vom Wert eures gottgeweihten Lebens festhalten wollt, dazu die tiefe Sicht des Glaubens braucht, der sich im Gebet nährt und fest bleibt ... Dies hilft euch auch, alle Ungewißheit über eure Identität zu überwinden« (9). Angesichts der skizzierten Situation wirken die Worte des Heiligen Vaters in Paris wie eine äußerste Verdichtung dessen, was ihn zum Mahnen und Ermutigen treibt: »Habt keine Angst, euer Selbstverständnis als dem Herrn geweihte Frauen klar erkennen zu lassen. Die Christen und die, die es nicht sind, haben ein Recht, zu wissen, wer ihr seid« (41)!
Es geht nun aber nicht nur um die Identität als Ordenschrist überhaupt. Vielmehr geht es beim Problem ›Selbst-

verständnis‹ auch um die Identität als Ordensmann und Ordensfrau. Die erstere hat der Papst kurz aber deutlich angesprochen in dem, was er anläßlich des Benediktusjahres über geistliche Vaterschaft in einer ›vaterlosen‹ Welt (53) gesagt und geschrieben hat (51).

Ausführlicher, wenn auch bisher nur anfänglich (2), hat der Papst das Thema im Blick auf die Ordensfrauen aufgegriffen. Die Losung der Generaloberinnen: ›Seien wir zuerst Christinnen‹ und die Hinzufügung einiger von ihnen: ›Seien wir zuerst Frauen‹ schließen sich, wie er sagt, nicht aus (4). Sie vereinigen sich in jenem Geheimnis, das Wesen und Sendung der Frau in besonderer Tiefe einbettet in das Geheimnis der Kirche als Braut und Mutter überhaupt (vgl. 2): gelebte Hingabe! »Leib und Herz der Frau scheinen eine einzigartige Disposition dafür zu bieten, das eigene Leben in königlicher Hingabe an Christus als den einzigen Bräutigam zu führen. Eben diese Fraulichkeit – von der eine gewisse öffentliche Meinung oft behauptet, sie werde im Ordensleben sinnlos geopfert – findet und erweitert sich in der Tat auf einer höheren Ebene: der des Reiches Gottes. Zum Beispiel sind die physische Fruchtbarkeit, die in der afrikanischen Überlieferung soviel Raum einnimmt, sowie die Anhänglichkeit an die Familie Werte, die von der afrikanischen Ordensfrau in einer Kommunität viel stärker und immer wieder neu zum Vorteil einer ganz erstaunlichen geistlichen Fruchtbarkeit gelebt werden können« (37).

Müßte uns diese Anknüpfung an das Vorhandensein und die Bedeutung eines guten Erdreichs für das Selbstverständnis der Frau im natürlichen Bereich im Blick auf den manchmal fehlenden Gemeinschaftssinn, die Vereinsamung und die ungelebte Fraulichkeit so mancher Ordensfrau nicht sehr nachdenklich machen? Es ist schwer, die »Würde als Frauen Gottes Plan gemäß zu leben« (54), wenn das natürliche Fundament zunehmend nur gering entwickelt ist. Dieser Punkt ist der Aufmerksamkeit aller, die junge Ordensfrauen zu bilden haben, in unseren Lan-

den besonders bedürftig, denn sonst ist nicht möglich, was Johannes Paul II. mit Recht von Ordensfrauen erwartet: »das Zeugnis einer menschlich gut ausgereiften Persönlichkeit, die ohne unbegründete Befangenheit und ohne naive Unvorsichtigkeiten, dafür aber mit warmherziger Offenheit und heiterer Ausgeglichenheit in Beziehung zu den anderen treten kann« (3).
Die hl. Katharina von Siena ist für den Papst das hervorragende Beispiel, ja »ein Meisterwerk der erneuernden und erhebenden Begnadung des Geschöpfes bis zur vollkommenen Heiligkeit, die auch die volle Verwirklichung der Grundwerte des Menschseins darstellt«, und zwar des fraulichen Menschseins. Katharina repräsentiert es in einzigartiger Weise, denn sie ist eine Frau, »die in reichem Maße mit Phantasie, Intuition, Feinfühligkeit, Willenskraft und Energie, Kommunikationsfähigkeit, Hingabe und Dienstbereitschaft begabt ist; sie verarmt nicht im Lichte Christi, der sie beruft, seine Braut zu sein, sich in der Tiefe der inneren Erkenntnis mystisch mit ihm zu identifizieren und sich unter Großen und Kleinen, Reichen und Armen, Gelehrten und Ungebildeten dem karitativen, sozialen und sogar politischen Wirken zu widmen« (48).
Den Primat in allen diesen Apostolatsbereichen hat aber immer wieder das unmittelbare Wirken im Verborgenen, das nahe beim Menschen gelebte gottgeweihte Leben der Liebe, »das der Seele der Frau, die mit dem Nächsten fühlt und deswegen zu den Aufgaben der Schwester und der Mutter berufen ist« (3), besonders entspricht. »Genau das«, so rief der Heilige Vater den Ordensfrauen der Diözese Rom zu, »ist auch die Berufung, die das Herz eures Lebens als Ordensfrau bildet. Als Bischof von Rom bitte ich euch: Seid geistlich Mütter und Schwestern für alle Menschen dieser Ortskirche ... Seid es für alle, ohne Ausnahme, vor allem aber für die Kranken, die Leidenden, die Verlassenen, die Kinder, die Jugend und die Familien in schwierigen Situationen ... Geht ihnen entgegen! Wartet

nicht, bis sie zu euch kommen! Sucht sie selber auf! Die Liebe drängt uns dazu« (3).

8. Schwierigkeiten, Versuche, Erneuerung

Der Papst ist Realist. Er sieht die immensen inneren und äußeren Schwierigkeiten, mit denen heute die Kirche insgesamt zu kämpfen hat: die jungen Christen auf dem Weg der Entscheidungsfindung, die Christen in den geistlichen Gemeinschaften selbst und insbesondere diejenigen, die die Last der Verantwortung eines Obern bzw. einer Oberin zu tragen haben. Johannes Paul II. bagatellisiert die Fülle an Schwierigkeiten nicht: z. B. die Bedrängnis durch »innere oder äußere Leiden, wenn ihr die Finsternis erfahrt« (14). So klang es bei den Ordensfrauen in Tschenstochau an. Schwer hinzunehmen sind aber auch »allzu rasche soziale Veränderungen in einem bestimmten Land, ... die geringe Zahl und die Überalterung eurer Mitglieder« (4).

Aber der Papst geht das Thema ›Schwierigkeiten‹ noch radikaler an. Denn er sucht nach Wurzeln, die möglicherweise nicht von außen, sondern von innen kommen, aus dem Herzen der Berufenen selbst. »Warum ist unser Zeugnis manchmal vergeblich? Weil wir einen Christus darstellen, der nicht die volle mitreißende Kraft hat, die doch in seiner Person liegt. Die Reichtümer des hohen Ideals seiner Nachfolge werden bei uns nicht deutlich. Nicht immer zeigen wir eine Überzeugung, in der die überragende Bedeutung unserer Berufung für die große Sache der Kirche, der wir dienen, Leben geworden ist, lebendigen Ausdruck findet« (6). Ob diese Skizze nicht weit über den Kreis der Priester und Ordensleute hinaus für alle Christen ein heilsamer Gewissensspiegel sein könnte?

Von anderer Art sind die Schwierigkeiten, die der Papst vor der internationalen Vereinigung der Generaloberinnen verschiedentlich zur Sprache gebracht hat: voller Verständnis und doch zugleich klar die Richtung weisend, wie sie von innen her zu bewältigen sind oder doch wenigstens tragbar werden.

Der Papst möchte den Generaloberinnen den Dienst der Ermutigung und des Trostes erweisen »in der Erfüllung der Aufgabe, die hohe Anforderungen an euch stellt, oft vom Kreuz gezeichnet ist und durch schmerzliche Einsamkeit führt, und die von euch ein tiefes Verantwortungsbewußtsein verlangt, eine Großmut ohne Schwäche und Verwirrung, eine unaufhörliche Selbstverleugnung. Ihr müßt ja eure Schwestern in dieser nachkonziliaren Zeit führen und stützen, in einer Zeit, sicher reich an neuen Erfahrungen, die aber auch Irrtümern und Entgleisungen ausgesetzt ist, die ihr zu vermeiden und zu korrigieren sucht« (27).

Das heißt in keiner Weise, daß etwa Johannes Paul II. Experimente überhaupt blockieren würde. Wie könnte er sonst die Generaloberinnen angesichts des »Wirbels endloser Versuche und Experimente« (4) dazu auffordern: »Steht all diesen Tatsachen wachsam gegenüber. Nehmt sie ernst, aber nie tragisch. Erwägt in Ruhe fortschrittliche Lösungen; wenn ihr an einen toten Punkt gelangt seid, versucht es mit anderen« (4). »Kein Schritt nach vorn, noch in irgendeiner Richtung ist möglich, wenn wir nicht von den bereits vollzogenen Schritten ausgehen; umgekehrt aber ist das Beharren auf diesen das Zeichen eines sterilen Stillstands« (28). Die Jahre des Suchens, vielleicht aus Ungewißheit oder Unruhe, waren doch (positiv verstanden) »Jahre der Reinigung« (22). Nun aber »sollten wir in eine Zeit der Konsolidierung und des Aufbaus eintreten« (22). »Nach den Jahren der Erfahrung, die auf die Anpassung des Ordenslebens gemäß dem Geist des jeweiligen Instituts ausgerichtet waren, ist der Augenblick gekommen, objektiv und demütig diese Versuche zu bewerten, um die positiven Elemente und die etwa verfehlten Richtungen zu erkennen« (27) und entsprechend zu beantworten. Man sollte sich also auch, »wenn nötig, ...

mutig zu einer Korrektur, Aufhebung oder besseren Orientierung der gemachten Experimente veranlaßt sehen« (45). Dabei sind immer zwei Kriterien im Auge zu behalten: Das Ordensleben kann sich nicht wahrhaft erneuern, »wenn das Ziel der Erneuerung praktisch die Suche nach dem Leichteren und Bequemeren ist, sondern nur, wenn das Ziel die Suche nach dem Authentischen, den Zielsetzungen des Ordenslebens Entsprechenderen ist. Das zweite Kriterium lautet: das Ordensleben erneuert sich, wenn es noch mehr den Weg der Heiligkeit beschreitet« (46).

Alles in allem bleibt der Grundton dessen, was der Papst den Christen in geistlichen Berufen angesichts aller Schwierigkeiten immer wieder sagt, von Freude und Hoffnung bestimmt. Die Zeit, in der wir leben, »ist eine großartige Zeit in der Geschichte der Kirche. Es ist eine großartige Zeit, Priester, Ordensangehöriger, Missionar für Christus zu sein. Freut euch immer im Herrn! Freut euch an eurer Berufung!« (22). Von dieser inneren Einstellung aus ruft dieser Papst deshalb als Zeuge der Hoffnung der Jugend der Welt zu: »Ihr werdet Schwierigkeiten begegnen. Meint ihr, ich kenne sie etwa nicht? Ich kann euch sagen: die Liebe besiegt jede Schwierigkeit. Die wahre Antwort auf jede Berufung ist ein Werk der Liebe ... Diese Kraft der Liebe bietet er euch selbst an, als zusätzliche Gabe zu seinem Ruf, die eure Antwort möglich macht. Habt Vertrauen zu dem, ›der durch die Macht, die in uns wirkt, viel mehr tun kann, als wir erbitten und uns ausdenken‹ (Eph 3, 20). Und wenn ihr könnt, gebt mit Freude und ohne Furcht euer Leben für den hin, der als erster sein Leben für euch hingegeben hat« (12).

9. Orden und Gesamtkirche

Manche Fazetten dieses für unser Thema so fundamental wichtigen Aspektes sind bereits zur Sprache gekommen.

Der Papst wird nicht müde, das einzelhaft Konkrete immer wieder auf den Grund zurückzuführen. Die Ordensleute müssen »Menschen sein, die die Kirche lieben« (45), Söhne und »Töchter der Kirche« (72), denn »Treue zu Christus läßt sich, besonders im Ordensleben, nie trennen von der Treue zur Kirche« (24). So rief Johannes Paul II. in Anknüpfung an ein Wort Papst Paul VI. den Ordensfrauen in Washington zu.

Auch diese Wahrheit darf allerdings nicht nur eine Sache von Worten sein. Sie muß in konkrete Existenz übersetzt werden und »im Geist und in den apostolischen Werken jeder Gemeinschaft ... sichtbar sein« (24). Das heißt dann ganz konkret, daß die Glieder der Kirche, und also auch die Ordensleute, den Weisungen der kirchlichen Autorität folgen und sich – nicht etwa zähneknirschend und innerlich distanziert, sondern »hochherzig und treu ihrem authentischen Lehramt unterstellen« (45). Das Problem des Gehorsams gegenüber dem Charisma des jeweiligen Gründers, des Gehorsams innerhalb der Gemeinschaften und des Gehorsams gegenüber den Trägern der kirchlichen Autorität – dies alles ist im Grunde ein einziges Problem.

Ja, der Zusammenhang reicht noch tiefer: »Oft schon hat man feststellen können, daß zwischen dem Eifer der Hingabe, mit dem das Ordensleben in einem Land gelebt wird und dem Zustand der Kirche in diesem Land eine enge Beziehung besteht: Eifer im Ordensleben bedeutet eine lebendige und apostolische Kirche; wo aber dieser Eifer erkaltet, läßt die Vitalität in der Ortskirche nach. Sollten sich unglücklicherweise Lauheit und Mittelmäßigkeit einschleichen, dann würden sich die Rückwirkungen davon bald im christlichen Volk zeigen. Wenn andererseits im Lauf der Geschichte die Kirche von Krisen befallen war, war es immer das Ordensleben, das das Signal für ein Wiedererwachen und eine neue Treue zum Evangelium gegeben hat« (59).

Diese Worte zeigen einmal mehr, daß der Papst nie auf

Gefahren hinweist, ohne nicht sofort oder doch bei nächster Gelegenheit auf die positive Seite zurückzukommen. In diesem und in jedem Fall aber ist es nötig, »zu den Wurzeln einer gesunden Ekklesiologie zurückzugehen, wie sie vom Zweiten Vaticanum freigelegt wurden« (68). Daß die Ansprachen Johannes Paul II. nicht nur vom Geist, sondern auch vom Wort dieses Konzils wie von einem Wasserzeichen geprägt sind, ließe sich unschwer anhand einer Auswertung der vielen Zitate nachweisen. Doch würde die Durchführung dieser Aufgabe den Charakter einer Einführung sprengen.
Insgesamt dürfte es zur Erkenntnis der inneren Einheit von Orden und Gesamtkirche kein schöneres Dokument geben als das große Schreiben zum 400. Todestag der hl. Theresia von Avila (72). Es ist wahrlich der wiederholten persönlichen Betrachtung wert!

10. Maria

Es fällt auf, daß der Heilige Vater außer bei uns in Deutschland (56) keine seiner Ansprachen an Ordensleute direkt von Maria her aufgebaut hat, wenngleich selbstverständlich in fast keiner der Blick auf die Mutter des Herrn fehlt.
Das unterstreicht gerade für uns die Dringlichkeit, seine Äußerungen zur Bedeutung der Gottesmutter für geistliches Leben überhaupt und das der Ordenschristen insbesondere mit erhöhter Aufmerksamkeit nicht nur zur Kenntnis zu nehmen, sondern sie im Herzen hin und her zu bewegen.
Wer das nicht vermag, könnte die Aussagen des Papstes eine Frage für sich selbst sein lassen: Warum ist eigentlich Maria »Vorbild jedes geistlichen Lebens«, wie der Papst nicht müde wird zu betonen (9; 59; u. a.)? Könnte sie das nicht auch für mich (wieder) werden? Was meint der Papst, wenn er das ›Fiat‹ in Nazaret als »Prototyp jeder

Ordensprofeß« bezeichnet (14)? Warum ist die lebendige Verbundenheit mit Maria ein wahrer »Schutz des gottgeweihten Lebens« (31) und bedürfen wir – jeder einzelne – dieses Schutzes so sehr? Warum vertraut der Heilige Vater in Tschenstochau »jede keimende Berufung Unserer Lieben Frau« an (15) und bedarf das Gebet um geistliche Berufe ihrer Unterstützung (36)? Und wenn die Sendung der Frau so tief »in das Geheimnis der Kirche eingeprägt ist« (2), weil die Kirche ihrem Wesen nach selber Mutter und Braut ist, wäre dann nicht Maria als »Mutter der Kirche« und »menschliches Bild der Kirche« (16) der Schlüssel für die gesamte so intensive und streitbare Gegenwartsdiskussion zum Thema ›Frau und Kirche‹?
Es dürfte bei der Erarbeitung dessen, was der Papst zum Thema ›Gottgeweihtes Leben‹ überhaupt und zum Thema ›Maria‹ insbesondere sagt, allerdings nicht nur bei Fragen bleiben. Jede nähere Charakterisierung der Mutter des Herrn als »Bild der Kirche« (16; 56), als »Mutter der Kirche« (57), als »Königin der Märtyrer« (62) und »der Mönche« (53) u.a.m. bietet Stoff für eine unausschöpfliche Betrachtung. Ob der Heilige Vater nicht auch in dieser Hinsicht vielen Ordensleuten erfrischende Impulse geben wollte?

11. Es lohnt sich!

Wer ein gottgeweihtes Leben in hochherziger und dynamischer Treue zu Christus, zur Kirche und den Forderungen eines solchen Lebens in seiner Berufung und Sendung verwirklicht (vgl. 27), dient jenem Ziel, an das der Heilige Vater die Ordensfrauen in Washington, stellvertretend für alle Ordensleute, erinnert hat: Es ist das »Ziel des Ordenslebens ..., der Heiligsten Dreifaltigkeit Preis und Ehre darzubringen und durch eure Weihe an Gott der Menschheit zu helfen, zur Fülle des Lebens im Vater und im Sohn und im Heiligen Geist zu gelangen. Seht also zu, daß ihr in

allem was ihr plant und tut, dieses Ziel vor Augen habt. Ihr könnt keinen größeren Dienst leisten; ihr könnt keine tiefere Erfüllung finden« (24)!
Um dieses Zieles willen lohnt es sich, »der Sache Christi zu dienen, die tapfere und entschlossene Herzen braucht; es lohnt sich, für den Menschen da zu sein um Christi willen, ihn zu Christus hinzuführen, ihn zu fördern und ihn auf dem Weg zur Ewigkeit zu begleiten; es lohnt sich, sich für ein Ideal zu entscheiden, das euch große Freuden schenken wird, wenn es auch gleichzeitig nicht geringe Opfer fordert. Der Herr verläßt die Seinen nicht« (11)!
In diesem Appell an Seminaristen für den Welt- und Ordensklerus von Mexiko ist das unseren Heiligen Vater so drängende Anliegen im Blick auf gottgeweihtes Leben und den Dienst in geistlichen Berufen wie in einem Brennspiegel zusammengerafft. Möge sich das Wort dieses Rufers ermutigend und erfreuend den Herzen derer einprägen, die selber das Geschenk einer Berufung zu solchem Leben und Dienst erhalten haben! Mögen sie in allem Einsatz Gottes – wie Papst Johannes Paul II. – gewinnende Zeugen des Herrn sein vor den Menschen und so insbesondere den Jugendlichen, die auf der Suche nach ihrer Lebensgestalt sind, bestätigen: Es lohnt sich!

Texte

1 Ansprache in Assisi

... Wenn ich also heute zum erstenmal als Papst an diesen Ort komme, wo der Geist Gottes in besonderer Weise am Werk ist, wo die wunderbare Neubelebung der Kirche und der Christenheit im 13. Jh. ihren Ausgang genommen hat, die mit der Person des hl. Franz von Assisi verbunden ist, öffnet sich meine Seele vor diesem unserem Patron und ruft aus: »Du hast Christus den Menschen deiner Zeit nahegebracht. Hilf uns, diesen Christus jetzt unserer Zeit nahezubringen, dieser schwierigen und kritischen Zeit. Hilf uns! Unsere Zeit wartet mit großer Sehnsucht auf Christus, auch wenn viele Menschen unserer Tage sich dessen nicht bewußt sind. Wir nähern uns dem Jahr 2000 nach Christus. Könnte das nicht eine Zeit sein, die uns auf eine Wiedergeburt in Christus vorbereitet, auf einen neuen Advent? Jeden Tag geben wir im Eucharistischen Hochgebet dieser Erwartung Ausdruck, die wir allein auf ihn richten, unseren Erlöser und Heiland, auf ihn, die Vollendung der Geschichte des Menschen und der Welt. Hilf uns, hl. Franz von Assisi, Christus der Kirche und der Welt von heute nahezubringen!

Der du mit ganzer Seele das Schicksal deiner Zeitgenossen miterlebt hast, hilf uns mit dem Herzen, das dem Herzen des Erlösers nahe ist, das ganze Leben unserer Zeitgenossen bereitwillig mitzutragen: die schwierigen sozialen, wirtschaftlichen und politischen Probleme, die Probleme der Kultur und der zeitgenössischen Zivilisation, alle Leiden des heutigen Menschen, seine Zweifel, seine Ablehnungen, seine Abweichungen, seine Spannungen und Komplexe, seine Unruhe ... Hilf uns, all dies in die einfache und fruchtbare Sprache des Evangeliums zu übersetzen. Hilf uns, Lösungen für alles aus dem Geiste der Frohen Botschaft heraus zu finden, damit Christus selbst auch

für die Menschen unserer Zeit, ›Weg, Wahrheit und Leben‹ sein kann.
Von dir, dem heiligen Sohn der Kirche, dem Sohn Italiens, erbittet dies Papst Johannes Paul II., der Sohn Polens, in der Hoffnung, daß du ihm diese Bitte nicht abschlägst, sondern ihm deine Hilfe schenkst. Du bist allzeit gütig gewesen und hast allen schnelle Hilfe gebracht, die sich an dich gewandt haben.

...

... Mit besonderem Gruß und Dank wende ich mich an die Generalobern der vier franziskanischen Ordensfamilien, an die Kommunität der Franziskusbasilika, an alle männlichen und weiblichen Ordensfamilien, die der Regel und dem Lebensstil des hl. Franz von Assisi folgen.
Ich sage euch nun das, was ich im Innersten meines Herzens empfinde:
Der Papst dankt euch für die Treue zu eurer franziskanischen Berufung.
Der Papst dankt euch für euren apostolischen Eifer im Dienst des Evangeliums.
Der Papst dankt euch für die Gebete, die ihr für ihn und für seine Anliegen verrichtet.
Der Papst verspricht euch sein Gedenken im Gebet.
Dient dem Herrn mit Freude!
Seid fröhliche Diener seines Volkes, denn der hl. Franziskus wollte euch als frohe Diener der Menschheit sehen, die sich darauf verstehen, überall das Licht der Hoffnung, des Vertrauens und der Zuversicht zu entzünden, das seine Quelle im Herrn selbst hat. Der hl. Franziskus, euer und unser aller Patron, sei euer Vorbild, heute und immer!

2 Ansprache in Siena

... Hier, vor den Reliquien der hl. Katharina, muß ich noch einmal der göttlichen Weisheit dafür danken, daß sie sich dieses einfachen und zugleich so tiefen Herzens einer

Frau hat bedienen wollen, um der Kirche und insbesondere den Nachfolgern Petri in einer Zeit der Unsicherheit den Weg zu zeigen. Welche Liebe und welcher Mut! Welch wunderbare Einfachheit, aber auch welch wunderbare Tiefe der Seele: einer Seele, die offen für alle Eingebungen des Geistes und sich ihrer Sendung bewußt war. Ich wünsche von Herzen, daß die hl. Katharina, die Kirchenlehrerin, auch in unserer Zeit allen als Patronin helfe, sich ihrer christlichen Berufung bewußt zu werden. Das Bewußtsein hiervon muß in besonderer Weise reifen und sich noch mehr vertiefen, damit die Kirche die ihr von Christus anvertraute Sendung entsprechend den Bedürfnissen unserer Zeit zu erfüllen vermag.
In der hl. Katharina von Siena sehe ich ein sichtbares Zeichen für die Sendung der Frau in der Kirche. Ich möchte zu diesem Thema vieles sagen, doch erlaubt es mir die Kürze der Zeit an diesem Tag nicht. Die Kirche Jesu Christi und der Apostel ist gleichzeitig Mutter und Braut. Solche biblischen Ausdrücke offenbaren deutlich, wie tief die Sendung der Frau in das Geheimnis der Kirche eingeprägt ist. Wir können gemeinsam die vielfältige Bedeutung dieser Sendung entdecken, wenn wir Hand in Hand mit der Welt der Frau von heute gehen und uns auf jene Reichtümer, die der Schöpfer von Anfang an in das Herz der Frau gelegt hat, stützen wie auch auf die wunderbare Weisheit dieses Herzens, das Gott vor vielen Jahrhunderten in der hl. Katharina von Siena hat offenbaren wollen.
Wie sie in der damaligen Zeit Lehrerin und Führerin der Päpste war, die sich von Rom entfernt hatten, so möge sie heute Ratgeberin des Papstes sein, der nach Rom gekommen ist. Sie möge ihm nicht nur ihre eigene Heimat, sondern zugleich alle Länder der Erde in der alle umfangenden universalen Kirche nahebringen. Mit diesen Wünschen segne ich euch alle von Herzen.

3 **An die Ordensfrauen der Diözese Rom**

... Gestern bin ich mit dem Klerus der Diözese Roms, vor allem den in der Diözesanseelsorge eingesetzten Priestern zusammengetroffen. Heute treffe ich mich mit euch Ordensfrauen. Ich hatte gewünscht, daß diese Begegnung unmittelbar der gestrigen folge. So kann ich als neuer Bischof von Rom denen begegnen, die gewissermaßen die geistlichen Kraftreserven dieser Diözese, der ersten aller Diözesen der Kirche, darstellen, und wenigstens einen ersten Kontakt mit ihnen aufnehmen. Dieses Näherkommen und Kennenlernen liegt mir sehr am Herzen.
Ihr seid in großer Zahl hierher gekommen! Vielleicht kein anderer Bischofssitz der Erde kann auf so viele Ordensfrauen zählen. Der Herr Kardinalvikar von Rom hat mich informiert, daß es auf dem Territorium der Diözese rund 20 000 Ordensfrauen, rund 200 Generalate und rund 500 Provinzialhäuser verschiedener Frauenorden und -kongregationen gibt. Diese Häuser stehen im Dienst eurer Ordensfamilien im Bereich der ganzen Kirche oder auch von Provinzen, die über das Gebiet der Stadt Rom hinausreichen. In den Jahren meines bischöflichen Dienstes bin ich viele Male mit Frauenorden zusammengetroffen (Krakau ist in Polen die an Ordensfrauen reichste Diözese) und konnte mir darüber klar werden, wie sehr jede Kongregation danach strebt, ein Haus, und vor allem das Generalat, in Rom, in der Nähe des Papstes zu haben. Das freut mich sehr, und ich danke euch dafür, wenn ich auch der Ansicht bin, ihr solltet euch immer die Treue zum Ort eurer Entstehung, wo das Mutterhaus steht, wo zum ersten Mal das Licht der neuen Gemeinschaft, der neuen Berufung, des neuen Auftrags in der Kirche entzündet wurde, bewahren.

2. Ich entbiete mein Willkommen euch allen, liebe Schwestern, die ihr heute hier versammelt seid. Ich möchte euch vor allem als der neue Bischof von Rom grüßen und euren Platz in dieser »Ortskirche«, in dieser Diö-

zese genau beschreiben, die ich mich feierlich in Besitz zu nehmen vorbereite. Ich stütze mich auf die jahrhundertealte, lebendige Tradition der Kirche, auf die vor wenigen Jahren verkündete Lehre des Zweiten Vatikanischen Konzils und auch auf meine vorherigen Erfahrungen als Bischof, wenn ich zutiefst davon überzeugt bin, daß dies hier ein besonderer Platz ist.
Dies ergibt sich aus der Sicht, die Christus selbst vom Menschen und seiner Berufung hatte. »Wer das begreifen kann, der begreife es« (*Mt* 19, 12), sagte er zu seinen Jüngern, die ihm bohrende Fragen über die Gesetze des Alten Testamentes und vor allem über die Ehegesetze stellten. In diesen Fragen wie auch in der Überlieferung des Alten Testamentes war eine gewisse Einschränkung jener Freiheit der Kinder Gottes enthalten, die uns Christus gebracht hat, und die dann der hl. Paulus mit so viel Nachdruck unterstrichen hat. Die Ordensberufung ist eine Frucht eben der von Christus wiedererweckten Freiheit des Geistes, aus der die Bereitschaft zur totalen Hingabe an Gott entspringt. Die Ordensberufung besteht in der Annahme einer strengen Disziplin, die nicht aus einem Gebot, sondern aus den »evangelischen Räten« stammt: der Keuschheit, der Armut und dem Gehorsam. All das zusammen bildet, wenn es bewußt und in tiefer Liebe zum göttlichen Bräutigam angenommen wird, tatsächlich die besondere Offenbarung der Größe der Freiheit menschlichen Geistes – Freiheit der Kinder Gottes, der Söhne und der Töchter. Eine solche Berufung leitet sich her aus einem lebendigen, bis ins letzte konsequenten Glauben, der dem Menschen den Ausblick auf das letzte Ziel öffnet, das heißt den Ausblick auf die Begegnung mit Gott, der allein einer Liebe »über alles«, einer ausschließlichen und bräutlichen Liebe würdig ist. Diese Liebe besteht in der Hingabe unseres ganzen menschlichen Seins, der Seele und des Leibes, an den, der sich vollkommen uns Menschen hingegeben hat in der Menschwerdung, dem Kreuz und der Abtötung durch Armut, Keuschheit und Gehorsam: Er wurde eu-

retwegen arm, so daß ihr reich wurdet (vgl. *2 Kor* 8, 9). Aus diesem Reichtum eines lebendigen Glaubens also bekommt die Ordensberufung ihr Leben. Diese Berufung ist wie ein Funke, der in der Seele eine »lebendige Flamme der Liebe« entzündet, wie der hl. Johannes vom Kreuz geschrieben hat. Diese Berufung muß, wenn sie einmal angenommen, wenn sie einmal durch die Gelübde feierlich besiegelt ist, ständig aus dem Reichtum des Glaubens genährt werden, nicht nur wenn sie innere Freude mit sich bringt, sondern auch wenn sie mit Schwierigkeiten, Entbehrungen und innerem Leid, genannt die »Nacht« der Seele, verbunden ist.
Diese Berufung ist ein besonderer Schatz für die Kirche, die niemals aufhören darf zu beten, daß der Geist Jesu Christi in den Seelen Ordensberufungen wecke. Sie sind wahrhaftig sowohl für das Volk Gottes wie für die »Welt« ein lebendiges Zeichen des »kommenden Zeitalters« – ein Zeichen, das gleichzeitig (auch durch euer Ordenskleid) im täglichen Leben der Kirche und der Gesellschaft verwurzelt ist und deren feinste Strukturen durchdringt. Die Menschen, die Gott ohne Vorbehalt lieben, sind auch in besonderer Weise fähig, den Menschen zu lieben und sich ihm ohne persönlichen Eigennutz und ohne Einschränkung zu schenken. Brauchen wir dafür noch Beweise? Wir finden sie zu allen Zeiten des Lebens der Kirche, wir finden sie auch in unserer Zeit. Während meines vorangegangenen Dienstes als Bischof habe ich solche Zeugnisse auf Schritt und Tritt gefunden. Ich erinnere mich an die Institute und Kliniken für Schwerstkranke und für Behinderte. Überall dort, wo niemand anderer mehr einen Dienst als guter Samariter leisten konnte, fand sich immer noch eine Ordensschwester.

3. Dies ist natürlich nur eines eurer Tätigkeitsgebiete, also nur ein Beispiel. Eure Arbeitsgebiete sind ohne Zweifel viel zahlreicher. Nun gut, bei dieser unserer ersten Begegnung heute, liebe Schwestern, möchte ich euch vor allem

sagen, daß eure Gegenwart in der ganzen Kirche und besonders in Rom, in dieser Diözese unentbehrlich ist. Sie muß für alle ein sichtbares Zeichen des Evangeliums sein. Sie muß auch Ausgangspunkt eines besonderen Apostolates sein. Dieses Apostolat ist so reich und vielfältig, daß es mir sogar schwerfällt, hier alle seine Formen, seine Arbeitsgebiete und seine Ausrichtungen aufzuzählen. Es ist verbunden mit dem spezifischen Charisma einer jeden Kongregation und ihrem apostolischen Geist, den die Kirche und der Hl. Stuhl gutheißen, weil sie darin den Ausdruck der Vitalität des mystischen Leibes Christi selber sehen. Dieses Apostolat wird gewöhnlich unaufdringlich, im Verborgenen, nahe beim Menschen geleistet und entspricht daher mehr der Seele der Frau, die mit dem Nächsten fühlt und deswegen zu den Aufgaben der Schwester und der Mutter berufen ist. Genau das ist auch die Berufung, die das Herz eures Lebens als Ordensfrau bildet. Als Bischof von Rom bitte ich euch: Seid geistlich Mütter und Schwestern für alle Menschen dieser Ortskirche, die Jesus in seiner unaussprechlichen Barmherzigkeit und Gnade mir anvertraut hat. Seid es für alle, ohne Ausnahme, vor allem aber für die Kranken, die Leidenden, die Verlassenen, die Kinder, die Jugend und die Familien in schwierigen Situationen ... Geht ihnen entgegen! Wartet nicht, bis sie zu euch kommen! Sucht sie selber auf! Die Liebe drängt uns dazu. Die Liebe muß suchen! Und »die Liebe Christi drängt uns« (*2 Kor* 5, 14)!

Und noch eine Bitte vertraue ich euch am Beginn dieses meines Seelsorgsdienstes an: Engagiert euch begeistert, wenn es darum geht, mit der Gnade Gottes mitzuarbeiten, damit viele junge Seelen den Ruf des Herrn annehmen und neue Kräfte eure Reihen verstärken und ihr besser den wachsenden Anforderungen auf den ausgedehnten Feldern des modernen Apostolats entsprechen könnt. Erste Form dieser Mitarbeit ist gewiß das beharrliche Gebet zum »Herrn der Ernte« (vgl. *Mt* 9, 38), er möge die Herzen vieler »suchender« Mädchen erleuchten und lenken, die es heute sicher auch in dieser Diözese wie in allen Teilen der Welt gibt. Möchten sie doch erkennen, daß es kein größeres Ideal gibt, dem das Leben zu widmen sich lohnt, als das der totalen Hingabe seiner selbst an Christus im Dienst an seinem Reich. Doch es gibt noch eine zweite, nicht weniger wichtige Art, dem Ruf des Herrn zu folgen durch das Zeugnis eures Lebens:

– das Zeugnis aufrichtiger Treue zu den Werten des Evangeliums und zum speziellen Charisma eures Ordensinstituts. Jede Kompromißbereitschaft wäre eine Enttäuschung für den, der euch entgegenkommt – vergeßt das nicht!

– das Zeugnis einer menschlich gut ausgereiften Persönlichkeit, die ohne unbegründete Befangenheit und ohne naive Unvorsichtigkeiten, dafür aber mit warmherziger Offenheit und heiterer Ausgeglichenheit in Beziehung zu den anderen treten kann;

– schließlich das Zeugnis eurer Freude, einer Freude, die man in euren Augen und an eurer Haltung ablesen kann und sollte, und an euren Worten natürlich auch; eine Freude, die jedem, der euch anschaut, die Überzeugung gibt, daß ihr jenen »verborgenen Schatz«, jene »kostbare Perle« besitzt, die keine Reue darüber aufkommen lassen, daß ihr nach dem Ratschlag des Evangeliums auf alles verzichtet habt (vgl. *Mt* 13, 44–45).

Und jetzt, ehe ich schließe, möchte ich noch ein besonderes Wort an die Klausurschwestern richten, an die anwesenden und an die, die in ihrer strengen Klausur sind, die sie aus Liebe zum göttlichen Bräutigam gewählt haben. Ich grüße euch besonders herzlich und besuche im Geist eure Klöster, die dem Anschein nach verschlossen sind, in Wirklichkeit aber ganz geöffnet für die Gegenwart des lebendigen Gottes in unserer Menschenwelt und gerade deshalb für die Welt notwendig. Ich lege euch die Kirche und Rom, die Menschen und die Welt ans Herz! Euch, euren Gebeten, eurem »Ganzopfer« empfehle ich auch mich selbst, den Bischof von Rom. Steht mir bei, seid mir nahe,

ihr, die ihr »im Herzen der Kirche« seid! In jeder von euch möge sich das Lebensprogramm der hl. Theresia vom Kinde Jesus verwirklichen: »Im Herzen der Kirche werde ich die Liebe sein!«
Damit schließe ich meine erste Begegnung mit den Schwestern des heiligen Roms. Möge in euch die einzigartige Saat des Evangeliums überdauern, der einzigartige Ausdruck jener Berufung zur Heiligkeit, an die uns zuletzt das Konzil in der Konstitution über die Kirche erinnert hat. Von euch erwarte ich viel. In euch setze ich große Hoffnung. All das möchte ich einschließen und ausdrücken in dem Segen, den ich euch von Herzen erteile.
Ich empfehle euch Maria, der Braut des Heiligen Geistes, der Mutter der schönen Liebe!

4 An Generaloberinnen

Liebe Schwestern!
»Seht doch, wie gut und schön ist es, wenn Brüder miteinander in Eintracht wohnen ...!« (*Ps* 133, 1). Ihr liebt diesen Psalm und ihr erlebt ihn in diesem Augenblick. Die Zeiten, wo die Ordensgenossenschaften, aus geographischen oder vielleicht auch anderen Gründen, kaum zusammenkamen, sind nahezu überwunden. Gott sei gelobt! Auch ihr, meine Schwestern, werdet dazu beglückwünscht. Auf verschiedenste Weise legt ihr Zeugnis ab von dem einen Schatz, den Christus selbst seiner Kirche anvertraut hat, dem mit nichts zu vergleichenden Schatz der evangelischen Räte!
Gewiß ist eure Internationale Union der Generaloberinnen gerade den Kinderschuhen entwachsen. Sie besteht ja erst dreizehn Jahre! Aber sie hat bereits gute Früchte gebracht. Der neue Papst möchte wie sein so verdienstvoller Vorgänger Paul VI., der euch oft empfangen hat, sie sich weiterentwickeln sehen. Das berühmte Gleichnis vom

Weinstock und vom Winzer soll mir und euch immer vor Augen stehen (vgl. *Joh* 15, 1–8).

Eure Begegnung steht unter dem Thema: »Ordensleben und neue Menschheit.« Es ist ein fundamentales, sehr altes und gleichzeitig höchst aktuelles Thema. Auch wenn das ganze Volk Gottes dazu berufen ist, in Christus und durch Christus eine neue Menschheit zu werden (vgl. *Lumen gentium,* Nr. 5), so sind die Wege, die zu dieser neuen Menschheit führen, mit anderen Worten: die Wege zur Heiligkeit, verschieden und müssen verschieden bleiben. Eben das sechste Kapitel von *Lumen gentium* erklärt euren ständigen Weg, ohne damit die geringste Absonderung von den Gliedern des Gottesvolkes hervorrufen zu wollen, die dem Heilsplan Jesu Christi – dem Plan der Heiligkeit und Einheit der Welt – widerspräche. Seit dem Konzil haben die Ordensgenossenschaften tatsächlich Zeit und Wege zur Vertiefung der entscheidenden Ordenswerte vervielfacht. Sie haben sie richtig in den Kontext der ersten wesensmäßigen unauslöschlichen Weihe, nämlich der Taufe, gestellt. Und alle Ordensfrauen haben das in die Losung übersetzt: »Seien wir zuerst Christinnen!«, wobei einige vorzogen hinzuzufügen: »Seien wir zuerst Frauen!« Ganz offensichtlich schließen diese Losungen einander nicht aus. Sie haben bei einem Großteil des Gottesvolkes günstigen Widerhall gefunden. Aber das Positive dieses Selbstbewußtseins kann nicht von ständiger kluger Wachsamkeit befreien. Der Schatz der evangelischen Räte und die feste, unwiderrufliche Verpflichtung, sie zum Gesetz einer christlichen Existenzform zu machen, dürfen nicht durch die öffentliche Meinung, auch keine kirchliche, relativiert werden. Die Kirche und, sagen wir es nur, die Welt haben mehr denn je Männer und Frauen nötig, die alles opfern, um Christus nach dem Vorbild der Apostel nachzufolgen. Eben hier wird der Verzicht auf die eheliche Liebe, auf materiellen Besitz, auf die völlige persönliche Freiheit unverständlich, wenn dieses Opfer nicht die Liebe Christi einschließt. Diese Radikalität ist notwendig, um

auf prophetische, immer jedoch demütige Weise die neue, Christus nachfolgende Menschheit anzukündigen, die sich voll und ganz Gott und anderen Menschen verfügbar macht. Jede Ordensfrau muß Zeugnis ablegen von dem Vorrang Gottes und jeden Tag genügend Zeit aufbringen, um vor den Herrn zu treten, ihm ihre Liebe darzutun und vor allem sich von ihm lieben zu lassen. Jede Ordensfrau muß durch ihre Lebensweise täglich aufs neue deutlich machen, daß sie in allem, was ihr persönliches und gemeinschaftliches Leben betrifft, die Einfachheit und Armut gewählt hat. Jede Ordensfrau muß täglich den Willen Gottes und nicht ihren eigenen tun, um deutlich zu machen, daß die menschlichen Pläne – ihre eigenen und die der Gesellschaft – nicht allein in der Geschichte dastehen, sondern daß es einen Plan Gottes gibt, der das Opfer der eigenen Freiheit verlangt. Die wahre Offenbarung der evangelischen Räte, die Tag für Tag gelebt wird und mit Gottes Gnade ganz und gar möglich ist, ist keine überhebliche Lektion für das christliche Volk, sondern ein Licht, auf das das Leben der Kirche – die bisweilen versucht ist, zu den Mitteln der Macht zu greifen –, nicht verzichten kann, aber auch nicht die Menschheit, die auf den verführerischen und trügerischen Wegen des Materialismus und Atheismus irregeht.
Und wenn eure Weihe an Gott eine innere Wirklichkeit ist, ist es doch nicht unwichtig, als ihr ständiges äußeres Zeichen ein einfaches und passendes Ordenskleid zu tragen. Es ist das Mittel, euch selbst immer wieder an eure Verpflichtung, die euch vom Geist der Welt abhebt, zu erinnern. Es ist ein schweigendes, aber zugleich beredtes Zeugnis, ein Zeichen, das unsere säkularisierte Welt auf ihrem Weg braucht, wie es übrigens dem Wunsch vieler Christen oder sogar Nichtchristen entspricht. Ich bitte euch, denkt darüber nach!
Das also, meine Schwestern, ist der Preis für eure tatsächliche Teilhabe an der Verkündigung und dem Aufbau der »neuen Menschheit«. Denn der Mensch kann über die le-

bensnotwendigen und, leider, so schlecht verteilten irdischen Güter hinaus nur durch das Erkennen und die Liebe Gottes glücklich werden. Diese sind aber untrennbar von der Annahme und der Liebe aller Menschen, ganz besonders der menschlich und moralisch Ärmsten. Alle Versuche, alle Veränderungen in euren Ordensgemeinschaften müssen unter diesem Blickpunkt erfolgen, sonst arbeitet ihr umsonst!

Dies, meine Schwestern, ist das Ziel, nach dem ihr persönlich strebt und zu dem ihr mütterlich und fest eure Mitschwestern auf dem Weg des Evangeliums führt. Praktisch kennt ihr ihn besser als die anderen. Von Zeit zu Zeit stoßt ihr auf unvermeidliche Gegebenheiten: seien es allzu rasche soziale Veränderungen in einem bestimmten Land, sei es die geringe Zahl und die Überalterung eurer Mitglieder, sei es der Wirbel endloser Versuche und Experimente, die Forderungen der Jüngeren, usw. ... Steht all diesen Tatsachen wachsam gegenüber. Nehmt sie ernst, aber nie tragisch. Erwägt in Ruhe fortschrittliche, klare, mutige Lösungen; wenn ihr an einen toten Punkt gelangt seid, versucht es mit anderen. Vor allem seid Kinder der Kirche, aber nicht nur dem Wort nach, sondern auch im Tun! In der immer wieder erneuerten Treue zum Charisma ihrer Gründer müssen die Orden sich bemühen, dem, was die Kirche von ihnen erwartet, den Verpflichtungen, die die Kirche samt ihren Hirten heute für die dringendsten hält, zu entsprechen angesichts einer Mission, die so sehr qualifizierte Arbeiter braucht. Eine Garantie für diese vorbildliche – von der Liebe Jesu Christi untrennbare – Liebe der Kirche ist das Gespräch mit den Verantwortlichen eurer Ortskirchen, beseelt von der Treue und Hingabe an diese Kirchen, wozu auch vertrauensvolle Beziehungen zu unserer Kongregation für die Ordensleute und Säkularinstitute gehören. Liebe Schwestern, eure Genossenschaften verfügen über ein unermeßliches Kapital an gutem Willen. Wendet dieses Vermögen nach bestem Wissen und Ge-

wissen an. Laßt nicht zu, daß es unbedacht verschleudert wird.
Ich bitte euch, allen Schwestern der Genossenschaft, für die ihr die Verantwortung tragt, die Zuneigung des Papstes, aber auch die Hoffnung zu übermitteln, die er in jede einzelne setzt im Hinblick auf die Erneuerung einer ernsthaften Übung der evangelischen Räte, auf das deutliche Zeugnis aller Ordensgemeinschaften. Ihr glühender Glaube, ihr apostolischer Einsatz und auch ihre Beziehungen untereinander werden eindringlich zu all denen sprechen, die in unserer von Materialismus, Gewalt und Angst zerrissenen Welt nach neuen Wegen suchen: »Wir haben ein Modell gefunden, das sich nachahmen läßt ...«
Ja, meine Schwestern, in der Kirche selbst, auf den Spuren einer hl. Katharina von Siena und einer hl. Theresia von Avila unter vielen, vielen anderen könnt ihr den Platz zeigen, welcher der Frau entspricht.
Möge der Heilige Geist kraftvoll in euch wirken! Lebt mit Maria, die vollkommen verfügbar für ihn war, im Hören des Wortes Gottes, und verwirklicht es bis zum Kreuz! Eure völlige Hingabe an Christus möge immer eine Quelle der Freude, der inneren Kraft und des Friedens sein! Euch allen und allen, die ihr hier vertretet, unseren Apostolischen Segen!

5 An Generalobere

Liebe Söhne!

1. Dies ist für mich die erste Gelegenheit zur Begegnung mit den Generalobern der Männerorden, einer Begegnung, der ich ganz besondere Bedeutung beimesse. Wenn ich euch hier vereint sehe, erscheinen gleichzeitig vor meinen Augen die herrlichen Heiligengestalten, die großen Heiligen, die eure Ordensfamilien gegründet haben: Basilius, Augustinus, Benedikt; Dominikus, Franziskus,

Ignatius von Loyola; Franz von Sales, Vinzenz von Paul, Johannes Baptist de la Salle, Paul vom Kreuz, Alfons Maria von Liguori; und unserer Zeit noch näher: Josef Benedikt Cottolengo, Johannes Bosco, Vinzenz Pallotti; um nicht zu sprechen von den allerjüngsten, deren Heiligkeit zwar noch auf endgültige Bestätigung durch die Kirche wartet, deren segensreicher Einfluß aber von der Schar hochherziger Seelen bezeugt wird, die sich entschlossen haben, ihrem Beispiel zu folgen. Alle diese Namen – ich habe nur einige erwähnt – geben Zeugnis davon, daß die Wege zur Heiligkeit, auf die die Glieder des Gottesvolkes gerufen sind, großenteils über das Ordensleben gingen und noch immer gehen. Man braucht sich darüber nicht zu wundern, denn das Ordensleben ist das sicherste »Rezept« zur Heiligkeit, die in der Verwirklichung der Liebe nach den evangelischen Räten besteht.

Zudem besaß jeder eurer Ordensstifter unter dem Anhauch des Heiligen Geistes, den Christus seiner Kirche verheißen hat, ein besonderes Charisma. Für Christus war er ein außergewöhnliches »Werkzeug« in seinem Heilswerk, das eben auf diese Weise in der Menschheitsgeschichte weiterlebt. Die Kirche hat diese Charismen nach und nach akzeptiert, sie beurteilt und, wenn für echt befunden, dem Herrn dafür gedankt und versucht, sie im Leben der Gemeinschaft »sicherzustellen«, damit sie immer Früchte bringen können. Daran erinnert das Zweite Vatikanische Konzil, als es unterstrich, daß die kirchliche Hierarchie, deren Aufgabe es ist, das Volk Gottes zu leiten und auf reiche Weiden zu führen, »in gelehriger Gefolgschaft gegenüber den Antrieben des Heiligen Geistes die von vortrefflichen Männern und Frauen vorgelegten Regeln entgegennimmt, sie weiter ordnen läßt, authentisch anerkennt und mit ihrer Autorität schützend über die zum Aufbau des Leibes Christi allenthalben errichteten Institute wacht, damit sie nach dem Geist ihrer Stifter wachsen und gedeihen« (*Lumen gentium,* Nr. 45).

Das ist genau das, was ich bei dieser unserer ersten Begegnung vor allem festhalten und zum Ausdruck bringen möchte. Damit will ich nicht auf »die Vergangenheit« als einen in sich abgeschlossenen Geschichtsabschnitt verweisen; ich will vielmehr Bezug nehmen »auf das Leben« der Kirche in seiner dynamischen Tiefe. Auf das Leben, wie es sich uns heute darstellt mit seiner reichen Fülle an Traditionen der Vergangenheit, um uns die Möglichkeit zu bieten, von diesem Reichtum heute Gebrauch zu machen.

2. Der Ordensberuf ist ein großes Problem der Kirche unserer Zeit. Gerade deswegen ist es vor allem notwendig, mit Nachdruck zu bekräftigen, daß er zu jener geistlichen Fülle gehört, die der Geist selbst – der Geist Christi – im Volk Gottes weckt und entfaltet. Ohne die Orden, ohne das durch die Gelübde der Keuschheit, der Armut und des Gehorsams geweihte Leben wäre die Kirche nicht im Vollsinn sie selbst. Die Ordensleute »fügen sich durch ihr tiefstes Wesen in den Dynamismus der Kirche ein, ergriffen vom Absoluten, das Gott ist, und zur Heiligkeit aufgerufen. Von dieser Heiligkeit geben sie Zeugnis. Sie leben in konkreter Weise die Kirche, die danach trachtet, der Unbedingtheit der Seligpreisungen zu entsprechen. Sie sind durch ihr Leben ein Zeichen der gänzlichen Verfügbarkeit für Gott, die Kirche und ihre Brüder und Schwestern« (*Evangelii nuntiandi*, Nr. 69). Wenn wir diese Grundsätze annehmen, müssen wir uns in voller Klarsicht fragen, wie man dem Ordensberuf heute helfen kann, sich seiner selbst bewußt zu werden und zu reifen; wie das Ordensleben im Gesamtleben der heutigen Kirche »funktionieren« soll. Nach einer Antwort auf diese Frage sind wir immer – und mit Recht – auf der Suche. Wir finden sie:
a) in der Lehre des Zweiten Vatikanischen Konzils;
b) in dem Apostolischen Schreiben *Evangelii nuntiandi;*
c) in den zahlreichen Aussagen der Päpste, Synoden und Bischofskonferenzen.
Diese Antwort ist grundlegend und vielfältig. Ein Postulat jedoch scheint sich in ihr besonders klar abzuzeichnen:

wenn das ganze Leben der Kirche zwei Dimensionen, nämlich eine vertikale und eine horizontale hat, so müssen die Orden vor allem der vertikalen Dimension Rechnung tragen!
Die Orden haben bekanntlich immer der vertikalen Dimension große Bedeutung beigemessen, indem sie nach dem Evangelium leben und dafür mit ihrem eigenen, persönlichen Beispiel Zeugnis geben – mit einem richtig gelesenen Evangelium: nämlich auf der Grundlage der Lehre der Kirche und in Treue zu ihrem Lehramt. So soll und muß es auch heute sein. Zeugnis ja – Protest nein! Auf jeder Kommunität, auf jedem Ordensangehörigen lastet eine besondere Mitverantwortung dafür, daß Christus, der freundlich und demütig ist, in unserer heutigen Welt als der Gekreuzigte und Auferstandene, als Christus unter seinen Brüdern gegenwärtig ist. Das ist der Geist des Maximalismus im Evangelium, der sich von jedem gesellschaftspolitischen Radikalismus unterscheidet. »Das stille Zeugnis der Armut und Entäußerung, der Reinheit und Transparenz, der Hingabe im Gehorsam«, das zu erbringen die Ordensleute aufgerufen sind, »kann zugleich eine Herausforderung an Welt und Kirche selbst werden, eine beredte Predigt, die sogar die Nichtchristen guten Willens, die für gewisse Werte aufgeschlossen sind, beeindrucken kann« (*Evangelii nuntiandi,* Nr. 69).

3. Das gemeinsame Dokument der Kongregation für die Ordensleute und Säkularinstitute und der Kongregation für die Bischöfe zeigt auf, wie das Verhältnis der Orden und Kongregationen zum Bischofskollegium, zu den Bischöfen der einzelnen Diözesen und den Bischofskonferenzen sein soll. Es ist ein sehr wichtiges Dokument, dem man in den kommenden Jahren ganz besondere Aufmerksamkeit widmen muß, wenn man versucht, sich in die innere Haltung größtmöglicher Bereitschaft zu versetzen, im Einklang mit jener demütigen und bereiten Verfügbar-

keit, die zu den entscheidenden Kennzeichen des echten Ordensmannes gehören sollte.
Wo immer ihr euch in der Welt befindet, ihr seid »für die universale Kirche« berufen und gehört durch euren Sendungsauftrag zu »einer bestimmten Ortskirche«. Eure Berufung für die Universalkirche verwirklicht sich daher in den Strukturen der Ortskirche. Man muß alles daransetzen, damit sich »das geweihte Leben« in den einzelnen Ortskirchen entfaltet, zu ihrem geistlichen Aufbau beiträgt und ihre Antriebskraft wird. Die Einheit mit der Gesamtkirche durch die Ortskirche: das ist euer Weg.

4. Bevor ich schließe, erlaubt mir noch, auf einen Punkt zurückzukommen, den ich für entscheidend im Leben jedes Ordensmannes halte, gleichgültig welcher Ordensfamilie er angehört. Ich meine die kontemplative Dimension, die Pflicht zum Gebet. Der Ordensmann hat sich durch Christus in der Liebe des Geistes Gott geweiht. Diese ontologische Gegebenheit enthält die Forderung, nicht nur zum Wohl des einzelnen, sondern der ganzen Gemeinschaft deutlich zu machen, daß in den Herzen der Gottgeweihten die lebendige Gegenwart des göttlichen Bräutigams in besonderer Weise erfahren und verkostet wird.
Fürchtet euch also nicht, geliebte Söhne, euren Mitbrüdern öfters neu in Erinnerung zu bringen, daß eine Pause der Anbetung mehr Wert und geistliche Frucht besitzt als die intensivste Tätigkeit, selbst wenn es sich um apostolische Arbeit handelt. Das ist der notwendigste »Protest«, den die Ordensleute einer Gesellschaft entgegenstellen müssen, in der Leistung zu einem Idol geworden ist, auf dessen Altar nicht selten die Würde des Menschen selbst geopfert wird.
Eure Häuser müssen vor allem Zentren des Gebetes, der Sammlung, des persönlichen und gemeinschaftlichen Dialogs mit dem sein, der der erste und wichtigste Gesprächspartner in eurem arbeitsreichen Tageslauf sein muß.

Wenn ihr versteht, dieses Klima der intensiven und liebevollen Gemeinschaft mit Gott zu nähren, wird es euch gelingen, ohne schmerzliche Spannungen oder gefährliche Verwirrungen jene Erneuerung des Lebens und der Disziplin voranzubringen, zu der euch das Zweite Vatikanische Konzil verpflichtet hat. Die Seele, die in ständigem Kontakt mit Gott lebt und sich im wärmenden Strahl seiner Liebe bewegt, kann sich leicht vor der Versuchung zu partikularistischen oder oppositionellen Haltungen in acht nehmen, die das Risiko schmerzlicher Spaltungen fördern; im rechten Licht des Evangeliums weiß der Ordensmann die Entscheidung für die Ärmsten und für alle Opfer des menschlichen Egoismus zu interpretieren, ohne dabei gesellschaftspolitischen Radikalismen nachzugeben, die sich auf die Dauer als ungeeignet erweisen, da sie nur das Gegenteil bewirken und neue Übervorteilungen hervorbringen; er kommt den Menschen nahe und geht mitten unter das Volk, ohne seine eigene Ordensidentität in Frage zu stellen oder die »spezifische Besonderheit« seiner Berufung zu schmälern, die sich aus der besonderen »Nachfolge« des armen, keuschen und gehorsamen Christus herleitet.
Das, liebe Söhne, sind die Überlegungen, die es mich bei unserer ersten Begegnung euch vorzutragen drängte. Ich bin sicher, ihr werdet es nicht unterlassen, sie euren Mitbrüdern weiterzugeben, indem ihr sie noch durch den Beitrag eurer Erfahrung und eurer Klugheit bereichert. Möge euch bei eurer schwierigen Aufgabe die heilige Jungfrau beistehen! Sie, die mein Vorgänger Paul VI., in seinem Apostolischen Schreiben *Marialis cultus* die Jungfrau nannte, die zuhört, die betet, die Christus gebiert und ihn für das Heil der Welt darbietet, bleibt das unübertreffliche Vorbild jeden geweihten Lebens. Möge sie euch Führerin sein bei dem mühsamen, aber faszinierenden Aufstieg zum Ideal der völligen Angleichung.
Ich begleite meine Wünsche mit meinem Apostolischen Segen.

6 An Klerus, Ordensleute, Seminaristen in Santo Domingo

... Manchmal wird unsere gläubige Übereinstimmung mit Jesus schwach, oder sie verliert ihre Kraft, was das gläubige Volk dann bemerkt und bedauert. Denn wir tragen sie dann zwar noch in uns, aber vermischt mit rein menschlichen Bestrebungen und Erwägungen (vgl. *Lk* 24, 15). Das herrliche Licht leuchtet nicht mehr, das er für uns bereithält. Dann sprechen wir von ihm, gestützt auf zweifelhafte Voraussetzungen, auf soziologische, politische, psychologische und linguistische Gegebenheiten, statt die entscheidenden Kriterien unseres Lebens und Wirkens dem Evangelium zu entnehmen, das wir ganzheitlich leben sollen, erfüllt mit Freude, Zuversicht und unendlicher Hoffnung, die das Kreuz Christi uns bietet.
Eines ist klar, liebe Brüder: der Glaube an den auferstandenen Christus ist nicht Ergebnis technischen Wissens oder Frucht wissenschaftlicher Forschung (vgl. *1 Kor* 1, 26). Er fordert von uns, den Tod Christi und seine Auferstehung zu verkünden (vgl. *Die liturgischen Texte*). Jesus lebt. »Gott hat ihn auferweckt und von den Wehen des Todes befreit« (*Apg* 2, 24). Was unter den ersten Zeugen zunächst nur ein zaghaftes Geflüster wurde, verwandelte sich bald in die beglückende Erfahrung der Wirklichkeit dessen, »mit dem wir nach seiner Auferstehung von den Toten gegessen und getrunken haben« (*Apg* 10, 41). Ja, Christus lebt in der Kirche, er ist in uns gegenwärtig und macht uns zu Trägern der Hoffnung und Unsterblichkeit. Wenn ihr nun Christus begegnet seid, dann lebt auch für Christus, lebt mit Christus! Verkündet ihn als persönliche Zeugen: »Für mich ist Christus das Leben« (*Phil* 1, 21)! Das ist die wahre Befreiung: Jesus zu verkünden, der frei ist von allen Banden und gegenwärtig in Menschen, die umgewandelt und zu einer neuen Schöpfung geworden sind. Warum ist unser Zeugnis manchmal vergeblich? Weil wir einen Christus darstellen, der nicht die volle mit-

reißende Kraft hat, die doch in seiner Person liegt. Die Reichtümer des hohen Ideals seiner Nachfolge werden bei uns nicht deutlich. Nicht immer zeigen wir eine Überzeugung, in der die überragende Bedeutung unserer Berufung für die große Sache der Kirche, der wir dienen, Leben geworden ist, lebendigen Ausdruck findet.
Brüder und Schwestern: Die Menschen sollen uns »als Verwalter göttlicher Geheimnisse betrachten« (*1 Kor* 4, 1), als glaubwürdige Zeugen seiner Gegenwart in der Welt. Denken wir oft daran, daß Gott nicht nur einen Teil unserer Person beruft und beansprucht; er beruft vielmehr unsere ganze Person, all unsere Lebenskraft, um den neuen Menschen die Freude und den Frieden des neuen Lebens in Christus zu verkünden und sie zur Begegnung mit Christus zu führen. Daher muß es unsere erste Pflicht sein, den Herrn zu suchen und, sind wir ihm einmal begegnet, zu erfahren, wo und wie er lebt, um den ganzen Tag bei ihm zu bleiben (vgl. *Joh* 1, 39). Wir verbinden uns mit ihm auf besondere Weise in der heiligen Eucharistie, in der Christus sich uns schenkt, und im Gebet, bei dem wir uns ihm schenken. Die Eucharistiefeier muß sich also erfüllen und fortsetzen in unserem Gebet, damit unsere Tagesarbeit zum »Opfer des Lobes« wird *(Erstes Euchar. Hochgebet)*. Im Gebet, im vertrauten Umgang mit Gott, unserem Vater, wird uns klarer, wo unsere Kraft liegt und wo wir schwach sind, denn der Geist kommt uns zu Hilfe (vgl. *Röm* 8, 26). Der gleiche Geist spricht zu uns und führt uns mehr und mehr in die göttlichen Geheimnisse ein, in die Heilspläne der Liebe zu den Menschen, die Gott immer wieder durch unsere Hingabe an seinen Dienst verwirklicht.
Wie der hl. Paulus bei der Eucharistiefeier in Troas (vgl. *Apg* 20, 6ff.), so möchte ich wohl auch mit euch bis Mitternacht sprechen. Ich hätte euch noch viel zu sagen, kann es aber jetzt nicht tun. Daher empfehle ich euch, aufmerksam nachzulesen, was ich vor einiger Zeit dem Klerus, den Ordensleuten und den Seminaristen von Rom gesagt habe.

Damit kann sich diese Begegnung fortsetzen, so wie sie geistlicherweise in den kommenden Tagen fortgeführt wird, wenn auch unter anderen Formen. Möge der Herr und unsere liebe Mutter, die allerseligste Jungfrau Maria, euch immer nahe sein und euer Leben mit großer Begeisterung für den hohen Dienst erfüllen, den ihr in der Kirche zu leisten berufen seid.

7 An die lateinamerikanischen Bischöfe in Puebla

... II. 2. Die Einheit der Bischöfe unter sich setzt sich fort in der Einheit mit den Priestern, den Ordensleuten und den Gläubigen. Die Priester sind die unmittelbaren Mitarbeiter der Bischöfe bei der Erfüllung ihrer pastoralen Mission, und diese würde ernsthaft leiden, wenn zwischen ihnen und den Bischöfen diese enge Einheit nicht bestände.

Besonders wichtig innerhalb dieser Einheit sind dann die Ordensmänner und Ordensfrauen. Ich weiß sehr wohl, wie groß ihr Beitrag an der Verbreitung des Glaubens in Lateinamerika gewesen ist und noch immer ist. Nach der Entdeckung kamen sie von fast allen Ländern hierher. Hier haben sie ständig Seite an Seite mit dem Diözesanklerus gearbeitet. In manchen Ländern bilden sie mehr als die Hälfte, in anderen eine beachtliche Mehrheit des Presbyteriums. Schon allein dies genügt, um zu verstehen, wie wichtig es ist – hier mehr noch als anderswo –, daß die Ordensleute nicht nur die Einheit mit dem Bischof annehmen, sondern daß sie eine solche unauflösliche Einheit der Ziele und des Handelns mit den Bischöfen ernsthaft suchen. Diesen steht es zu, die Wege der Predigt und pastoralen Aktion aufzuzeigen. Ihnen hat der Herr den Auftrag erteilt, die Herde zu weiden. Es darf und soll ihnen die Mitarbeit, eine verantwortliche aktive Mitarbeit der Ordensleute nicht fehlen; eine vertrauensvolle, bereitwillige Mitarbeit, die von dem ihnen eigenen Charisma inspiriert

ist, das sie zu besonders verfügbaren Dienern des Evangeliums macht. In diesem Sinne haben alle die ernste Pflicht, in der kirchlichen Gemeinschaft keine parallelen Lehrämter zu errichten, die kirchlich unannehmbar und pastoral unfruchtbar sind.
In derselben Einheit mit den Bischöfen müssen die Laien stehen, die als einzelne oder organisiert in Apostolatsgemeinschaften für die Verbreitung des Reiches Gottes wirken. Sie sind es, die die Welt inmitten ihrer täglichen Pflichten Christus weihen müssen, in der Erfüllung ihrer Familien- und Berufsaufgaben, in enger Verbindung und im Gehorsam gegenüber den rechtmäßigen Oberhirten. Diese kostbare kirchliche Einheit muß unter allen Gliedern des pilgernden Gottesvolkes erhalten bleiben, im Geiste von *Lumen gentium* ...

Einige vorrangige Aufgaben

... b) Die Priester- und Ordensberufe: In den meisten eurer Länder ist der Mangel an diesen Berufen, trotz eines hoffnungsvollen Einsatzes zur Weckung von Berufungen, ein schwerwiegendes und chronisches Problem. Das Mißverhältnis zwischen der ständig wachsenden Zahl der Einwohner und derer, die in der Evangelisierung tätig sind, ist immens. Das ist für die christliche Gemeinschaft von außerordentlicher Bedeutung. Die ganze Gemeinschaft hat für Berufungen Sorge zu tragen – gleichsam als ein Zeichen ihrer Vitalität und Reife. Es muß eine intensive pastorale Anstrengung unternommen werden, die, angefangen von der christlichen Berufung im allgemeinen und einer begeisternden Jugendpastoral, der Kirche die erforderlichen Diener bereitstellt. So unentbehrlich die Laienberufe sind, so können sie doch kein Ersatz für die geistlichen Berufe sein. Mehr noch, die Fruchtbarkeit des Einsatzes der Laien zeigt sich in der erfolgreichen Förderung der Berufungen zum gottgeweihten Leben.
c) Die Jugend: Welch große Hoffnung setzt die Kirche in sie! Wie viele Energien finden sich in der Jugend von La-

teinamerika, deren die Kirche so sehr bedarf! Wir müssen als Hirten an ihrer Seite stehen, damit Christus, die Kirche, damit die Bruderliebe tief in ihre Herzen eindringen. ...

8 An die mexikanischen Welt- und Ordenspriester, Basilika von Guadalupe

... Ihr dient einer erhabenen Aufgabe, und das Schicksal der Kirche in den eurer Seelsorge anvertrauten Bereichen hängt großenteils von euch ab. Das verpflichtet euch zu einem tiefen Bewußtsein von der Erhabenheit der Sendung, die ihr empfangen habt, und der Notwendigkeit, ihr immer besser gerecht zu werden.
Es geht ja um die Kirche Christi, liebe Brüder und Söhne! Wieviel Ehrfurcht und Liebe müßte uns das einflößen! Der Kirche sollt ihr in Freude und Heiligkeit des Lebens dienen (vgl. *Eph* 4, 13).
Diesen erhabenen und anspruchsvollen Dienst kann man nicht leisten ohne eine klare und tief verwurzelte Überzeugung von der Identität als Priester Christi, als Beauftragter und Verwalter der Geheimnisse Gottes, als Heilswerkzeug für die Menschen, als Zeuge eines Reiches, das auf dieser Erde seinen Anfang nimmt, aber sich im Jenseits vollendet. Warum angesichts dieser Glaubenswahrheiten noch an der eigenen Identität zweifeln? Warum im Ungewissen bleiben über den Wert des eigenen Lebens? Warum auf dem eingeschlagenen Weg noch schwanken?
Um diese Überzeugung zu bewahren und zu stärken, damit sie tragfähig und dauerhaft bleibt, schaut auf Christus, unser Vorbild; laßt die übernatürlichen Werte in eurem Leben wieder zur Geltung kommen, bittet um die stärkende Kraft von oben im ständigen und vertrauensvollen Gespräch, im Gebet mit Gott. Ihr könnt es heute so wenig wie gestern entbehren. Empfangt auch treu und oft das Sakrament der Versöhnung, pflegt täglich die Betrachtung

und Marienverehrung durch das Gebet des Rosenkranzes. Pflegt, mit einem Wort, die Vereinigung mit Gott durch ein tiefes Innenleben. Das soll euer erstes Anliegen sein. Fürchtet nicht, daß die dem Herrn gewidmete Zeit eurem Apostolat irgendetwas entzieht. Ganz im Gegenteil! Sie wird zur fruchtbaren Quelle für den apostolischen Dienst. Seid Menschen, die wirklich das Evangelium zu ihrer Lebensaufgabe gemacht haben. Dem Evangelium solltet ihr die wesentlichen Glaubensgrundsätze entnehmen, denn bloß psychologische oder soziologische Überlegungen genügen ja nicht, um harmonisch Spiritualität und Dienst in Übereinstimmung zu bringen. Laßt auch keine bloße Beschäftigungsmentalität aufkommen. Haltet die Hochschätzung eures Zölibats oder eurer gottgeweihten Keuschheit aufrecht, denn ihr habt sie aus Liebe zum Reich Gottes übernommen, um uneingeschränkter geistlicher Vaterschaft fähig zu sein *(1 Kor* 4, 15): »Den Priestern verdanken wir unsere glückliche Wiedergeburt«, sagt der hl. Johannes Chrysostomus, »durch sie haben wir die wahre Freiheit kennengelernt« (*Über das Priestertum,* Nr. 4–6). Ihr seid Teilhaber am Priestertum Jesu Christi für den Dienst der Einheit in der Gemeinde. Ihr leistet diesen Dienst kraft der Vollmacht, die ihr zur Führung des Volkes Gottes, zum Nachlaß der Sünden und zur Feier des eucharistischen Opfers empfangen habt (vgl. *Lumen gentium,* Nr. 10; *Presbyterorum ordinis,* Nr. 2). Es ist ein besonderer priesterlicher Dienst, der in der christlichen Gemeinde nicht ersetzt werden kann durch das allgemeine Priestertum der Gläubigen, das sich vom Weihepriestertum wesentlich unterscheidet (vgl. *Lumen gentium,* Nr. 10).

Ihr seid Glieder einer Teilkirche, in der der Bischof Mittelpunkt der Einheit ist (*Christus Dominus,* Nr. 28); daher hat jeder Priester mit dem Bischof in Gemeinschaft und in gehorsamer Unterordnung zu leben. Die Ordenspriester aber dürfen, was die Seelsorgstätigkeit angeht, nicht eine loyale Zusammenarbeit und Unterordnung unter die örtliche Hierarchie verweigern unter Hinweis auf ihre ausschließliche Abhängigkeit von der Gesamtkirche (vgl. *Christus Dominus,* Nr. 34; Dokument der Kongregation für die Ordensleute und Säkularinstitute und der Kongregation für die Bischöfe vom 14. Mai 1978). Noch weniger kann es Priestern oder Ordensleuten gestattet sein, den Bischöfen als den wahren und einzigen Lehrern des Glaubens oder den Bischofskonferenzen gegenüber eine eigene Lehrpraxis zu vertreten.

Ihr seid Diener des Volkes Gottes, Diener des Glaubens, Verwalter und Zeugen der Liebe Christi zu den Menschen; diese Liebe kennt keine Parteilichkeit, denn sie schließt niemanden aus, obwohl sie sich mit Vorzug den Ärmsten zuwendet. In diesem Zusammenhang möchte ich auf das hinweisen, was ich kürzlich den Generalobern der Ordensleute in Rom gesagt habe: »Wer in ständigem Kontakt mit Gott lebt und sich im wärmenden Strahl seiner Liebe bewegt, kann sich leicht der Versuchung zu partikularistischen oder oppositionellen Haltungen erwehren, die das Risiko schmerzlicher Spaltungen fördern; die Entscheidung für die Ärmsten und für alle Opfer des menschlichen Egoismus weiß er im rechten Licht des Evangeliums zu interpretieren, ohne dabei gesellschaftspolitischen Radikalismen nachzugeben, die sich auf die Dauer als ungeeignet erweisen und nur das Gegenteil bewirken« (24. November 1978).

Seid geistliche Führer, die sich bemühen, die Herzen der Gläubigen zu orientieren und zu bessern, damit sie sich bekehren und in Liebe zu Gott und zum Nächsten leben; daß sie sich einsetzen für die Entfaltung des Menschen sowie für seine höhere Würde.

Seid Priester und Ordensleute, nicht soziale oder politische Führer oder Funktionäre einer weltlichen Gewalt. Daher wiederhole ich: »Bilden wir uns nicht ein, es wäre ein Dienst am Evangelium, wenn wir unser priesterliches Charisma zu ›verwässern‹ versuchen durch ein übertriebenes Interesse für das weite Gebiet der irdischen Probleme« (Ansprache an den Klerus von Rom vom 9. 11. 1978). Vergeßt nicht, daß das Ringen um Irdisches leicht zur Quelle der Entzweiung werden kann, während der Priester Zeichen der Einheit und Brüderlichkeit sein muß. Die weltlichen Aufgaben sind der Handlungsbereich der Laien, welche die zeitlichen Dinge mit christlichem Geist beleben sollen (*Apostolicam actuositatem*, Nr. 4) ...

9 An mexikanische Ordensfrauen, Basilika von Guadalupe

Liebe Ordensschwestern von Mexiko!
Man hätte für die Begegnung des Papstes mit den mexikanischen Ordensfrauen keinen besseren Ort als diese Basilika finden können, wo mit so großer Frömmigkeit die Jungfrau von Guadalupe verehrt wird, die Mutter, das vollkommene Vorbild der Frau, das beste Beispiel eines Lebens, das ganz ihrem Sohn, dem Erlöser, geweiht ist und in dem der Glaube, die Hoffnung und die liebende Hingabe an eine übernatürliche Sendung beständig wirksam sind.
An diesem bevorzugten Ort und vor dieser Gestalt der Jungfrau möchte der Papst eine kleine Weile mit euch, den zahlreich hier versammelten Ordensfrauen, verbringen, den Vertreterinnen von über 20 000 Schwestern, die sich über ganz Mexiko verteilen und auch außerhalb ihrer Heimat tätig sind.
Ihr stellt innerhalb der Kirche, aber auch für die Gesellschaft, eine sehr bedeutende Kraft dar, weil ihr in zahllosen Bereichen tätig seid: in Schulen und Kollegien, in Kliniken und Hospitälern, in caritativer Hilfe, in Pfarreien bei Katechese und Apostolatsgruppen und vielen anderen Werken. Ihr gehört zu verschiedenen Ordensfamilien, aber trotz der unterschiedlichen Charismen habt ihr das gleiche Ideal gewählt: ihr wollt Christus nachfolgen und lebendige Zeuginnen seiner immerwährenden Botschaft

sein. Ihr habt eine Berufung, die, gestern wie heute, von seiten des Papstes und der Kirche die größte Wertschätzung verdient. Daher möchte ich euch mein zuversichtliches Vertrauen aussprechen und euch ermuntern, von dem begonnenen Weg nicht abzuweichen, der es wert ist, ihm weiter zu folgen, erneuert im Geist und mit neuer Begeisterung. Ihr sollt wissen, daß der Papst euch mit seinem Gebet begleitet und an eurer Treue zu eurem Beruf, zu Christus und zur Kirche Freude hat.

Gestattet mir, euch einige Gedanken nahezulegen, über die ihr nachdenken und euch prüfen könnt.

Ohne Zweifel stehen sehr viele Ordensschwestern in lobenswerter Treue zu ihrer Weihe im Dienst der Kirche. Man kann im Ordensleben auch Äußerungen großer Lebendigkeit feststellen, mit der Rückkehr zu einer mehr evangelischen Sicht, einer wachsenden Solidarität der Ordensfamilien untereinander und mehr Eifer für die Armen, die ja mit Recht bevorzugte Aufmerksamkeit verdienen. Das alles ist ein Grund zu Freude und Optimismus.

Es fehlt aber auch nicht an Beispielen der Unklarheit über das Wesen des gottgeweihten Lebens und des eigenen Charismas. Zuweilen vernachlässigt man das Gebet, um es durch Tätigkeit zu ersetzen; man interpretiert die Ordensgelübde nach der Mentalität einer säkularisierten Welt, so daß die religiösen Motive für die Wahl des eigenen Lebensstandes sich auflösen; man gibt mit einem gewissen Leichtsinn das Gemeinschaftsleben auf; man stellt sozialpolitische Forderungen als eigentliche Zielsetzungen heraus, eingeschlossen die bekannten radikalen Ideologien.

Wenn man zuweilen die Gewißheiten des Glaubens verdunkelt, führt man als Grund das Suchen nach neuen Horizonten und Erfahrungen an, vielleicht mit dem Vorwand, so den Menschen näher und ganz für bestimmte Gruppen da zu sein, die man aber nach Kriterien ausgesucht hat, die nicht immer dem Evangelium entsprechen.

Liebe Schwestern: vergeßt nie, daß ihr, wenn ihr an einem klaren Konzept vom Wert eures gottgeweihten Lebens festhalten wollt, dazu die tiefe Sicht des Glaubens braucht, der sich im Gebet nährt und fest bleibt (vgl. *Perfectae caritatis,* Nr. 6). Dies hilft euch auch, alle Ungewißheit über eure Identität zu überwinden und treu zu der vertikalen Dimension eures Lebens zu stehen, die für euch wesentlich ist. So könnt ihr euch für Christus entscheiden, innerlich glücklich sein und werdet ihr zu echten Zeugen des Reiches Gottes für die Menschen in der Welt von heute. Nur in diesem Besorgtsein um die Sache des Herrn (vgl. *1 Kor* 7, 32) könnt ihr dem Charisma des Prophetischen seine entsprechende Dimension des Zeugnisses für den Herrn geben. Entscheidet man sich für die Armen und Notleidenden, aber nicht von den Grundsätzen des Evangeliums her, sondern aufgrund von sozialpolitischen Überlegungen, dann erweist sich das – wie ich kürzlich den Generalobern der Ordensgemeinschaften in Rom gesagt habe – auf die Dauer als falsch und man erreicht das Gegenteil.

Ihr habt euch für mehr als nur menschliche Werte in eurem Leben entschieden. Schätzt sie nun auch in rechtem Maße! Ihr habt euch aus Liebe zu Gott zum Dienst am Nächsten entschieden. Vergeßt nie, daß das Sein des Menschen sich nicht auf die irdische Dimension beschränkt. Ihr müßt als Menschen des Glaubens und als solche, die um die erhabene Erkenntnis Jesu Christi wissen (vgl. *Phil* 3, 8), beispielhaft den Ruf und die Dimension der Ewigkeit leben.

Ich könnte euch noch viel sagen. Betrachtet das, was ich den Generaloberinnen der Ordensfamilien in meiner Ansprache vom vergangenen 16. November dargelegt habe, auch als zu euch gesagt. Wieviel könnt ihr heute für die Kirche und die Menschheit tun! Sie erwarten eure hochherzige Arbeit, die Hingabe eures freien Herzens, das seine Fähigkeiten zu lieben, in unerwartet größerem Maße in einer Welt entfalten kann, die es immer weniger versteht, in opferbereiter und selbstloser Liebe an die anderen zu denken. Vergeßt nicht, daß ihr Christus im Geheimnis seines Kreuzes bräutlich verbunden seid (vgl. *2 Kor* 4, 5).

Die Kirche spricht euch heute erneut ihr Vertrauen aus: seid lebendige Zeugen dieser neuen Gesellschaft im Zeichen der Liebe, die mein Vorgänger Paul VI. so nachdrücklich gefordert hat.
Bei dieser herrlichen und hoffnungsreichen Aufgabe soll euch die Kraft von oben stärken und euch in geistlicher Jugendfrische erneuern, damit ihr diesen Vorsätzen treu bleibt. Dazu erteile ich euch meinen besonderen Segen, der zugleich allen Ordensfrauen Mexikos gelten soll.

10 An Klausurschwestern, Kathedrale von Guadalajara/Mexiko

... Wie oft hat das Lehramt der Kirche seine hohe Achtung und Wertschätzung für euer Leben, das dem Gebet, dem Schweigen und einer besonders innigen Vereinigung mit Gott gewidmet ist, zum Ausdruck gebracht! Ist nun ein solches Leben in diesem Augenblick, in dem sich so vieles ändert, noch von Bedeutung, oder ist es überholt? Der Papst sagt euch: Ja, euer Leben ist wichtiger als je zuvor, eure rückhaltlose Weihe an Gott ist dringend aktuell. In einer Welt, die den Sinn für das Göttliche verliert, angesichts der Überbewertung des Materiellen seid ihr, liebe Ordensschwestern, die ihr von euren Klöstern aus für die Werte, die ihr lebt, Zeugnis ablegt, des Herrn Zeugnis für die Welt von heute; möge durch euer Gebet ein neuer Lebenshauch die Kirche und die Menschen, unsere Zeitgenossen, erfüllen.
Gerade beim beschaulichen Leben geht es um die Verwirklichung einer nicht leichten Einheit: es handelt sich darum, der gegenwärtigen Welt das Geheimnis der Kirche vor Augen zu führen und schon hienieden, wie der Apostel Paulus sagt, die Dinge von oben zu verkosten und die Menschen zu lehren.
Das beschauliche Leben setzt keinen radikalen Bruch mit der Welt oder mit dem Apostolat voraus. Wer beschaulich

lebt, muß auf seine spezifische Art zur Ausbreitung des Reiches Gottes beitragen und am Aufbau der diesseitigen Welt mitarbeiten, nicht nur durch Gebet und Opfer, sondern auch durch ein schweigendes Zeugnis, das aber tatsächlich von den Menschen guten Willens, mit denen ihr in Verbindung seid, wahrgenommen werden kann.
Deshalb müßt ihr euren eigenen Lebensstil finden, der es euch gestattet, als Kontemplative mit euren Brüdern die Gnadengaben Gottes zu teilen.
Euer gottgeweihtes Leben wurzelt in der Weihe der Taufe und bringt diese vollkommener zum Ausdruck. Mit einer freien Antwort auf den Anruf des Heiligen Geistes habt ihr euch entschlossen, Christus durch eine rückhaltlose Weihe an ihn nachzufolgen. »Diese Weihe ist aber um so vollkommener, je mehr sie durch die Festigkeit und Beständigkeit der Bande die unlösliche Verbindung Christi mit seiner Braut, der Kirche, darstellt« (*Lumen gentium*, Nr. 44).
Die beschaulichen Ordensschwestern fühlen sich mit allen Banden zu Christus hingezogen. Auf Gott gestützt, überlaßt ihr euch seiner väterlichen Führung, die euch ihm näherbringt und in ihn umwandelt und die gleichzeitig eure Vorbereitung ist auf die Kontemplation in der Ewigkeit, das letzte Ziel aller. Wie könntet ihr auf diesem Weg fortschreiten und der Gnade, die euch erfüllt, treu bleiben, wenn ihr nicht aus ganzer Seele, von der Liebe gedrängt, auf diesen Ruf antwortet, der euch unablässig auf Gott hinweist? Betrachtet darüber hinaus jedwedes Tun als ein dem Herrn dargebrachtes Zeugnis für euer inniges Einssein mit ihm, damit er euch jene Reinheit der Absichten schenke, die nötig ist, will man ihm im Gebet begegnen.
Auf diese Weise werdet ihr zur Ausbreitung des Reiches Gottes beitragen mit dem Zeugnis eures Lebens und einer »geheimnisvollen apostolischen Fruchtbarkeit« (*Perfectae caritatis*, Nr. 7).
Im Namen Christi vereint, haben eure Gemeinden die Eucharistie zum Mittelpunkt, das »Sakrament der Liebe,

Zeichen der Einheit, Band der Liebe« (*Sacrosanctum Concilium*, Nr. 47).
In der Eucharistie ist auch die Welt mitten in eurem Leben des Gebets und Opfers gegenwärtig, wie das Konzil erklärt hat: »... es soll keiner meinen, die Ordensleute würden durch ihre Weihe den Menschen fremd oder für die irdische Gesellschaft unnütz. Denn wenn sie auch zuweilen mit ihren Zeitgenossen nicht unmittelbar umgehen, haben sie sie doch auf tiefere Weise im Inneren Christi gegenwärtig und wirken geistlich mit ihnen zusammen, daß der Aufbau der irdischen Gesellschaft immer in Gott gründe und auf ihn ausgerichtet sei und seine Erbauer nicht vergeblich arbeiten« (*Lumen gentium*, Nr. 46).
Während ich euch mit dem liebenden Blick des Herrn betrachte, der seine Jünger »kleine Herde« (vgl. *Lk* 12, 32) nannte und ihnen verkündete, daß es seinem Vater gefallen habe, ihnen das Reich zu schenken, bitte ich euch eindringlich: Bewahrt die Einfalt der »Kleinsten« des Evangeliums. Nehmt sie im Herzen Christi und im Kontakt mit euren Mitmenschen wahr. Dann werdet ihr »erfahren, wie euer Herz aufjubelt im Heiligen Geist« – was jenen vorbehalten ist, denen die Geheimnisse des Reiches geoffenbart werden (vgl. *Apostolisches Schreiben über die Erneuerung des Ordenslebens*, Nr. 54).
Möge die über alles geliebte Mutter des Herrn, die ihr in Mexiko unter dem Namen Unsere Liebe Frau von Guadalupe anruft und unter deren Schutz ihr Gott euer Leben geweiht habt, euch für euren täglichen Weg jene unwandelbare Freude erbitten, die nur Jesus schenken kann.
Als Unterpfand meines Grußes, der sich nicht nur auf euch, die ihr hier anwesend seid, beschränkt, sondern unsichtbar all eure Mitschwestern in den kontemplativen Klöstern Mexikos erreichen will, spende ich euch von Herzen meinen Apostolischen Segen.

11 An Seminaristen für Welt- und Ordensklerus, Guadalajara

... Der Gott der Wahrheit und Liebe hat sich uns in der Schöpfungs- und Heilsgeschichte geoffenbart: in der noch unvollendeten Geschichte der Menschheit, die sehnsüchtig auf das Offenbarwerden der Söhne Gottes wartet (vgl. *Röm* 8, 18). Uns aber hat Gott selber auserwählt und dazu berufen, dieser Geschichte neue Impulse zu geben, wissen wir doch bereits, daß das Heil, das Gottes Geschenk ist, nicht von unseren Werken herkommt, denn wir sind seine Geschöpfe, in Christus Jesus geschaffen (vgl. *Eph* 2, 8–10). Doch nach dem Plan Gottes ist diese Geschichte auch unsere Geschichte, denn er ruft uns als Arbeiter in seinen Weinberg (vgl. *Mt* 20, 1–16), als seine Boten, die zu allen hingehen, um sie zu seinem Hochzeitsmahl einzuladen (*ebd.* 22, 1–14), und als Samariter, die dem notleidenden Nächsten Barmherzigkeit erweisen (vgl. *Lk* 10, 30ff.).

3. All das genügt schon, um zu spüren, wie herrlich dieser Beruf ist. Das zu erfahren, ist ein einzigartiger, unfaßbarer Vorgang, der sich nur als sanfter Hauch beschreiben läßt, mit dem uns die immer lebendige Gnade berührt: als Hauch des Geistes, der unserem hinfälligen menschlichen Wesen klares Profil gibt und zugleich in unseren Herzen neues Licht aufleuchten läßt. Er schenkt uns außergewöhnliche Kraft, die uns in der Liebe festigt und unser Dasein in das Wirken Gottes einfügt, in seinen Plan zur Schöpfung des neuen Menschen in Christus, mit anderen Worten, zum Aufbau seiner neuen Familie der Erlösten. Ihr seid ferner berufen, die Kirche gemeinsam mit Gott aufzubauen, was weit mehr bedeutet als das, was jemand erbitten oder sich vorstellen kann (vgl. *Eph* 3, 14–21).

4. Liebe Seminaristen! Eines Tages werdet ihr Diener Gottes sein, um den Acker des Herrn zu bebauen und zu pflegen. Nützt diese Jahre im Seminar aus, um euch mit

den Empfindungen Christi selber zu erfüllen im Studium, im Gebet, im Gehorsam und in eurer Charakterbildung. Ihr werdet sehen, daß in dem Maß, wie eure Berufung in dieser Schule heranreift, euer Leben eine erfreuliche eigene Prägung und präzise Ausrichtung bekommt: Ihr lebt für den Nächsten wie Christus, der »umherzog, Gutes tat und alle heilte« (*Apg* 10, 38). So wird das, was menschlich ein Versagen scheinen könnte, zum klaren Entwurf eines Lebens, das Jesus selbst geprüft und gebilligt hat: nicht sich bedienen lassen, sondern dienen wollen (vgl. *Mt* 20, 28).
Wie ihr gut verstehen werdet, liegt dieser Berufung nichts ferner als der Anreiz des irdischen Vorteils oder das Trachten nach Ehren und Auszeichnungen. Noch weniger geht es um die Flucht in sinnlose Illusionen oder eine Entfremdung und Verfremdung. Für den zum Dienst am Volk Gottes Berufenen ist das Evangelium nicht nur ein Appell, sein eigenes Leben zu ändern und zu bessern, sondern vielmehr ein Aufruf zu einem Leben, das schon in Christus verwandelt ist, das ihn verkünden und predigen will.
Das soll genug sein, liebe Seminaristen. Den Rest wißt ihr mit eurem offenen und edelmütigen Herzen zu finden. Eines möchte ich noch hinzufügen: Liebt eure Rektoren, Erzieher und Obern! Ihnen ist die dankbare, aber schwierige Aufgabe übertragen, euch die Hand zu reichen auf dem Weg zum Priestertum. Sie wollen euch helfen, Gespür zu bekommen für das innere Leben, zu lernen, den gewohnheitsmäßigen Anforderungen der Entsagung um Christi willen zu entsprechen, uneigennützig zu werden und vor allem »den Duft der Erkenntnis Christi« (*2 Kor* 2, 14) kennenzulernen. Habt keine Furcht! Der Herr ist bei euch, und er ist in jedem Augenblick unser bester Garant: »Ich weiß, auf wen ich mein Vertrauen gesetzt habe« (*2 Tim* 1, 12).
Öffnet im Vertrauen auf den Herrn euer Herz dem Wirken des Heiligen Geistes; öffnet es in grenzenloser Bereitschaft; öffnet es der Welt, die auf euch wartet und euch braucht; öffnet es dem Ruf, den jetzt schon viele an euch

richten, denen ihr eines Tages Christus in der Eucharistie und im Bußsakrament schenken werdet, in der Verkündigung der Offenbarung, in freundschaftlichem und selbstlosem Rat und in eurem eigenen frohen Zeugnis von dem Leben, das ihr als Menschen führt: in der Welt, aber nicht von dieser Welt.

Es lohnt sich, der Sache Christi zu dienen, die tapfere und entschlossene Herzen braucht; es lohnt sich, für den Menschen da zu sein um Christi willen, ihn zu Christus hinzuführen, ihn zu fördern und ihn auf dem Weg zur Ewigkeit zu begleiten; es lohnt sich, sich für ein Ideal zu entscheiden, das euch große Freuden schenken wird, wenn es auch gleichzeitig nicht geringe Opfer fordert. Der Herr verläßt die Seinen nicht!

Es lohnt sich, um des Reiches Gottes willen einen kostbaren Wert des Christentums zu schätzen, nämlich den Zölibat, ein jahrhundertealtes Erbe der Kirche; ihn bewußt zu leben, auch wenn er euch nicht wenige Opfer kostet. Pflegt die Verehrung zu Maria, der jungfräulichen Mutter des Gottessohnes, damit sie euch hilft und antreibt, diesem Ideal voll gerecht zu werden!

Ich muß ein besonderes Wort noch an euch, die Erzieher und Obern der Kollegien, in denen die Seminaristen herangebildet werden, richten. Ihr tragt einen kostbaren Schatz der Kirche in euren Händen. Hütet ihn also mit größter Sorgfalt und Hingabe, damit er den erhofften Segen bringt. Erzieht diese jungen Männer in gesunder Offenheit, macht sie zu vollen Persönlichkeiten, wie unsere Zeit sie braucht. Aber formt sie noch gründlicher im Glauben, in den Grundsätzen des Evangeliums, in Hochachtung vor den Seelen und in einem Gebetsgeist, der auch künftigen Anfechtungen gewachsen ist.

Verkürzt nicht den Blick nach oben, und schwächt die Forderungen der Entscheidung für Christus nicht ab. Zeigen wir ihnen hohe Ideale, so werden die jungen Menschen die ersten sein, die nicht darüber klagen, denn sie verlangen nach etwas, das die Mühe lohnt, nach einem

Ideal, das den Einsatz der ganzen Existenz verdient, aber ihn auch kostet.
Die ihr für diese Berufungen verantwortlich seid als Priester, Ordensleute, Väter und Mütter, auch an euch richte ich jetzt ein Wort! Setzt euch hochherzig für die Aufgabe ein, neue Berufungen zu wecken, denn die Zukunft der Kirche ist darauf angewiesen! Um den Mangel an Berufungen zu überwinden, braucht es ständige Bemühung. Wir kommen nicht ans Ziel, wenn wir nicht zu beten wissen, wenn wir die Berufung zum Welt- oder Ordenspriester nicht so schätzen, wie sie es verdient.
Euch allen meinen Segen! Ihr jungen Seminaristen, Christus wartet auf euch! Ihr dürft ihn nicht enttäuschen!

12 Botschaft zum Weltgebetstag für geistliche Berufe 1979

Geliebte Brüder im Bischofsamt, liebe Söhne und Töchter in aller Welt!
Zum ersten Mal wendet sich der neue Papst anläßlich des Weltgebetstages für die geistlichen Berufe an euch.
In erster Linie soll mein und euer liebendes und dankbares Gedenken dem verewigten Papst Paul VI. gelten. Wir schulden ihm Dank, weil er während des Konzils diesen Gebetstag für alle Berufungen zu einem Leben besonderer Weihe an Gott und die Kirche eingesetzt, ihn 15 Jahre lang alljährlich als Lehrer mit seinem Wort erhellt und als Hirte uns mit seinem Herzen Mut zugesprochen hat.
Seinem Beispiel folgend, wende ich mich jetzt anläßlich dieses 16. Weltgebetstages an euch, um euch einige Anliegen mitzuteilen, sozusagen drei programmatische Worte, die mir sehr am Herzen liegen: beten – rufen – antworten.

1. Vor allem beten. Das Anliegen, für das wir beten sollen, ist sicher groß, wenn Christus selbst uns aufgetragen hat: »Bittet also den Herrn der Ernte, Arbeiter für seine

Ernte zu schicken« (*Mt* 9, 38). Möge dieser Gebetstag zu einem öffentlichen Bekenntnis für den Glauben und den Gehorsam dem Gebot Gottes gegenüber sein. Begeht ihn daher in euren Kathedralen: der Bischof mit dem Klerus, den Ordensmännern und Ordensfrauen, den Missionaren, den Kandidaten für das Priestertum und das gottgeweihte Leben, dem Kirchenvolk und den Jugendlichen, vielen Jugendlichen. Begeht diesen Tag in den Pfarreien, in den Gemeinschaften, an den Pilgerstätten, in den Schüler- und Kinderheimen und überall dort, wo leidgeprüfte Menschen leben. Aus allen Teilen der Welt soll sich dieses eindringliche Flehen zum Himmel erheben, um vom Vater zu erbitten, worum wir nach Christi Geheiß beten sollen. Dieser Gebetstag möge von Hoffnung erfüllt sein; er soll uns alle gleichsam in einem weltweiten Abendmahlssaal, »... einmütig im Gebet, zusammen mit ... der Mutter Jesu« (*Apg* 1, 14) vereint sehen, in vertrauensvoller Erwartung der Gaben des Heiligen Geistes. Auf dem Altar, welcher der Darbringung des eucharistischen Opfers dient und um den wir uns zum Gebet versammeln, ist der gleiche Christus gegenwärtig, der mit uns und für uns betet und uns versichert, daß wir das Erbetene empfangen werden: »Alles, was zwei von euch auf Erden gemeinsam erbitten, werden sie von meinem Vater im Himmel erhalten. Denn wo zwei oder drei in meinem Namen versammelt sind, da bin ich mitten unter ihnen« (*Mt* 18, 19f.). Wir sind zahlreich in seinem Namen versammelt und erbitten nur das, was er will. Wie könnten wir angesichts seines feierlichen Versprechens anders als mit hoffnungsvoller Seele beten?

Möge dieser Gebetstag spirituelle Werte ausstrahlen; unser Gebet möge in den Kirchen, den Gemeinschaften, den Familien und gläubigen Herzen seinen Widerhall finden wie in einem unsichtbaren Kloster, von dem unablässig Fürbitten zum Herrn emporsteigen.

2. Rufen. Nun wende ich mich an euch, geliebte Brüder im Bischofsamt, und an eure priesterlichen Mitarbeiter, um euch Kraft und Mut für das Amt zuzusprechen, das ihr schon in lobenswerter Weise ausübt. Seien wir dem Konzil treu, das die Bischöfe aufforderte, »die Priester- und Ordensberufe soviel wie möglich zu fördern und dabei den Missionsberufen besondere Sorgfalt zu widmen« (Dekret *Christus Dominus,* Nr. 15).

Christus, der gebeten hat, um Arbeiter für die Ernte zu beten, hat sie auch persönlich berufen. Das Evangelium hat unter seinen Schätzen auch die Worte der Berufung aufbewahrt: »Kommt, folgt mir nach! Ich werde euch zu Menschenfischern machen« (*Mt* 4, 19). »Komm und folge mir« (*Mt* 19, 21). »Wer mir dienen will, folge mir nach« (*Joh* 12, 26). Diese Worte der Berufung sind unserem apostolischen Amt anvertraut, und wir müssen dafür Sorge tragen, daß sie ebenso wie die anderen Worte des Evangeliums »bis an die Grenzen der Erde« (*Apg* 1, 8) vernommen werden. Es ist Christi Wille, daß wir sie vernehmbar machen. Das Volk Gottes hat ein Recht darauf, sie von uns zu hören.

Die bewundernswerten Programme der einzelnen Ortskirchen, die Werke zur Förderung der geistlichen Berufe, die dem Konzil entsprechend die gesamte pastorale Tätigkeit zugunsten der Berufungen planen und fördern müssen (s. Dekret *Optatam totius,* Nr. 2), legen den Weg frei und bereiten das gute Erdreich für die Gnade des Herrn vor. Gott kann jederzeit rufen, wen er will, denn »dadurch, daß er in Christus Jesus gütig an uns handelte, wollte er den kommenden Zeiten den überfließenden Reichtum seiner Gnade zeigen« (*Eph* 2, 7). Für gewöhnlich jedoch bedient er sich dabei unserer Person und unseres Wortes. Ruft daher ohne Furcht! Geht mitten unter eure Jugendlichen! Geht ihnen persönlich entgegen und ruft sie. Die Herzen zahlreicher junger und auch nicht mehr ganz junger Menschen sind bereit, auf euch zu hören. Viele von ihnen sind auf der Suche nach einem Lebenszweck; sie sind nur dar-

auf bedacht, eine wertvolle Mission zu entdecken, der sie ihr Leben weihen können. Christus hat sie auf seinen und euren Ruf vorbereitet. Wir müssen rufen! Den Rest wird der Herr tun, der jedem gemäß der Gnade, die ihm verliehen wurde (vgl. *1 Kor* 7, 7 und *Röm* 12, 6), seine besonderen Gaben schenkt.
Erfüllen wir diesen Auftrag in hochherziger Weise! Öffnen wir unser Denken und Fühlen, wie es das Konzil will, über »die Grenzen der Diözesen, der Völker, der Ordensfamilien und der Riten hinweg; und mit dem Blick auf die Bedürfnisse der Gesamtkirche wollen wir besonders jenen Gegenden Hilfe bringen, in denen Arbeiter für den Weinberg des Herrn dringend benötigt werden« (Dekret *Optatam totius,* Nr. 2). Was ich den Bischöfen und ihren priesterlichen Mitarbeitern gesagt habe, möchte ich auch den Ordensobern und -oberinnen sowie den Leitern der Säkularinstitute und den Verantwortlichen des missionarischen Lebens ans Herz legen, damit jeder den seiner Verantwortung anvertrauten Aufgaben gemäß und zum Wohl der gesamten Kirche hier seinen Beitrag leisten möge.

3. Antworten. Ich spreche insbesondere zu euch, liebe Jugendliche. Ja, ich möchte mit euch sprechen, mit jedem von euch. Ihr seid mir sehr teuer, und ich setze großes Vertrauen in euch. Ich habe euch als Hoffnung der Kirche und meine Hoffnung bezeichnet.
Rufen wir gemeinsam einige Dinge in Erinnerung. In den reichen Schätzen des Evangeliums sind die schönen Antworten aufbewahrt, die der Herr auf seinen Ruf erhielt; die Antwort von Petrus und Andreas, seinem Bruder: »Ohne zu zögern, ließen sie ihre Netze liegen und folgten ihm« (*Mt* 4, 20); die des Zöllners Levi: »Und Levi stand auf, ließ alles liegen und folgte ihm« (*Lk* 5, 28); die der Apostel: »Herr, zu wem sollen wir gehen? Du hast Worte des ewigen Lebens« (*Joh* 6, 68); die von Saul: »Herr, was soll ich tun?« (*Apg* 22, 10). Seit den Tagen der ersten Verkündigung des Evangeliums bis in unsere Zeit haben sehr

viele Männer und Frauen auf den Ruf Christi eine persönliche, freie und überzeugte Antwort gegeben. Sie haben das Priestertum, das Ordensleben, das missionarische Leben zum Zweck und Ideal ihrer Existenz erwählt. Sie haben dem Volk Gottes und der Menschheit mit Glauben und Intelligenz, mit Mut und Liebe gedient. Jetzt ist eure Stunde gekommen; jetzt ist es an euch, eine Antwort zu geben. Oder habt ihr vielleicht Angst?

Dann wollen wir also gemeinsam überlegen, im Licht des Glaubens. Unser Leben ist eine Gabe Gottes. Wir müssen etwas Gutes daraus machen. Man kann sein Leben auf vielerlei Weise gut verwenden, kann es im Dienst menschlicher und christlicher Ideale einsetzen. Wenn ich heute von der ausschließlichen Weihe an Gott im Priestertum, im Ordensleben, im missionarischen Leben zu euch spreche, so deshalb, weil Christus viele von euch zu dieser außergewöhnlichen Erfahrung beruft. Er braucht euch, er will eurer bedürfen, eurer Person, eurer Intelligenz, eurer Energien, eures Glaubens, eurer Liebe, eurer Heiligkeit. Wenn er euch zum Priestertum beruft, dann deshalb, weil er sein Priestertum durch eure priesterliche Weihe, durch eure priesterliche Mission ausüben will. Er will mit eurer Stimme zu den Menschen von heute sprechen, will durch euch Brot und Wein in seinen Leib und sein Blut verwandeln, will durch euch die Sünden vergeben; er will mit eurem Herzen lieben, mit euren Händen helfen, mit euren Mühen retten. Denkt gut darüber nach. Die Antwort, die viele von euch geben können, richtet sich an Christus persönlich, der euch zu so Großem beruft.

Ihr werdet Schwierigkeiten begegnen. Meint ihr, ich kenne sie etwa nicht? Ich kann euch sagen: die Liebe besiegt jede Schwierigkeit! Die wahre Antwort auf jede Berufung ist ein Werk der Liebe. Die Antwort auf jede Berufung zum Priestertum, zum Ordensleben, zum missionarischen Leben kann nur einer tiefen Liebe zu Christus entspringen. Diese Kraft der Liebe bietet er euch selbst an, als zusätzliche Gabe zu seinem Ruf, die eure Antwort mög-

lich macht. Habt Vertrauen zu dem, »der durch die Macht, die in uns wirkt, viel mehr tun kann, als wir erbitten und uns ausdenken« (*Eph* 3, 20). Und wenn ihr könnt, gebt mit Freude und ohne Furcht euer Leben für den hin, der als erster sein Leben für euch hingegeben hat.
Ich lade euch ein, für dieses Anliegen mit den folgenden Worten zu beten:
»Herr Jesus Christus, der du berufen hast, wen du wolltest, rufe viele von uns zur Arbeit für dich und mit dir.
Der du mit deinem Wort die Berufenen erleuchtet hast, erleuchte uns mit der Gabe des Glaubens an dich.
Der du ihnen in den Schwierigkeiten beigestanden hast, hilf uns, unsere Schwierigkeiten, die der Jugendlichen von heute, zu überwinden.
Und wenn du jemanden von uns rufst, damit er sich ganz dir weihe, dann möge deine Liebe diese Berufung vom ersten Augenblick an erwärmen, wachsen lassen und bis zum Ende unversehrt bewahren. Amen.«
Während ich diese Wünsche und dieses Gebet der mächtigen Fürbitte Mariens, der Königin der Apostel, anvertraue und dabei hoffe, daß die Berufenen großmütig die Stimme des göttlichen Meisters wahrnehmen und ihr Folge leisten, flehe ich auf euch, geliebte Brüder im Bischofsamt, und auf euch, liebe Söhne und Töchter der ganzen Kirche, die Gaben des Friedens und der Freude des Erlösers herab und spende euch aus ganzem Herzen den versöhnenden Apostolischen Segen.

13 Ansprache in Montecassino

... Kommt also nach Montecassino, ihr Völker! Kommt, um über die vergangene Geschichte nachzudenken und den wahren Sinn eurer irdischen Pilgerschaft zu begreifen! Kommt, um Frieden und Ruhe zu finden, Freundschaft mit Gott und den Menschen, um Hoffnung und Güte in die lärmenden Metropolen der modernen Welt, in die ge-

quälten und enttäuschten Herzen so vieler Menschen zu tragen!
Kommt vor allem, ihr Jugendlichen, die ihr nach Unschuld, Betrachtung, innerer Schönheit und reiner Freude dürstet. Sucht hier den letzten und entscheidenden Sinn des Daseins und der Geschichte. Kommt und erkennt und kostet die christliche und benediktinische Spiritualität, ehe ihr euch von anderen Erfahrungen verführen laßt!
Ihr aber, Mönche des hl. Benedikt, haltet eure Spiritualität, eure mystische Kontemplation lebendig, zusammen mit jeder Arbeit, die sich als Dienst an Gott und den Brüdern versteht! Eure tiefste Freude sei das Lob Gottes durch die geformte und wohlklingende lateinische Sprache, den erhabenen und läuternden Gesang des Gregorianischen Chorals. Bietet der Welt ein Beispiel durch eure Arbeit in Schweigen und demütigem Gehorsam.

2. Hören wir im besonderen die Stimme des hl. Benedikt: Benedikt war ein großer Mensch, er steht in der Geschichte als Gigant da, aber er ist nicht nur groß durch seine Heiligkeit, sondern auch durch seine Geistesschärfe und sein Wirken, die den Ereignissen der Geschichte neue Bahnen zu geben wußten.
Aus seinem interessanten und abenteuerreichen Leben hier nur die wichtigsten Daten: Um 480 in Norcia geboren, d. h. in den Bergen Umbriens, studierte er eine Zeitlang in Rom Rhetorik. Dann, erschüttert und abgestoßen von der Verdorbenheit seiner Umgebung, zog er sich in die Nähe des Lago dell'Aniene bei Subiaco in die Einsamkeit zurück, wo später 13 Klöster entstanden. Als er gezwungen wurde, das Anienetal zu verlassen, zog er auf diesen hohen Berg hier, der den Ort Cassino beherrscht, wo er 529 das berühmte Kloster gründete und sich der Missionierung der damals noch heidnischen Bevölkerung widmete, während seine Schwester Scholastika ein Frauenkloster leitete.
Gegen Ende des 5. Jahrhunderts war die Welt von einer

schrecklichen Krise der Werte und Institutionen erschüttert, die mit dem Ende des Römischen Reiches, der Völkerwanderung und dem Sittenverfall zusammenhing. In dieser dunklen Nacht der Geschichte war der hl. Benedikt ein strahlender Stern. Begabt mit einer tiefen menschlichen Empfindsamkeit, sah Benedikt bei seinem Plan zur Reform der Gesellschaft vor allem auf den Menschen und verfolgte drei Leitlinien:

– den Wert des Einzelmenschen als Person;
– die Würde der Arbeit als Dienst an Gott und den Brüdern;
– die Notwendigkeit des betrachtenden Gebets, denn er hatte begriffen, daß Gott das Absolute ist und daß wir im Absoluten leben. Daher muß das Gebet die Seele von allem sein: »In allem soll Gott verherrlicht werden« *(Regel)*.

Zusammenfassend kann man sagen, daß die Botschaft des hl. Benedikt ein Ruf zur Verinnerlichung ist. Der Mensch muß zuerst bei sich selber einkehren und sich gründlich kennenlernen. Er muß in sich selber das Verlangen nach Gott und die Spuren des Absoluten entdecken. Der theozentrische und liturgische Charakter der Gesellschaftsreform, die Benedikt verfocht, scheint das berühmte Wort des hl. Augustinus neu einschärfen zu wollen: »Geh nicht nach draußen, kehre zurück in dich selbst; im inneren Menschen wohnt die Wahrheit« (*De vera relig.* 39, 72). Der hl. Gregor schreibt in seinen berühmten *Dialogen* (*Migne PL* LXVI, 125–204), wo er das Leben des hl. Benedikt erzählt: »Unter den Augen dessen, der von oben her auf uns schaut, wohnte er bei sich selber« (*Buch 2,* Kap. 3).

3. Hören wir auch die Stimme der Zeit: Die Stimme unserer Zeit, in der wir mit Angst und Bangen leben, sagt uns, daß die Menschen immer mehr die Einheit anstreben. Man spürt das Bestreben nach einer besseren wechselseitigen Kenntnis der einzelnen und auch der Völker untereinander.

Heute ist vor allem Europa dabei, seine Einheit aufzubau-

en, nicht nur die wirtschaftliche, sondern auch die soziale und die politische Einheit, unter Wahrung des Respektes vor den Einzelnationen.
Die Probleme, die hier angegangen und gelöst werden müssen, sind zahlreich und verwickelt, angefangen vom Bereich der Kultur und der Bildung bis zu dem des Rechtes und der Wirtschaft.
Aber wenn wir den hl. Benedikt hören, den Pius XII. »Vater Europas« genannt und Paul VI. zum »Patron Europas« erklärt hat, dann drängt die Zeit zu einem immer besseren gegenseitigen Verstehen, das soziale Unterschiede, egoistische Gleichgültigkeit, Machtmißbrauch und Intoleranz überwindet und besiegt.
Ist das aber nicht die Botschaft des christlichen Glaubens? Dieses christlichen Glaubens, der Seele und Geist Europas ist und uns auffordert, freundlich, geduldig, barmherzig, Friedensstifter, reinen Herzens, arm im Geist, hungernd und dürstend nach der Gerechtigkeit zu sein (vgl. *Mt* 5, 1–12)?
Die Stimme des hl. Benedikt vereint sich so mit der Stimme der Zeit. Das Lebensprogramm für Europa und für alle Menschen sollte die Bergpredigt sein! Auch zu uns sagt der hl. Paulus: »Ihr seid von Gott geliebt, seid seine auserwählten Heiligen. Darum bekleidet euch mit aufrichtigem Erbarmen, mit Güte, Demut, Milde, Geduld! Ertragt euch und vergebt einander, wenn einer dem anderen etwas vorzuwerfen hat! ... Vor allem aber liebt einander, denn die Liebe hält alles zusammen und macht es vollkommen. In eurem Herzen herrsche der Friede Christi« (*Kol* 3, 12–15).
Wir wollen hier um diesen Frieden Christi beten. Und wenn wir die ganze gegenwärtige Suche nach einer größeren Einheit unter den Völkern Europas betrachten, hoffen wir, daß sie auch ein tieferes Bewußtsein von den Wurzeln – den geistlichen und christlichen Wurzeln – mit sich bringt. Denn wenn man ein gemeinsames Haus bauen

will, muß man auch ein tieferes Fundament legen. Ein oberflächliches Fundament genügt nicht.
Und dieses tiefere Fundament muß – wir haben schon davon gesprochen – immer ein geistliches Fundament sein. Beten wir also darum, daß die Suche nach einem geeinten Europa auf dem geistlichen Fundament der benediktinischen, christlichen, katholischen, also universalen Tradition ruht.
Nur im Namen dieser Tradition ist es möglich, daß ich jetzt, hier und heute als Sohn einer Nation, die der Sprache und Geschichte nach verschieden ist, zu euch als Bischof von Rom spreche. Aber diese Nation ruht auf dem gleichen Fundament, der gleichen geistlichen Tradition, dem gleichen Christentum mit einer Vergangenheit, die so christlich ist, daß ich hier unter euch nicht nur als Hausgenosse, sondern auch als euer Hirt stehen kann.
Richten wir unseren Blick und unser Herz auf die allerseligste Jungfrau Maria! Sie möge uns beistehen, daß wir alle einmütig danach streben, Europa und die ganze Welt unter der einen Sonne, die Christus ist, zu einen.
1944, als die tragischen Tage von Montecassino zu Ende gingen und die Truppen eben die Gipfel der noch rauchenden Trümmer erreicht hatten, errichtete eine Gruppe katholischer polnischer Soldaten dort eine kleine, der Gottesmutter geweihte Kapelle. Sie schmückten diese, so gut die dramatischen Umstände es erlaubten, dann warfen sie sich in vertrauensvollem Gebet dort nieder. An dieser Stelle erhebt sich heute die neue Kirche.
Liebe Brüder und Schwestern, vereinigen wir uns im Gebet zu Maria, in der Nachahmung ihrer Tugenden, in kindlicher und bleibender Liebe. Dann wollen wir weiter vorangehen, gläubig und mutig, und mit dem hl. Benedikt sprechen: »Bete und arbeite, und sei nicht traurig!«

14 An Ordensfrauen in Tschenstochau

... Jede von euch wiederhole mit Maria ihre in Nazareth gesprochenen Worte: »Ich bin die Magd des Herrn, mit mir geschehe, was du gesagt hast« (*Lk* 1, 38). Diese Worte enthalten gleichsam den Prototyp jeder Ordensprofeß, durch die jede von euch mit ihrer ganzen Person das Geheimnis der in der Ordensberufung vermittelten Gnade umfaßt. Jede von euch wählt, wie Maria, Jesus, den göttlichen Bräutigam; für ihn, für seine Liebe, möchte sie leben, indem sie die Gelübde der Armut, der Keuschheit und des Gehorsams verwirklicht. Und dadurch will jede von euch Zeugnis geben für das ewige Leben, das Christus uns durch sein Kreuz und seine Auferstehung geschenkt hat.
Liebe Schwestern! Dieses lebendige Zeichen, das jede von euch inmitten der Menschen darstellt, ist von unschätzbarem Wert. Indem ihr mit Glaube, Hoffnung und Liebe den göttlichen Bräutigam umfaßt, umfaßt ihr ihn zugleich in den vielen Menschen, denen ihr dient: in den Kranken und Alten, den Behinderten und Benachteiligten, deren sich niemand außer euch annehmen kann, weil dazu eine wirklich heroische Hingabe nötig ist. Und wo findet ihr Christus noch? In den Kindern, in den Jugendlichen, bei der Katechese, in der Seelsorge an der Seite der Priester. Ihr findet ihn in den einfachsten Diensten wie auch bei der Erfüllung von Aufgaben, die manchmal eine hohe Bildung erfordern. Ihr findet ihn überall, wie die Braut des Hohen Liedes: »... ich habe den gefunden, den meine Seele liebt« (*Hld* 3, 4).
Möge sich Polen stets eures evangelischen Zeugnisses erfreuen. Möge es nie an großmütigen Herzen fehlen, die dem Nächsten die Liebe Christi bringen. Erfreut euch stets eurer Berufung, auch dann, wenn ihr innere und äußere Leiden, wenn ihr die Finsternis erfahrt ...

15 An Seminaristen und Ordensnovizen in Tschenstochau

... 2. Dieses neue Leben, das Christus uns mitteilt, wird zu unserem geistlichen, zu unserem inneren Leben. Wir entdecken also uns selbst. Wir entdecken in uns den inneren Menschen: mit seinen Fähigkeiten und Talenten, mit seinen edlen Wünschen und Idealen, aber wir entdecken auch Schwächen, Fehler und schlechte Neigungen, Egoismus, Stolz, Sinnlichkeit. Wir wissen wohl: während die ersteren dieser Eigenschaften unserer Menschennatur es verdienen, entfaltet und gestärkt zu werden, müssen wir die letzteren bekämpfen, überwinden und umwandeln. Auf diese Weise – in lebensvollem Kontakt mit Jesus, dem Herrn, im Kontakt des Jüngers mit dem Meister – beginnt und entfaltet sich das schönste Handeln des Menschen: die Arbeit an sich selbst, deren Zweck die Formung der eigenen menschlichen Natur ist. In unserem Leben bereiten wir uns auf die eine oder andere Berufsarbeit vor; die Arbeit am inneren Menschen hingegen zielt einzig und allein auf die Bildung des Menschen als solchem, jenes Menschen, der ein jeder von uns ist.
Diese Arbeit ist die persönlichste Mitarbeit mit Jesus Christus und jener ähnlich, die in seinen Jüngern vor sich ging, nachdem er sie in seine Nähe gerufen hatte.

3. Das heutige Evangelium spricht von einem Festmahl. Wir sind uns bewußt, daß unser göttlicher Meister uns mit seinem Ruf zur Mitarbeit mit ihm – einer Mitarbeit, die wir als seine Jünger annehmen, um seine Apostel zu werden – gleichsam nach Kana und Galiläa einlädt. Er deckt nämlich vor uns – wie das die Kirchenväter so anschaulich und bildhaft ausdrückten – zwei Tische: den Tisch des Wortes und den der Eucharistie. Die Arbeit an uns selbst beruht darauf, daß wir an diese beiden Tische herantreten und zulangen.
Ich weiß, wie zahlreich in Polen die Jugendlichen – Jungen

und Mädchen – sind, die sich mit Freude und Vertrauen, mit dem Verlangen, die Wahrheit zu erkennen und die schöne Liebe zu finden, dem Tisch des Wortes sowie dem Tisch der Eucharistie nahen. Bei dieser unserer heutigen Begegnung möchte ich die große Bedeutung der verschiedenen Formen jener schöpferischen Arbeit hervorheben, die es ihnen erlaubt, den vollen Wert des Lebens zu entdecken, den wahren Zauber der Jugend, in dem sie mit Christus, ihrem Meister, Umgang pflegen und in seiner heiligenden Gnade leben. Auf diese Weise entdecken sie, daß das menschliche Leben, an dessen Schwelle sie stehen, einen reichen Sinn hat, daß es – immer und überall – eine freie und bewußte Antwort auf den Ruf Gottes ist, eine klar umrissene Berufung.

4. Einige von euch haben entdeckt, daß Christus sie in besonderer Weise zu seinem ausschließlichen Dienst beruft, daß er sie als seine Diener am Altar oder auf dem Weg eines durch die Ordensgelübde Gott geweihten Lebens sehen will. Dieser Entdeckung der Berufung folgt eine besondere, eine vieljährige Vorbereitung in den Priesterseminaren oder den Ordensnoviziaten. Mögen diese im Leben der Kirche wohlverdienten Einrichtungen niemals aufhören, junge Herzen anzuziehen, die bereit sind, sich einzig dem Erlöser zu schenken, damit das, was ihr so gern singt, in Erfüllung gehe: »Komm mit mir, die Welt zu retten, das 20. Jahrhundert ...«
Denkt daran, daß ich mich über jeden Priester- oder Ordensberuf freue als ein besonderes Geschenk Christi, des Herrn, an die Kirche, an das Volk Gottes; als ein besonderes Zeichen der christlichen Lebenskraft unserer Diözesen, Pfarreien und Familien. Hier und heute vertraue ich gemeinsam mit euch jede keimende Berufung unserer Lieben Frau von der Jasna Góra an und schenke sie ihr als kostbares Gut.

5. Während des Hochzeitsmahls zu Kana in Galiläa erbat Maria von ihrem Sohn ein erstes Zeichen für das Brautpaar und den Hausherrn. Möge sie nicht aufhören, für euch zu beten, für die gesamte Jugend Polens, für die Jugend der ganzen Welt, auf daß in euch das Zeichen einer neuen Gegenwart Christi in der Geschichte sichtbar werde.
Und ihr, meine Lieben, seid stets dieser Worte eingedenk, welche die Mutter Christi in Kana gesprochen hat, indem sie sich an die Männer wandte, die die Krüge mit Wasser zu füllen hatten. Sie sagte, auf ihren Sohn weisend: »Was er euch sagt, das tut« (*Joh* 2, 5).
Heute sagt sie das euch. Nehmt diese Worte an. Vergeßt sie nicht. Folgt ihnen!

16 An das Generalkapitel der Franziskaner

... Laßt die Anfangsworte meiner ersten, erst kürzlich herausgegebenen Enzyklika auf eure Herzen und Sinne wirken: »Der Erlöser des Menschen, Jesus Christus, ist die Mitte des Kosmos und der Geschichte.« Was in diesen Worten enthalten ist, sollt ihr verkünden; euer Orden muß jene ursprünglichen Kräfte wiedergewinnen, die ihn fähig machen, unserer Zeit Christus zu erschließen und nach dem Vorbild eures seraphischen Vaters Franziskus jenes Zeugnis der Liebe zur Kirche zu geben, das er auf so außerordentliche Weise gegeben hat.
Das Verlangen nach Erneuerung jener früheren Kraft wird, wie ich annehmen darf, gerade auch an der Stätte in euch lebendig, wo ihr euer Generalkapitel abhaltet. Ich spreche vom Konvent Santa Maria degli Angeli, wo – wie der hl. Bonaventura sagt – euer berühmter Ordensvater »demütig begonnen, tatkräftig gewirkt und glücklich zur Vollendung gekommen ist« (*Legenda maior,* c. II. n. 8: *Analecta Franciscana,* X. Clairvaux 1926, S. 566). Dort nämlich hat er auf vortreffliche Weise jene Buße vollzogen, die er sich vom Beginn seines gottgeweihten Lebens

an vorgenommen hatte. Um eine geistliche Erneuerung zu bewirken, muß man mit der Buße beginnen, was soviel bedeutet wie *metánoia*, das heißt innere Umkehr, Gesinnungswandel. Wenn sie diese Bedingung erfüllen, entsprechen die Söhne des hl. Franziskus ihrer Berufung.
Im hellen Licht dieser Wahrheit fordere ich euch dringend dazu auf, nicht an eurer Identität zu zweifeln, nichts zu suchen und nichts zu tun – weder einzeln noch in der Gemeinschaft –, was von jener Regel abweichen würde, die euer Vater und Gesetzgeber für alle Zeiten aufgestellt hat: »Die Regel und das Leben der Franziskaner besteht darin, durch ein Leben in Gehorsam, Armut und Keuschheit das heilige Evangelium unseres Herrn Jesus Christus zu befolgen« (Regula, I: *Opuscula*, ed. C. Esser, in: *Bibl. Franc. Acet. M. Aevi,* XII; Grottaferrata 1978, S. 226f.).
Von dieser Treue zu eurer ursprünglichen Lebensform hängt auch die Bedeutung eurer Rolle im Heilswerk der Kirche ab, insofern ihr eure Person und euer Werk in den Dienst des Evangeliums stellt und dabei streng am kirchlichen Lehramt festhaltet.
Nehmt also die väterliche Ermahnung an, die der Bischof von Rom euch heute gibt: Liebt die Kirche, wie der hl. Franziskus sie geliebt hat! Liebt sie mehr als euch selbst, indem ihr, wenn nötig, auch Denk- und Lebensweisen aufgebt, die in früheren Zeiten vielleicht ihre Geltung hatten, sich nun aber nicht mehr als geeignet und brauchbar erweisen, um die Lebenskraft der Kirche zu fördern und ihre Liebe weiter auszubreiten.
Indem ihr also diese eure Berufung in der Kirche erneuert, sollt ihr dem Willen eures seraphischen Vaters gehorchen, der seine Brüder in alle Teile der Welt sandte, damit sie den Menschen den Frieden und die Buße zur Vergebung der Sünden verkünden (vgl. Thom. von Celano, *Vita* I, p. I, c. XII, n. 29: *Analecta Franciscana mem.*, S. 24). Sucht die Menschen in ihrem Alltagsmilieu zu erreichen; pflegt und bearbeitet jenen göttlichen Samen in ihnen (vgl. *1 Joh* 3, 9), damit sie den menschgewordenen Sohn Gottes erken-

nen und aufnehmen und selbst zu Kindern Gottes werden. Niemand hat bekanntlich die Heiligkeit der Schöpfung so tief empfunden wie der hl. Franziskus. Er hat – um mit den Worten meines verehrungswürdigen Vorgängers Paul VI. zu sprechen – »nachdem er alles um des Herrn willen verlassen hatte, durch die heilige Armut sozusagen etwas von jener ursprünglichen Seligkeit wiedergefunden, mit der die Welt heil aus den Händen des Schöpfers hervorgegangen war. In der äußersten Armut, fast schon erblindet, konnte er den unvergeßlichen Lobpreis der Schöpfung anstimmen, den Lobgesang der Schwester Sonne, der ganzen Natur, die für ihn gleichsam transparent und zum lauteren Spiegelbild der göttlichen Herrlichkeit geworden ist« (Apost. Schreiben *Gaudete in Domino*, IV: AAS 67, 1975, S. 307). Zu eurer Berufung gehört es daher auch, daß ihr die Menschen lehrt, die Dinge dieser Welt mit dem Heilswerk in Verbindung zu bringen, und daß ihr sie, auch wenn sie, ihrer natürlichen Neigung nach, noch ganz in diesen irdischen Dingen verhaftet sind, doch zugleich zu der Hoffnung hinführt, die alles Irdische übersteigt.

Liebe Franziskaner! Weil ihr als Ordensmänner gleichsam auf den höchsten Gipfel des christlichen Gewissens gestellt seid (vgl. Paul VI., *Evangelii testificatio*, 19: *AAS* 63, 1971, S. 508), richte ich diese Worte an euch, um euch zu stärken, euch zu ermutigen und euch zu einem täglich größeren Eifer herauszufordern, durch den ihr Mitarbeiter des Nachfolgers Petri seid, »dem das hohe Amt, den christlichen Namen auszubreiten, in besonderer Weise übertragen ist« (*Lumen gentium*, Nr. 23).
Die heilige Gottesmutter möge euch beschützen und beschirmen! Sie nimmt ja in eurer theologischen Überlieferung einen einzigartigen Platz ein, vor allem im Geheimnis ihrer Unbefleckten Empfängnis. Dadurch nämlich ist sie zu dem vollkommensten menschlichen Bild der Kirche geworden, von der Christus, ihr Stifter, wollte, daß sie, »ohne Flecken, Falten oder andere Fehler«, »heilig und

makellos« sei (*Eph* 5, 27). Ahmt Maria nach, die ganz dem Willen Gottes hingegeben war. Hört auf sie, die euch, auf ihren Sohn blickend, auffordert: »Was er euch sagt, das tut!« (*Joh* 2, 5).

17 Predigt bei den Klarissen in Albano

Liebe Schwestern im Herrn!
Mit großer Freude und Bewegung feiere ich die heilige Messe hier mit euch und für euch. Ihr lebt euer beschauliches Leben ja nicht weit von meiner Sommerresidenz. Und von allen Personen, die der Papst liebt, seid ihr sicher die wertvollsten, denn der Stellvertreter Christi braucht euch und eure geistliche Hilfe dringend. Er rechnet mit euch, weil ihr durch Gottes Berufung »das Bessere erwählt« habt (*Lk* 10, 42), die Stille, das Gebet, die Beschauung, die ausschließliche Liebe zu Gott.
Ihr habt die Welt nicht verlassen, um euch die Kümmernisse dieser Welt zu ersparen oder um keinen Anteil mehr zu nehmen an den Problemen, die die Menschheit bedrängen. Nein! Ihr tragt sie alle im Herzen, und im mühevollen Verlauf der Geschichte begleitet ihr die Menschen mit eurem Gebet und mit eurer Suche nach Vollkommenheit und Heil.
Wegen eurer verborgenen, aber wirklichen Gegenwart in der Welt richtet sich auch mein Blick auf eure betenden Hände und vertraut eurer glühenden Liebe die brennenden Sorgen des Papstes an.
Ich möchte deshalb mit euch die Lehren und Gedanken betrachten, zu denen uns das eben gehörte Evangelium anregt.

1. Jesus erinnert uns vor allem an die tröstliche Wirklichkeit des Himmelreiches.
Die Frage, die die Apostel an Jesus richten, ist bezeichnend: »Wer ist der Größte im Himmelreich?«

Man sieht, sie hatten miteinander über Fragen der Rangfolge, der Karriere, der Verdienste diskutiert. In einer noch sehr irdischen und egoistischen Mentalität befangen, wollten sie wissen, wer in jenem Himmelreich, von dem der Meister immer sprach, der Erste sein werde.
Jesus nahm das zum Anlaß, die falsche Vorstellung der Apostel zu läutern und sie in den wirklichen Inhalt seiner Botschaft einzuführen: Das Himmelreich ist die von ihm offenbarte Heilswahrheit, und die »Gnade«, das heißt das Leben, das Gott den Menschen durch die Menschwerdung und Erlösung zurückgegeben hatte, ist die Kirche, sein mystischer Leib, das Volk Gottes, das ihn liebt und ihm nachfolgt, und schließlich die ewige Herrlichkeit des Paradieses, zu der die ganze Menschheit berufen ist.
Wenn Jesus vom Himmelreich spricht, will er uns lehren, daß das menschliche Dasein nur in der Perspektive der Wahrheit, der Gnade und der künftigen Herrlichkeit Sinn hat. Alles muß in Liebe und mit Liebe in der von ihm offenbarten eschatologischen Wirklichkeit angenommen und gelebt werden: »Verkauft eure Habe und gebt das Geld den Armen! Macht euch Geldbeutel, die nicht zerreißen! Verschafft euch einen Schatz im Himmel, der nicht abnimmt ... Legt euren Gürtel nicht ab und laßt eure Lampen brennen!« (*Lk* 12, 33. 35).

2. Jesus lehrt uns die rechte Weise, in das Himmelreich einzugehen.
Der hl. Evangelist Mattäus berichtet: »Jesus rief ein Kind herbei, stellte es in ihre Mitte und sagte: Amen, ich sage euch: Wenn ihr nicht umkehrt und wie die Kinder werdet, könnt ihr nicht in das Himmelreich kommen. Wer so klein wie dieses Kind sein kann, der ist im Himmelreich der Größte« (*Mt* 18, 2–4).
Das ist die überraschende Antwort Jesu: Unerläßliche Bedingung, um in den Himmel zu kommen, ist, klein und bescheiden zu werden wie die Kinder!
Es ist klar, daß Jesus den Christen nicht verpflichten will,

dauernd infantil zu bleiben, unwissend, unempfindlich für die Probleme der Zeit. Alles andere! Aber er benutzt das Kind als Modell für den Zugang zum Himmelreich wegen des symbolischen Wertes, den das Kind in sich trägt:
– erstens: das Kind ist unschuldig, und das erste Erfordernis, um in das Himmelreich zu kommen, ist das Leben der »Gnade«, also die bewahrte oder wiedergewonnene Unschuld, das Fehlen der Sünde, die immer ein Akt des Stolzes und des Egoismus ist;
– zweitens: das Kind lebt vom Glauben und Vertrauen zu seinen Eltern und überläßt sich mit voller Hingabe denen, die es führen und lieben; so muß der Christ bescheiden sein und sich mit vollem Vertrauen Christus und der Kirche überlassen; die große Gefahr, der große Feind ist immer der Stolz, und Jesus legt Wert auf die Tugend der Bescheidenheit, denn vor dem Unendlichen kann man nicht anders als demütig sein; Demut und Wahrhaftigkeit sind auch Zeichen der Intelligenz und Quelle der Freude;
– schließlich: das Kind begnügt sich mit den kleinen Dingen, die es glücklich machen; ein kleiner Erfolg, ein erfüllter Wunsch, ein erhaltenes Lob lassen es vor Freude jubeln.
Um in das Himmelreich zu kommen, muß man starke, weite, unbegrenzte Empfindungen zu haben. Aber man muß sich mit den kleinen Dingen zufriedengeben, den Pflichten, die der Gehorsam auferlegt, dem Willen Gottes, wie er sich gerade jetzt ausdrückt, den täglichen Freuden, die die Vorsehung bereithält. Man muß aus jeder Arbeit, so klein und bescheiden sie auch ist, eine große Tat der Liebe und der Vollkommenheit machen.
Wir müssen uns zum Kleinsein bekehren, um in den Himmel zu kommen! Denken wir an die geniale Erleuchtung der hl. Theresia von Lisieux, als sie über den Bibelvers: »Wenn jemand wirklich klein ist, komme er zu mir« nachdachte. Sie entdeckte, daß dieses »Kleinsein« wie ein Aufzug war, um sie so schnell und leicht als möglich zum Gipfel der Heiligkeit zu tragen: »Deine Arme, Jesus, sind

der Aufzug, der mich in den Himmel trägt! Deshalb habe ich wirklich nicht nötig, groß zu werden. Es genügt, daß ich klein bleibe, daß ich es immer mehr werde« (*Geschichte einer Seele,* Manuskript C, Kap. X).

3. Jesus flößt uns die Sehnsucht nach dem Himmelreich ein.
Jesus sagt: »Was meint ihr? Wenn jemand 100 Schafe hat und eines von ihnen sich verirrt, läßt er dann nicht die 99 auf den Bergen zurück und sucht das verirrte Schaf? Und wenn er es findet – amen, ich sage euch: er freut sich über dieses eine mehr als über die 99, die sich nicht verirrt haben. So will auch euer himmlischer Vater nicht, daß einer von diesen Kleinen verloren geht« (*Mt* 18, 12–14).
Das sind ebenso dramatische wie tröstliche Worte. Gott hat den Menschen geschaffen, um ihn an seiner Herrlichkeit und seinem unermesslichen Glück teilhaben zu lassen. Und deshalb wollte er ihn vernünftig und frei, »nach seinem Bild und Gleichnis«. Leider sehen wir mit Besorgnis der sittlichen Verderbnis zu, die die Menschheit verwüstet und vor allem die Kleinen verachtet, von denen Jesus spricht.
Was sollen wir also tun? Den guten Hirten nachahmen und uns ohne Pause für das Heil der Seelen einsetzen. Ohne die praktische Nächstenliebe und die soziale Gerechtigkeit zu vergessen, müssen wir überzeugt sein, daß die höchste Liebe die geistliche ist, das heißt Eifer für das Heil der Seelen. Und die Seelen werden durch Gebet und Opfer gerettet. Das ist die Sendung der Kirche!
Vor allem ihr Klosterfrauen und gottgeweihten Seelen müßt euch wie Abraham auf dem Berg fühlen, um das Erbarmen und Heil der unendlichen Güte des Allmächtigen herabzurufen! Und es muß eure Freude sein zu wissen, daß viele Seelen gerade durch eure Fürsprache gerettet werden.
Liebe Schwestern! In der ... mystischen Stimmung der Vigil von Mariä Himmelfahrt vertraue ich euch alle ihrer

mütterlichen Sorge an und schließe mit den Worten, die Paul VI. seligen Andenkens zu Beginn seines Pontifikates gesprochen hat: »Maria erscheint uns heute mehr als je in ihrem Licht aus der Höhe als Lehrerin des christlichen Lebens. Sie sagt uns: Lebt auch ihr gut! Und wißt, daß die gleiche Bestimmung, die sich für mich am Tag, als mein irdischer Lebensweg seinen Abschluß fand, erfüllte, sich zu gegebener Zeit auch an euch erfüllen wird. ... Die himmlische Mutter steht oben, sieht uns und erwartet uns mit ihrem liebenden Blick ... Ihre gütigen Augen betrachten uns voll Liebe und mit mütterlicher Zuneigung ... (*Ansprache vom 15. August 1963*).

18 An Generalobere und Generaloberinnen nichtkatholischer Ordensinstitute

In Christus inniggeliebte Freunde!
Als Bischof von Rom heiße ich Sie bei diesem Apostolischen Stuhl willkommen. Besonders erfreulich ist es zu wissen, daß Sie zu einer ökumenischen Tagung über das Ordensleben nach hier gekommen sind. Ihr Besuch ist daher ein günstiger Augenblick, miteinander kurz über dieses Thema nachzudenken und gerade dadurch die Freude zu erfahren, daß so viele große Ideale des Ordenslebens gemeinsamer Besitz sind.
Zu diesen Idealen gehört der zentrale Gedanke vom Ordensleben als einer besonderen Hingabe an unseren Herrn Jesus Christus, um vollständig seiner göttlichen Person anzugehören und alles zu erfüllen, was das Getauftsein in Christus von uns verlangt. Das Ordensleben ist radikales Streben im Geist der Seligpreisungen – praktische Anerkennung des absoluten Vorrangs Christi in der Kirche und in der Welt. Es ist eine freie Antwort der Jünger auf die Einladung des Herrn Jesus: »Bleibt in meiner Liebe!« (*Joh* 15, 9).
Das Zweite Vatikanische Konzil sieht das Ordensleben

hingeordnet auf die größere Heiligkeit der Kirche und die größere Ehre der Heiligsten Dreifaltigkeit, die in Christus Quelle und Ursprung jeder Heiligkeit ist (vgl. *Lumen gentium,* Nr. 47). Es betrachtet den ganzen fruchtbaren Dienst der Ordensleute mit Christus (vgl. *Perfectae caritatis,* Nr. 8).

Die Betrachtung des Ordenslebens als einer neuen und besonderen Weise, die universale Berufung des ganzen Gottesvolkes zur Heiligkeit zu erfüllen, führt uns immer mit Notwendigkeit zum kirchlichen Aspekt des Ordenslebens. In der Geschichte der Kirche hat die kirchliche Autorität sich für die Echtheit dieser Lebensweise verbürgt, welche stets in ihrer Beziehung zum ganzen Leib Christi gesehen wurde. In ihm gereicht das, was jedes einzelne Glied, und das, was die Gemeinschaften tun, durch die dynamische Verbundenheit mit Christus, ihrem Haupt, dem ganzen Leib zum Nutzen.

Ich habe die Zuversicht, daß durch Gottes Gnade Ihre ökumenischen Beratungen über so wichtige Themen Früchte hervorbringen werden, die von Dauer sind. Ich bete darum, daß der Heilige Geist selber sein Licht ausgießen möge, wenn Sie über das Ordensleben nachdenken, besonders auch deshalb, weil es die Frage der kirchlichen Einheit – der von Christus gewollten, vollkommenen Einheit – berührt.

Wer sollte es im Gebet mehr spüren als die Ordensleute, wie dringend notwendig es ist, für die Einheit nicht nur einzutreten, sondern sie auch in der Fülle der Wahrheit und der Liebe zu leben? Und wenn wir diese Notwendigkeit als so dringend erfahren – und diese Erfahrung ist selbst schon ein Geschenk Gottes –, spüren wir dann nicht ebenso die Notwendigkeit zunehmender persönlicher Läuterung, immer größerer Umkehr des Herzens, die Gott als Vorbedingung für die Wiederherstellung der sichtbaren Einheit aller Christen zu fordern scheint? Und verpflichtet nicht die innere Freiheit, um die die Ordensleute sich im Streben nach enger Verbundenheit mit dem

Herrn Jesus bemühen, sie um so mehr, in Liebe den Willen Christi für seine Kirche bis ans Ende zu verfolgen? Sind Ordensleute nicht in besonderer Weise dazu berufen, der Sehnsucht der Christen Ausdruck zu verleihen, daß der – seiner Natur nach vorübergehende – ökumenische Dialog in jener vollen kirchlichen Gemeinschaft – »mit dem Vater und mit dem Sohn Jesus Christus« (*1 Joh* 1, 3) – sich vollende? Sollten Ordensleute nicht die ersten sein, die sich mit aller Hochherzigkeit für Gottes Heilsplan einsetzen und mit dem hl. Paulus wiederholen: »Herr, was soll ich tun?« (*Apg* 22, 10).

Liebe Brüder und Schwestern, das ist ein Augenblick der Freude, nicht aufgrund von Selbstzufriedenheit, sondern in dem demütigen und reumütigen Wunsch, Gottes Willen zu erfüllen. Es ist zugleich ein Augenblick des Vertrauens »in Jesus Christus, der für uns Weisheit wurde von Gott und Gerechtigkeit und Heilung und Erlösung« (*1 Kor* 1, 30). Ihm wenden wir unsere Herzen zu, wenn wir durch seine Verdienste um die Kraft bitten, in Großmut und Opfer die volle Offenbarung seines Königreiches, die Vollendung unserer Einheit in Christus zu erwarten: »Dein Reich komme, dein Wille geschehe«.

Ich möchte Sie bitten, Ihren Ordensgemeinschaften meine Grüße und meine Ermutigung zu überbringen, tief »im Glauben an den Sohn Gottes« (*Gal* 2, 20) zu leben. Mit dem Ausdruck meiner Wertschätzung und Freundschaft übersende ich Ihnen die Versicherung meiner Liebe in Christus Jesus, unserem Herrn.

19 An Bischöfe, Priester und Ordensleute in Loreto

... Es scheint mir, daß euch auch folgende Frage beschäftigt: Wie werden wir den Erwartungen des gesamten Gottesvolkes immer besser entsprechen können, besonders in den ernsten Schwierigkeiten der heutigen Zeit? In dieser

Stadt Mariens glaube ich euch antworten zu können: seid echte Nachahmer der Muttergottes!
Wie sie es getan hat, bewahrt in euren Herzen alles (vgl. *Lk* 2, 32), was der Erlöser euch raten wird, wenn ihr ihn voll Freude, Ausdauer und besorgtem Eifer sucht.
Und wie die Sendung Mariens im Dienst aufmerksamer Liebe bei ihrer Verwandten Elisabeth bestand, so sei auch euer Platz beim Nächsten: von Gott erfüllt durch die Gnade, die eure Sendung beseelt und leitet, verstärkt durch die Liebe, die sie auszeichnet, uneigennützig, weil ihr jede menschliche Belohnung fremd ist, zurückhaltend wegen der inneren Botschaft, die sie überbringen soll.
Und wie Maria in den wenigen Stunden des Triumphes ihres Sohnes im Hintergrund blieb, ihm jedoch beim Kreuz ganz nahe stand, so sollt auch ihr, indem ihr euch nicht um die vergängliche irdische Befriedigung kümmert, sondern an die menschlichen Leiden denkt, es fertigbringen, mit unsagbarer Hingabe die letzten Konsequenzen der geistlichen Vater- und Mutterschaft über alle jene anzunehmen, die Christus euch anvertraut hat, ja über die ganze Menschheit, die euer Beispiel und euer Zeugnis nötig hat.
...

20 Predigt in der Abtei von Grottaferrata

... Hier, wenige Kilometer vor Rom, seid ihr, meine lieben Brüder, Ausdruck der Fruchtbarkeit des monastischen Lebens nach dem byzantinischen Ritus und eure Abtei ist – wie schon mein Vorgänger seligen Andenkens Pius XI. anläßlich ihrer kirchenrechtlichen Errichtung geschrieben hat – »gleichsam ein glänzender orientalischer Edelstein«, gefaßt in dem Diadem der Römischen Kirche (vgl. Apost. Konst. *Pervetustum Cryptaeferratae Coenobium,* in *AAS* XXX, 1938, S. 183–186). Andererseits weiß ich um das einzigartige Band der Treue, die dieses Kloster seit seiner Gründung zu Beginn des 11. Jahrhunderts ständig mit dem Hl. Stuhl verbunden hat. Das ist nicht der letzte Grund für das Wohlwollen der Päpste gegenüber der Abtei. Ich weiß auch, daß diese Verbundenheit immer bleiben wird ... Achtet also in der Vorbildlichkeit eurer Haltung gegenüber dem Stuhl Petri darauf, allen, die die Möglichkeit haben, euch zu besuchen und euch kennenzulernen, ein gültiges Zeugnis zu bieten. Laßt das reine evangelische Licht vor den Menschen leuchten, »damit sie eure guten Werke sehen und euren Vater im Himmel preisen«. Die Übung der Tugenden, angefangen bei der Nächstenliebe, die Diskretion im Ordensleben, der Arbeitseifer, das von Liebe getragene Studium der Heiligen Schriften, das ständige Sehnen nach dem »anderen Leben«, diese wichtigen Prinzipien in der Regel des großen Basilius, müssen die Eigenschaften sein, die euch auszeichnen in Bestätigung der echten, ununterbrochenen geistlichen Tradition, die eurem Institut so sehr zur Ehre gereicht. Eben weil ihr Vertreter dieser griechischen Mönchstradition seid, wird euch auch noch eine andere Eigenschaft auszeichnen müssen, nämlich ein besonderes ökumenisches Einfühlungsvermögen. In eurer Stellung und mit eurer Bildung könnt ihr in dieser Hinsicht viel tun, wenn ihr euch im Dialog und vor allem im Gebet für die Förderung der ersehnten Einheit von Katholiken und Orthodoxen engagiert ...

21 Botschaft zum 800. Todestag der hl. Hildegard

Die Leuchte ihres Volkes und Zeitalters, die hl. Hildegard von Bingen, möge noch heller strahlen, wenn jetzt der Tag gefeiert wird, an dem sie vor 800 Jahren fromm aus dieser Welt, deren Bosheit und Befleckung ihr fremd war, der sie aber, von Christi Liebe gedrängt, unzählige Wohltaten erwies, in die Ewigkeit zu Gott als Siegerin heimging. An dieser 800-Jahrfeier nehmen wir freudigen Herzens mit allen teil, die diese Frau von seltener Beispielhaftigkeit be-

wundern und verehren, und wir bitten Dich, ehrwürdiger Bruder, Dolmetscher und Künder unserer Empfindungen zu sein.
Alle wissen, daß das höchste Lob, das diese Blüte Deutschlands schmückte, die Heiligkeit ihres Lebens war: Als Mädchen von acht Jahren wurde sie Klosterfrauen übergeben, um von ihnen unterrichtet zu werden; dann, herangereift, beschritt sie selbst den Weg des Ordenslebens, den sie eifrig und treu ging. Sie sammelte Gefährtinnen mit demselben Vorsatz und gründete neue Klöster, wo »Christi Wohlgeruch« (vgl. *2 Kor* 2, 15) sich segensreich ausbreitete.
Vom zarten Alter an mit besonderen himmlischen Gaben reich beschenkt, durchschaute die hl. Hildegard weise die Geheimnisse der Theologie, Medizin, Musik und anderer Künste, schrieb über sie zahlreiche Bücher und stellte die Verbindung zwischen Erlösung und Schöpfung ins Licht. Sie liebte einzig die Kirche. Aus glühender Liebe zu ihr zögerte sie nicht, die Klausur des Klosters zu verlassen, um als unerschrockene Vorkämpferin der Wahrheit und des Friedens mit Bischöfen, staatlichen Würdenträgern und selbst mit dem Kaiser zusammenzutreffen und auch die Volksmassen anzusprechen.
Wenn auch von schwacher Konstitution, aber an geistlichen Kräften stark und eine wahrhaft tapfere Frau, wurde sie damals die »Prophetin Deutschlands« genannt, was bei dieser Jahrhundertfeier für die Christgläubigen ihres Volkes und die anderen nicht ohne Bedeutung scheint. Leben und Werk dieser strahlenden Heiligen lehren vor allem die, die den schwereren Weg im Ordensstand gewählt haben, daß die Verbindung mit Gott und die Erfüllung des göttlichen Willens höchst erstrebenswerte Güter sind. Mögen sie sich von den Worten der hl. Hildegard leiten lassen: »Schauet und wandelt auf dem rechten Weg« (*Epist.* CXL; *PL* 197, 371). Mögen sie sich als Bekenner des christlichen Glaubens gedrängt fühlen, die Botschaft des Evangeliums in unserer Zeit ins Leben umzusetzen.

Außerdem zeigt diese gotterfüllte Lehrerin, daß die Welt nur als Schöpfung eines liebenden und fürsorglichen Vaters im Himmel richtig verstanden und verwaltet werden kann. Schließlich möge die Sorge, die sie als unermüdliche Helferin des Erlösers gleicherweise dem Nächsten an Seele und Leib zugewandt hat, die heutigen Menschen guten Willens dahin führen, ihren Brüdern und Schwestern, die in Not sind, zu helfen.

22 An Priester, Missionare, Ordensleute und Seminaristen, Maynooth/Irland

... 7. Ein besonderes Wort möchte ich an die Ordensbrüder richten. Das vergangene Jahrzehnt hat große Veränderungen und im Zusammenhang damit Probleme und Prüfungen mit sich gebracht, wie sie in eurer früheren Erfahrung noch nie aufgetreten sind. Ich bitte euch, laßt euch nicht entmutigen! Bleibt Männer der Wahrheit, der großen und grenzenlosen Hoffnung! »Der Gott der Hoffnung aber erfülle euch durch den Glauben mit aller Freude und mit allem Frieden, damit ihr reich werdet an Hoffnung in der Kraft des Heiligen Geistes« (*Röm* 15, 13). Das vergangene Jahrzehnt hat auch eine große Erneuerung im Verständnis eurer heiligen Berufung gebracht, eine großartige Vertiefung eures liturgischen Lebens und eures Gebetes, eine große Ausweitung des Feldes eurer apostolischen Arbeit. Ich bitte Gott, er möge euch mit erneuerter Berufstreue eurer Mitglieder und mit zunehmenden Berufen für eure Institute segnen. Die Kirche in Irland und in den Missionen verdankt den männlichen Ordensinstituten sehr viel. Eure Berufung zur Heiligkeit ist eine kostbare Zierde der Kirche. Glaubt an eure Berufung! Bleibt ihr treu! »Gott, der euch beruft, ist treu« (*1 Thess* 5, 24).

8. Auch die Schwestern haben Jahre des Suchens durchgemacht, manchmal vielleicht aus Ungewißheit oder Un-

ruhe. Das waren aber zugleich Jahre der Reinigung. Ich bete darum, daß wir jetzt in eine Zeit der Konsolidierung und des Aufbaus eintreten. Viele von euch sind im Apostolat der Erziehung und der Jugendseelsorge tätig. Zweifelt nicht an der fortdauernden Bedeutung dieses Apostolats, besonders im modernen Irland, wo die Jugend einen so großen und wichtigen Teil der Bevölkerung bildet. Die Kirche hat in zahlreichen bedeutsamen Dokumenten gerade in letzter Zeit wiederholt die Ordensleute an die vorrangige Bedeutung der Erziehung erinnert und Männer- und Frauenorden, die von Tradition und Charisma her zur Erziehung berufen sind, aufgefordert, in dieser Berufung fortzufahren und ihren Einsatz zu verdoppeln. Dasselbe gilt für die traditionellen Apostolate der Krankenpflege, der Sorge für alte, behinderte und arme Menschen. Sie dürfen nicht vernachlässigt werden, wenn man neue Apostolate aufgreift. Nach den Worten des Evangeliums müßt ihr aus eurem reichen Vorrat Neues und Altes hervorholen (vgl. *Mt* 13, 52). Ihr müßt in eurem apostolischen Einsatz Mut beweisen und dürft euch nicht von Schwierigkeiten wie Personalmangel, Unsicherheit der Zukunft abschrecken oder entmutigen lassen.

Aber denkt immer daran, daß das Wirkungsfeld eures Apostolats euer persönliches Leben ist. Hier muß die Botschaft des Evangeliums zuerst verkündet und gelebt werden. Eure erste apostolische Pflicht ist eure eigene Heiligung. Kein Wandel im Ordensleben hat irgendeine Bedeutung, wenn er nicht auch in eurer eigenen Umkehr zu Christus besteht. Keine Bewegung im religiösen und Ordensleben hat irgendeinen Wert, wenn sie nicht auch eine innere Bewegung ist, hin zu der »stillen Mitte« eurer Existenz, wo Christus wohnt. Nicht was ihr tut, zählt am meisten, sondern was ihr – als gottgeweihte Frauen – seid. Für euch hat Christus sich geheiligt, damit auch ihr in Wahrheit geheiligt seid (vgl. *Joh* 17, 19).

9. Euch und den Diözesan- und Ordenspriestern sage ich: Freut euch, Zeugen Christi in der modernen Welt zu sein! Zögert nicht, euch auf der Straße erkennbar und identifizierbar zu machen als Männer und Frauen, die ihr Leben Gott geweiht haben und alles, was zur Welt gehört, aufgegeben haben, um Christus zu folgen! Glaubt an den Wert der sichtbaren Zeichen eures Ordenslebens für die Männer und Frauen unserer Zeit! Die Menschen brauchen Zeichen, die sie gerade in der verweltlichten, modernen Stadt an Gott erinnern, wo es nur wenig gibt, das noch an Gott erinnert. Unterstützt nicht den Trend, »Gott aus unseren Straßen zu verbannen«, indem ihr euch in Kleidung und Benehmen der weltlichen Mode anpaßt!

10. Mein besonderer Segen und Gruß gilt den Schwestern der strengen Klausurorden und den Männern und Frauen der kontemplativen Orden. Ich danke euch für das, was ihr durch eure Lebensweise des Gebets und Opfers seit Beginn meines Pontifikats für mich getan habt. Ich sage euch: Ihr befindet euch zuerst und vor allem in dem »großen, intensiven und zunehmenden Gebet«, um das ich in *Redemptor hominis* gebeten habe. Niemals kam der kontemplativen Berufung mehr Wert oder größere Bedeutung zu als in unserer rastlosen modernen Welt. Mögen viele irische Jungen und Mädchen zum kontemplativen Leben berufen werden in einer Zeit, in der die Zukunft der Kirche und die Zukunft der Menschheit vom Gebet abhängt.

...

Euch allen sage ich: Wir erleben eine großartige Zeit in der Geschichte der Kirche! Es ist eine großartige Zeit, Priester, Ordensangehöriger, Missionar für Christus zu sein. Freut euch immer im Herrn! Freut euch an eurer Berufung! Ich wiederhole euch die Worte des hl. Paulus: »Freut euch im Herrn zu jeder Zeit! Noch einmal sage ich: Freut euch! Eure Güte werde allen Menschen bekannt. Der Herr ist nahe! Sorgt euch um nichts, sondern bringt in

jeder Lage betend und flehend eure Bitten mit Dank vor Gott! Und der Friede Gottes, der alle Vernunft übersteigt, wird eure Herzen und eure Gedanken in der Gemeinschaft mit Christus Jesus bewahren« (*Phil* 4, 4–7).
Maria, die Mutter Christi, des ewigen Priesters, die Mutter der Priester und Ordensleute, wird euch vor aller Angst bewahren, wenn ihr »in freudiger Hoffnung auf das Kommen eures Herrn und Erlösers Jesus Christus wartet«. Vertraut euch ihr an, so wie ich euch ihr, Maria, der Mutter Jesu und der Mutter der Kirche, empfehle.

23 **An Ordensbrüder in Chicago/USA**

... Brüder, Christus ist das Ziel und das Maß unseres Lebens. In der Erkenntnis Christi hat eure Berufung ihren Ursprung, und seine Liebe trägt euer Leben. Denn er hat euch gerufen, ihm im Leben nach den evangelischen Räten strenger zu folgen. Ihr folgt ihm in opferwilliger Bereitschaft. Ihr folgt ihm in Freude, indem »ihr Gott in eurem Herzen Psalmen, Hymnen und Lieder singt, wie sie der Geist eingibt« (*Kol* 3, 16). Und ihr folgt ihm in Treue, indem ihr es als Ehre anseht, um seines Namens willen Schmach zu erleiden (vgl. *Apg* 5, 42).
Euer Ordenseintritt ist seinem Wesen nach ein Akt der Liebe. Er ist Nachfolge Christi, der sich seinem Vater hingab zur Erlösung der Welt. In Christus ist die Liebe des Vaters mit seiner Liebe zu den Menschen verbunden. Und ähnlich ist es bei euch. Euer Ordenseintritt hat nicht nur eure Taufgnade, die Verbindung mit dem dreifaltigen Gott, vertieft, sondern sie hat euch auch zu höherem Dienst am Gottesvolk berufen. Ihr seid enger mit der Person Christi verbunden und nehmt breiteren Anteil an seiner Sendung zur Erlösung der Welt.
Über euren Anteil an der Sendung Christi möchte ich heute abend sprechen.

2. Laßt mich beginnen mit der Erinnerung an die persönlichen Eigenschaften, die einer haben muß, um wirksam in Christus an seiner Sendung teilzuhaben. Zuerst müßt ihr innerlich, geistig frei sein. Die Freiheit, von der ich spreche, ist für viele ein Paradox. Selbst von manchen Mitgliedern der Kirche wird sie mißverstanden. Trotzdem ist sie die grundlegende menschliche Freiheit, die für uns von Christus am Kreuz errungen wurde. Wie der hl. Paulus sagt: »Christus ist schon zu der Zeit, da wir noch schwach und gottlos waren, für uns gestorben« (*Röm* 5, 6).
Diese geistliche Freiheit, die ihr in der Taufe empfangen habt, habt ihr zu vermehren und zu stärken versucht, als ihr bereitwillig den Ruf, ihm in Armut, Keuschheit und Gehorsam unmittelbar zu folgen, angenommen habt. Was andere auch behaupten oder die Welt glauben mag: euer Gelöbnis, die evangelischen Räte zu beachten, hat eure Freiheit nicht eingeschränkt. Ihr seid nicht weniger frei, weil ihr gehorsam seid; ihr liebt nicht weniger, weil ihr ehelos lebt. Im Gegenteil! Die treue Beachtung der evangelischen Räte stellt eure menschliche Würde besonders heraus, sie macht das Menschenherz frei und entflammt euren Geist in ungeteilter Liebe zu Christus und seinen Brüdern und Schwestern in der Welt (vgl. *Perfectae caritatis,* Nr. 12).
Aber diese Freiheit eines ungeteilten Herzens (vgl. *1 Kor* 7, 32–35) muß durch ständige Wachsamkeit und glühendes Gebet erhalten werden. Wenn ihr euch unablässig im Gebet mit Christus verbindet, werdet ihr immer frei sein und immer stärker danach verlangen, an seiner Sendung teilzunehmen.

3. Zweitens müßt ihr die Eucharistie in den Mittelpunkt eures Lebens stellen. Wenn ihr auf vielerlei Weise an Leiden, Tod und Auferstehung Christi teilnehmt, ist es im besonderen die Eucharistie, in der dies realisiert und wirksam gemacht wird. In der Eucharistie erfährt euer Geist eine Erneuerung, euer Denken und Fühlen wird aufge-

frischt, und ihr findet die Kraft, Tag für Tag für ihn zu leben, der der Erlöser der Welt ist.

4. Drittens müßt ihr euch dem Wort Gottes hingeben. Denkt an die Worte Jesu: »Meine Mutter und meine Brüder sind die, die das Wort Gottes hören und befolgen« (*Lk* 8, 21). Wenn ihr aufrichtig Gottes Wort hört und es demütig aber beständig in die Tat umsetzt, wird sein Wort wie das Samenkorn, das auf fruchtbaren Boden fiel, in eurem Leben Frucht bringen.

5. Das vierte Element schließlich, das eure Teilhabe an der Sendung Christi wirksam macht, ist das brüderliche Leben. Euer Leben in einer Ordenskommunität ist der erste konkrete Ausdruck der Nächstenliebe. Die ersten Forderungen nach Selbstaufopferung und hochherzigem Dienst werden beim Aufbau der brüderlichen Gemeinschaft erfüllt. Die Liebe, die euch als Brüder in der Gemeinschaft verbindet, wird in der Folge zur Kraft, die euch in eurer Sendung für die Kirche stärkt.

6. Brüder in Christus! Am heutigen Tag ehrt die ganze Kirche den hl. Franz von Assisi. Wenn ich an diesen großen Heiligen denke, fällt mir seine Freude an Gottes Schöpfung ein, seine kindliche Einfachheit, seine mystische Ehe mit »Frau Armut«, sein missionarischer Eifer und sein Wunsch, das Kreuz Christi voll und ganz zu teilen. Welch herrliches Erbe hat er den Franziskanern unter euch und uns allen hinterlassen!
Ähnlich hat Gott viele andere Männer und Frauen erhöht, die sich durch Heiligkeit auszeichneten. Auch sie bestimmte er dazu, Ordensfamilien zu gründen, die – jede in anderer Weise – eine wichtige Rolle in der Sendung der Kirche spielen sollten. Der Schlüssel zur Wirksamkeit all dieser Ordensinstitute war ihre Treue zu dem ursprünglichen Charisma, das Gott ihrem Gründer bzw. ihrer Gründerin zur Bereicherung der Kirche geschenkt hatte.

Aus diesem Grunde möchte ich hier die Worte Paul VI. wiederholen: »Bleibt dem Geist eurer Gründer, ihren evangelischen Vorsätzen und dem Vorbild ihrer Heiligkeit treu ... Gerade hierin hat die jeder Ordensfamilie eigene Triebkraft ihren Ursprung« (*Evangelica testificatio,* Nr. 11–12). Das bleibt eine sichere Grundlage zur Beurteilung der spezifischen kirchlichen Tätigkeiten jedes Instituts und jedes seiner Mitglieder in der Erfüllung der Sendung Christi.

7. Vergeßt niemals das besondere und letzte Ziel jeden apostolischen Dienstes: die Männer und Frauen unserer Zeit zur Gemeinschaft mit der Allerheiligsten Dreifaltigkeit zu führen. In unseren Tagen wird die Menschheit unaufhörlich der Versuchung ausgesetzt, in Besitz, Wissen und Macht Sicherheit zu suchen. Durch das Zeugnis eures Lebens, das ihr in Armut, Keuschheit und Gehorsam Christus geweiht habt, fordert ihr diese falsche Sicherheit heraus. Ihr seid lebendige Mahner dafür, daß Christus allein »der Weg, die Wahrheit und das Leben« ist (*Joh* 14, 6).

8. Ihr Ordensbrüder seid heute in ein weites Betätigungsfeld eingespannt: Ihr unterrichtet in katholischen Schulen, ihr verbreitet Gottes Wort in missionarischer Tätigkeit, antwortet durch euer Zeugnis wie durch euer Wirken auf vielfältige menschliche Bedürfnisse, ihr dient in Gebet und Opfer. Wenn ihr in eurem Dienst fortfahrt, denkt an den Rat des hl. Paulus: »Tut eure Arbeit gern, als sei sie für den Herrn und nicht für die Menschen« (*Kol* 3, 23). Denn das Maß eurer Wirksamkeit wird immer der Grad eurer Liebe zu Jesus Christus sein.

9. Jede Form apostolischen Dienstes des einzelnen wie der Gemeinschaft muß mit dem Evangelium, wie es vom Lehramt der Kirche weitergegeben wird, übereinstimmen. Denn jeder christliche Dienst hat die Verbreitung des Evangeliums zum Ziel; und jeder christliche Dienst

schließt die Werte des Evangeliums ein. Seid deshalb Männer des Gottesvolkes! Männer, denen das Herz brennt, wenn sie die Verkündigung des Wortes hören (vgl. *Lk* 24, 32); die jede Tätigkeit den Forderungen dieses Wortes entsprechend ausüben; die den Wunsch haben, die Frohbotschaft bis an die Enden der Erde zu verkünden. Brüder! Eure Anwesenheit in der Kirche und eure Mitarbeit in der Verkündigung des Evangeliums sind für mich in meiner Stellung als Oberhirte der Gesamtkirche eine Ermutigung und Freude. Möge Gott jedem von euch langes Leben schenken! Möge er viele andere zur Nachfolge Christi im Ordensleben berufen! Und die Jungfrau Maria, die Mutter der Kirche und das Vorbild des Ordenslebens, möge euch die Freude und Tröstung Christi, ihres Sohnes, erwirken.

24 An Ordensfrauen in Washington

1. Am Tag unserer Taufe haben wir das größte Geschenk erhalten, das Gott einem Mann oder einer Frau geben kann. Keine andere Ehre, keine andere Auszeichnung kommt diesem Wert gleich. Denn wir wurden von der Sünde befreit und Christus Jesus und seinem Leib, der Kirche, eingegliedert. An diesem Tag wurden wir erwählt und sollten seither jeden Tag »heilig und untadelig vor Gott leben« (*Eph* 1, 4).
In den Jahren nach unserer Taufe wuchs in uns die Erkenntnis, ja das Staunen vor dem Geheimnis Christi. Wir horchten auf die Botschaft der Seligpreisungen, betrachteten das Kreuz, sprachen mit Christus im Gebet, empfingen ihn in der Eucharistie und gingen so dem Tag entgegen, diesem einzigartigen Augenblick unseres Lebens, in dem wir feierlich, bewußt und in Freiheit unser Taufgelöbnis bestätigten. Wir erklärten unseren Entschluß, immer in Verbundenheit mit Christus leben zu wollen und,

entsprechend den Gaben des Heiligen Geistes, ein hochherziges und liebendes Glied des Gottesvolkes zu sein.

2. Eure Weihe an Gott ruht auf diesem allgemeinen Fundament, das alle Christen im Leibe Christi gemeinsam haben. Weil ihr nun das, was Gott durch die Taufe in euch begonnen hatte, vertiefen und vervollkommnen wolltet, und weil ihr erkannt habt, daß Gott euch wirklich die Gabe der evangelischen Räte angeboten hat, entschiedet ihr euch dafür, Christus ganz nachzufolgen, euer Leben dem Leben Christi vollkommener anzugleichen in einer bestimmten Ordensgemeinschaft und durch sie. Das ist das Wesen der Weihe an Gott: in der Kirche und zu ihrem Wohl Armut, Keuschheit und Gehorsam zu geloben als Antwort auf Gottes besondere Einladung, ihn zu preisen, ihm in größerer Freiheit des Herzens zu dienen (vgl. *1 Kor* 7, 34–35) und das eigene Leben Christus ähnlicher zu gestalten in einer Lebensweise, die auch Christus selbst und seine heilige Mutter gewählt haben (vgl. *Perfectae caritatis,* Nr. 1; *Lumen gentium,* Nr. 46).

3. Die Weihe an Gott vertieft nicht nur eure persönliche Hingabe an Christus, sondern sie stärkt auch eure Verbindung mit seiner Braut, der Kirche. Gottgeweihtes Leben ist eine bestimmte Weise, in der Kirche zu leben, eine besondere Art, das Leben des Glaubens und des Dienstes, das in der Taufe seinen Anfang nahm, zur Entfaltung zu bringen.
Die Kirche ihrerseits hilft euch, Gottes Willen zu erkennen. Nachdem sie die Charismen eurer verschiedenen Ordensgemeinschaften angenommen und erkannt hat, verbindet sie dann eure Profeß mit der Feier des Paschamysteriums Christi.
Ihr seid von Jesus selbst berufen, in eurem Leben und in eurer Tätigkeit eure tiefe Verbundenheit mit seiner Kirche unter Beweis zu stellen. Auch im Geist und in den apostolischen Werken jeder Ordensgemeinschaft muß dieses

Band der Einheit mit der Kirche sichtbar sein. Denn Treue zu Christus läßt sich, besonders im Ordensleben, nie trennen von der Treue zur Kirche. Diese kirchliche Dimension der Berufung zum gottgeweihten Leben hat viele bedeutende praktische Konsequenzen für die Ordensgemeinschaften selbst und für jedes ihrer Mitglieder. Es schließt z. B. ein größeres öffentliches Zeugnis für das Evangelium ein, da ihr als Ordensfrauen auf eine besondere Weise die bräutliche Beziehung der Kirche zu Christus darstellt. Die kirchliche Dimension erfordert auch, von den einzelnen Mitgliedern sowohl wie von den Ordensgemeinschaften als solchen, Treue zu den ursprünglichen Charismen, die Gott seiner Kirche durch die Gründer und Gründerinnen gegeben hat. Das heißt, die Ordensgemeinschaften sind aufgerufen, jene gemeinschaftlichen Aufgaben, die, an das ursprüngliche Charisma gebunden und von der Kirche anerkannt, noch immer wichtigen Anliegen des Volkes Gottes dienen, in lebendiger Treue weiter zu pflegen. Ein gutes Beispiel wäre in dieser Hinsicht das katholische Schulwesen, das für die Kirche in den Vereinigten Staaten von unschätzbarem Wert war, ein ausgezeichnetes Mittel nicht nur zur Weitergabe des Evangeliums Christi an die Schüler, sondern auch zur Durchdringung der ganzen Gemeinde mit der Wahrheit und der Liebe Christi. Dies ist eines der Apostolate, zu dem die Ordensfrauen einen unvergleichlichen Beitrag geleistet haben und noch leisten.

4. Liebe Schwestern in Christus, Jesus muß immer der Erste in eurem Leben sein. Er muß im Mittelpunkt eurer Tätigkeit – der Tätigkeit eines jeden Tages – stehen. Kein Mensch und keine Arbeit hat den Vorzug vor ihm. Denn euer ganzes Leben ist ihm geweiht. Mit dem hl. Paulus müßt ihr sagen: »Christus will ich erkennen und die Macht seiner Auferstehung und die Gemeinschaft mit seinem Leiden; sein Tod soll mich prägen« (*Phil* 3, 10).
Christus nimmt nur dann die erste Stelle in eurem Leben

ein, wenn er in eurem Denken und in eurem Herzen den ersten Platz hat. Darum müßt ihr euch unaufhörlich mit ihm im Gebet vereinen. Ohne Gebet ist das Ordensleben sinnlos. Es hat die Verbindung mit seiner Quelle verloren, ist leer und ohne Gehalt und kann seine Bestimmung nicht erfüllen. Ohne Gebet gibt es keine Freude, keine Hoffnung, keinen Frieden. Denn das Gebet hält unsere Verbundenheit mit Christus aufrecht. Die eindringlichen Worte in dem Apostolischen Schreiben Papst Paul VI. *Evangelica testificatio* wollen uns alle zum Nachdenken anregen: »Vergeßt nicht das Zeugnis der Geschichte: die Treue im Gebet oder seine Unterlassung sind der Prüfstein für die Lebendigkeit oder den Verfall des Ordenslebens« (*Evangelica testificatio,* Nr. 42).

5. Zwei Antriebskräfte sind im Ordensleben wirksam: eure Liebe zu Jesus und, in Jesus, zu allen, die zu ihm gehören – und seine Liebe zu euch.
Wir können nicht ohne Liebe leben. Wenn uns keine Liebe begegnet, wenn wir sie nicht erfahren und nicht geben, und wenn sie uns nicht innerlich erfüllt, dann ist unser Leben sinnlos. Ohne Liebe bleiben wir uns selbst unbegreiflich (vgl. *Redemptor hominis,* Nr. 10).
So braucht also jede von euch eine lebendig pulsierende Liebe zum Herrn, eine tiefe, liebende Verbundenheit mit Christus, eurem Bräutigam, eine Liebe, wie sie im Psalm ausgedrückt ist: »Gott, du mein Gott, dich suche ich, meine Seele dürstet nach dir. Nach dir schmachtet mein Leib wie dürres, lechzendes Land ohne Wasser. Darum halte ich Ausschau nach dir im Heiligtum, um deine Macht und Herrlichkeit zu sehen« (*Ps* 63, 1–2).
Doch von weit größerer Bedeutung als eure Liebe zu Christus ist die Liebe Christi zu euch. Ihr wurdet von ihm gerufen, wurdet Glied seines Leibes, geweiht zu einem Leben nach den evangelischen Räten und von Christus bestimmt, an der Sendung Anteil zu haben, die er der Kirche anvertraut hat: seine eigene Heilssendung. Darum ist die

Eucharistie die Mitte, auf die ihr euer Leben hinordnet. In der Eucharistie feiert ihr seinen Tod und seine Auferstehung und empfangt von ihm das Brot des ewigen Lebens. Und ganz besonders durch die Eucharistie seid ihr eins mit dem, der der Gegenstand all eurer Liebe ist. Hier bei ihm findet ihr auch immer mehr Grund, seine Brüder und Schwestern zu lieben und ihnen zu dienen. Hier bei ihm, bei Christus, nimmt euer Verstehen und euer Mitfühlen für das Volk Gottes zu. Und hier findet ihr die Kraft, eure Hingabe in selbstlosem Dienst durchzuhalten.

6. In eurem Dienst für die Kirche lebt dann Christus selbst fort, dem ihr euer Leben geweiht habt. Denn ihr bringt nicht euch selbst zur Geltung, sondern Christus Jesus als den Herrn. Wie Johannes der Täufer wißt ihr, daß, wenn Christus wachsen soll, ihr selbst abnehmen müßt. Und so muß euer Leben von einer vollkommenen Verfügbarkeit gekennzeichnet sein: von einer Bereitschaft, so zu dienen, wie die Bedürfnisse der Kirche es erfordern, einer Bereitschaft, öffentlich für Christus, den ihr liebt, Zeugnis zu geben.

Die Notwendigkeit dieses öffentlichen Zeugnisses wird für jede Ordensfrau ein beständiger Ruf zu innerer Umkehr, zu Gerechtigkeit und Heiligkeit des Lebens. Sie wird auch zur Aufforderung an jede Ordensgemeinschaft, über die Reinheit ihres gemeinsamen kirchlichen Zeugnisses nachzudenken. Und darum habe ich im letzten November in meiner Ansprache an die Internationale Vereinigung der Generaloberinnen erwähnt, daß es nicht ohne Bedeutung ist, eure Weihe an Gott auch in dem beständigen äußeren Zeichen eines einfachen und passenden Ordenskleides sichtbar zu machen. Das ist nicht nur meine persönliche Überzeugung, sondern auch der Wunsch der Kirche, von so vielen Gläubigen oft zum Ausdruck gebracht.

Als Töchter der Kirche – ein Titel, den so viele eurer großen Heiligen liebten – seid ihr aufgerufen, mit Hochherzigkeit und Liebe zum kirchlichen Lehramt zu stehen, das eine feste Gewähr für die Fruchtbarkeit eures ganzen Apostolats und eine unverzichtbare Bedingung für die Auslegung der »Zeichen der Zeit« ist.

7. Das kontemplative Leben nimmt heute und für immer einen besonderen Ehrenplatz in der Kirche ein. Im Leben Jesu selbst finden wir das kontemplative Gebet, und es hat zu allen Zeiten zum Ordensleben gehört. Darum benutze ich diese Gelegenheit – wie ich es auch in Rom, in Mexiko und in Polen tat –, um alle Mitglieder kontemplativer Gemeinschaften zu ermutigen. Ihr sollt wissen, daß ihr immer eine wichtige Aufgabe in der Kirche, in ihrer Heilssendung, in ihrem Dienst an der ganzen Gemeinschaft des Volkes Gottes zu erfüllen habt. Setzt voll Glauben und Vertrauen und beharrlich im Gebet das Erbe eurer reichen Tradition fort.
Zum Schluß rufe ich euch mit Empfindungen der Bewunderung und der Liebe in Erinnerung, daß es das Ziel des Ordenslebens ist, der Heiligsten Dreifaltigkeit Preis und Ehre darzubringen und durch eure Weihe an Gott der Menschheit zu helfen, zur Fülle des Lebens im Vater und im Sohn und im Heiligen Geist zu gelangen. Seht also zu, daß ihr in allem, was ihr plant und tut, dieses Ziel vor Augen habt. Ihr könnt keinen größeren Dienst leisten; ihr könnt keine tiefere Erfüllung finden. Liebe Schwestern, heute und immer: Gelobt sei Jesus Christus!

25 Apostolisches Schreiben »Catechesi tradendae«

...65. Viele Ordensgemeinschaften beiderlei Geschlechts sind für die christliche Erziehung von Kindern und Jugendlichen gegründet worden, zumal der verlassensten. Im Verlauf der Geschichte haben Ordensmänner und Ordensfrauen das katechetische Wirken der Kirche sehr engagiert mitgetragen und hier eine besonders zeitnahe und wirksame Arbeit geleistet. In einem Augenblick, da man sieht, daß die Verbindungen zwischen den Ordensleuten und dem kirchlichen Hirtenamt sich verstärken und als Folge davon die aktive Präsenz der Ordensgemeinschaften und ihrer einzelnen Mitglieder bei den Seelsorgeplänen der Ortskirchen zunimmt, ermahne ich euch – die die religiöse Lebensweihe noch verfügbarer für den Dienst der Kirche machen soll – von ganzem Herzen, euch so gut wie nur möglich auf die katechetische Aufgabe vorzubereiten. Folgt dabei der jeweiligen Berufung eurer Institute und dem euch anvertrauten Auftrag. Tragt dieses Anliegen überallhin. Möchten doch die Gemeinschaften alles, was sie an Fähigkeiten und Möglichkeiten besitzen, der spezifischen Aufgabe der Katechese widmen!...

26 An die Jesuitenobern

Es ist mir eine Freude und Genugtuung, heute eine so qualifizierte Vertretung jener Gesellschaft Jesu empfangen und zu ihr sprechen zu können, die seit mehr als 400 Jahren in allen Teilen der Welt unermüdlich »für die Verteidigung und Verbreitung des Glaubens ... unter dem römischen Papst, dem Stellvertreter Christi auf Erden« *(Regel)* arbeitet.
Ich danke daher dem Generalobern, seinen Assistenten und Beratern sowie den hier anwesenden Provinzialobern, daß sie den Wunsch hatten, während ihrer Zusammenkunft in Rom dem Stellvertreter Christi, mit dem euch als Jesuiten ein besonderes Band der Liebe und des Dienstes verbindet, ihre Hochachtung zu erweisen. Ich meinerseits möchte das Wohlwollen des Apostolischen Stuhls gegenüber der Gesellschaft Jesu bestätigen, die sich im Laufe der Jahrhunderte mit leidenschaftlichem Eifer um das religiöse Leben und das Apostolat verdient gemacht hat, worauf meine Vorgänger bei verschiedenen Anlässen wiederholt hingewiesen haben.

Aus den Informationen, die mir aus allen Teilen der Welt zugehen, weiß ich um das viele Gute, das unzählige Jesuiten durch ihr beispielhaftes Leben, ihren apostolischen Eifer, ihre aufrichtige und bedingungslose Treue zum Papst wirken. Ich weiß natürlich auch – das entnehme ich unzähligen anderen Informationen –, daß die Krise, die in den letzten Jahren das Ordensleben heimgesucht hat und noch immer heimsucht, auch eure Gesellschaft nicht verschont hat, was Verwirrung unter dem gläubigen Volk stiftete und der Kirche, der Hierarchie und auch dem Papst, der hier zu euch spricht, persönlich Sorgen bereitet hat.

Ich bin mir bewußt, daß ich meine Worte an Männer richte, denen die Hauptverantwortung bei der Leitung des Ordens übertragen ist. Ich zähle auf eure Mitarbeit und möchte euch deshalb dringend raten, mit ganzem Eifer all das Gute zu fördern, das in der Gesellschaft und von der Gesellschaft geleistet wird, und zugleich mit der nötigen Festigkeit für eine Beseitigung der bedauernswerten Mängel zu sorgen, damit die ganze Gesellschaft Jesu stets aus dem echten ignatianischen Geist leben und wirken kann. Die Kürze der mir zur Verfügung stehenden Zeit erlaubt mir nicht, näher auf die positiven Initiativen einzugehen, die angesichts der dringenden Bedürfnisse der Welt entwickelt werden müssen, noch die Mängel und Unzulänglichkeiten zu erwähnen, die abgestellt werden müssen, damit die Wirksamkeit solcher Initiativen nicht beeinträchtigt wird. Ich will mich darauf beschränken, auf einige Empfehlungen meiner unmittelbaren Vorgänger, Paul VI. und Johannes Paul I., hinzuweisen, die diesen wegen ihrer großen Liebe für die Gesellschaft Jesu besonders wichtig waren. Ich mache diese Empfehlungen ganz zu den meinen.

Deshalb sage ich euch: Haltet stets eurem Institut die Treue, das Paul VI. »als oberster Garant der Ordensregel *(Regel)* und als universaler Oberhirte der Kirche« (*Brief an P. General,* 15. Februar 1975) in seiner vollen Integrität

bewahrt wissen wollte. Haltet ebenso den Gesetzen eures Instituts die Treue, worauf Paul VI. und vor nicht langer Zeit Johannes Paul I. in der Ansprache, die er unmittelbar vor seinem Tod für eure Prokuratorenversammlung vorbereitet hatte, hingewiesen haben. Das gilt besonders im Hinblick auf die Strenge des Ordens- und Gemeinschaftslebens, das keinen Säkularisierungstendenzen erliegen darf, und ein tiefes Gespür für innere und äußere Disziplin. Das meint auch die Rechtgläubigkeit in der Lehre, die volle Treue gegenüber dem höchsten Lehramt der Kirche und des Papstes, wie sie der hl. Ignatius nachdrücklich wünschte, wie euch wohl bekannt ist; und es betrifft die Ausübung des Apostolats, wie es einem Priesterorden eigen ist (Gregor XIII., *Ascendente Domino*). Seine Mitglieder müssen für den priesterlichen Charakter ihres Einsatzes Sorge tragen, auch bei den verschiedenartigen und schwierigen Aufgaben, die sie mit der wertvollen Hilfe der lieben Brüder-Koadjutoren, die ihre besonderen Aufgaben haben, ausführen.
Zu diesem Zweck scheint es mir notwendig, euch besondere Sorge und Mühewaltung betreffs der Ausbildung der jungen Ordensmitglieder zu empfehlen, die die Hoffnung der Gesellschaft Jesu und der Kirche sind. Ich freue mich mit euch über die Zahl eurer Novizen, die ein tröstliches Zeichen für ein Ansteigen der Berufe ist. Diese jungen Leute sind ein Gottesgeschenk. Aber eben deshalb bedeuten sie für euch eine große Verantwortung. Ihr werdet sicher imstande sein, ihnen die entsprechende Ausbildung zu geben: die geistliche Ausbildung gemäß der bewährten ignatianischen Asketik; die lehrmäßige Ausbildung in einem soliden Philosophie- und Theologiestudium gemäß den Bestimmungen der Kirche; und die apostolische Ausbildung, die sich vor allem auf die der Gesellschaft Jesu eigenen Formen des Apostolats bezieht, die gewiß den neuen Forderungen der Zeit geöffnet, doch den überlieferten Werten, die bleibende Gültigkeit besitzen, treu sein muß.

Ich weiß, was für eine lebendige Kraft die Gesellschaft Jesu darstellt, und deshalb ist es mein sehnlicher Wunsch, daß sie wachsen und gedeihen möge gemäß ihrem ursprünglichen Geist, indem sie anderen ein Beispiel tiefer Religiosität, sicherer Lehre und fruchtbaren priesterlichen Wirkens gibt. Möge sie voll und ganz die Sendung erfüllen, die die Kirche von ihr erwartet, und dem Apostolischen Stuhl jenen Dienst leisten, der zu leisten ihr von ihrem Gründer aufgetragen ist.
In diesem Sinn spreche ich euch meine besten Wünsche für den Fortgang eurer Arbeitstagung aus und erteile euch, allen euren Mitbrüdern, die ihr hier vertretet, und der apostolischen Arbeit der ganzen Gesellschaft Jesu von Herzen den Apostolischen Segen.

27 An Generaloberinnen

Liebe Schwestern im Herrn!
Es ist mir eine große Freude, mit euch, den besonders bevollmächtigten Vertreterinnen des großen Reichtums, den das Ordensleben in der Kirche darstellt, zusammenzutreffen. Dieses Leben gibt ja besonders klar Zeugnis, was die volle Hingabe an die Liebe und den Dienst Gottes bedeutet. Zugleich freut es mich, in euch ein Bild der Universalität der Kirche zu sehen und zu grüßen. Ihr vertretet hier alle Kontinente und die verschiedenen Kulturen, ihr macht alle zusammen die vielfältige Form der Antwort auf den Ruf des Herrn sichtbar. Durch euch möchte ich allen Ordensfrauen erneut versichern, daß die Kirche sie schätzt und großes Vertrauen in sie setzt, nicht nur wegen ihres klugen, beständigen, hochherzigen Apostolates, sondern noch mehr wegen ihres Lebens der Weihe an Gott und der Hingabe oft ganz im Verborgenen, der freudigen und mutigen Annahme unvermeidlicher Prüfungen und Schwierigkeiten. Ich bitte euch, meinen ganz besonderen Segen allen Schwestern zu bringen, die körperlich und geistig an

Prüfungen oder Belastungen leiden, allen Alten und allen Kranken unter ihnen, deren Leben der Entsagung und des Opfers für die Kirche, den Papst und das Volk Gottes von größtem, unverzichtbarem und einzigartigem Wert ist.
Ich möchte auch, daß diese Eucharistiefeier zusammen mit dem Papst für jede von euch ein heilsamer Augenblick der Ermutigung und des Trostes sei in der Erfüllung der Aufgabe, die hohe Anforderungen an euch stellt, oft vom Kreuz gezeichnet ist und durch schmerzliche Einsamkeit führt und die von euch ein tiefes Verantwortungsbewußtsein verlangt, eine Großmut ohne Schwäche und Verwirrung, eine unaufhörliche Selbstverleugnung. Ihr müßt ja eure Schwestern in dieser nachkonziliaren Zeit führen und stützen, in einer Zeit, sicher reich an neuen Erfahrungen, die aber auch Irrtümern und Entgleisungen ausgesetzt ist, die ihr zu vermeiden und zu korrigieren sucht. Die positive Entwicklung im Ordensleben während dieser letzten Jahre ist bekannt: seine Deutung in einem verstärkten evangelischen, kirchlichen und apostolischen Geist. Dennoch läßt sich nicht leugnen, daß gewisse konkrete Entscheidungen, auch wenn sie von guter, aber nicht immer erleuchteter Absicht eingegeben waren, der Welt nicht das echte Bild Christi gezeigt haben, das die Ordensfrau den Menschen sichtbar machen soll.
Wenn ihr euch hier um den Altar zusammenfindet, um die Hingabe Christi an den Vater zu erneuern, dann vernehmt ihr dort auch die innere Einladung, eure eigene Weihe an Gott, in der Taufe grundgelegt und durch eure Ordensgelübde endgültig und vollständig besiegelt, neu zu vollziehen, auch im Namen all eurer Mitschwestern.

1. Nehmt daher meine erste Aufforderung an, inständig und beharrlich darum zu beten, daß die Bedeutung der Ordensberufung und die Notwendigkeit, ihren wesentlichen Wert im Leben der Kirche und der Gesellschaft tiefer zu erfassen, immer klarer hervortreten. Das persönliche Leben jeder Ordensfrau hat wirklich seine Mitte in der

bräutlichen Liebe zu Christus. Darum schenkt sie ihm, von seinem Geist geformt, ihr ganzes Leben, macht sich seine Empfindungen, seine Ideale und seine Sendung der Liebe und des Heils zu eigen. Zu den Ordensfrauen von Irland habe ich bereits gesagt: »Kein Neuaufbruch im Ordensleben hat Wert, wenn er nicht zugleich ein Aufbruch nach innen ist, in die Tiefe, zur Mitte eures Seins, wo Christus wohnt. Nicht das, was ihr tut, gilt am meisten, sondern das, was ihr seid als Frauen, die dem Herrn geweiht sind« *(Ansprache an die Priester und Ordensleute von Irland, 1. 10. 79)*.

– Betet, daß jede Schwester ihre besondere Zugehörigkeit zu Christus in Freude treu lebe und in der Weihe an ihn ihre höchste Erfüllung als Frau finde, einzig darauf bedacht, sich ganz hinzugeben.

– Betet vertrauensvoll, daß jede Gemeinschaft ihre Schwierigkeiten im Wachsen und Durchhalten unschwer überwinden könne und daß euer jährliches Treffen zu immer weiterer Vervollkommnung der einzelnen Kongregationen, denen ihr angehört, beitrage.

– Betet schließlich unaufhörlich um Ordensberufe: das Ideal des gottgeweihten Lebens, ein ungeheuer großes und ganz freies Geschenk Gottes, möge auf viele Jugendliche, die nach höheren und edleren Zielen streben, eine immer größere Anziehungskraft ausüben.

Das Thema, das die Kongregation für die Ordensleute und Säkularinstitute für die nächste Vollversammlung gewählt hat: »Die Kontemplative Dimension des Ordenslebens«, sei eine bevorzugte Gelegenheit, den grundlegenden Wert des Gebetes tiefer zu erfassen. In diesem Zusammenhang möchte ich an die Schwestern des kontemplativen Lebens einen sehr herzlichen Segensgruß richten. Ich danke ihnen aus tiefstem Herzen für ihr inständiges und unaufhörliches Gebet, das der Kirche in ihrem Evangelisierungsauftrag eine unersetzliche Hilfe ist.

2. Meine zweite Aufforderung möchte nun eine Einladung sein, euch für ein religiöses Zeugnis einzusetzen, das unserer Zeit entspricht.

Nach den Jahren der Erfahrung, die auf die Anpassung des Ordenslebens gemäß dem Geist des jeweiligen Instituts ausgerichtet waren, ist der Augenblick gekommen, objektiv und demütig diese Versuche zu bewerten, um die positiven Elemente und die etwa verfehlten Richtungen zu erkennen und schließlich an die Abfassung einer festen Lebensregel zu gehen, die, von der Kirche approbiert, allen Schwestern Impulse für ein tieferes Bewußtsein von ihren Verpflichtungen vermittelt, damit sie diese getreu und froh erfüllen.

Das erste Zeugnis sei das einer kindlichen Anhänglichkeit und einer bewährten Treue zur Kirche, der Braut Christi. Diese Verbundenheit mit der Kirche muß im Geist eurer Gemeinschaft und in ihren apostolischen Aufgaben zum Ausdruck kommen, denn die Treue zu Christus kann nie von der Treue zur Kirche getrennt werden. »Eure großmütige und eifrige Treue zum authentischen Lehramt der Kirche ist eine Garantie dafür, daß jedes eurer Apostolate fruchtbar wird, ... daß ihr die Zeichen der Zeit richtig zu deuten wißt« *(Ansprache an die Ordensfrauen der Vereinigten Staaten, 8. 10. 79)*.

In der Nachfolge Mariens, der Jungfrau mit dem für Gottes Wort immer verfügbaren Herzen, sollt ihr eure innere Ruhe und eure Freude darin finden, für das Wort der Kirche und dessen, den Christus als seinen Stellvertreter auf Erden eingesetzt hat, verfügbar zu sein.

Ein zweites Zeugnis sei das des gemeinsamen Lebens. Es ist in der Tat ein wichtiges Element des Ordenslebens und hat von Anfang an die Lebensweise der Ordensleute gekennzeichnet, denn geistliche Verbundenheit kann nur durch tägliche und dauernde Beziehungen entstehen. Solch ein gemeinschaftliches Leben in evangelischer Liebe ist eng mit dem Geheimnis der Kirche verbunden, das ein Geheimnis der Gemeinschaft und der Teilnahme ist, und es gibt Zeugnis von eurer Weihe an Christus. Setzt alle Mühe und Sorge dafür ein, daß dieses Leben in Gemeinschaft gut geführt und geliebt wird, damit es zu einem wertvollen Mittel gegenseitiger Hilfe und persönlicher Verwirklichung wird.

Schließlich ist, wie ich schon bei anderen Gelegenheiten sagte, ein letztes besonderes Zeugnis auch das des Ordenskleides. Es ist wirklich ein augenscheinliches Zeichen eurer totalen Hingabe an die Verheißungen des Himmelreiches – immer unter Berücksichtigung aller vorgegebenen Umstände, z. B. der Tradition, der verschiedenen Einsatzbereiche des Apostolats, der Umgebung usw.; es ist ebenso ein Zeichen der endgültigen Loslösung von rein menschlichen und zeitlichen Interessen, ein Zeichen der Armut, die in Freude und vertrauensvoller Abhängigkeit von Gottes vorsorgendem Handeln gelebt wird.

Liebe Generaloberinnen, ihr müßt die heikle und manchmal schwierige, aber auch so kostbare Aufgabe auf euch nehmen, bei den Ordensfrauen all das zu fördern, was zur Einheit des Geistes und des Herzens beitragen kann. Ein echtes und herzliches schwesterliches Leben ist unbedingt notwendig, damit die Schwestern imstande sind, ihre Pflichten zu erfüllen und Mühen und Schwierigkeiten, die ein Leben der Hingabe und des Apostolats heute in der Welt mit sich bringt, zu überwinden.

Eure Aufgabe bei der Verwirklichung eines solchen tief in den Werten des Evangeliums verwurzelten Lebens ist von erstrangiger Bedeutung. Die Ausübung der Autorität im Geist des Dienstes und der Liebe zu allen Schwestern ist eine lebensnotwendige Aufgabe, wenn sie auch schwierig ist und nicht wenig Mut und vollen Einsatz fordert. Die Oberin hat die Pflicht, der Schwester zu helfen, ihre Berufung immer vollkommener zu erfüllen. Dieser sicher schweren, aber notwendigen Pflicht kann sie sich nicht entziehen.

Um einer solchen Aufgabe gerecht zu werden, braucht es beständiges Gebet, Überlegung und Beratung, aber auch mutige Entscheidungen im Bewußtsein der eigenen Verantwortung vor Gott, vor der Kirche und vor den Schwestern, die diesen Dienst erwarten. Schwäche ist ebenso wie autoritäres Auftreten ein Fehlverhalten, das dem Wohl der Seelen und der Verkündigung des Gottesreiches schadet.

3. Zum Schluß mahne ich euch herzlich: habt Mut! Seid immer mutig in eurem Einsatz als Ordensfrau, laßt euch nicht von möglichen Schwierigkeiten, von der Verminderung des Personals, von der Ungewißheit, die über der Zukunft lastet, niederdrücken. Zweifelt nicht am Wert der anerkannten Apostolatsformen auf dem Feld der Jugenderziehung, der Sorge für die Kranken, die Kinder, die Alten und alle Leidenden.

Wenn eure Gemeinschaften ernsthaft daran arbeiten, unter den Schwestern eine beständige, hochherzige und dynamische Treue gegenüber den Forderungen ihres gottgeweihten Lebens zu fördern, dann könnt ihr sicher sein, daß der Herr sich an Großmut nicht übertreffen läßt und euch die ersehnten Berufe sendet, die ihr um des Kommens seines Reiches willen erwartet.

Hört auf den Rat und die Worte der Ewigen Weisheit, wie es sich für Menschen ziemt, die in die Verantwortung eines hohen Leitungsamtes berufen sind. Dankt Gott zusammen mit all euren Schwestern für die euch zuteil gewordene Berufung und schreitet in frohem Vertrauen fort auf dem Weg der totalen Hingabe an Christus und an die Seelen. Maria, Mutter und Vorbild für alle gottgeweihten Menschen, stütze und stärke euch, und mein Apostolischer Segen und mein besonderes Wohlwollen begleiten euch.

28 An Generalobere

... 2. Meine Lieben, ihr verkörpert in der Kirche einen Stand, eine Form des Lebens, die in die ersten Jahrhunderte ihrer Geschichte zurückreicht und die in den verschiedenen Ordensfamilien überreiche und auserlesene Früchte der Heiligkeit, des ausgeprägten christlichen Zeugnisses, des wirksamen Apostolats und nicht zuletzt einen beachtlichen Beitrag zur Gestaltung des reichen kulturellen und zivilisatorischen Erbes hervorgebracht hat. Ja, das alles war und ist möglich auf Grund jener vollkommenen und treuen Verbundenheit mit Christus, von der das Konzil spricht und die es nicht nur fordert; ihre Verwirklichung wird auch durch die besonderen Umstände des gottgeweihten Lebens der Ordensleute begünstigt.

Das Charisma eines jeden der von euch vertretenen Institute ist ein sprechendes Zeichen der Teilhabe an dem vielfältigen Reichtum Christi, dessen »Länge und Breite, Höhe und Tiefe« (*Eph* 3, 18) stets weit über das hinausgeht, was wir, aus seiner Fülle schöpfend, zu verwirklichen vermögen. Die Kirche, die das sichtbare Antlitz Christi in der Zeit ist, nimmt Orden und Institute von ganz verschiedenem Charakter in ihren Schoß auf und nährt sie, denn sie alle tragen dazu bei, die mannigfaltige Gestalt und die in alle Richtungen ausstrahlende Dynamik des menschgewordenen Gotteswortes und der Gemeinschaft der Gläubigen in ihm offenbar zu machen.

3. Aber es gibt vor allem noch einen anderen Beweggrund, der den Ordensstand rechtfertigt und erfordert. In einer Zeit und in einer Welt, in der unmittelbar die Gefahr besteht, einen eindimensionalen Menschen zu konstruieren, der schließlich unvermeidlich jener geschichts- und bewußtseinsbezogenen Dimension entspricht, sind die Ordensleute aufgerufen, den Wert und den Sinn der Anbetung hochzuhalten, und zwar nicht losgelöst, sondern verbunden mit dem tätigen Einsatz eines großherzigen Dienstes an den Menschen, der gerade von daher möglich wird und Antrieb erhält.

Es ist ein Lebensprogramm, das für die Ordensleute mehr noch als für den Weltklerus bedeutet, sich harmonisch zu

entfalten durch die treue und freudige Beobachtung der evangelischen Räte, wobei die unmittelbare Gemeinschaft mit dem, »der in unzugänglichem Licht wohnt, den kein Mensch gesehen hat noch zu sehen vermag«, besonders hervorzuheben ist (*1 Tim* 6, 16). Von euch müssen die Menschen lernen, »ihm Ehre und ewige Macht« zu geben *(ebd.)*, ohne daß dadurch fruchtlose Widersprüche zu ihren irdischen Verpflichtungen entstehen, vielmehr so, daß sie in heilsamer Weise auf Christus hin orientiert und erhoben werden, in dem »alles vereint ist, was im Himmel und auf der Erde ist« (*Eph* 1, 10).
Die heutige Gesellschaft möchte am Beispiel eurer Ordensfamilien sehen, wieviel Harmonie zwischen Menschlichem und Göttlichem, zwischen dem Sichtbaren und dem Unsichtbaren (vgl. *2 Kor* 4, 18) besteht und inwieweit das zweite das erste überragt, wobei es diese sichtbaren Dinge aber niemals abwertet, sondern sie in Übereinstimmung mit dem ewigen Heilsplan mit Leben erfüllt und erhebt. Gebet und Arbeit, Aktion und Kontemplation – das sind Wortpaare, die in Christus niemals zu antithetischen Gegensätzen werden, sondern in gegenseitiger Ergänzung und fruchtbarer Durchdringung reifen. Die Aufgabe des Zeugnisses der Ordensleute besteht also in folgendem: der Welt von heute zu zeigen, wieviel Menschlichkeit dem Geheimnis Christi innewohnt (vgl. *Tit* 3, 4), und zugleich, wieviel Transzendentes und Übernatürliches vom Einsatz bei den Menschen verlangt wird (vgl. *Ps* 127, 1).

4. Diese harmonische Synthese bildet schließlich auch den wahren Grund eurer Wirksamkeit und Anziehungskraft auf die Menschen, besonders auf die jungen Menschen von heute. Und auf Grund einer gesunden Ausgewogenheit zwischen menschlichen und christlichen Werten kann sich das Ordensleben auch erneuern und reinigen und immer mehr leuchten, wie alle es wünschen. Natürlich wird es nicht an Schwierigkeiten, Gefahren und Span-

nungen fehlen, die ihr nur zu gut kennt. Doch man darf nicht der Täuschung erliegen, daß die unvermeidlichen Prüfungen sich entweder durch eine rein weltliche oder, im Gegenteil, durch eine dem Materiellen ganz fremde Sichtweise lösen ließen. Der geeignetste Maßstab für das Verhalten kann nur das Beispiel Jesu und unser reiner Glaube an ihn sein. Gerade das Evangelium vermittelt uns die Haltung einer unerschütterlichen Zustimmung zum Willen des Vaters ebenso wie eine unerschrockene Kühnheit in unseren Entscheidungen und eine mutige, auf die Zukunft ausgerichtete Haltung – unter umsichtiger Wahrung des reichen geistigen Erbes der Vergangenheit.

Kein Schritt nach vorn, noch in irgendeiner Richtung ist möglich, wenn wir nicht von den bereits vollzogenen Schritten ausgehen; umgekehrt aber ist das Beharren auf diesen das Zeichen eines sterilen Stillstands. Im übrigen vollzieht sich das Vorangehen im evangelischen Sinn natürlich auf der Ebene der persönlichen Heiligung, aber auch auf der des öffentlichen Zeugnisses für Christus. Er ist der Herr der ganzen Menschheitsgeschichte, nicht nur der vergangenen, sondern auch der gegenwärtigen und jener, die noch vor uns liegt, und er fordert daher immer eine totale, aber auch angemessene Zustimmung. Der Apostel Paulus hat, als er die Galater daran erinnerte, daß »es in Christus Jesus nicht darauf ankommt, beschnitten oder unbeschnitten zu sein, sondern darauf, den Glauben zu haben, der in der Liebe wirksam ist« (*Gal* 5, 6), allen Christen ein hermeneutisches Grundprinzip für ihr Dasein in der Welt gegeben, das noch mehr für die Ordensleute gelten muß: Wenn man sich fest »an das Haupt hält«, das Christus ist (*Kol* 2, 19), dann fürchtet man keine schillernde historische Aufmachung, keine Inkulturation und kein Hindernis. Im Gegenteil! Das alles wird zu wertvollem Stoff für den inneren Fortschritt, für das offene Zeugnis und die apostolische Wirksamkeit, damit »immer mehr Menschen ... den Dank vervielfachen, Gott zur Ehre« (2 *Kor* 4, 15).

Daraus müssen wir alle Mut und Vertrauen schöpfen. Und besonders von euch erwartet die Kirche viel durch das mitreißende Vorbild einer radikalen Verbundenheit mit Christus, deren natürliche Frucht ein großherziger Einsatz bei den Menschen ist.

5. Diese Gedanken lege ich euch und allen, die ihr in würdiger Weise vertretet, jetzt vor, damit ihr über sie nachdenkt und sie stets gegenwärtig habt, nicht nur in den Augenblicken, die dem Gebet gewidmet sind, sondern auch und vor allem dann, wenn ihr die verschiedenen Aufgaben im Bereich der Erziehung, der Caritas, der Kultur, der Mission und der allgemeinen Entwicklung erfüllt, Aufgaben, die euch unterscheiden und kennzeichnen. Gerade in gottgeweihten Menschen muß mehr als in jedem anderen Getauften die vollkommene Symbiose, gleich jener in Jesus, aufleuchten zwischen den Augenblicken der Verklärung (vgl. *Lk* 9, 28–36) und jenen des Eintauchens in die fordernde Masse, die am Fuße des Berges wartet (vgl. *ebd.*, 9, 37–43).
Wenn diese Aufgabe auch nicht leicht ist, wenn große asketische Anstrengungen und noch mehr die überfließende und unentbehrliche Gnade Gottes dazu nötig sind, so seid gewiß, daß euch meine väterliche Nähe und der Trost meines armen, aber gläubigen Gebets nicht fehlt, damit »der Herr sein Antlitz leuchten lasse über euch« (*Num* 6, 25) und die Menschen in euch »den Glanz der Botschaft von der Herrlichkeit Christi« sehen (*2 Kor* 4, 4). ...

29 An den Generalrat der Redemptoristen

... Da ihr euch dessen (des Erbes eures Institutes) bewußt seid, habt ihr versucht, klar herauszustellen, was Evangelisierung in der heutigen Welt bedeutet, und ihr habt euch gefragt, wer in unserem Sozialgefüge als die »Armen« und »Verlassenen« zu betrachten seien, um so Prioritäten für

den Einsatz festzulegen, auf die, auch unter Berücksichtigung eines berechtigten Pluralismus, das missionarische Bemühen der Kongregation zu richten ist. Das war notwendig, um eine unnütze Vergeudung von Kräften zu vermeiden, und der Kongregation die Wesenszüge zu erhalten, die der hl. Alfons ihr gegeben und für die das christliche Volk im Laufe der Jahrhunderte so deutliche Wertschätzung gezeigt hat.
Was das anbelangt, so möchte ich eure Aufmerksamkeit besonders darauf lenken, daß es angebracht ist, den traditionellen Volksmissionen neuen Auftrieb zu geben, die – wie ich auch kürzlich in meinem Schreiben über die Katechese gesagt habe –, in entsprechender Weise modernisiert, sich als ein für die periodische und kraftvolle Erneuerung des christlichen Lebens unersetzliches Instrument erweisen (vgl. *Catechesi tradendae,* Nr. 47). Wie ihr wißt, setzte der hl. Alfons große Hoffnungen darauf.

3. Außerdem möchte ich hervorheben, daß euer seelsorgerisches Wirken im Dienste der »verlassensten Seelen« durch die ausdrückliche Verkündigung des Wortes Gottes seinen Zweck wirksam erreichen wird, wenn es darauf bedacht ist, sich an zwei grundlegende Kriterien zu halten, die in euren Konstitutionen festgelegt sind: an den Grundsatz der Gemeinschaftlichkeit in der Planung und Durchführung der apostolischen Initiativen (vgl. *Cost.* 2, 21, 45) und an jenen der bereiten und verfügbaren Offenheit für die Vorschläge und Bitten des Diözesanbischofs (vgl. *Cost.* 18). Die Glaubensverkündigung wurde nicht einem einzelnen anvertraut, sondern der Kirche (vgl. *Mt* 16, 15 par.), und es kommt deshalb sehr darauf an, daß sie in vollem Einklang mit den Weisungen derer durchgeführt wird, die von Christus die Aufgabe erhalten haben, die Gemeinde der Gläubigen »zu weiden«. Dieser Einklang muß sowohl hinsichtlich des Inhalts der Verkündigung bestehen als auch in den konkreten Ausdrucksformen des apostolischen Einsatzes. Die Schwierigkeiten, mit denen

die heutige Welt den Sauerteig des Evangeliums in seinem Wirken behindert, haben eine organische Planung der Pastoralarbeit immer notwendiger gemacht. Sie soll alle verfügbaren Kräfte im Bereich der Ortskirchen vernünftig nützen und ihre sinnvolle Koordinierung und den gezielten Einsatz sicherstellen.

4. Es steht jedoch außer Zweifel, daß dort, wo es sich um die Bekehrung von Seelen handelt, jede Planung, mag sie noch so intelligent sein, jede Entfaltung von Kräften, mag sie noch so imponierend sein, gar keine Bedeutung haben, wenn nicht das Wirken dessen hinzukommt, »der das Wachstum gibt« (*1 Kor* 3, 7). Dieses umwandelnde Wirken der Gnade wird aber gewöhnlich durch das heiligmäßige Leben dessen herabgerufen, der das Evangelium verkündet. Nur wenn der Verkünder auch Zeuge ist, findet sein Wort Eingang in die Herzen. Euer Gründer hat das in seinen Schriften wiederholt bekräftigt und es mit dem Beispiel seines Lebens unmißverständlich bewiesen.
Es bedarf daher nicht vieler Worte, um die Bedeutung des asketischen Bemühens hervorzuheben, das die Alten mit dem treffenden Ausdruck *studium deificum* bezeichneten. Erwähnt zu werden verdient aber der fundamentale Beitrag, den das Gemeinschaftsleben zum geistlichen Fortschritt leistet, wenn es so, wie die Konstitutionen es vorsehen, großzügig angenommen wird. Ein wirklich brüderliches und verantwortliches Zusammenleben zu schaffen, auf den Glauben gegründet und beständig an den Quellen des persönlichen und gemeinschaftlichen Gebetes genährt, das ist eine Pflicht, der sich niemand entziehen darf. Es geht um das eigene Wohl, um das der Kongregation und schließlich um das Wohl der Seelen.
5. Liebe Söhne! Euch, die ihr eure Kongregation nach dem heiligsten Namen des Erlösers bezeichnet habt, möchte ich zum Abschluß dieser so herzlichen Begegnung gleichsam als Erinnerung und geistliche Gabe noch ein besonderes Wort sagen: Gebt Christus, dem Erlöser, Raum

in eurem Herzen, so daß er immer mehr zum natürlichen Mittelpunkt eurer Gedanken wird, zum strategischen Zentrum eurer Liebe, zum letzten Sinn jeder Lebensentscheidung ...

30 An das Generalkapitel der Barmherzigen Brüder

... Zu einer Zeit, in der das Leben des Menschen von verschiedenen Formen der Entmenschlichung heimgesucht wird, sollt ihr zur Förderung und Höherführung der Menschlichkeit beitragen und dafür bürgen. Das gilt in besonderer Weise für den Bereich der Kranken und Leidenden im allgemeinen, denen ihr aufgrund eurer Lebensweise und durch eure Institution das Beste von euch selber widmet. Ja, ich würde geradezu sagen, es gibt nichts Menschlicheres als den Schmerz, der die tiefe geschöpfliche Dimension des irdischen Daseins offenbart und eine bevorzugte Gelegenheit bietet, sich gütig und liebevoll über die Nöte der hilfsbedürftigen Brüder zu beugen. Ihre Lage wird ja nie als etwas betrachtet, was uns gleichgültig und uninteressiert lassen kann; noch weniger darf sie als unbequeme Störung für unser ruhiges Leben angesehen werden oder als etwas, was über unsere Möglichkeiten zu zuvorkommender Hilfeleistung hinausginge. Das biblische Prinzip, das uns auffordert, uns zu freuen mit den Fröhlichen und zu trauern mit den Trauernden (vgl. *Sir* 7, 34; *Röm* 12, 15), ist vor allem Ansporn zu einer im höchsten Sinne menschlichen Haltung, die aus der natürlichen, spontanen Teilnahme an den Erfahrungen des andern entsteht, und somit Zeichen einer Verbundenheit, die sowohl den Empfangenden wie den Geber reich macht.
Darüber hinaus ermuntere ich euch dazu, stets ein klares und fruchtbares christliches Zeugnis zu pflegen, besonders im Bereich eures Apostolates. Eine nur menschliche Beziehung auch zu den Kranken läuft Gefahr, fruchtlos zu bleiben, weil tiefreichende Wurzeln fehlen. Auch eure Be-

rufstätigkeit ist ein sehr wichtiger Faktor, und sie wird sehr ernst zu nehmen und möglichst auf dem neuesten Stand sein müssen. Wenn eure Arbeit jedoch nicht durch den Glauben gefiltert wird, ist sie immer im Begriff, materialisiert zu werden und selbst jene menschlichen Komponenten einzubüßen, von denen ich zuerst gesprochen habe. Ihr wißt und müßt euch stets gegenwärtig halten, daß nach dem Evangelium derjenige, der dem Kranken dient, mit Jesus selbst in Kontakt tritt (vgl. *Mt* 25, 36, 40), dessen »Kraft sich in der Schwachheit erweist« (*2 Kor* 12, 9). Durch seine Leiden haben wir alle aus Gnade das Heil erlangt (vgl. *Hebr* 2, 10, 18). Nun, welch bessere Gelegenheit für die Glaubensverkündigung könnte sich euch bieten, als dem Leidenden die tiefe Bedeutung seines Zustandes zu erschließen, der gerade aus seiner freudig angenommenen und gesegneten Gleichförmigkeit mit dem Kreuz Christi Sinn, Wert und Fruchtbarkeit gewinnt? (vgl. *Phil* 3, 10–11; *Röm* 8, 17; *2 Kor* 1, 5). Auf diese Weise kann sich eure Arbeit, die beruflich qualifiziert bleiben soll, in ein echtes Apostolat verwandeln.
...

31 An die Ordensbrüder der Kleriker- und Laieninstitute Roms

... Wenn ich euch, liebe Brüder, die Türen meines Hauses öffne, reiße ich auch jene meines Herzens auf und richte einen ganz herzlichen Gruß an euch, der durch euch alle in der Welt verstreuten Ordensbrüder erreichen und ihnen das Zeugnis meiner aufrichtigen Liebe und Hochschätzung überbringen soll.
Ihr seid dazu berufen, auf dem Weg der evangelischen Räte, die ihr hochherzig und rückhaltlos gelobt, nach der Vollkommenheit zu streben. Ihr seid also voll und ganz Ordensmänner. Wie ihr wißt, hat das zweite Vatikanische Konzil feierlich den Grundsatz bekräftigt, daß eure Le-

bensentscheidung »in vollwertiger Weise den Stand der Verpflichtung auf die evangelischen Räte verwirklicht« (*Perfectae caritatis*, Nr. 10); das Konzil hat es eigens getan, um euch in eurer Berufung zu bestärken (vgl. *ebd.*), damit die erneute Gewißheit vom Wert eurer Verpflichtung eure Vorsätze festige und euch zu hochherzigem Wirken anspore.

Ihr sollt daher das freudige Wissen um euren gottgeweihten Lebensstand neu beleben: Christus muß Ziel und Maßstab eures Lebens sein. Die Begegnung mit ihm steht ja am Anfang eurer Berufung; der Glaube an ihn war ausschlaggebend für das Ja zu eurer Verpflichtung; die Hoffnung auf seine Hilfe unterstützt euch jetzt in der Treue zu dieser Verpflichtung; die Liebe, die er in euren Herzen entzündet hat, gibt euch den Antrieb, der für die Überwindung der unvermeidlichen Schwierigkeiten und für die tägliche, erneute Hingabe unentbehrlich ist. In Christus, der »für uns Menschen und für unser Heil vom Himmel herabgestiegen ist«, habt ihr auch den tiefen Sinn eurer Hingabe an die Brüder entdeckt. Das ist ein Punkt, der nähere Betrachtung verdient. Eure Ordensprofeß hat nicht nur die in der Taufe empfangene Gabe der Einheit mit der Dreifaltigkeit neu gestärkt, sie hat euch auch zu einem höheren Dienst für das Volk Gottes berufen.

Ihr müßt euren Dienst, worin immer er besteht, mit offenem Herzen für die ganze Kirche leben. Zu ihrem Leben tragt ihr mit eurer Tätigkeit und eurem Zeugnis bei (vgl. *Lumen gentium*, Nr. 44). Hier gilt es, zur Sache zu kommen, indem wir versuchen, einige charakteristische Aspekte des Reichtums zu erhellen, den euer Leben als Ordensbrüder für die Kirche darstellt.

Eure Ordensprofeß liegt vor allem in einer Linie mit der bei der Taufe empfangenen Weihe und bringt die Zweipoligkeit des universalen Priestertums zum Ausdruck, das sich auf diese Weihe gründet. Denn im Ordensleben der Laien wird die Darbringung des spirituellen Opfers Wirklichkeit, der Dienst für Gott in Geist und Wahrheit, zu

dem jeder Christ berufen ist; gleichzeitig hallt in ihm die klare Verkündigung der Heilswunder vor der Welt wider. Eine zweifache Richtung also, zu Gott und zu den Menschen, kennzeichnet euer Leben; der einen wie der anderen liegt das eine mit der Taufe empfangene Priestertum zugrunde; in der einen wie der anderen Richtung kommt dieselbe vom Geist in die Herzen ausgegossene Liebe (vgl. *Röm* 5, 5) zum Ausdruck; in beiden wird das gleiche Charisma des Laienstandes, das von der sakramentalen Gnade der Taufe und der Firmung verliehen wird, voll gelebt.
Ja, noch mehr: der Text des Konzilsdekrets *Perfectae caritatis* weist auf eine besondere Form des »kirchlichen Dienstes« hin, den zu erfüllen die Laienbrüder berufen sind. Sie nehmen in äußerst nützlicher Weise am »Seelsorgeauftrag der Kirche in Jugenderziehung, Krankenpflege und anderen Diensten« teil (Nr. 10), Dienste, die nicht einzeln aufgeführt werden, für die aber jeder von euch, wenn er an seine eigene Tätigkeit denkt, Beispiele nennen kann. Es ist also wichtig, daß jeder von euch sich des wesentlich kirchlichen Charakters seiner Arbeit, worin immer sie bestehen mag, bewußt ist.
Das gilt vor allem aufgrund der inneren Dynamik der Gnade, weil eure Ordensprofeß ihrer Natur nach jede Tätigkeit, zu welcher ihr kraft des Gehorsams berufen seid, auf das Leben des mystischen Leibes ausrichtet. Der Glaubende weiß sehr wohl, daß die Bedeutung des eigenen Beitrags zum Leben der Kirche nicht so sehr von der Art seiner Tätigkeit abhängt, als vielmehr von dem Maß an Glauben und Liebe, das er in die Erfüllung seines Dienstes – mag dieser auch als noch so bescheiden erscheinen – hineinzulegen vermag.
Sodann drängt es mich, hervorzuheben, daß euer Zeugnis und das des Laienstandes in der Welt einander ergänzen, denn das Zeugnis der in der Welt lebenden Laien kann für euch von Nutzen sein, um euch daran zu erinnern, daß eure Weihe euch nicht gleichgültig gegenüber dem Heil der Menschen oder dem irdischen Fortschritt machen

darf, der auch von Gott gewollt ist. Andererseits kann umgekehrt euer wertvolles Zeugnis die in der Welt engagierten Laien daran erinnern, daß der irdische Fortschritt kein Selbstzweck ist.

Das stellt euch – erlaubt mir den Ausdruck – an die »Nahtstelle« zwischen menschlicher und kirchlicher Wirklichkeit, zwischen Menschen- und Gottesreich. Mit euren Aufgaben materieller Art, die die ganze Kommunität betreffen, mit eurem apostolischen Dienst an der Seite der priesterlichen Mitbrüder, mit eurer Gegenwart in der Welt der Schule, der Arbeit, der Technik seid ihr berufen, eine Verbindung herzustellen sowohl innerhalb der verschiedenen Ordensfamilien zur Schaffung einer besseren lebenskräftigen Einheit als auch draußen in Berufs- und Arbeitswelt, wo ihr eine sehr wichtige Rolle im Dienst einer Wiederannäherung dieser Bereiche an die Kirche spielen könnt.

Natürlich bringt eine solch heikle Stellung auch Gefahren mit sich. Haltet also stets der Versuchung stand, die ewigen Dinge aus dem Auge zu verlieren und zu verweltlichen, indem ihr die lebendige Beziehung zu Gott erkalten laßt und so den Kontakt mit der Quelle verliert, aus welcher Nahrung und Kraft für jede Tätigkeit kommen.

Eure Arbeit erweist sich in der Tat nur dann als lebendiger Ausdruck der Weihe an den Herrn, wenn sie mit einem bewußten, erneuten Vorsatz zum geweihten Leben ausdrücklich auf ihn bezogen wird. Das setzt vor allem eine tägliche Prüfung des Lebens hinsichtlich der Treue zu den mit den Ordensgelübden übernommenen Verpflichtungen voraus. Seid hochherzig, liebe Brüder, wenn ihr die Stimme Christi hört, der euch zu seiner unmittelbaren Nachfolge durch die gelebte Armut und Keuschheit und den gelebten Gehorsam ruft.

Ihr müßt darüber hinaus den »Vorrang des geistlichen Lebens«, von dem das Dekret *Perfectae caritatis* (Nr. 6) spricht, zu bewahren wissen. Das innere Leben empfängt – wie es dort heißt – seine Nahrung aus den echten Quellen

der christlichen Spiritualität, nämlich aus der Heiligen Schrift und der Liturgie; diesen Quellen müßt ihr euch daher mit Eifer zuwenden.
Was die letztere betrifft, sollt ihr immer bedenken, daß die bewußte Teilnahme am liturgischen Gebet euch zu einem tieferen Selbstverständnis und einem tieferen Wissen um eure Aufgabe innerhalb der Kirche verhelfen wird. Es muß jedoch hinzugefügt werden, daß eine solche Teilnahme nicht möglich wäre, würde die Gewohnheit des persönlichen Gebetes fehlen. Jeder muß lernen, auch in seinem Inneren und von sich aus zu beten. Die persönliche Frömmigkeit, die in der Tiefe des Geistes gepflegte Meditation, das kindlich-spontane Gespräch mit dem zutiefst in der Seele wohnenden einen und dreieinigen Gott bilden die Voraussetzung für ein echtes liturgisches Gebet.
Auch möchte ich auf eine weitere Bedingung für die Glaubwürdigkeit eures Zeugnisses und für seine volle apostolische Wirksamkeit hinweisen: ihr müßt herzlich und verantwortungsbewußt das Gemeinschaftsleben pflegen. Das Leben in einer Ordensgemeinschaft ist der konkrete Ausdruck der Liebe zu den anderen und das Geheimnis glücklicher und harmonischer persönlicher Reifung. Die Annahme des Bruders mit seinen Fähigkeiten und seinen Mängeln, das Bemühen um die Einordnung der eigenen Initiativen in die gemeinsam getroffenen Entscheidungen, die aus dem ständigen Vergleich mit den Bewertungen und Standpunkten anderer erwachsene Selbstkritik werden nicht nur zu einer äußerst wirksamen Schule menschlicher und christlicher Tugenden, sondern auch zu einem Prüfstein für den Ernst, mit dem man die mit der Ordensprofeß übernommenen Verpflichtungen ins Leben überträgt.
Liebe Söhne, die ihr die besten Kräfte des Geistes und des Herzens für die Erziehung der Jugend einsetzt, die ihr euch mit brüderlicher und geduldiger Hingabe der Pflege der Kranken widmet, in denen ihr den leidenden Christus seht (vgl. *Mt* 25, 36), die ihr eure ebenso wertvolle wie

selbstlose Arbeit an der Seite eurer priesterlichen Mitbrüder leistet: seid euch der besonderen Sendung bewußt, die euch vom Herrn für das Leben seiner Kirche anvertraut wurde!
Ihr müßt eine Spiritualität pflegen, die das Wirken Gottes in der Welt wahrnimmt und so verantwortungsbewußt an der Verwirklichung seiner Heilspläne mitarbeitet. Ihr sollt mit wachem Geist die Bedürfnisse der Menschen, eurer Zeitgenossen, erkennen, um dann aus der Fülle eures Herzens auf sie einzugehen. An euch liegt es, alle Gaben eures Verstandes fruchtbar zu machen, damit eure Dienstleistungen immer kompetenter und Jesus immer würdiger werden, dem ihr in jedem Bruder begegnen könnt, zu dem euch die Liebe führt.
Erfüllt eure täglichen Aufgaben mit Freude, denn es steht geschrieben, daß »Gott einen fröhlichen Geber liebt« (*2 Kor* 9, 7). Mit diesem Wunsch vertraue ich die großmütigen Vorsätze, die ihr in euren Herzen tragt, der mütterlichen Fürbitte der seligsten Jungfrau an, eurer besonderen Schutzpatronin, eurem ständigen Vorbild im verborgenen Leben von Nazaret. ...

32 An das Generalkapitel der Vinzentinerinnen

... Stellen wir uns vor , jetzt bei diesem Treffen der Ordensfamilie wären eure beiden Gründer zugegen, der hl. Vinzenz von Paul und die hl. Luise von Marillac, die durch das Evangelium in ihrer Leidenschaft für den Dienst an den Armen so eng verbunden waren und schon vor mehr als dreihundert Jahren zum Herrn heimgekehrt sind. Aber sie sind auch in geheimnisvoller Weise unter uns. Erlaubt mir, daß ich also ihnen das Wort überlasse und mich selbst lediglich zu ihrem Interpreten mache.
Während ihr die Arbeiten der Vollversammlung eurer Gesellschaft durchführt, möchten jene, die ihr wie euren Vater und eure Mutter verehrt, euch vor allem in der Ver-

wirklichung eurer Berufung stärken. Die Wärme der Liebe ist genau das, was die Menschen heute wie immer am nötigsten brauchen. Gewiß, das soziale Elend des 17. Jahrhunderts und die Zeit der Leibeigenschaft sind schon lange vorbei. Doch »Arme sind immer unter uns!« Wer wird uns einmal genaue statistische Angaben über die tatsächliche Armut in jedem Land und in der ganzen Welt liefern? Oft werden Zahlen veröffentlicht, die sich auf Handel, Landwirtschaft, Industrie, Banken, Rüstung usw. beziehen. Aber kennen wir im Computer-Zeitalter die genaue Zahl der Analphabeten, verwahrlosten Kinder, Unterernährten, Blindgeborenen, Kranken, Vertriebenen, Gefangenen, Ausgestoßenen, Prostituierten, Arbeitslosen, der Menschen in den Elendsvierteln der ganzen Welt? ... Liebe Schwestern, ihr müßt nur Augen und Herz für die Armen haben wie Herr Vincent und Frl. Legras! Und um euch – falls nötig – noch mehr Antrieb zu geben, sagen sie euch: Schaut auf unseren Herrn Jesus Christus, hört, wie er euch erneut seine Sendung deutet: »Der Geist des Herrn ruht auf mir ... Er hat mich gesandt, um den Armen die Heilsbotschaft zu bringen, um den Gefangenen die Befreiung und den Blinden das Augenlicht zu verkünden, um die Zerschlagenen in Freiheit zu setzen ...« (*Lk* 4, 18). Es stimmt, das Evangelium zeigt uns Christus fast immer unter den Armen. Das ist sein Lebensbereich.

Mir scheint auch, diese beiden großen Heiligen der Nächstenliebe beschwören euch, liebevoll und bestimmt, eure radikale Nachfolge Jesu Christi zu verteidigen und zu vollenden gemäß den Gelübden, die ihr jedes Jahr am 25. März erneuert. Die Keuschheit um Christi und des Evangeliums willen ist das deutlichste Zeichen dafür. Und weit davon entfernt, eine Selbstentfremdung der Person zu bewirken, fördert sie in erstaunlicher Weise die Fähigkeit und den Zug zur Mütterlichkeit der Frau! Ihr seid Mütter. Ihr arbeitet für den Schutz, die Erziehung, Entfaltung, Heilung und friedliche Entwicklung so vieler Men-

schenleben auf physischer, moralischer und religiöser Ebene. Seht eure gottgeweihte Ehelosigkeit immer als den Weg eines Lebens für die anderen und tut dieses Geheimnis den jungen Frauen kund, die noch zögern, den Weg zu gehen, den ihr eingeschlagen habt. Liebt nicht nur die Armen, sondern seid selbst arm im Geist und im Werk. Der hl. Vinzenz von Paul und die hl. Luise von Marillac haben durch ihren praktischen Dienst – bei Tag und bei Nacht – für die Armen mehr darüber gesagt als in langen Abhandlungen über die Armut. Ebenso hat der hl. Franz von Assisi mit dem Ablegen seiner Kleider deutlicher gesprochen, als wenn er eine Zeitschrift über den Verzicht auf irdische Güter herausgegeben hätte. Und Charles de Foucauld hat mit seinem Lächeln und seiner Güte mehr für die Welt der Armen getan als mit der Veröffentlichung der Autobiographie von sich als jungem Offizier, der nach seiner Bekehrung entschlossen war, den letzten Platz einzunehmen und unter den Armen zu leben. Man könnte auch erwähnen, daß mein hochherziger Vorgänger Paul VI. mit dem Verzicht auf die Tiara ein Zeichen setzte, das in der Kirche noch immer Früchte trägt.
Schließlich hört, wie die beiden Vorbilder eures Lebens euch mahnen, niemals den Geist der Abhängigkeit aufzugeben, während doch die heutige Tendenz dahin geht, sich einen Freiraum zu reservieren, wo man von niemandem abhängt, um sich besser seiner Vorstellung und seiner Phantasie hingeben zu können. Der Ordensgehorsam ist, wie ihr wißt, zweifelsohne der schärfste der goldenen Nägel, die die Nachahmer und Nachahmerinnen Jesu Christi auf seinen Willen festnageln. Kann man überhaupt auf das Kreuz des Herrn Jesus blicken, ohne seinem Geheimnis des Gehorsams gegenüber dem Vater Folge zu leisten? Menschlich und verständnisvoll zu sein ist die Pflicht der Ordensobern. Doch müssen die Untergebenen dadurch immer reifer und verantwortungsbewußter werden, damit sie den Opferwert des Gehorsams tiefer und voller leben. Mit einem Wort, eure Gründer sagen euch und allen euren

Gefährtinnen: »Lebt in der Welt, ohne euch jemals vom Geist dieser Welt, von dem der hl. Johannes spricht, anstecken zu lassen.« Ihr wißt, daß das Salz, wenn es schal wird, seine Würze verliert. Was strahlt, ist die Reinheit des Kristalls!

33 Predigt in Norcia

... 5. Benedikt war für seine Generation und noch mehr für die nachfolgenden Generationen der Apostel des Reiches Gottes und seiner Erwartung. Und dennoch erschien – und erscheint heute noch – die Botschaft, die er durch seine ganze Lebensregel verkündete, alltäglich, gewöhnlich und gleichsam weniger heroisch als das, was die Apostel und Märtyrer in den Ruinen des alten Rom hinterlassen haben.
In Wirklichkeit ist es dieselbe Botschaft vom ewigen Leben, die dem Menschen in Christus Jesus offenbart worden ist, dieselbe Botschaft, auch wenn sie in der Sprache einer ganz anderen Zeit verkündet wurde. Die Kirche liest dasselbe Evangelium – das unvergängliche Wort Gottes – immer im Zusammenhang der sich wandelnden menschlichen Wirklichkeit. Und Benedikt wußte gewiß die Zeichen der damaligen Zeit scharfsichtig zu deuten, als er seine Regel niederschrieb, in welcher die Verbindung von Gebet und Arbeit für alle, die sie annehmen würden, zum Prinzip des Ausblicks nach der Ewigkeit wurde. *Ora et labora,* »bete und arbeite«, war für den großen Gründer des abendländischen Mönchtums dieselbe Wahrheit, die der Apostel in der heutigen Lesung verkündet, wenn er versichert, daß er für Christus alles aufgegeben habe: »Ich sehe alles als Verlust an, weil die Erkenntnis Christi Jesu, meines Herrn, alles übertrifft. Seinetwegen habe ich alles aufgegeben und halte es für Unrat, um Christus zu gewinnen und in ihm zu sein« (*Phil* 3, 8–9).
Benedikt las die Zeichen der Zeit und sah, daß es notwen-

dig war, das radikale Programm evangelischer Heiligkeit, das die Worte des hl. Paulus ausdrücken, in einer gewöhnlichen Form, in den Dimensionen des täglichen Lebens aller Menschen, zu verwirklichen. Das Heroische sollte normal, alltäglich werden, und das Normale, Alltägliche heroisch.

Auf diese Weise wurde er, der Vater der Mönche, der Gesetzgeber monastischen Lebens im Abendland, indirekt auch zum Pionier einer neuen Zivilisation. Überall, wo die menschliche Arbeit für die Entwicklung der Kultur, der Wirtschaft, des sozialen Lebens Voraussetzung war, hatte das benediktinische Programm der Glaubensverkündung, das die Arbeit mit dem Gebet und das Gebet mit der Arbeit verband, Erfolg.

Man muß die Schlichtheit dieses Programms und zugleich seine Universalität bewundern. Man kann sagen, daß dieses Programm zur Christianisierung der neuen Völker des europäischen Kontinents beigetragen hat und zugleich auch die Grundlage ihrer nationalen Geschichte bildet, einer Geschichte, die nun schon mehr als ein Jahrtausend währt.

So wurde der hl. Benedikt im Laufe der Jahrhunderte zum Patron Europas: lange schon ehe Papst Paul VI. ihn dazu erklärt hatte.

6. Er ist Patron Europas in dieser unserer Zeit. Er ist das nicht nur wegen seiner besonderen Verdienste um diesen Kontinent, um seine Geschichte und seine Zivilisation. Er ist es darüber hinaus in Anbetracht der neuen Aktualität seiner Gestalt für das heutige Europa. Man kann dic Arbeit vom Gebet trennen und sie zur einzigen Dimension des menschlichen Daseins machen. Unsere Zeit neigt zu dieser Tendenz. Sie unterscheidet sich von den Zeiten des Benedikt von Norcia, weil damals das Abendland zurückblickte, indem es sich an der großen Tradition Roms und der antiken Welt inspirierte. Heute lasten auf den Schultern Europas der furchtbare Zweite Weltkrieg und die

nachfolgenden bedeutenden Änderungen auf der Weltkarte, die der Vorherrschaft des Abendlandes über andere Kontinente Einhalt geboten haben. Europa ist sozusagen in seine eigenen Grenzen zurückgekehrt.
Und doch ist das, was hinter uns liegt, nicht der Hauptgegenstand der Aufmerksamkeit und der Unruhe der Menschen und der Völker. Das ist und bleibt das, was vor uns liegt.
Wohin steuert die ganze Menschheit, gebunden an die vielfachen Probleme und gegenseitigen Abhängigkeiten, die sich auf alle Völker und Kontinente erstrecken? Wohin steuert unser Kontinent und auf ihm alle jene Völker und Traditionen, die über das Leben und die Geschichte so vieler Länder und so vieler Nationen entscheiden?
Wohin steuert der Mensch?
Die Gesellschaften und die Menschen sind im Laufe der 1500 Jahre, die uns von der Geburt des hl. Benedikt von Norcia trennen, zu Erben einer großen Kultur, zu den Erben ihrer Siege, aber auch ihrer Niederlagen, ihres Lichtes, aber auch ihrer Finsternis geworden.
Man hat den Eindruck, daß die Wirtschaft vor der Moral, das Zeitliche vor dem Geistlichen kommt.
Einerseits bringt die nahezu ausschließliche Ausrichtung auf den Konsum materieller Güter das menschliche Leben um seinen tiefsten Sinn. Andererseits führt die Arbeit in vielen Fällen zur Entfremdung des Menschen, der dem Kollektiv unterworfen ist, und wird wie um jeden Preis vom Gebet getrennt, womit das menschliche Leben seine überzeitliche Dimension verliert.
Zu den negativen Folgen der Abwendung von den überirdischen Werten gehört, was heute zu besonderer Sorge Anlaß gibt: die zunehmende soziale Spannung, die nur zu oft in absurde Episoden roher terroristischer Gewalt ausartet. Die öffentliche Meinung ist darüber zutiefst erschüttert und beunruhigt. Allein das wiedergewonnene Bewußtsein von der transzendenten Dimension der menschlichen Bestimmung kann den Eifer für die Gerechtigkeit

und die Achtung vor der Heiligkeit jedes unschuldigen Menschenlebens in Einklang bringen. Deshalb sammelt sich die Kirche Italiens heute zu besonderem, sorgenvollem Gebet.
Man kann nicht für die Zukunft leben, ohne wahrzunehmen, daß der Sinn des Lebens höher liegt als die Zeitlichkeit, daß er sie überschreitet. Wenn die Gesellschaft und die Menschen unseres Kontinents das Interesse für diesen Sinn verloren haben, müssen sie ihn wiederfinden. Können sie zu diesem Zweck um 1500 Jahre zurückkehren? Bis in die Zeit, wo der hl. Benedikt von Norcia geboren wurde?
Nein, zurückkehren können sie nicht. Sie müssen den Sinn des Lebens in unserer Zeit wiederfinden. Anders geht es nicht. Sie dürfen und sie können nicht in die Zeit Benedikts zurückkehren, aber sie müssen den Sinn des menschlichen Daseins nach dem Maß Benedikts wiederfinden. Nur dann werden sie für die Zukunft leben. Und für die Zukunft arbeiten. Und im Ausblick auf die Ewigkeit sterben. ...

34 Botschaft an den Abt von Montecassino

... In den ersten sechs Jahrhunderten nach dem Tod des Heiligen hat die Benediktinerregel auf friedliche Weise von ganz Europa Besitz genommen, mit Ausnahme der Länder der byzantinischen Welt, die aber auch ihren Einfluß erfuhren. Über Italien hinaus wurden schon bald Frankreich, England, Belgien, Friesland, ganz Deutschland und die Schweiz mit Benediktinerklöstern übersät. Wenig später dann auch die iberische Halbinsel, Holland, Irland, Böhmen, Dänemark, Schweden, Norwegen, Polen, Ungarn, Dalmatien, Albanien; sogar Palästina, Syrien und Konstantinopel lernten die heiligende und zivilisierende Tätigkeit der Söhne des hl. Benedikt kennen.
Ihr wunderbarstes Werk, das von meinem Vorgänger

Paul VI. anläßlich der Proklamierung des Heiligen zum Schutzpatron Europas besonders betont wurde, war die Einigung der Völker, die auf dem gemeinsamen christlichen Glauben gründete. Völker, die durch Geschichte, Tradition, Erziehung und Charakter in solchem Gegensatz zueinanderstanden, daß sie häufig grausame Kriege gegeneinander führten, fühlten sich jedoch alle als Christen, glaubten alle an Gott, waren alle durch den Glauben Kinder desselben himmlischen Vaters und der Kirche von Rom. Die lateinische Sprache, die von den gebildeten Menschen allgemein benutzt und in der Liturgie verwendet wurde, war Band und Ausdruck dieser idealen Einheit.
Diese Einheit im Glauben und Empfinden, die am Anfang der verschiedenen Epochen der Geschichte des Hochmittelalters steht, war das geistliche Werk der Benediktiner, die im übrigen in ihrer Regel die inspirierenden Prinzipien für die Erziehung und Heranbildung zur Einheit fanden.
Die Geschlossenheit der von der Regel geformten Mönchsfamilie – mit einem einzigen Familienhaupt, das zugleich Vater und verantwortlicher Lehrer aller Mitglieder ist, mit einer Hierarchie von Personen und genau festliegenden Werten, mit dem Gelübde der Stabilität, mit einer genauen Gebets- und Arbeitsordnung, mit brüderlichen Beziehungen, die sich aus lebendiger Liebe nährten – war alles in allem eine Schule und ein Vorbild für die glaubensverkündenden Mönche und die neubekehrten Völker.
Diese Einheit will das Thema und der Zweck meiner Botschaft in diesem so bedeutungsvollen Augenblick sein, wo die Vertreter der europäischen Nationen zu Ehren des Lehrers und Vaters ihrer Völker versammelt sind, die alle der Kirche gleich teuer sind.
Während man seit vielen Jahren in so anerkennenswerter Weise für eine – vorläufig noch teilweise – Einigung Europas arbeitet und bereits viele beachtliche Schritte rechtlicher und institutioneller Art in diesem Sinn getan wurden, die bei den betreffenden Nationen große Hoffnungen

wecken, möchte ich die Rückkehr und die Wiedergewinnung der moralischen und geistigen Einheit wünschen, die der hl. Benedikt bewirkt hatte, damit sich ein beständiges und aufrichtiges Klima der Eintracht, des gegenseitigen Verständnisses, der Ordnung und daher des Friedens unter allen Völkern Europas bilde, wie es der brennende Wunsch aller ist.

Der Patriarch von Montecassino führte die Mönche und machte sie zu Führern der jungen Nationen per ducatum Evangelii, »unter der Leitung des Evangeliums«. Die Grundlage der europäischen Kultur insgesamt bildete und bildet glücklicherweise noch immer das Christentum. Das Evangelium muß auch weiterhin das bekannteste und beliebteste Buch bleiben, besonders bei der Jugend und ihren Erziehern, damit sich auf seiner Lehre eine echte Einheit der Geister bildet und festigt, die uns den Frieden zu schenken vermag.

Möge die Fürbitte des großen Patrons, dessen Geist noch immer von diesem Ort durch Europa und die Welt hinausstrahlt, um Früchte wahren christlichen und zivilen Fortschritts aufkeimen zu lassen, diese meine Wünsche bekräftigen!

35 An die Vollversammlung der Kongregation für die Ordensleute und Säkularinstitute

... Ohne die religiösen Orden, ohne das gottgeweihte Leben wäre die Kirche nicht ganz sie selbst.

Tatsächlich erlaubt die Profeß der evangelischen Räte denen, die diese besondere Gabe empfangen haben, eine tiefere Gleichstellung mit dem Leben der Keuschheit, der Armut und des Gehorsams, das Christus für sich gewählt hat und das auch Maria, seine Mutter und die Mutter der Kirche, als Urbild und Vorbild für die Kirche geführt hat (vgl. Apostol. Schreiben *Evangelica testificatio*, Nr. 2). Zugleich stellt diese Profeß ein vorrangiges Zeugnis dar für

die unaufhörliche Suche nach Gott und die absolute Hingabe an das Wachsen des Reiches, wozu Christus die auffordert, die an ihn glauben (vgl. *Mt* 6, 33). Ohne diese konkreten Zeichen wäre das »Salz« des Glaubens in Gefahr, in einer sich immer stärker säkularisierenden Welt wie der unseren aufgelöst zu werden (vgl. *Evangelica testificatio,* Nr. 3).
Es ist klar, daß die Ordensleute, wenn sie ihrer Weihe an den Herrn treu bleiben und imstande sein wollen, davon sichtbar Zeugnis abzulegen, ihre Liebe vervollkommnen und mit Gott im Dialog des Gebetes stehen müssen. Um das Ordensleben rein zu erhalten, bedarf es einer tiefen Glaubenssicht, und diese wird durch das Gebet aufrecht erhalten und genährt. ...
... Ohne das Gebet verliert das Ordensleben seine Bedeutung und erfüllt nicht seinen Zweck. Die einprägsamen Worte des Apostolischen Schreibens *Evangelica testificatio* lassen uns darüber nachdenken: »Vergeßt nicht das Zeugnis der Geschichte. Die Treue zum Gebet oder seine Vernachlässigung sind das Beispiel für die Lebendigkeit oder den Verfall des Ordenslebens« (Nr. 42).

2. Ihr habt euch in diesen Tagen einerseits um ein vertieftes Verständnis für den Wert der Kontemplation bemüht und wart andererseits darauf bedacht, geeignete Möglichkeiten zu finden, um das Leben der Ordensleute immer tiefer darin zu begründen. Bei denen, die im Apostolat stehen, wird es darum gehen, die Integration von Innerlichkeit und aktivem Wirken zu fördern. Ihre erste Aufgabe ist es, bei Christus zu sein. Eine ständige Gefahr für die im Apostolat Tätigen besteht darin, daß sie sich so von ihrem Wirken für den Herrn vereinnahmen lassen, daß sie den Herrn allen Wirkens vergessen.
Es wird daher notwendig sein, daß sie sich der Bedeutung des Gebets in ihrem Leben immer stärker bewußt werden und lernen, sich ihm hochherzig zu widmen (vgl. *Evangelica testificatio,* Nr. 45). Um so weit zu kommen, braucht

ihr Leben das Schweigen, und das erfordert Zonen wirklicher Stille und persönlicher Disziplin des einzelnen, um den Kontakt zu Gott zu begünstigen.
Die Teilnahme an der Liturgie der Kirche (Göttliches Offizium, sakramentales Leben) ist ein bevorzugtes Mittel der Kontemplation, besonders auf dem Höhepunkt des eucharistischen Opfers, bei dem das innere Gebet mit dem äußeren Kult verschmilzt. Die Verpflichtung zur täglichen Teilnahme daran wird den Ordensleuten helfen, jeden Tag ihre Hingabe an den Herrn zu erneuern.
Die Ordensgemeinschaften, die sich im Namen des Herrn zusammenfinden, haben die Eucharistie als ihren natürlichen Mittelpunkt. Es ist deshalb normal, daß sie sichtbar um ein Oratorium versammelt sind, in dem die Gegenwart des Allerheiligsten Sakramentes das zum Ausdruck bringt und verwirklicht, was die wichtigste Sendung jeder Ordensfamilie sein muß (vgl. *Evangelica testificatio,* Nr. 48). Die Ordenshäuser müssen deshalb vor allem Oasen des Gebets und der Sammlung sein, Stätten des persönlichen und gemeinschaftlichen Dialogs mit dem, der der Erste ist und bleiben muß, der wichtigste Gesprächspartner ihrer Tage, die so sehr mit Arbeit angefüllt sind. Die Obern sollen sich also nicht scheuen, ihre Mitbrüder immer wieder daran zu erinnern, daß ein Intervall echter Anbetung mehr und reichere Frucht trägt als irgendeine andere, noch so intensive Tätigkeit, mag sie auch dem Apostolat dienen. »Keine Bewegung im Ordensleben hat irgendeinen Wert, wenn sie nicht auch eine Bewegung nach innen ist, in die Tiefe der Existenzmitte, wo Christus wohnt. Nicht das, was die Ordensleute tun, zählt am meisten, sondern das, was sie als gottgeweihte Menschen sind« (vgl. *Ansprache an die Priester, Ordensmänner und Ordensfrauen in Maynooth am 1. 10. 1979*).
Das kontemplative Leben der Ordensleute wäre unvollkommen, wenn es sich nicht um eine Haltung kindlicher Liebe zur Mutter der Kirche bemühte, zur Mutter derer, die sich Gott geweiht haben. Diese Liebe zur heiligen

Jungfrau wird in der Feier ihrer Feste und besonders in den täglichen Gebeten zu ihren Ehren, vor allem dem Rosenkranz, ihren Ausdruck finden. Das tägliche Gebet des Rosenkranzes ist eine jahrhundertealte Tradition unter den Ordensleuten, und es ist gut, an die Nützlichkeit, die Schönheit und die Wirkung eines solchen Gebetes zu erinnern, das uns das Leben des Herrn in seinen Geheimnissen zur Betrachtung vorlegt.

3. Ich weiß, daß ihr im Rahmen eurer Arbeiten den Ordensleuten des kontemplativen Lebens, in denen wir einen der kostbarsten Schätze der Kirche anerkennen müssen, eine besondere Aufmerksamkeit vorbehalten habt. Der Einladung des göttlichen Meisters bereitwillig folgend, haben sie den besseren Teil gewählt (vgl. *Lk* 10, 42), nämlich den des Gebetes, des Schweigens, der Kontemplation, der ausschließlichen Liebe zu Gott und der völligen Hingabe an seinen Dienst. Sie sollen wissen, daß die Kirche sehr auf ihren geistlichen Beitrag zählt.
In dem Dekret *Perfectae caritatis* hat das Zweite Vatikanische Konzil sich nicht darauf beschränkt, zu bestätigen, daß die kontemplativen Orden auch heute eine vollgültige Bedeutung und Funktion bewahren; sie nehmen, so sagte es, im mystischen Leib einen »hervorragenden Platz« ein. Die auf die Kontemplation hingeordneten Institute »bringen Gott ein erhabenes Lobopfer dar«, sie bringen dem Volk Gottes »überreiche Früchte der Heiligkeit« ein, »eifern es durch ihr Beispiel an«, »lassen es in geheimnisvoller apostolischer Fruchtbarkeit wachsen« (vgl. Nr. 7).
Gewiß sind die Forderungen, die der Kirche heute von der Evangelisierung gestellt werden, mannigfach und dringlich. Wer jedoch angesichts der dringenden Notwendigkeit des tätigen Apostolats eine Lebensform für überholt hielte, die ganz der Kontemplation gewidmet ist, würde fehlgehen. Vielmehr haben die Konzilsväter, als sie sich im Dekret *Ad gentes* mit dem Problem der Verkündigung der Frohbotschaft an alle Menschen auseinandersetzten, den

wirksamen Beitrag der kontemplativen Orden zum apostolischen Wirken unterstrichen (vgl. Nr. 40) und den Wunsch zum Ausdruck gebracht, daß in den jungen Kirchen unter den verschiedenen Formen des Ordenslebens auch Gemeinschaften des beschaulichen Lebens errichtet werden mögen, um eine »volle Anwesenheit der Kirche« zu gewährleisten (vgl. Nr. 18).
Ist es im übrigen nicht bezeichnend, beim Rückblick auf die Geschichte der Kirche festzustellen, daß gerade in den Jahrhunderten, in denen die Bedürfnisse der Evangelisierung am größten waren, das kontemplative Leben eine Blüte und Ausweitung erlebte, die wunderbar anmuten? Muß man darin nicht einen Hinweis des Geistes sehen, der uns alle, die wir oft unter den Einflüssen des Leistungsdenkens stehen, an die Überlegenheit der übernatürlichen Mittel über die rein menschlichen erinnert?
Ich richte daher meinen Blick voll Zuversicht auf jene Menschen, die vollständig der Kontemplation geweiht sind, und vertraue der Glut ihrer Liebe die quälenden Sorgen des universalen Dienstamtes an, das mir übertragen wurde. Ich weiß, wie sehr sie an ihrer bevorzugten Berufung hängen, wie sie mit Freude die Forderungen des täglichen Opfers annehmen, wie sie die Arbeit, die Mühen und die Hoffnungen ihrer Zeitgenossen in ihr Gebet hineinnehmen. Es ist mein Wunsch, daß sie sich immer mehr in die Spiritualität ihrer Gründer vertiefen, um sie noch intensiver zu leben, ohne sich von Methoden, die gerade modern sind, oder von Techniken, deren Inspiration meist nicht viel mit dem Evangelium zu tun hat, verführen zu lassen. Das kontemplative und mystische Erbe der Kirche ist von einzigartiger Größe und Tiefe. Es gilt daher darüber zu wachen, daß alle Klöster sich darum bemühen, es kennenzulernen, zu pflegen und zu lehren.
Eine gerechte Strenge bei der Forderung, die Klausur zu beachten, wird sich als sehr nützlich für die Erreichung dieser Ziele erweisen. Zu ihrer Beibehaltung hat sich auch das Zweite Vatikanische Konzil geäußert (vgl. das Dekret

Perfectae caritatis, Nr. 16). Das Aufgeben der Klausur würde in der Tat den Verlust dessen bedeuten, was zur besonderen Eigenart einer der Formen des Ordenslebens gehört, durch welche die Kirche den Vorrang der Kontemplation vor der Aktion, den Vorrang des Ewigen vor dem Zeitlichen der Welt deutlich macht. Die Klausur isoliert die kontemplativen Ordensleute nicht von der Gemeinschaft des mystischen Leibes. Sie stellt sie vielmehr in das Herz der Kirche, wie mein Vorgänger, Papst Paul VI., ausgeführt hat. Er fügte hinzu, daß diese Menschen »den geistlich-spirituellen Reichtum der Kirche nähren, ihr Gebet veredeln, ihre Liebe festigen, ihre Leiden und Mühen, ihr Apostolat und ihre Hoffnungen teilen, ihre Verdienste vermehren« *(Ansprache vom 2. Februar 1966).*

4. Es gibt da noch ein besonderes Problem, auf dessen Wichtigkeit heute hingewiesen werden soll: nämlich das der engen Beziehungen zwischen den Ordensinstituten und dem Klerus in bezug auf die kontemplative Dimension, die jedes dem Herrn geweihte Leben als seine bestimmende Grundlage haben muß.
Die Weltpriester müssen aus der Kontemplation die Kraft und Unterstützung für ihr Apostolat schöpfen. Wie in der Vergangenheit sollen sie im Normalfall eine diesbezügliche Hilfe bei erfahrenen Ordensleuten und im Kontakt mit Klöstern finden, die bereit sind, sie für die geistlichen Übungen und für Zeiten der Sammlung und Einkehr aufzunehmen.
Die Ordensfrauen ihrerseits sollen im Klerus die Beichtväter und geistlichen Führer finden können, die imstande sind, ihnen hilfreich beizustehen, damit sie ihre Weihe besser verstehen und leben. Der Einfluß der Priester ist übrigens sehr oft entscheidend, wenn es darum geht, eine Berufung zum Ordensleben zu entdecken und zu fördern. Es ist daher notwendig, daß der Klerus und die Ordensleute, und besonders die Bischöfe und die Obern sich bemühen, für das so wichtige Problem der gegenseitigen

Abhängigkeit der beiden Stände eine unserer heutigen Zeit angepaßte Lösung zu finden.

Ich möchte noch einen kurzen Hinweis auf die neuen Formen kontemplativen Lebens hinzufügen, die da und dort in der Kirche auftauchen und in denen die eine oder andere Komponente des spirituellen Lebens bevorzugt wird. Es handelt sich dabei insgesamt um interessante Experimente, welche die Kirche mit wohlwollendem und aufmerksamem Blick verfolgt.
Es drängt mich aber, daran zu erinnern, daß diese Experimente auf keinen Fall die Treue zu den Formen des kontemplativen Lebens lockern dürfen, die sich seit Jahrhunderten bewährt haben. Sie bleiben wahre, authentische Quellen des Gebetes und sichere Schulen der Heiligkeit, deren Fruchtbarkeit niemals geleugnet wurde.

5. Geliebte Brüder, das Ordensleben kennt hier auf Erden kein endgültiges Ziel. Es ist eine Gabe in ständiger Entfaltung und ein Weg in Richtung auf immer höhere Ziele. In diesem Sinne sagt der hl. Benedikt, daß das Mönchsleben eine ununterbrochene Lehrzeit für den Dienst des Herrn darstelle: »dominici schola servitii« (*Regel,* Einl.), eine Schule, in welcher der Geist der innere Lehrer ist. ...

36 **Botschaft zum Weltgebetstag 1980**

1. Als mein unvergessener Vorgänger Papst Paul VI. den Weltgebetstag für geistliche Berufe einführte, war es sein Wille, daß dieser zwischen zwei großen liturgischen Festen begangen werde: zwischen Ostern und Pfingsten. Das war eine sehr glückliche Entscheidung; denn diese herrlichen Geheimnisse unseres christlichen Glaubens werfen auf die Berufung zum Priestertum und jede andere Berufung, die sich in besonderer Weise dem Dienst für Gott und die Kirche weiht, ein helles Licht.

Das Zweite Vatikanische Konzil sagt: »Christus ... auferstanden von den Toten ... hat seinen lebendigmachenden Geist den Jüngern mitgeteilt und durch ihn seinen Leib, die Kirche, zum allumfassenden Heilssakrament gemacht« (Dogmatische Konstitution über die Kirche, *Lumen gentium*, Nr. 48).

Dies war der Anfang: eine geheimnisvolle und tiefreichende Veränderung vollzog sich in den ersten Jüngern, die an den auferstandenen Christus glaubten und das Geschenk des Heiligen Geistes erhielten. Es waren dieselben einfachen Menschen, die Jesus sich aus den Leuten seines Volkes, einen nach dem anderen, erwählt hatte. Wir kennen ihre Zweifel und ihre Ängste (vgl. *Mt* 28, 17; *Joh* 20, 19); sobald sie jedoch zum Glauben an den Auferstandenen gelangt waren, hatten sie ein klares Bewußtsein ihrer Berufung und ihrer Sendung, worin der Heilige Geist sie noch bestärken sollte, wie der Herr selbst es ihnen versprochen hatte: »Ihr werdet die Kraft des Heiligen Geistes empfangen, der auf euch herabkommen wird; und ihr werdet meine Zeugen sein in Jerusalem und in ganz Judäa und Samarien und bis an die Grenzen der Erde« (*Apg* 1, 8). In der Kraft des Heiligen Geistes waren sie Apostel, Priester und Zeugen für den auferstandenen Christus. Sie formten ihr Leben und ihre Taten, indem sie ihren Blick fest auf das unvergeßliche Bild von Jesus, dem Guten Hirten der Menschen, gerichtet hielten. In seiner heiligen Vollmacht verkündigten sie der Welt seine Botschaft und wirkten sie zum Heil der Menschen. Sie waren sich bewußt, daß Jesu Sendung als Priester, Lehrer und Hirt sich in ihren Personen fortsetzte: »Wie mich der Vater gesandt hat, so sende ich euch« (*Joh* 20, 21). Sie wußten, daß sie dazu bestimmt waren, inmitten der Welt ein sichtbares Zeichen und Mittel für die lebendige und wirksame Gegenwart des auferstandenen Herrn zu sein und zugleich aus der Kraft eines unermeßlichen Geschenkes des Heiligen Geistes eine neue Gruppe von Menschen zu formen, die mit einem einzigartigen und unverwechselbaren Charakter ausgestattet sein würden: dem Charakter von Priestern, Lehrern und Hirten des Neuen Bundes.

2. Wie es im Anfang geschehen ist, so dauert es fort. Jahrhunderte und Jahrtausende sind vorübergezogen, aber die Kirche ist noch immer die Kirche des auferstandenen Christus und des Pfingstgeistes. Die Bischöfe als die Nachfolger der Apostel und die Priester als die Mitarbeiter der Bischöfe sind die Bischöfe und Priester dieses auferstandenen Christus und dieses Pfingstgeistes. So wird es auch in Zukunft sein; denn der auferstandene Herr hat seiner Kirche einen beständigen Beistand zugesichert: »Seid gewiß: ich bin bei euch alle Tage bis zum Ende der Welt« (*Mt* 28, 20; *LG,* Nr. 19, 28).
Neben den Bischöfen und den Diözesanpriestern, die mit ihnen als Söhne und Brüder verbunden sind, gab es, gibt es heute und wird es immer noch andere Menschen geben, die vom Herrn zum Leben in einer besonderen Weihe an Gott berufen werden. Es gab eine Blüte der Diakone, der Diener des Volkes Gottes, und es gibt sie heute wieder von neuem. Groß war die Zahl der Missionare, die ausgesandt wurden, um neue Gemeinden von Christen zu gründen und zu leiten. Aufgeblüht sind ungezählte Formen gottgeweihten Lebens in den Orden, Kongregationen und Säkularinstituten, die »allen Menschen die überragende Größe der Herrscherkraft Christi und die wunderbare, unbegrenzte Macht des Heiligen Geistes in der Kirche aufzeigen« (*LG,* Nr. 44). Alle diese Männer und Frauen finden die reine Quelle ihrer Berufung stets im Glauben an den auferstandenen Herrn und an die unerschöpflichen Gaben des Heiligen Geistes.

3. Liebe Brüder im Bischofsamt und ihr alle, Priester, Diakone, Ordensmänner, Ordensfrauen, Menschen, die ihr euch Gott geweiht habt! Ich wollte euch diese Gedanken in Erinnerung rufen, um eine herzliche Einladung an euch zu richten: Verkündet dem Volk Gottes, vor allem

den Familien und den Jugendlichen, immer mehr und immer besser diese heiligen Wahrheiten vom Priestertum, von der Mission, vom gottgeweihten Leben. Wenn das Volk Gottes für geistliche Berufe betet, muß es genau wissen, wofür und für wen es da betet. Die Geheimnisse der Auferstehung und des Pfingstgeschehens geben euch die Möglichkeit, in rechter und überzeugender Weise über geistliche Berufe zu sprechen. Die Gläubigen, die Familien, die Jugendlichen müssen mit immer größerer Klarheit erkennen, daß die Kirche mit ihren Priestern, Missionaren und allen gottgeweihten Menschen nicht aus menschlichen Ursachen, Motiven oder Interessen entstanden ist, sondern aus dem barmherzigen Plan Gottes, der das Heil aller will aus der Kraft von Christi Tod und Auferstehung und aus dem machtvollen Wirken des Heiligen Geistes. Darum wird das persönliche Zeugnis eures Lebens, das sich ganz dem Dienst an den Menschen schenkt, eure Worte verstärken und ihnen mit der Hilfe Gottes neue Überzeugungskraft verleihen.

4. Liebe junge Menschen! An euch möchte ich bei dieser Gelegenheit eine ganz besondere Einladung richten. Denkt darüber nach! Versteht, daß ich zu euch von sehr wichtigen Dingen spreche. Es geht darum, das ganze Leben dem Dienst für Gott und seine Kirche zu weihen. Und diese Weihe soll geschehen mit sicherem Glauben, mit reifer Überzeugung, in freier Entscheidung und mit einer Hochherzigkeit, die zu allem bereit ist und nichts zurücknimmt. Die Worte Jesu: »Ich bin bei euch alle Tage bis zum Ende der Welt«, sichern diesem »euch« Dauer zu. Der Ruf des Herrn wird immer wieder ergehen, und immer wieder werden bereite Menschen darauf antworten. Auch ihr müßt eine Haltung einnehmen, um ihn hören zu können. Mit eurem vom Glauben erleuchteten Denken müßt ihr bis zur überirdischen Dimension des universellen Heilsplans Gottes vordringen. Ich weiß, daß viele Dinge dieser Welt, viele Ereignisse von heute euch beunruhigen.

Und gerade das ist der Grund, warum ich euch zum Nachdenken auffordere! Öffnet euer Herz für eine beglückende Begegnung mit dem auferstandenen Christus! Laßt die Kraft des Heiligen Geistes in euch wirken und euch die rechte Lebenswahl eingeben! Fragt andere um Rat! Die Kirche Jesu Christi muß ihre Sendung in der Welt fortsetzen. Sie braucht euch, denn es gibt so viel zu tun! Wenn ich zu euch von der Berufung spreche und euch einlade, diesem Weg zu folgen, tue ich das als der demütige, aber leidenschaftliche Diener jener Liebe, von der Christus erfüllt war, als er die Jünger in seine Nachfolge berief.

5. Schließlich, liebe Söhne und Töchter in aller Welt, geht meine Bitte an jeden von euch und an eure Gemeinden: Betet! Das ist die Grundlage für alles andere, auf der Christus so sehr bestanden hat: »Bittet also den Herrn der Ernte, Arbeiter für seine Ernte auszusenden« (*Mt* 9, 38). Laßt uns gemeinsam mit der Jungfrau Maria beten und auf ihre Fürsprache vertrauen! Wir wollen darum beten, daß die heiligen Geheimnisse der Auferstehung und des Heiligen Geistes viele hochherzige Menschen erleuchten und sie bereit machen, mit größerer Verfügbarkeit der Kirche zu dienen. Wir wollen für die Hirten und ihre Mitarbeiter beten, daß sie die rechten Worte finden, um den Gläubigen die Botschaft vom priesterlichen und gottgeweihten Leben zu verkünden. Laßt uns auch beten, daß die Gläubigen in allen Bereichen der Kirche mit neuer Zuneigung an dieses Ideal des Evangeliums glauben, das Ideal des Priesters, der sich ganz und gar dem Aufbau des Reiches Gottes widmet, und daß sie hochherzig wic tatkräftig solche Berufungen fördern. Wir wollen für die jungen Menschen beten, an die der Herr seine Einladung zur engeren Nachfolge richtet, daß sie sich durch die Dinge dieser Welt nicht ablenken lassen, sondern ihr Herz der Stimme des Freundes öffnen, der sie ruft; daß sie sich imstande fühlen, sich für ein ganzes Leben und mit »ungeteiltem Herzen« an Christus, an die Kirche und an ihre Mitbrüder zu verschenken; daß sie

daran glauben, daß ihnen die Gnade Kraft für eine solche Lebensweihe gibt, und daß sie die Schönheit und Erhabenheit eines Lebens als Priester, Ordenschrist oder Missionar entdecken. Laßt uns auch für die Familien beten, damit es ihnen gelingt, ein christliches Klima zu schaffen, das für die wichtigen religiösen Entscheidungen ihrer Kinder förderlich ist. Und zugleich laßt uns dem Herrn von Herzen danken, daß in diesen Jahren an vielen Stellen der Welt so zahlreiche Jugendliche und auch Menschen reiferen Alters, und sogar in wachsender Zahl, dem göttlichen Ruf antworten. Wir wollen schließlich auch beten, daß alle Priester und Ordensleute mit ihrer Verfügbarkeit den Berufenen Beispiel und Ansporn sind, mit ihrer demütigen Bereitschaft – wie ich es im *Brief an die Priester zum Gründonnerstag 1979* genannt habe –, »die Gaben des Heiligen Geistes anzunehmen und die Früchte der Liebe und des Friedens den anderen weiterzuschenken; ... bereit ..., ihnen jene Glaubensgewißheit zu vermitteln, die sie den Sinn der menschlichen Existenz tiefer verstehen läßt und sie befähigt, im Leben des einzelnen und in den Lebensbereichen der Menschen die moralische Ordnung zur Geltung zu bringen« *(Nr. 4).*

37 An Ordensfrauen in Kinshasa/Zaire

... 1. Vergeßt in diesem bevorzugten Augenblick eure legitimen Unterschiede, um eure eine Zugehörigkeit zu demselben Gott und Vater ganz tief zu empfinden. Auf sie bezieht sich der Apostel Paulus im Epheserbrief, wenn er treffend sagt: »Ein Herr, ein Glaube, eine Taufe, ein Gott und Vater aller« (*Eph* 4, 5–6). Laßt mich euch ermutigen, mit glühendem Eifer den Jahrestag eurer Geburt zum göttlichen Leben durch die Gnade der Taufe als das wichtigste Ereignis eures Lebens und eurer christlichen Berufung zum gemeinsamen Leben feierlich zu begehen. Ihr seid aus sehr verschiedenen sozialen Schichten, Ländern und sogar Kontinenten zum Ordensleben gekommen und lebt in Gemeinschaft, um – gegen Nationalismen, Vorurteile, mitunter sogar Haß – die Möglichkeit und Wirklichkeit universaler Brüderlichkeit zu beweisen, nach der sich alle Völker irgendwie sehnen. Ihr seid alle Schwestern, weil ihr denselben Aufruf des Evangeliums vernommen habt: »Wenn du vollkommen sein willst, geh, verkauf deinen Besitz und gib das Geld den Armen; so wirst du einen bleibenden Schatz im Himmel haben; dann komm und folge mir nach« (*Mt* 19, 21). Dieser einzigartige Appell ist durch seinen Ursprung in Gott eine weitere Forderung – ob ihr euch der Kontemplation oder Aufgaben der direkten Evangelisierung widmet –, euch untereinander wie im Verhältnis der Kongregationen zueinander ganz schwesterlich zu erweisen und euch gegenseitig immer besser zu helfen auf drei Ebenen, die mir wesentlich scheinen: dem richtigen Verständnis und der tapferen Erfüllung eures Gelöbnisses, dem Eifer zur Teilnahme an der Sendung der Kirche, der Weiterführung einer soliden geistlichen Bildung und der klugen Öffnung für die Realitäten eurer Zeit und eurer Lebensbereiche.

2. Mit wenigen Worten stellt das Zweite Vatikanische Konzil das Ordensleben als »eine göttliche Gabe« dar, »welche die Kirche von ihrem Herrn empfangen hat und in seiner Gnade immer bewahrt« (*Lumen gentium,* Nr. 43). Ohne die Schatten der 2000jährigen Geschichte des Gottesvolkes leugnen zu wollen, kann man behaupten, daß die Frau – für ihren Teil – großartig auf die Anrufe Christi zur vollen Selbsthingabe nach dem Evangelium geantwortet hat.
Leib und Herz der Frau scheinen eine einzigartige Disposition dafür zu bieten, das eigene Leben in königlicher Hingabe an Christus als den einzigen Bräutigam zu führen. Eben diese Fraulichkeit – von der eine gewisse öffentliche Meinung oft behauptet, sie werde im Ordensleben sinnlos geopfert – findet und erweitert sich in der Tat auf

einer höheren Ebene: der des Reiches Gottes. Zum Beispiel sind die physische Fruchtbarkeit, die in der afrikanischen Überlieferung soviel Raum einnimmt, sowie die Anhänglichkeit an die Familie Werte, die von der afrikanischen Ordensfrau in einer Kommunität viel stärker und immer wieder neu zum Vorteil einer ganz erstaunlichen geistlichen Fruchtbarkeit gelebt werden können. Eben in dieser Sicht nimmt die getreu eingehaltene Ehelosigkeit im Orden die Gestalt bevorzugter Liebe zum Herrn und völliger Bereitschaft für die anderen an. Auch versuchen zahlreiche Afrikanerinnen, die in einen Orden eingetreten sind, dem Armutsgelübde ein neues, dem Milieu, aus dem sie hervorgegangen sind, angepaßteres Gesicht zu geben. Sie bemühen sich, vom Ertrag ihrer Arbeit zu leben und diesen Ertrag ständig mit anderen zu teilen. Während sie der authentischen Auffassung vom Ordensgehorsam streng treu bleiben – der immer das Opfer des eigenen Willens bedeutet –, sind viele Schwestern bestrebt, im vertrauensvollen Dialog mit ihren Oberinnen zu leben, in denen sie Christus gegenwärtig sehen. Dieser neue Aspekt steht im Einklang mit der Würde und der Förderung der Frau in der heutigen Zeit.
Wenn ich so zu euch spreche, liebe Schwestern, würde ich euch gerne helfen, das Wesen eures Ordensstandes richtig zu begreifen oder neu zu begreifen: die gänzlich unwiderrufliche Weihe eures tiefsten Ichs und eurer fraulichen Anlagen an Christus und sein Reich. Wir sind hier im Herzen des Geheimnisses eures Lebens, das sich ohne Glaube schwer begreifen läßt. Es ist in Geheimnis, das mehr wiegt als alles andere: der Erwerb von Zertifikaten und Diplomen, die Zuteilung von Aufgaben und Verantwortlichkeiten, die Sorgen um die Verwaltung oder Neugründungen, die Probleme um Strukturen und Regeln. Mit einem Wort, eure radikal gelebte Hingabe ist das Wesen eures Ordensstandes, der feste Fels, der den Kongregationen und ihren Mitgliedern erlaubt, den von den Umständen erforderten Anpassungen nachzukommen, ohne Gefahr zu laufen, das

Charisma, mit dem Christus seine Kirche beschenkt hat, schal werden zu lassen oder zu verraten.

3. Fest verwurzelt in den vorrangigen Forderungen eurer von der Kirche beglaubigten Ganzhingabe, muß sich euer Leben im Dienst an der Kirche verzehren, für die sich Christus hingegeben hat (vgl. *Eph* 5, 25).

Die Sendung der Kirche ist vor allem prophetisch. Sie verkündet Christus allen Völkern (vgl. *Mt* 28, 19–20) und bringt ihnen seine Heilsbotschaft. Das ist es, was euren persönlichen und gemeinschaftlichen Lebensstil zuerst ins Spiel bringt (vgl. *Evangelii nuntiandi,* Nr. 14). Ist er wirklich leuchtend (vgl. *Mt* 5, 16), prophetisch? Die heutige Welt erwartet überall, vielleicht etwas unklar, ein Ordensleben, das mehr in Taten als in Worten Christus und das Evangelium verkündet. Die Epiphanie, die Erscheinung des Herrn, die ihr in Afrika so gern feiert, hängt von euch ab! Desgleichen zählt die prophetische Kirche hier wie in den anderen Kontinenten darauf, daß ihr mit Eifer an ihrer ausgedehnten katechetischen Arbeit teilnehmt. Man wartet überall auf Katecheten-Schwestern und auf Schwestern, die sich der Ausbildung von Katecheten widmen. Sind Ordensschwestern, die – aus Gründen persönlicher Entfaltung – diese vorrangige kirchliche Aufgabe allzu leicht aufgeben, immer sicher, ihrer Ganzhingabe treu zu sein? Ich weiß, daß die Bemühungen und Ergebnisse der katechetischen Unterweisung in Afrika bemerkenswert sind. Aber sie müssen fortgesetzt und erweitert werden. Christen aller Altersstufen und aller Gesellschaftsschichten müssen angeleitet werden, den sozialen und kulturellen Veränderungen unserer Zeit gewachsen zu sein. Ich bitte euch, meine Schwestern, einen noch größeren Beitrag zur prophetischen Sendung der Kirche zu leisten.

Die eigene Evangelisierung und die der anderen führt zum Gottesdienst. Die Kirche hat auch eine priesterliche Berufung, mit der ihr eng verbunden seid. In der Nachfolge des hl. Benedikt oder des hl. Bernhard, der hl. Klara von Assisi oder der hl. Theresia von Avila widmen sich die Nonnen der Klausurorden im Namen der Kirche voll dem Dienst des Gotteslobes und der Fürbitte. Diese Lebensform stellt auch ein Apostolat von größtem Wert für die Kirche und ihr Heilswerk dar, den die hl. Theresia vom Kinde Jesus während ihres kurzen Lebens im Karmel von Lisieux so großartig bewiesen hat. Vergessen wir nicht, daß Papst Pius XI. sie zur »Schutzpatronin der Missionen« proklamiert hat. Ich bringe daher den Angehörigen der kontemplativen Orden, die sich auf afrikanischem Boden befinden, meine lebhafte Ermutigung zum Ausdruck und bitte Gott, daß sich ihre Klöster mit ernsthaft motivierten Berufen füllen mögen. Wie könnte ich die kranken, schwachen und alten Schwestern vergessen? Während des Tages und oft auch während der Nacht, wenn sie nur schwer Schlaf finden, bringen sie dem Herrn das stille Opfer ihrer nahezu ununterbrochenen Gebete dar, ihrer körperlichen oder geistigen Leiden, ihres »fiat«, ihres »ja« zum göttlichen Willen. Sie sind auf diese Weise das priesterliche Volk, das Christus sich durch das Blut an seinem Kreuz erworben hat. Mit ihm erretten sie die Welt. Was die Ordensfrauen betrifft, die in den Dörfern und Städten ein direktes Apostolat ausüben, so erwartet die Kirche in der Person der Bischöfe und Priester viel von ihren Fähigkeiten und ihrem Eifer für die Beseelung der christlichen Gemeinden. Die Einführung in den tiefen Sinn der Liturgie, in die Feier der Sakramente, besonders der Eucharistie, sowie die Erziehung von Kindern und Erwachsenen zum persönlichen Gebet, zum hochherzigen Opfer ihres täglichen Lebens in Verbundenheit mit dem Leben Christi (vgl. *1 Petr* 2, 4–10) stellt einen äußerst wichtigen Bereich dar, wo ihr euch in der Tat durch eure pädagogischen Fähigkeiten, euren angeborenen Sinn für das Mysterium

Gottes und die euch eigene Selbstlosigkeit im Gebet auszeichnen könnt. Der Eifer des Gottesvolkes, das seinen Herrn feiert, hängt sehr von euch ab.

Schließlich ist die Sendung der Kirche königlich. Es ist vor allem der Bischof, der über das Wachsen und die Einheit des Glaubens wie auch über die Brüderlichkeit der Liebe in seiner Diözese wachen muß. Er ist es, der die apostolischen Tätigkeiten anordnet und anregt. Aber im Gottesvolk, das als ganzes aufgerufen ist, seine speziellen Kräfte und Fähigkeiten in den verschiedenen pastoralen Lebensbereichen der Diözesen und Pfarreien einzusetzen, haben die Ordensfrauen sehr wohl ihren Platz (vgl. *Evangelii nuntiandi,* Nr. 69). Ich überlasse es den afrikanischen Bischöfen, mit Weisheit die Zeichen der Zeit in ihren Diözesen zu erkennen und zusammen mit den verschiedenen Kongregationen zu sehen, wie die Ordensfrauen heute wirksamer in die Seelsorgstätigkeit der Diözesankirchen eingegliedert werden können. Laßt mich jedoch an dieser Stelle unterstreichen, daß eure fraulichen Anlagen und Fähigkeiten euch dazu prädestinieren, bei den afrikanischen Mädchen und Frauen die sehr wichtige Rolle von »Beraterinnen« auszuüben, in ähnlicher Weise wie früher die »Dorfmütter«.

4. Liebe Schwestern, ich möchte dieses väterliche Gespräch nicht beenden, ohne euch lebhaft zu ermutigen, stets auf der Suche nach geistlicher Vertiefung und menschlicher Bildung zu bleiben, um immer »mehr Frau« und »mehr Ordensschwester« zu sein.
Reicht euch von Ordenshaus zu Ordenshaus, von Kongregation zu Kongregation die Hand, um Zeiten und Orte der Stille und der Meditation zu organisieren, um an Kursen für Spiritualität, Theologie, Seelsorge teilzunehmen. Ermutigt euch gegenseitig zur Teilnahme daran. Leistet einander Hilfe, um die aus solchen Einkehrtagen und Kursen erwachsenden Kosten zu übernehmen. Euer Zeugnis

der schwesterlichen Liebe muß offenkundig sein. Tragt mit den Verantwortlichen in euren Diözesen zusammen Sorge dafür, stets verläßliche und kompetente Kursleiter zu finden. Jesus selbst hat das Sprichwort gebraucht: »Man beurteilt einen Baum nach seinen Früchten«! Mit Ruhe und Klugheit schaut immer, wohin euch diese Einkehrtage und Kurse führen. Zu größerer Vertraulichkeit mit dem Herrn? Zu mehr Mut und evangelischer Transparenz? Zu mehr schwesterlicher Liebe? Zu größerer persönlicher und gemeinschaftlicher Armut? Zu größerer Bereitschaft, das was ihr seid, und das, was ihr habt, mit den Enterbten zu teilen? Zu größerem Eifer für die Sendung der Kirche? Dann waren die gewählten Mittel zuverlässig und wurden mit Recht benutzt. War das nicht der Fall, dann muß man sie ändern, ehe es zu spät ist.

5. Da ihr heute als Ordensschwestern lebt, ist es unerläßlich, auch wenn ihr kontemplativen Orden angehört, auf eure menschliche Bildung zu achten, das Leben und die Probleme der heutigen Menschen ausreichend zu kennen, vor allem wenn ihr ihnen das Evangelium verkündigen sollt. Jugendliche und Erwachsene sind äußerst sensibel für die menschliche Seite derer, die »alles aufgegeben und alles gewonnen haben«, um Christus nachzufolgen! In diesem Bereich der Verpflichtung zu Bildung und Information müßt ihr loyal sehen, wo ihr steht: die goldene Regel ist die ständige Unterordnung eurer menschlichen Errungenschaften unter die privilegierte Sendung, die Christus euch in seiner Kirche zum Heil eurer menschlichen Brüder und Schwestern anvertraut hat.
Liebe Schwestern, ich weiß, daß ihr viel für mich betet, und dafür danke ich euch aus ganzem Herzen. Ich will euch meinerseits versichern, daß die Ordensschwestern der ganzen Welt einen ganz wichtigen Platz in meinem Leben und meinem täglichen Gebet einnehmen. Euch allen gilt meine Sorge, ihr alle seid meine Freunde, meine Stütze und meine Hoffnung! Der Herr stärke euch in eurer

Hingabe und eurer Sendung zu seiner Ehre und zum größten Wohl eurer afrikanischen Diözesen und der gesamten Kirche!

38 **Ansprache auf der Missionsstation St. Gabriel bei Kisangani/Zaire**

... 1. Zuerst grüße ich das Personal dieser Missionsstationen. Es sind eifrige Priester, oft von weither gekommen. Es sind Ordensmänner, die man mit dem vielsagenden Namen »Brüder« bezeichnet. Ich lege Wert darauf, den demütigen und wirksamen täglichen Dienst hervorzuheben, den sie vom Morgendämmern der Evangelisierung an geleistet haben. Durch ihre Erfahrung auf zahlreichen Gebieten haben sie viel zum Entstehen der Missionsstationen und ihrer praktischen und erzieherischen Arbeit beigetragen. Es sind Ordensfrauen, deren gottgeweihtes Leben durchglüht ist von der Gegenwart des Herrn. Weil sie leicht Kontakt zu den Familien finden, gewährleisten sie eine großartige Arbeit der Erziehung, der Nächstenliebe und menschlichen Bildung. Auch Laien wirken bei all diesen Aufgaben mit.
Manche Mitglieder dieser Missionen leben entfernt wie auf Vorposten in einem neuen Sektor der Evangelisierung; öfter aber leben sie heute in Gruppen, und ihre Station mit der Kapelle und den verschiedenen Einrichtungen ist ein Sammelpunkt für die Christen, die in den verschiedenen Vierteln oder in den Dörfern der Umgebung verstreut wohnen. Indem ich besonders die Missionare von St. Gabriel grüße, die ich hier, zusammen mit ihren Pfarrangehörigen zu treffen die Freude habe, grüße ich auch alle anderen und danke ihnen herzlich.

2. Mir steigen einige Gedanken im Herzen auf, die ich euch gerne anvertrauen möchte.
In meinen Augen erinnert eine Missionsstation vor allem

an die Bescheidenheit der Anfänge: sehr oft Bescheidenheit hinsichtlich des missionarischen Bestandes, Bescheidenheit der Christengemeinden, Bescheidenheit der pädagogischen und materiellen Mittel. Das Leben dieser ersten Evangelisatoren und ihrer ersten Jünger steht in der Tat der Armut des Evangeliums und der Einfachheit der ersten christlichen Gemeinden sehr nahe, die uns die Apostelgeschichte beschreibt (vgl. *Apg* 13; 14 ...). Paulus, Barnabas und viele andere Jünger kamen dort sozusagen mit leeren Händen an. Sie hatten nichts auszuteilen als die Frohe Botschaft, die Glut ihrer Liebe und die Zusicherung des Heiligen Geistes. Ja, liebe Freunde, Glaube und Liebe, die in euch wohnen, das ist es, was vor allem eure Originalität, euren Reichtum, eure Dynamik ausmacht.

3. Und hier möchte ich ein besonderes Wort an alle jene richten, die auf schwierigen Missionsposten die Prüfung des Durchhaltens und selbst des Vergrabenseins in Einsamkeit und Vergessenheit kennengelernt haben. Denn es genügt euch nicht, vorübergehend da zu sein: Ihr bleibt mitten unter denen, deren Leben ihr angenommen habt. Ihr bleibt geduldig dort, auch wenn ihr lange Zeit braucht, das Evangelium auszusäen, ohne noch das Keimen und Aufblühen zu erleben. Die Lampe des Glaubens und eurer Liebe scheint dann ganz vergebens zu brennen. Aber nichts von dem ist verloren, was so gegeben wird. Eine geheimnisvolle Solidarität verbindet alle Apostel. Ihr bereitet den Boden, wo andere ernten. Bleibt treue Diener. Auf keinen Fall habt ihr eure Kräfte geschont. Ihr habt diese apostolische Initiative auf Kosten großer moralischer und auch körperlicher Anstrengungen unternommen und weitergeführt, manchmal bis zur Entkräftung, in einem Klima, an das ihr nicht gewöhnt wart, und unter unsicheren Lebensbedingungen. Ich denke besonders an euch, wenn ich die Seiten des hl. Paulus – dessen Namen ich angenommen habe – über die Drangsale des apostolischen Dienstes wieder lese, von denen er eine beeindruckende

Liste anführt (vgl. *2 Kor* 4, 7–18; 6, 1–10). Ich wünsche, liebe Freunde, daß ihr auch seine Hoffnung und seine Freude in der Erwartung des Lohnes Christi kennenlernt.

4. Euer apostolisches Bemühen bedient sich der gewöhnlichen und notwendigen Wege der Evangelisierung. Zuerst Kontakt nehmen, die Liebe des Herrn zu allen bekunden, nicht nur eine wohlwollende Aufmerksamkeit, sondern konkrete Liebe, die die verschiedenen Formen der Hilfeleistung nicht versäumt, ob es sich um die Schule oder die Krankenstation, um landwirtschaftliche Projekte oder menschliche Bildung aller Art handelt. In erster Linie seid ihr bekanntlich dazu da, um auf den Hunger nach Gott zu antworten, auf das Bedürfnis nach seinem Wort, das die Herzen erleuchtet und stärkt, sie erhebt und eine Erneuerung der Menschen und der Gesellschaft herbeiführt. Das ist das Wichtigste an eurem Dienst: Zeugnis und Verkündigung des Evangeliums; Katechese derer, die darum bitten, in den Glauben eingeführt zu werden; lange Vorbereitungen auf die Sakramente, besonders auf Taufe und Eucharistie; Ermutigung zum Gebet; Bildung des Bewußtseins für menschliche und christliche Verantwortung.

5. Ihr wäret bald überlastet, wolltet ihr alle Aufgaben selber übernehmen. Und das wäre auch keine richtige Grundlegung der Kirche. Ihr versucht, euch sehr bald Schüler, Katecheten, Animateure beizugesellen, die ihrerseits zu Evangelisatoren werden, ein wenig so, wie der hl. Paulus, der jene aufstellte, die man damals »Älteste« nannte und die er dem Herrn empfahl (vgl. *Apg* 14, 23). Gerade darin liegt die Vitalität der Mission.
Der echt evangelische Dienst, den ihr diesen Völkern leisten wollt, für deren Heil ihr alles geopfert habt, muß in der Tat darauf zielen, daß die Söhne und Töchter dieser Völker ihre christliche und kirchliche Reife erlangen und das begonnene Werk selbst weiterführen.

6. Die schöne Arbeit, die ihr vollbringt, verdient die Solidarität der ganzen Ortskirche und die der Schwesterkirchen auf der ganzen Welt.
Ich bin sehr glücklich, hier zu sein und mich von hier aus an die Angehörigen aller Missionsstationen zu wenden. Es ist wie ein Augenblick des »Wiederfindens« für mich und für die ganze Kirche, die ich vertrete. Ja, die Kirche selbst findet sich bei euch wieder, ihre Missionare – ob ihr aus Zaire seid, aus Afrika oder von fernher gekommen –, denn sie muß ganz und jederzeit »missionarisch« sein. So breitet sich die Wirkung des »Salzes« und des »Sauerteigs«, von denen das Evangelium spricht, in die Weite und Tiefe aus.

7. Das Amt, das mir als Erbe des Apostels Petrus übertragen wurde, besteht darin, alle Christen zu einen. Und es besteht gleichzeitig darin, den missionarischen Eifer wachzuhalten. Der Herr segne euch, und er segne alle solche Missionsstationen!

39 Gebet am Grab der Missionare in Kisangani

Aus der Ferne kommend und hier am Grab der Missionare kniend, beten wir zu dir, o Herr.
Gepriesen seist du, Herr, für das Zeugnis deiner Missionare! Du hast es ihrem Apostelherzen eingegeben, für immer ihre Heimat, ihre Familie, ihr Vaterland zu verlassen und in dieses Land zu kommen, das ihnen bis dahin unbekannt war, und das Evangelium denen zu bringen, die sie schon als Brüder betrachteten.
Gepriesen seist du, Herr, daß du ihren Glauben und ihre Hoffnung zur Zeit der Aussaat und während all ihrer apostolischen Mühen gestärkt und daß du ihnen in Belastungen und Schwierigkeiten, Sorgen und Leiden aller Art Widerstandskraft und Geduld gegeben hast.
Gepriesen seist du, Herr, daß du ihre Anhänglichkeit und ihr Vertrauen gegenüber den Söhnen dieses Volkes so ge-

festigt hast, daß sie diese sehr bald für fähig hielten, ihr Leben als Getaufte zu führen, und ihnen den Weg zum Ordensleben und zur Vorbereitung auf das Priestertum öffneten mit dem zähen Willen, mit ihnen und für sie eine Ortskirche zu gründen, deren Früchte wir jetzt ernten. Gepriesen seist du, Herr, für all die Gnaden, die du durch ihr Wort, ihre Hände, ihr Beispiel schenktest.
Sie haben ihr Leben bis zum Ende der Mission geweiht, und sie haben ihre sterbliche Hülle dieser Erde überlassen, manche nach einem Leben, das die Arbeit verkürzt hat, manche auch nach einem Leben, das sie als Märtyrer für den Glauben aufs Spiel gesetzt und geopfert haben. Das Weizenkorn mußte in die Erde fallen und sterben, damit es viel Frucht bringe.
Herr, laß die Kirche auf diesem mit ihrem Schweiß und ihrem Blut getränkten Boden zur vollen Reife gelangen. Andere verdanken es ihnen, daß sie heute in Freude ernten können, was jene unter Tränen gesät haben. Mögen unter den Söhnen und Töchtern dieses Landes viele aufstehen, die die Ablösung übernehmen, damit dein Name auf dieser afrikanischen Erde verherrlicht werde.
Bewahre uns davor, diese Bahnbrecher des Evangeliums im Herzen und im Gebet zu vergessen. Wir hoffen, daß du sie in dein Paradies aufgenommen und ihnen die Schwächen, die ihrem Leben wie dem aller Menschen anhaften mochten, vergeben hast. Gib ihnen den Lohn der guten und treuen Knechte. Mögen sie in die Freude ihres Herrn eingehen. Gib ihnen die ewige Ruhe, und dein Licht leuchte für immer über ihnen.

40 An die Karmelitinnen in Nairobi/Kenia

Liebe Schwestern in Christus!
1. Da ich zwei Tage lang euer Nachbar bin, konnte ich es mir nicht versagen, euren Karmel zu besuchen. Es ist für mich eine große Freude zu wissen, daß in einem Haus nahe

dem des Vertreters des Papstes unablässig Gottes Lob gesungen und das Opfer eures klausurierten Lebens in freudiger Großmut dem Vater dargebracht wird. Zusätzliche Freude bereitet mir der Umstand, daß auch andere kontemplative Gemeinschaften Kenias hier bei euch sind. Meine lieben Schwestern, ich überbringe euch die Grüße der gesamten Kirche und danke für euren Beitrag zur Evangelisierung und für die geistliche Ausrichtung eures Lebens. Ja, die Verwurzelung des beschaulichen Lebens auf dem Boden Afrikas, die vor vielen Jahren ihren Anfang nahm, kommt einem bedeutungsvollen Mitwirken mit der Gnade Gottes und der Macht des Todes und der Auferstehung des Herrn gleich und hat reiche Früchte der Gerechtigkeit und der Heiligkeit des Lebens hervorgebracht. Ihr habt ein besonderes Gnadengeschenk Gottes empfangen: die Berufung zur Beschaulichkeit in der Kirche. Die Einführung des beschaulichen Lebens ist für eine Ortskirche ein wichtiges Zeichen der dynamischen Einpflanzung des Evangeliums in das Herz des Volkes, ein Zeichen, das, gemeinsam mit der missionarischen Tätigkeit, für die Reife einer Ortskirche Zeugnis ablegt. Die Heiligkeit Christi nachleben und an dem brennenden Wunsch seines Herzens teilhaben: »Ich muß auch den anderen Städten das Evangelium vom Reich Gottes verkünden, denn dazu bin ich gesandt worden« (*Lk* 4, 43), das sind die Kennzeichen der Kirche Christi.

2. Hier im Herzen Kenias seid ihr dazu berufen, eure erhabene Mission im mystischen Leib Christi zu erfüllen: die immerwährende Erneuerung von Christi liebendem Gebets- und Opferleben. Die Kirche hat von ihrem Gründer gelernt, daß die Vereinigung mit Gott für ein erfolgreiches Wirken lebensnotwendig ist, und Jahrhunderte der Erfahrung haben diese tiefe Überzeugung bestätigt. Jesus sagte zu uns: »Ich bin der Weinstock, ihr seid die Reben ... getrennt von mir könnt ihr nichts vollbringen« (*Joh* 15, 5). Die Kirche ist zutiefst von der engen Verbindung zwi-

schen Gebet und Ausbreitung des Reiches Gottes, zwischen Gebet und Bekehrung der Herzen, zwischen Gebet und fruchtbringender Annahme der rettenden und erhebenden Botschaft des Evangeliums überzeugt. Das alles genügt bereits, um euch und alle kontemplativen Ordensleute der Welt von der Notwendigkeit eurer Mission für die Kirche, der Wichtigkeit eures Dienstes an eurem Volk und der Größe eures Beitrags zur Evangelisierung Kenias und ganz Afrikas zu überzeugen.

3. In eurem Gebetsleben setzt sich der Lobpreis des ewigen Vaters durch seinen Sohn Christus fort. Die Rückhaltlosigkeit seiner Liebe zum Vater und seines Gehorsams dem Willen des Vaters gegenüber spiegelt sich in eurer radikalen und liebenden Hingabe an Gott wider. Seine selbstlose Aufopferung für seinen mystischen Leib, die Kirche, findet in der Hingabe eures Lebens in Vereinigung mit seinem Opfer Ausdruck. Der Verzicht, den euer Leben mit sich bringt, beweist den Vorrang der Liebe Christi in eurem Leben. In euch legt die Kirche für ihre fundamentale Aufgabe Zeugnis ab, die, wie ich in meiner Enzyklika sagte, darin besteht, »das Bewußtsein und die Erfahrung der gesamten Menschheit auf das Geheimnis Gottes zu lenken ...« (*Redemptor hominis,* Nr. 10).

4. Euer Leben und Wirken sind weitgehend ein Teil der gesamten Kirche. Ihr seid in der Kirche und für sie da. Ihr lebt mitten im Herzen der Kirche, wie es die hl. Theresia vom Kinde Jesus und so viele andere beschauliche Nonnen im Lauf der Kirchengeschichte taten. Das Ausharren in eurer Berufung in Treue zu Christus läßt euch euren Familien und den Gemeinschaften, denen ihr entstammt, geistlich sehr nahe sein. Indem ihr ganz für Christus euren Bräutigam und für all jene Menschen lebt, die zum Leben in ihm berufen sind – also für die ganze christliche Familie –, könnt ihr euch eng mit all euren Brüdern und Schwestern verbunden fühlen, die nach der Rettung und der Er-

füllung der menschlichen Würde streben. In eurem Leben der materiellen Loslösung und der ernsten täglichen Arbeit erweist ihr eure Solidarität mit der ganzen Gemeinschaft der arbeitenden Menschen, zu deren Dienst ihr berufen seid. Durch eure Gebete und euer fruchtbringendes geistliches Wirken leistet ihr einen echten Beitrag zur großen Sache der Gerechtigkeit und des Friedens und zum menschlichen Fortschritt zahlloser Männer und Frauen. Durch euer Leben in der Klausur werden Kinder zu Christus gebracht, Kranken wird geholfen, den Notleidenden wird beigestanden, Menschenherzen werden versöhnt und den Armen wird die Frohbotschaft verkündet.
In manchen Ländern Afrikas wurden beschauliche Klöster in der Nähe der Priesterseminare errichtet. Ist es nicht besonders bezeichnend, daß jene, die die Notwendigkeit der Förderung der Priesterberufe für eine echte Einpflanzung der jungen Kirchen in die Heimaterde erkannten, so auch ihre Überzeugung zum Ausdruck brachten, wonach nur die in demütigem und unablässigem Gebet erflehte Gnade Gottes den priesterlichen Eifer unterstützen kann? Deshalb bitte ich euch bei dieser Gelegenheit ganz besonders, das Gebet zum Herrn der Ernte um Arbeiter für seinen Weinberg zu einer eurer vordringlichsten Gebetsmeinungen zu machen: er möge die Kirche Afrikas mit vielen guten, hochherzigen und treu zu ihren Verpflichtungen stehenden Priestern segnen, deren Beispiel eines heiligen, ganz der Seelsorge gewidmeten Lebens die beste Garantie für das Leben der Kirche und die Ausbreitung des Glaubens ist.

5. Ihr führt also ein wahrhaft wichtiges Glaubensleben in Jesus Christus, wie der hl. Petrus sagt: »Ihr habt ihn nicht gesehen, und dennoch liebt ihr ihn; ihr seht ihn auch jetzt nicht; aber ihr jubelt in unsagbarer, von himmlischer Herrlichkeit verklärter Freude ihm zu« (*1 Petr* 1, 8). Gerade deshalb wird euer Leben zu einem großen Dienst an der Kirche. Mit Maria seid ihr berufen, das Wort Gottes

zu betrachten und an der Förderung des geistlichen Lebens derer, die an Christus glauben, mitzuwirken. Die Zukunft liegt daher klar vor euch. Ihr seid auf dem richtigen Weg – auf dem Weg der rückhaltlosen und freudigen Hingabe an Jesus Christus und des liebenden Dienstes an all euren Brüdern und Schwestern in Afrika und in der gesamten Kirche.
Liebe Schwestern! Wenn ihr euch bemüht, in tiefer Liebe und hochherzigem Dienst an der Seite Marias den Berg zu ersteigen, der Christus ist, dann erinnert euch daran, daß »euer Leben mit Christus in Gott verborgen« (*Kol* 3, 3) ist, zur Ehre der allerheiligsten Dreifaltigkeit: des Vaters, des Sohnes und des Heiligen Geistes. Amen.

41 **An die Ordensfrauen von Paris**

... Diese Versammlung in beinahe ländlicher Umgebung läßt mich an jene Stunden der Ruhe und Entspannung denken, die Christus selbst seinen ersten Jüngern nach der Rückkehr von bestimmten apostolischen »Reisen« vorbehielt. Auch ihr, liebe Schwestern, kommt aus euren Häusern und euren Arbeitsstätten im Dienst des Evangeliums: Kliniken oder Krankenhäusern, Schulen oder Kollegien, Zentren der Katechese oder Jugendheimen, Pfarrdiensten oder Arbeit im Elendsmilieu. Ich möchte euch gern die Worte des Herrn wiederholen: »Kommt mit ... und ruht ein wenig aus« (*Mk* 6, 31). Miteinander wollen wir über das Mysterium und die evangelischen Räte meditieren, die Motiv eurer Berufung sind.

2. Das Ordensleben ist nicht euer Eigentum noch ist es Eigentum eines Instituts. Es ist »die göttliche Gabe, welche die Kirche von ihrem Herrn empfangen hat und in seiner Gnade immer bewahrt« (*Lumen gentium*, Nr. 43). Mit einem Wort, das Ordensleben ist ein Erbe, eine in der Kirche seit Jahrhunderten von einer Vielzahl von Män-

nern und Frauen gelebte Wirklichkeit. Und die Erfahrung, die sie gemacht haben, geht über die gesellschaftlichen und kulturellen Unterschiede hinaus, die von einem Land zum andern bestehen können, sie übersteigt auch die Niederschriften, die sie hinterlassen haben, und liegt jenseits der Mannigfaltigkeit heutiger Verwirklichungen und Untersuchungen. Dieses reiche geistliche Erbe gilt es zu achten und zu lieben. Es gilt, diejenigen Männer und Frauen zu hören und nachzuahmen, die das Ideal der evangelischen Vollkommenheit am besten verkörpert haben und die in so großer Zahl Frankreich geheiligt und berühmt gemacht haben.
Bis an den Abend eures Lebens bleibt ihr in dem Staunen und im Wirken der Gnade nach dem geheimnisvollen Anruf, der eines Tages in der Tiefe eures Herzens zu vernehmen war: »Folge mir nach!« (*Mt* 9, 9; *Joh* 1, 43). »Geh, verkauf deinen Besitz und gib das Geld den Armen, so wirst du einen bleibenden Schatz im Himmel haben; dann komm und folge mir nach!« (*Mt* 19, 21). Ihr habt diesen Anruf zunächst als ein Geheimnis mit euch getragen, dann habt ihr ihn dem Urteil der Kirche unterstellt. Es ist in der Tat ein sehr großes Wagnis, alles zu verlassen, um Christus zu folgen. Aber ihr fühlt bereits – und ihr habt es später erfahren –, daß Er euer Herz erfüllen kann. Das Ordensleben ist eine Freundschaft, ein intimes Vertrauensverhältnis mystischer Art mit Christus. Euer persönlicher Lebensweg muß gleichsam eine originale Neuausgabe des berühmten Hohenliedes Salomos sein. Liebe Schwestern, im »Herz zu Herz« des Gebets, das für jede von euch absolut lebensnotwendig ist, sowie bei euren verschiedenen apostolischen Einsätzen hört ihr, wie der Herr denselben Anruf an euch richtet: »Folge mir nach!« Die Glut eurer Antwort wird euch in der Lebendigkeit und Frische eurer ersten Bereitschaft erhalten. Ihr werdet auf diese Weise von Tag zu Tag treuer und zuverlässiger werden!

3. Nachfolge Christi ist etwas ganz anderes als die Bewunderung eines Vorbildes, selbst wenn ihr gute Kenntnisse der Schrift und der Theologie besitzt. Die Nachfolge Christi ist etwas Existentielles. Ihm so nachfolgen wollen heißt, daß man ihm gleichgestaltet, ihm ähnlich wird bis zu dem Punkt, wo man – nach den Worten von Schwester Elisabeth von der Dreifaltigkeit – »sein Menschsein fortsetzt«. Und das durch das Geheimnis der Keuschheit, der Armut und des Gehorsams. Ein solches Ideal übersteigt das Fassungsvermögen und die Kräfte des Menschen! Es ist nur mit Hilfe von festgesetzten Zeiten schweigender und glühender Betrachtung des Herrn Jesus zu verwirklichen. Die sogenannten »aktiven« Ordensfrauen müssen von Zeit zu Zeit zu »kontemplativen« werden nach dem Beispiel der Nonnen, an die ich mich in Lisieux wenden werde.

Die Keuschheit des Ordenslebens, meine Schwestern, heißt, wirklich werden wollen wie Christus; alle Gründe, die man sonst noch vorbringen kann, werden unbedeutend vor dem einen wesentlichen Grund: Jesus war keusch. Dieser Stand Christi war nicht nur eine Überwindung der menschlichen Geschlechtlichkeit, die auf die künftige Welt hindeutete, sondern ebenso eine Bekundung, eine »Epiphanie« des universalen Charakters seines Erlösungsopfers. Das Evangelium zeigt unablässig, wie Jesus die Keuschheit gelebt hat. In seinen menschlichen Beziehungen, die im Verhältnis zu den Traditionen seiner Umgebung und seiner Zeit einzigartig weit waren, geht er vollkommen auf die tiefe Persönlichkeit des anderen ein. Seine Einfachheit, seine Achtung, seine Güte, seine Kunst, im Herzen der Menschen, die ihm begegneten, das Beste zu wecken, bringen die Samariterin, die Ehebrecherin und viele andere Menschen aus der Fassung und zur Umkehr. Möge euer Gelübde der Jungfräulichkeit – vertieft und gelebt im Geheimnis der Keuschheit Christi –, das schon eure Persönlichkeit verwandelt hat, euch veranlassen, wirklich euren Brüdern und Schwestern in ihren jeweiligen konkreten Situationen in Menschlichkeit zu begegnen! Wie viele Menschen in unserer Welt sind in irgendeiner Weise verwirrt, niedergedrückt, verzweifelt! Laßt sie, unter Beachtung der Regeln der Klugheit, fühlen, daß ihr sie in der Weise Christi liebt, indem ihr aus seinem Herzen die menschliche und göttliche Liebe schöpft, die er ihnen entgegenbringt.

Ebenso habt ihr Christus gelobt, wie er und mit ihm arm zu sein. Sicher, die Industrie- und Konsumgesellschaft stellt die evangelische Armutspraxis vor komplizierte Probleme. Hier ist nicht der Ort und die Zeit darüber zu sprechen. Mir scheint, daß jede Kongregation in diesem Wirtschaftsphänomen eine Aufforderung der Vorsehung erblicken sollte, dem armen Christus eine Antwort zu geben, die althergebracht und trotzdem neu ist. Das heißt, wenn ihr häufig und ausführlich über sein radikal armes Leben nachdenkt, wenn ihr oft und eifrig die einfachen und armen Leute besucht, die auch sein Gesicht tragen, werdet ihr fähig sein, alles, was ihr seid, und alles, was ihr habt, hinzugeben. Die Kirche muß an eurem Zeugnis lernen. Ermeßt eure Verantwortung!

Was den Gehorsam Jesu angeht, so nimmt er in seinem Erlösungswerk eine zentrale Stelle ein. Ihr habt oft die Abschnitte meditiert, wo der hl. Paulus vom Ungehorsam des Anfangs spricht, der gleichsam das Eingangstor der Sünde und des Todes in die Welt war; und er spricht vom Geheimnis des Gehorsams Christi, der die Rückkehr der Menschheit zu Gott einleitet. Die Selbstentäußerung, die Demut fallen unserer Generation, die sich für Autonomie und auch Phantasie begeistert, nicht leicht. Man kann sich jedoch ein Ordensleben ohne Gehorsam gegenüber den Oberinnen, die die Hüterinnen über das treue Festhalten am Ideal des Instituts sind, nicht vorstellen. Der hl. Paulus unterstreicht den Zusammenhang von Ursache und Wirkung zwischen dem Gehorsam Christi bis zum Tod am Kreuz (vgl. *Phil* 2, 6–11) und seiner Verherrlichung als der Auferstandene und Herr des Universums. Ebenso trägt der Gehorsam jeder Ordensfrau – der immer ein Opfer des Willens aus Liebe ist – reiche Früchte des Heils für die ganze Welt.

4. Ihr habt es also auf euch genommen, Christus zu folgen und ihm ähnlich zu werden, um denen, die es schon kennen, wie auch denen, die es noch nicht kennen, sein wahres Gesicht deutlich zu machen. Und das durch all die apostolischen Tätigkeiten, auf die ich zu Beginn unserer Begegnung angespielt hatte. Was diesen Tätigkeitsbereich anbelangt, so fordere ich euch lebhaft auf, unter Wahrung der besonderen Spiritualität eurer Institute euch in das ausgedehnte Netz pastoraler Aufgaben der Gesamtkirche und der Diözesen einzuschalten (vgl. *Perfectae caritatis*, Nr. 20). Ich weiß, daß Kongregationen – aus Mangel an Mitgliedern – nicht alle Appelle, die ihnen von den Bischöfen und ihren Priestern zugehen, erwidern können. Tut dennoch das Mögliche, um die lebenswichtigen Dienste der Pfarreien und der Diözesen sicherzustellen. Ordensfrauen sollten, entsprechend vorbereitet, in den zahlreichen neuen Aufgabenfeldern mitarbeiten. Mit einem Wort, setzt in höchstem Maß all eure natürlichen und übernatürlichen Gaben und Fähigkeiten in der heutigen Evangelisierung ein. Seid immer und überall in der Welt gegenwärtig, ohne selbst von der Welt zu sein (vgl. *Joh* 17, 15–16).
Habt keine Angst, euer Selbstverständnis als dem Herrn geweihte Frauen klar erkennen zu lassen! Die Christen und die, die es nicht sind, haben ein Recht, zu wissen, wer ihr seid. Christus, unser Meister in allem, hat sein Leben zu einer mutigen Enthüllung seines Selbstverständnisses gemacht (vgl. *Lk* 9, 26).
Mut und Vertrauen, meine lieben Schwestern! Ich weiß, daß ihr seit Jahren viel über das Ordensleben, über eure Konstitutionen nachgedacht habt. Die Zeit ist gekommen, in der Treue zum Herrn und zu euren apostolischen Aufgaben zu leben. Ich bete aus ganzem Herzen, daß das

Zeugnis eures geweihten Lebens und das Gesicht eurer Ordensgemeinschaften im Herzen zahlreicher junger Mädchen den Vorsatz wecken möge, wie ihr Christus zu folgen. Ich segne euch sowie alle Ordensfrauen Frankreichs, die auf dem Boden der Heimat oder in anderen Kontinenten tätig sind. Und ich segne alle, die eurem Herzen und eurem Gebet nahestehen.

42 **Predigt in Lisieux**

... Die Kirche freut sich über den wunderbaren Reichtum an geistlichen Gnadengaben, die so herrlich und vielfältig sind wie alle Werke Gottes in der sichtbaren und unsichtbaren Welt. Jede Gnadengabe spiegelt das innere Geheimnis des Menschen wider und entspricht zugleich den Bedürfnissen der Zeit in der Geschichte der Kirche und Menschheit. Man darf das von der hl. Theresia von Lisieux sagen, die vor nicht allzu langer Zeit noch unsere »zeitgenössische« Heilige war. So sehe ich sie auch persönlich im Ablauf meines Lebens. Ist sie aber nicht immer die »zeitgenössische« Heilige? Hat sie etwa aufgehört, das für jene Generation zu sein, die jetzt in der Kirche heranreift? Man müßte das die Menschen unserer Generation fragen. Es sei mir freilich gestattet, zu bemerken, daß die Heiligen praktisch nie veralten, sie verlieren nie ihre Gültigkeit. Sie bleiben ständig Zeugen für die Jugend der Kirche. Sie werden nie Menschen der Vergangenheit, Männer und Frauen von gestern. Im Gegenteil: sie sind immer die Männer und Frauen von morgen, Menschen der im Evangelium verheißenen Zukunft des Menschen und der Kirche, Zeugen der kommenden Welt.

2. »Denn alle, die sich vom Geist Gottes leiten lassen, sind Söhne Gottes. Denn ihr habt nicht einen Geist empfangen, der euch zu Sklaven macht, so daß ihr euch immer noch fürchten müßtet, sondern ihr habt den Geist emp-

fangen, der euch zu Söhnen macht, den Geist, in dem wir rufen: Abba, Vater« (*Röm* 8, 14–15).
Schwerlich könnte man Worte finden, die besser zusammenfassen und zugleich deutlicher aussprechen, was das besondere Charisma der Theresia Martin ausmacht und was der einzigartige Reichtum ihres Herzens war, der dann durch ihr Herz zum besonderen Geschenk für die Kirche wurde. Es ist ein wunderbares Geschenk in seiner Einfachheit, universal und zugleich einmalig. Von Theresia von Lisieux kann man mit Überzeugung sagen, daß der Geist Gottes ihrem Herzen möglich gemacht hat, den Menschen unserer Zeit das grundlegende Geheimnis, die Wirklichkeit des Evangeliums direkt zu offenbaren: die Tatsache nämlich, daß wir wirklich »den Geist empfangen haben, der uns zu Söhnen macht, den Geist, in dem wir rufen: Abba, Vater«. Der kleine Weg ist der Weg der heiligen Kindheit. Auf diesem Weg gibt es etwas Einzigartiges, den Genius der hl. Theresia von Lisieux. Gleichzeitig sehen wir eine sehr grundlegende und allgemein gültige Wahrheit bekräftigt und neu herausgestellt. Welche Wahrheit aus der Botschaft des Evangeliums ist denn wohl grundlegender und allgemeiner gültig als jene: Gott ist unser Vater, und wir sind seine Kinder?
Wie allgemein gültig diese Wahrheit, diese Wirklichkeit auch sein mag, sie wurde dennoch kraft des Glaubens, der Hoffnung und der Liebe Theresias von Lisieux neu verstanden. Sie wurde gewissermaßen neu entdeckt durch die innere Erfahrung ihres Herzens und die geistliche Formung, die sie ihr Leben hindurch erhielt, obwohl es nur 24 Jahre währte. Als sie hier im Karmel der Tuberkulose zum Opfer fiel, deren Krankheitsherd sie schon länger in sich trug, war sie fast noch ein Kind. Sie blieb in der Erinnerung der Kirche ein Kind, ein heiliges Kind. Und ihre ganze Spiritualität hat erneut die Wahrheit der Apostelworte bekräftigt: »Nein, ihr habt nicht einen Geist empfangen, der euch zu Sklaven macht, so daß ihr euch immer noch fürchten müßtet, sondern ihr habt den Geist emp-

fangen, der euch zu Söhnen macht.« Ja, Theresia war Kind. Sie war ein Kind, das bis zum Heroismus vertraute und infolgedessen auch bis zum Heroismus frei war. Aber gerade weil es bis zum Heroismus ging, kannte allein sie den inneren Wohlgeschmack und zugleich den inneren Preis für ein Vertrauen, das ein Zurückfallen in die Furcht verhindert; ein Vertrauen, das sie bis in die tiefsten Finsternisse und Leiden der Seele hinein rufen ließ: »Abba, Vater!«

Gewiß hat sie diesen Wohlgeschmack und diesen Preis gekannt. Wer aufmerksam ihre *Geschichte einer Seele* liest, ist sich völlig klar, daß dieser Wohlgeschmack kindlichen Vertrauens wie der Duft der Rosen von einem Zweig kommt, der auch Dornen trägt. Wenn wir nämlich »Kinder sind, dann auch Erben; wir sind Erben Gottes und sind Miterben Christi, wenn wir mit ihm leiden, um mit ihm auch verherrlicht zu werden« (*Röm* 8, 17). Und eben deswegen ist das kindliche Vertrauen der kleinen Theresia, der hl. Theresia vom Kinde Jesus, aber auch »vom heiligen Antlitz«, so heroisch, weil es aus der glühenden Vereinigung mit den Leiden Christi stammt.

Wenn ich vor mir hier alle Kranken und Behinderten sehe, so denke ich, daß auch sie wie Theresia von Lisieux mit dem Leiden Christi vereint sind und daß dank ihres Glaubens an die Liebe Gottes und dank ihrer eigenen Liebe ihr geistliches Opfer geheimnisvoll für die Kirche und für alle übrigen Glieder des mystischen Leibes Christi eine Zunahme an Kraft bedeutet. Möchten sie nie das schöne Wort der hl. Theresia vergessen: »Im Herzen der Kirche, meiner Mutter, will ich die Liebe sein.« Ich bete zu Gott, er möge jedem dieser meiner leidenden Freunde, die ich mit besonderer Zuneigung liebe, Stärke und Hoffnung geben.

3. Auf Gott wie Theresia von Lisieux vertrauen heißt, dem kleinen Weg folgen, auf dem uns der Geist Gottes führt: er führt immer zur Herrlichkeit, an der die Adop-

tivsöhne und -töchter Gottes teilhaben. Schon als Kind, im Alter von 12 Jahren, hat der Sohn Gottes erklärt, es sei seine Berufung, in dem zu sein, was seinem Vater gehört (vgl. *Lk* 2, 49). Kind sein, ein Kind werden bedeutet, in die Mitte der großen Sendung eintreten, zu der der Mensch durch Christus berufen ist, einer Sendung, die das ganze Herz des Menschen erfaßt. Theresia war sich dessen voll bewußt. Diese Sendung hat ihren Ursprung in der ewigen Liebe des Vaters. Der Sohn Gottes erfüllt sie als Mensch in sichtbarer und geschichtlicher, der Heilige Geist dagegen auf unsichtbare und charismatische Weise in der Geschichte der Menschheit.

Wenn Christus beim Verlassen der Welt den Aposteln sagt: »Geht hinaus in die ganze Welt und verkündet das Evangelium allen Geschöpfen« (*Mk* 16, 15), fügt er sie kraft seines Paschamysteriums ein in den großen Strom der ewigen Sendung. Von dem Augenblick an, da er sie verläßt, um zum Vater zu gehen, beginnt er zugleich »wiederzukommen in der Kraft des Heiligen Geistes«, den der Vater in seinem Namen sendet. Viel tiefer als alle Wahrheiten über die Kirche ist diese Wahrheit in das Bewußtsein unserer Generation durch das Zweite Vatikanische Konzil eingeprägt worden. Dadurch haben wir alle viel besser verstanden, daß die Kirche sich ständig im Zustand der Sendung befindet. Das bedeutet: die ganze Kirche ist missionarisch. Und wir haben besser das besondere Geheimnis des Herzens der hl. Theresia von Lisieux verstanden, die mit ihrem kleinen Weg aufgerufen war, ebenso voll wie fruchtbar an dieser erhabenen Sendung teilzuhaben. Gerade die Kleinheit, die sie so sehr liebte, die Kleinheit des Kindes, hat ihr in reichem Maß die Größe der göttlichen Heilssendung aufgehen lassen, die zugleich die unablässige Sendung der Kirche ist.

Hier in ihrem Karmel, in der Abgeschlossenheit des Klosters von Lisieux, fühlte sich Theresia besonders verbunden mit allen Missionen und Missionaren der Kirche in der ganzen Welt. Sie verstand sich selber als Missionarin,

durch die Kraft und die besondere Gnade des Geistes der Liebe gegenwärtig auf allen Missionsstationen, bei allen Missionaren, Männern und Frauen in der ganzen Welt. Sie wurde von der Kirche zur Patronin der Mission ernannt wie Franz Xaver, der unermüdlich im Fernen Osten umherzog: gerade sie, die kleine Theresia von Lisieux, eingeschlossen in die Klausur des Karmels und augenscheinlich von der Welt getrennt. Ich bin glücklich, kurz nach meinem Besuch des afrikanischen Kontinents hierher kommen zu können und vor dieser bewundernswürdigen Missionarin dem Vater der ewigen Wahrheit und Liebe alles das zu Füßen legen zu dürfen, was in der Kraft des Sohnes und des Heiligen Geistes bereits Frucht der missionarischen Arbeit der Kirche unter den Menschen und Völkern des Schwarzen Kontinents ist. Ich möchte mir zugleich, wenn ich so sagen darf, durch Theresia von Lisieux das klare Licht ihres Glaubens, ihre Einfachheit und ihr Vertrauen schenken lassen, mit einem Wort die jugendliche »Kleinheit« ihres Herzens, um vor der ganzen Kirche zu verkünden, wie überreich die Ernte ist, und ich möchte wie sie den Herrn der Ernte bitten, er möge Arbeiter mit noch größerer Hochherzigkeit in seine Ernte senden (vgl. *Mt* 9, 37–38). Möge er sie senden trotz aller Hindernisse und Schwierigkeiten, die er im Herzen des Menschen und in der Geschichte des Menschen findet.
In Afrika habe ich oft gedacht: welchen Glauben und welche geistige Kraft hatten doch die Missionare des vergangenen Jahrhunderts oder auch die der ersten Hälfte unseres Jahrhunderts und alle jene Missionsinstitute, die gegründet wurden, um ohne Zögern in diese damals noch unbekannten Länder auszuziehen, mit dem einzigen Ziel, das Evangelium bekannt zu machen und die Kirche wachsen zu lassen. Sie sahen darin mit Recht ein für das Heil unerläßliches Werk. Ohne ihren Wagemut und ihre Heiligkeit wären die Ortskirchen, deren Jahrhundertfeier wir eben begangen haben und die inzwischen meist von afrikanischen Bischöfen geleitet werden, nie entstanden.

Liebe Brüder und Schwestern, verlieren wir nicht diese Begeisterung! ...

4. »Das Schöne existiert, um uns für die Arbeit zu begeistern«, hat Cyprian Norwid geschrieben, einer der größten Dichter und Denker, die Polen hervorgebracht hat, der dann auf französischem Boden eine Heimat fand und auf dem Friedhof von Montmorency ruht.
Danken wir dem Vater, dem Sohn und dem Heiligen Geist für die Heiligen. Danken wir für die hl. Theresia von Lisieux. Danken wir für die tiefe, einfache und reine Schönheit, die sich in ihr der Kirche und der Welt offenbart hat. Diese Schönheit begeistert. Und Theresia von Lisieux hat eine besondere Gabe, durch die Schönheit ihrer Seele zu begeistern. Auch wenn wir alle wissen, daß diese Schönheit schwer errungen war und daß sie im Leiden groß wurde, so hört sie doch nicht auf, mit ihrem besonderen Charme die Augen unserer Seele zu erfreuen.
Es begeistert also diese Schönheit, diese Blume der Heiligkeit, die auf diesem Boden hier groß wurde, und ihr Charme hört nicht auf, unsere Herzen zur Arbeit anzueifern: »Das Schöne existiert, um uns für die Arbeit zu begeistern«, für die wichtigste Arbeit, bei der der Mensch in der Tiefe das Geheimnis seines Menschseins erfaßt. Er entdeckt in sich selber, was es bedeutet, »einen Geist« empfangen zu haben, »der uns zu Kindern macht«, und der radikal verschieden ist von »einem Geist, der zu Sklaven macht«. Er beginnt, mit seinem ganzen Wesen zu rufen: »Abba, Vater« (*Röm* 8, 15).
Aus den Früchten dieser herrlichen Arbeit im Innern baut sich die Kirche auf in ihrer tiefsten und fundamentalsten Substanz: als das Reich Gottes auf Erden. Und der Ruf »Abba, Vater«, der weithin auf allen Kontinenten unseres Planeten ertönt, macht auch durch sein Echo in der stillen Abgeschiedenheit des Karmels in Lisieux immer neu das Andenken an die kleine Theresia lebendig, die durch ihr kurzes und verborgenes, aber so reiches Leben mit beson-

derem Nachdruck »Abba, Vater« ausgesprochen hat. Weil sie es tat, hat die ganze Kirche die volle Schlichtheit und Frische dieses Rufes wiedergefunden, der seinen Ursprung und seine Quelle im Herzen Christi selber hat.

43 An die Klausurschwestern von Lisieux

Meine lieben Schwestern!

1. Friede sei mit euch! Mit euch, die ihr um den demütigen Nachfolger des Apostels Petrus versammelt seid! Und Freude in Christus Jesus! In euch und durch euch grüße ich alle Klausurschwestern, die auf dem Boden Frankreichs leben!
Ich muß vor allem meine tiefe Ergriffenheit ausdrücken, daß ich bei dem Reliquienschrein beten darf, der die sterblichen Überreste der hl. Theresia enthält. Ich habe bereits ausführlich von meiner Dankbarkeit und der Anhänglichkeit an den geistlichen Weg gesprochen, den Theresia gewählt und der ganzen Kirche gezeigt hat. Jetzt empfinde ich große Freude, daß ich jenen Karmel besuchen darf, der ihr Lebensraum und Zeuge ihres Todes und ihrer Heiligung inmitten ihrer Schwestern war und der für die Karmelitinnen wie für alle Pilger eine besondere Stätte des Gebetes und der Heiligung bleiben soll. Von daher möchte ich euch alle, zu welcher Ordensfamilie ihr auch immer gehört, im beschaulichen Leben bekräftigen. Es ist für die Kirche und die Menschheit absolut lebensnotwendig.

2. Wenn man auch unsere Zeit tief liebt, muß man doch zugeben, daß das moderne Denken die Religionen, den Glauben der Gläubigen und die religiösen Empfindungen leicht als Subjektivismus abtut. Diese Auffassung nimmt auch das monastische Leben nicht aus. Daher sind die öffentliche Meinung und zuweilen leider auch manche Chri-

sten, die nur dem konkreten Engagement Bedeutung beilegen, versucht, euer kontemplatives Leben als eine Flucht aus der Wirklichkeit, als überholte oder sogar unnütze Lebensform zu betrachten. Dieses Unverständnis kann euch schmerzen, ja sogar demütigen. Aber ich sage euch mit Christus: »Fürchte dich nicht, du kleine Herde« (*Lk* 12, 32). Übrigens kann eine gewisse monastische Erneuerung, die sich quer durch euer Land zieht, euch in der Hoffnung festigen.
Ich füge aber hinzu: Nehmt die Herausforderung der heutigen Welt und der Welt überhaupt an, indem ihr radikaler als je das Geheimnis eurer ursprünglichen Eigenart lebt, die Torheit in den Augen der Welt und Weisheit im Heiligen Geist ist. Lebt die ausschließliche Liebe zum Herrn und zu all euren Menschenbrüdern in ihm. Versucht nicht, euch zu rechtfertigen. Jede Liebe trägt ihre Rechtfertigung in sich selbst, wenn sie nur echt, rein und selbstlos ist. Ohne Lohn lieben zu dürfen ist ein unveräußerliches Recht der Person, und das gilt vor allem, wenn der Geliebte Gott selber ist. Fahrt also im Gefolge der Kontemplativen und Mystiker aller Zeiten fort, kräftig und demütig zugleich die transzendente Dimension der menschlichen Person zu bezeugen, die als Bild Gottes geschaffen und zu einem Leben inniger Gemeinschaft mit ihm berufen ist. Der hl. Augustinus versichert uns am Ende einiger Betrachtungen, die er mit dem Herzen wie mit seinem durchdringenden Verstand angestellt hat, daß das Glück des Menschen in der liebenden Betrachtung Gottes liegt. Deshalb bleibt die Qualität eurer liebenden Anhänglichkeit an den Herrn auf persönlicher oder gemeinschaftlicher Ebene von größter Wichtigkeit. Die Intensität und Ausstrahlung eures verborgenen Lebens in Gott müssen den Männern und Frauen von heute Fragen aufgeben, ebenso den Jugendlichen, die so oft nach dem Sinn des Lebens suchen. Wenn sie euch begegnen oder sehen, müßte jeder Besucher, Gast oder Exerzitant in eurem Kloster sagen oder zumindest empfinden können, daß er Gott be-

gegnet sei, daß er eine Offenbarung des Geheimnisses Gottes, der Licht und Liebe ist, erlebt habe. Die Zeiten, in denen wir leben, brauchen ebensosehr Zeugen wie Apologeten. Seid für euren Teil sehr demütige und immer klare Zeugen!

3. Laßt mich euch also im Namen der ständigen Überlieferung der Kirche versichern, daß euer Leben nicht nur das Absolute Gottes verkünden kann, sondern daß es auch eine wunderbare und geheimnisvolle Kraft zu geistlicher Fruchtbarkeit besitzt (vgl. *Perfectae caritatis*, Nr. 7). Warum? Weil durch Christus selber eure Liebeshingabe in sein universales Erlösungswerk eingefügt ist, so wie die Wogen sich in den Tiefen des Meeres vermischen. Wenn ich euch sehe, so denke ich an die Mutter Christi und an die heiligen Frauen im Evangelium, die am Fuße des Kreuzes Christi standen und an seinem Heilstod teilnahmen, aber zugleich Botinnen seiner Auferstehung waren. Ihr habt euch entschlossen, oder vielmehr Christus hat euch erwählt, mit ihm sein Paschamysterium in Zeit und Raum zu leben. Alles, was ihr seid, alles, was ihr täglich tut, ob ihr das Brevier mit seinen Psalmen rezitiert oder singt, die Eucharistie feiert, in der Zelle oder in Gruppen arbeitet, die Klausur und das Schweigen beachtet, ob ihr freiwillige oder von der Regel auferlegte Abtötungen übt, alles ist durch Christus angenommen, geheiligt und fruchtbar für die Erlösung der Welt. Damit ihr darüber keinerlei Zweifel habt, hat die Kirche im Namen Christi selbst eines Tages von all euren Lebens- und Liebeskräften Besitz ergriffen. Das geschah bei eurer Ordensprofeß. Erneuert sie oft! Weiht euch und opfert euch nach dem Beispiel der Heiligen immer mehr, ohne auch nur wissen zu wollen, wie Gott eure Mitarbeit nutzt. Wie jedes Tun sein Ziel und damit auch seine Begrenzung, sein Ende hat, so steht die Selbstlosigkeit eurer Liebe an der Wurzel eurer kontemplativen Fruchtbarkeit. Mir kommt da ein sehr moderner Vergleich in den Sinn: ihr entflammt die Welt mit dem

Feuer der geoffenbarten Wahrheit und Liebe in etwa so, wie die Atomwissenschaftler die Weltraumraketen zünden: aus der Ferne.

4. Ich möchte dann noch zwei Anregungen hinzufügen, die mir geboten zu sein scheinen. Die erste betrifft die Treue zum Charisma eurer Gründerinnen oder Gründer. Die schöne Brüderlichkeit und Zusammenarbeit, die es zwischen den Klöstern gibt, darf nicht zu einer gewissen Nivellierung der kontemplativen Institute führen. Möge jede geistliche Familie sorgfältig über ihre besondere Eigenart im Hinblick auf das Wohl der ganzen Kirche wachen. Das, was an einem Ort geschieht, muß nicht unbedingt anderswo nachgeahmt werden.
Meine zweite Anregung ist folgende: in einer immer beweglicheren, lärmvollen und wortreichen Zivilisation werden Stätten des Schweigens und der Ruhe lebensnotwendig. Die Klöster, in ihrem ursprünglichen Stil, sind mehr denn je Stätten des Friedens und der Innerlichkeit. Laßt nicht zu, daß der Druck von innen oder außen eure Überlieferungen und eure Mittel zur Sammlung antastet. Bemüht euch vielmehr, eure Gäste und Exerzitanten zur Tugend der Schweigsamkeit zu erziehen. Ihr wißt sicher, daß ich am 7. März dieses Jahres Gelegenheit hatte, die Teilnehmer an der Vollversammlung der Kongregation für die Ordensleute an die strenge Beobachtung der monastischen Klausur zu erinnern. Ich erinnerte dabei an die ausdrucksstarken Worte meines Vorgängers Paul VI.: »Die Klausur isoliert die kontemplativen Seelen keineswegs von der Gemeinschaft des mystischen Leibes. Sie stellt sie im Gegenteil ins Herz der Kirche.« Liebt also eure Weltabgeschiedenheit, die sich durchaus mit der biblischen Wüste vergleichen läßt. Paradoxerweise ist diese Wüste keine Leere. Gerade hier spricht der Herr zu eurem Herzen und verbindet euch eng mit seinem Heilswerk. ...

44 An die Höheren Ordensobern in Lisieux

... Euch, liebe Brüder und Schwestern, die ihr die Verantwortung für eure Institute tragt, möchte ich eine besondere und wichtige Anregung mitgeben.
Das Konzil hat in sehr glücklicher Weise daran erinnert, daß jede Autorität in der Kirche ein Dienst ist und im Geist des Herrn Jesus selber gelebt werden muß (vgl. *Lk* 22, 27). Diese verpflichtende Norm des Evangeliums darf aber nicht dahin führen, daß ihr eure eigene Verantwortung aufgebt. Die Formel »alle sind verantwortlich«, die seit gut zehn Jahren großen Erfolg gebracht hat, ist nur in einem bestimmten Sinn gültig. Ihr seid letztlich voll verantwortlich für den Ordensgeist eurer Untergebenen, für ihre apostolische Arbeit, für die Treue eurer Institute zu ihrem spezifischen Charisma und für die Qualität ihres Zeugnisses in der Kirche und Welt von heute.
Ich weiß andererseits um all die Mühe der Untersuchungen und Erfahrungen eurer Kongregationen nach dem Konzil. Als Bilanz ergeben sich glückliche Direktiven. Wacht sorgfältig darüber, daß das Ordensleben eine »Epiphanie« Christi ist. Die moderne Welt braucht Zeichen. Die Nacht ohne Sterne ist eine Quelle der Angst. Mit einem Wort, sorgt auf jeden Fall dafür, daß in euren Ordensfamilien jetzt in Ruhe und Beharrlichkeit die revidierten und approbierten Konstitutionen durchgeführt werden. Liebe Brüder und Schwestern, ich verlasse mich auf eure Weisheit und auf euren Mut. Auf euch selber und auf eure Institute rufe ich den überreichen Segen des Herrn herab.

45 An die brasilianischen Ordensfrauen in São Paulo

... Ich muß euch nicht erst sagen, welch großes und unbedingtes Vertrauen die Kirche in euch setzt: in euren

Stand als Ordensfrauen, in eure Präsenz und in eure Sendung. Ihr kennt die Gründe für dieses Vertrauen: durch euer Gebetsleben seid ihr ein Zeichen für das Absolute Gottes und die Wichtigkeit der Beschauung; durch eure stets bereitwillige Verfügbarkeit seid ihr ein Ausgangspunkt für missionarische Aufgaben; durch euer gemeinsames Leben aber seid ihr ein Ja zu Gemeinschaft und Teilhabe, ein Appell, diese Dimension der Kirche zu leben. Ihr seid ein besonderer Ausdruck des Geheimnisses der Kirche selber, die sich lebendig und konkret in die Zeit einfügt und doch universal bleibt.

3. Ihr wißt: wenn man den Wert des gottgeweihten Lebens in seiner Fülle begreifen will, braucht man eine tiefe Sicht des Glaubens, die auf eurer Hochherzigkeit gründet und euch bei eurem ständigen Bemühen um Vervollkommnung in der Liebe erleuchten möge. Gerade dazu dient der Dialog mit Gott im Gebet. Ohne Gebet verliert das Ordensleben seinen Zeichenwert, und es wird seinen Zielsetzungen nicht mehr gerecht. Es gilt, immer zu beten, um die Gabe Gottes lebendig zu erhalten.
Der Herr selber hat hier Vorsorge getroffen. Um uns diese Wahrheit tief einzuprägen, braucht er zwei eindrucksvolle Bilder: »Ich bin der Weinstock, ihr seid die Reben. Wer in mir bleibt und in wem ich bleibe, der bringt viele Frucht, denn getrennt von mir könnt ihr nichts vollbringen« (*Joh* 15, 5). Ein andermal hat er gesagt, daß jene, die ihm nachfolgen, das »Salz der Erde« sein sollten. Daraus folgerte er: »Das Salz ist etwas Gutes. Wenn es aber seinen Geschmack verliert ..., taugt es nicht mehr zum Würzen, man wirft es weg« (*Lk* 14, 34–35). Wir wissen, daß das Beste an uns, der Geschmack an Gott, den wir um uns herum durch das gewinnende Zeugnis der Liebe verbreiten müssen, mit Christus verbunden ist. Es lebt verborgen in uns, wird aber dort durch die Gegenwart und das Wirken des Heiligen Geistes ständig gestärkt, wenn wir bewußt darum bitten und dafür ohne Unterlaß in jeder Weise be-

ten: privat, gemeinschaftlich und in der Liturgie. Das ist sehr wichtig, wenn wir wirklich für Gott Zeichen sein wollen.

4. Hier möchte ich bewußt angesichts der Natur des Leibes Christi, der die Kirche ist (vgl. *1 Kor* 12, 12), die Aufgaben hervorheben, die die Klausurschwestern, die sich dem Gebet, dem Schweigen, dem verborgenen Opfer und der Buße geweiht haben, bei der Evangelisierung haben. Ihr Leben trägt eine wunderbare und geheimnisvolle Kraft apostolischer Fruchtbarkeit in sich (vgl. *Perfectae caritatis,* Nr. 7).
Gestattet mir, hier vor euch zu wiederholen, was ich vor etwa einem Monat im Karmel von Lisieux in Frankreich gesagt habe. Wenn ich es wiederhole, denke ich an alle kontemplativen Ordensfrauen Brasiliens: »Durch Christus selber ist eure Liebeshingabe in sein universales Erlösungswerk eingefügt, so wie die Wogen sich in den Tiefen des Meeres vermischen.« Lebt daher die missionarische Dimension eurer Lebensweihe nach dem Beispiel der hl. Theresia vom Kinde Jesus. Im übrigen gehört zu sämtlichen Formen des Ordenslebens ein Raum für die Kontemplation. Er ist notwendig, wenn die Mitglieder die Anrufe, Nöte und Schwierigkeiten ihrer Brüder und Schwestern wirklich tief, in der echten Liebe Christi, erfassen wollen.

5. Läßt man das Licht des Zeugnisses einer solchen Liebe vor den Menschen leuchten, so steht nichts mehr im Wege, daß sein besonderer Charakter offenbar wird: ihr seid in der Welt, aber nicht von der Welt; gerade eure Lebensweihe beeinträchtigt euer christliches Zeugnis nicht; sie gibt ihm vielmehr den besonderen Charakter. Eure Bereitschaft, nach den evangelischen Räten zu leben, macht euch für dieses Zeugnis geeigneter. Wenn ihr euch für die gottgeweihte Jungfräulichkeit entschieden habt, so seid ihr deswegen nicht weniger frei zum Gehorsam, nicht weni-

ger fähig zur Liebe, ganz im Gegenteil; durch euer Armutsgelübde aber, das euch auf die Nachfolge des armen Jesus verpflichtet, könnt ihr um so besser das bedrückende Schicksal jener verstehen und innerlich teilen, denen alles fehlt.
Wichtig ist freilich, daß es sich um echte Armut im Sinn des Evangeliums handelt, denn sonst kann man Christus nicht in den »Geringsten« erkennen; man muß sich mit dem Bruder in der Not zu identifizieren wissen, vor Gott arm sein (vgl. *Mt* 5, 3); das erfordert aber Einfachheit und Demut, Friedensliebe, Freisein von Anhänglichkeit an Aufgaben und Zerstreuung, Bereitschaft zur völligen Selbstverleugnung in Freiheit und Gehorsam, Verfügbarkeit und Beharrlichkeit, Freundlichkeit und Festigkeit in der Gewißheit des Glaubens.

6. Ihr lebt eure Weihe in Bindung an ein Institut und in Gemeinschaft. Auch diese Elemente sind sehr wichtig für euer Ordensleben im Geheimnis der Kirche, das immer ein Geheimnis der Gemeinschaft und Teilhabe ist. Ihr habt euch entschieden für »eine Lebensweise, die durch frei angenommene Normen geregelt ist«. Ihr tut das in einer Welt und einer Gesellschaft, die dahin tendieren, die Menschen sich selber zu entfremden und sie derart zu zerstreuen, daß zuweilen ihre geistige Einheit bedroht wird, die Vorbedingung für ihre Vereinigung mit Gott ist.
Verhüte Gott, daß ein übertriebenes Verlangen nach Wendigkeit und Spontaneität die Strenge für überholt halten läßt oder, was noch schlimmer wäre, jenes Minimum an Regeltreue in den Bräuchen und im Zusammenleben aufgibt, das normalerweise für ein Gemeinschaftsleben und die Reifung der Persönlichkeit erforderlich ist (vgl. Apostolisches Schreiben *Evangelica testificatio,* Nr. 32). Die Treue zu diesem Minimum bestimmt das Maß der persönlichen Identifizierung mit der aus Liebe vollzogenen Lebensweihe.
So obliegt allen die Pflicht, dem Gemeinschaftsleben treu

zu bleiben und dazu beizutragen, daß man sich in ihm schwesterlich begegnen kann, sich gegenseitig hilft und geistlich trägt. So entsteht eine Umgebung, die jeder wünscht und sucht, der nach den Worten eines religiösen Schriftstellers hier einen »Zufluchtsort« für das eigene Herz finden möchte, um sich an Gott zu erquicken.
Selbst außerhalb der Gemeinschaft tragen alle Tätigkeiten und Kontakte der Ordensfrauen immer auch gemeinschaftlichen und öffentlichen Charakter. Das Ordensleben ist immer ein sichtbares Zeichen der Kirche. Daher ermahne ich euch: seid persönlich immer und überall sichtbare Zeugen der Kirche und ihres Herrn in einer Welt, die unter dem Vorwand, modern sein zu wollen, sich immer weiter entsakralisiert. Mögen alle Menschen in eurem Verhalten und Tun wie in der Art, euch zu kleiden, ein Zeichen sehen, mit dem Gott sie anruft.

7. Heutzutage werden in diesem schönen Land wie auch in anderen Ländern die Ordensfrauen oft zur Übernahme neuer Tätigkeiten gebeten. Sie sollen sich an neue Erfahrungen im Leben und Wirken der Kirche wagen und auch weltliche Aufgaben auf verschiedenen Gebieten übernehmen.
Es kann dann geschehen, daß jene Apostolatsbereiche zurücktreten, denen sich eure Ordensgemeinschaften traditionell widmen. Ich will hier etwas sehr Einfaches nicht verschweigen, um das ihr alle wißt: diese Werke und Tätigkeiten müssen natürlich entsprechend der heutigen Wirklichkeit Brasiliens erneuert werden. Man darf darüber aber nicht vergessen, daß Schulen, Krankenhäuser und Caritaszentren, dazu viele andere Projekte, die schon seit einiger Zeit im Dienst eurer Brüder und Schwestern, zumal der Ärmsten, stehen, oder der kulturellen und geistigen Entwicklung der Bevölkerung dienen, ihre volle Aktualität behalten.
Ja, noch mehr: wenn diese Werke und Tätigkeiten entsprechend und nach gesunden Grundsätzen erneuert wer-

den, erweisen sie sich weiter als ausgezeichnete Stätten der Evangelisierung, des Zeugnisses echter Liebe und der Förderung des Menschen. Es versteht sich von selbst, daß das grundlegende Kriterium, das bei der Anpassung an neue Erfordernisse anzulegen ist, immer das Evangelium ist. Im Licht der Zeichen der Zeit, in der gebührenden Perspektive gesehen, vermag man dann »Neues und Altes« aus dem reichen Schatz einer an Erfahrungen reichen Vergangenheit hervorzuholen.

8. Es erweist sich indessen als notwendig, gelegentlich Werke oder Tätigkeiten aufzugeben, um sich anderen widmen zu können, einschließlich mehr pastoralen Aufgaben. Man hat zu diesem Zweck kleinere Gemeinschaften geschaffen, die neue Formen der Präsenz unter den Menschen praktizieren. Ich weiß um die Mühe, die ihr euch bei der Suche nach Verwirklichung solcher neuen Formen macht, ich weiß dieses Bemühen auch zu schätzen; und doch möchte ich mit euch auch einige Voraussetzungen bedenken, die bei diesen neuen Erfahrungen des Ordenslebens gegeben sein müssen.
a) Solche Erfahrungen müssen immer in einer Atmosphäre des Gebets gelebt werden. Ein Mensch, der in ständigem Kontakt mit Gott lebt und von der Glut seiner Liebe erfüllt sein möchte, kann leichter:
– der Versuchung zu Partikularismus und Oppositon entgehen, die das Risiko mit sich bringt, zu schmerzlichen Spaltungen zu führen;
– im Licht des Evangeliums seine Entscheidung für die Armen und alle Opfer des menschlichen Egoismus glaubhaft machen, ohne dem sozialpolitischen Radikalismus zu verfallen, der sich früher oder später als fehl am Platz erweist und Auswirkungen zeigt, die das Gegenteil des Erwünschten sind und nur neue Formen der Unterdrückung schaffen;
– an die Menschen herantreten und sich in ihren Lebenskreis einfügen, ohne die eigene religiöse Identität in Frage

zu stellen und ohne auch die besondere Eigenart seiner Berufung zu verbergen oder zu verfälschen: die Nachfolge des armen, jungfräulichen und gehorsamen Christus.
b) Abgesehen von der Gebetsatmosphäre, in der sich die Erfahrungen mit den neuen Formen der Präsenz entwikkeln müssen, ist eine gründliche Vorbereitung notwendig: in engster Zusammenarbeit mit den verantwortlichen Obern und in ständigem Dialog mit den beteiligten Bischöfen. So kommt man zu gesicherten Lösungen. Es gilt auch, entsprechende Pläne und Programme auszuarbeiten, die mit den getroffenen Entscheidungen harmonisieren. Außerdem muß man die Initiativen verwirklichen, indem man vorher abwägt und prüft, ob – wie der Herr sagt – die Mittel zum Vollenden ausreichen (vgl. *Lk* 14, 28ff.); dabei braucht man, wie uns die Gleichnisse vom Himmelreich lehren (vgl. *Mt* 13), nicht die Risiken zu fürchten; man muß aber immer entsprechend den dringendsten Erfordernissen und dem Charakter des Instituts vorgehen.
c) Schließlich muß man bei all diesen Neugründungen immer in Übereinstimmung mit den Normen und Weisungen handeln, die die Hierarchie erlassen hat; die gemachten Erfahrungen objektiv und ausgewogen beurteilen; sich auch, wenn nötig, demütig und mutig zu einer Korrektur, Aufhebung oder besseren Planung der gemachten Experimente veranlaßt sehen.

9. Wollen sie für das Ordensleben im ganzen und immer eine sichere Unterscheidung der Geister erreichen, müssen die Ordensfrauen Menschen sein, die die Kirche lieben, ihren Kriterien und ihren Weisungen folgen und sich deshalb hochherzig und treu ihrem authentischen Lehramt unterstellen. Hier liegt die Garantie für ein fruchtbares Leben und Wirken im Geist der Weihe an Gott. Hier stehen wir vor einer unerläßlichen Vorbedingung für eine richtige Deutung der Zeichen der Zeit. Ich erinnere mich hier an ein Wort meines Vorgängers Paul VI.: Die Ge-

samtkirche muß in jeder kirchlichen Gemeinschaft präsent sein, denn diese braucht immer den universalen Atem, um nicht an geistiger Auszehrung zu sterben. Gänzliche Treue zu Christus läßt sich nie trennen von der Treue zur Kirche: »Wer euch hört, der hört mich« (*Lk* 10, 16).
Hier liegt ein weites Arbeitsfeld für die Oberinnen und Novizenmeisterinnen der Institute und Gemeinschaften. Sie werden, getreu ihrer Aufgabe, die besten Wege finden, um das zu fördern, was mit Sicherheit die Einheit der Geister und Herzen garantiert. Nichts von alledem wird aber Wirklichkeit werden, ohne zu beten und so zu handeln, daß alle Ordensfrauen in ihrer Lebensweihe die höchste Verwirklichung ihrer Rolle als Mensch und Frau finden. Nur so können die Institute und Gemeinschaften eventuelle Schwierigkeiten des Wachstums oder der Dauerhaftigkeit überwinden und kann das Ideal des gottgeweihten Lebens eine echte Anziehungskraft auf die Jugend ausüben.

10. Abschließend noch ein Wort an die lieben Ordensfrauen, die sich dem kontemplativen Leben geweiht haben und ihr Ordensleben in Sammlung und Klausur verbringen. Eure Lebensform, liebe Töchter, versetzt euch ins Herz des Geheimnisses der Kirche. Euer persönliches Leben hat als Mittelpunkt die bräutliche Liebe zu Christus. Daher sollt ihr, von seinem Geist geformt, ihm euer ganzes Sein hingeben, euch seine Empfindungen zu eigen machen, seine Pläne und seine Sendung der Liebe und des Heils. Das ist nicht auf die vier Wände der Klöster beschränkt, es wirkt sich vielmehr auf die große Geschichte der Menschen aus, dort, wo man Gerechtigkeit aufbaut, dort, wo Gemeinschaft entsteht und man die materiellen und geistigen Güter teilt, wo man eine Gesellschaft im Zeichen der Liebe errichtet, dort endlich, wo man in der Frohbotschaft des Evangeliums das Heil Gottes erlangen soll.
Euer kontemplatives Leben ist daher für die Kirche und

Menschheit absolut lebensnotwendig trotz allen Unverständnisses oder sogar der Ablehnung, die gelegentlich im modernen Denken, in der öffentlichen Meinung oder vielleicht auch in gewissen, schlecht informierten christlichen Kreisen auftauchen. Lebt also überzeugt und freudig den Radikalismus eurer absolut einmaligen Berufung: die ausschließliche Liebe zum Herrn und in ihm die Liebe zu all euren Brüdern und Schwestern in der ganzen Welt.
Wenn ihr eure Liebesfähigkeit in Anbetung und Gebet einsetzt, dann verkündet eure Existenz schweigend den Primat Gottes, bezeugt die Transzendenz der menschlichen Person und veranlaßt Männer, Frauen und Jugendliche, über den Sinn des Lebens nachzudenken und sich danach zu fragen.
Mögen eure Klöster weiter Stätten des Friedens und der Innerlichkeit bleiben, und möge es keinem Druck von außen gelingen, eure gesunden Überlieferungen abzubauen oder eure Möglichkeiten zur Pflege und Förderung der Sammlung zu beseitigen. Und betet, betet viel für jene, die auch beten, für jene, die nicht beten können, für jene, die beten möchten, aber nicht wissen wie, endlich auch für jene, die nicht beten wollen. Habt Vertrauen! Mit diesem Wort möchte der Papst die Hochherzigkeit aller kontemplativen Ordensfrauen Brasiliens ansprechen, gleich welcher geistlichen Familie sie angehören. ...

46 An die brasilianischen Ordensmänner in São Paulo

... Ordensleute waren zur Mehrzahl jene Priester, die sich der Evangelisierung der Indios widmeten, ihrer Erziehung bei voller Achtung ihrer Identität und, wenn nötig, auch ihrer Verteidigung, selbst wenn das persönliche Opfer kostete. Ordensleute bilden noch heute etwas mehr als die Hälfte des brasilianischen Klerus. Es gibt kein anderes Land, das 193 Ordensleute unter seinen 343 Bischöfen zählt, unter ihnen zwei Kardinäle der heiligen Kirche (nach der Statistik vom 31. 12. 1979).

Was soll ich euch noch sagen? Eure Präsenz ist für die Kirche in Brasilien nicht etwas Überflüssiges, auf das sie leicht verzichten könnte, sie ist eine vitale Notwendigkeit. Einige Dinge machen diese Präsenz immer wirksamer:

– Erstens erweisen sich die Ordenspriester als fähig zu einer loyalen und selbstlosen Zusammenarbeit mit den Weltpriestern, deren Aufgaben sie nicht nur ausnahmsweise, sondern ständig mit übernehmen müssen.

– Zweitens lernen die Laienbrüder immer mehr, ihr eigenes Wirken in den Gesamtplan der ganzen Kirche auf diözesaner und nationaler Ebene einzufügen.

– Im Geist des Dokumentes *Mutuae relationes* ermöglichen, fördern und pflegen die Ordensobern den offenen und brüderlichen Dialog mit den Hirten, die der Geist Gottes mit der Leitung seiner Kirche beauftragt hat. In diesem Zusammenhang kann man auch nicht genug die Wichtigkeit der Beziehungen betonen, die zwischen der nationalen Bischofskonferenz – zuständig für die Ausarbeitung und Durchführung der Pastoralpläne für das ganze Land – und der Konferenz der Ordensmänner besteht, die die Aufgabe hat, das Ordensleben zu fördern und darüber zu wachen, daß es seiner Stellung in der Kirche und seinem eigentümlichen Charisma treu bleibt.

Damit kommen wir zu einem zweiten Aspekt: dem tiefen Selbstverständnis des Ordenslebens. Nicht nur, um der Seelsorge zu nützen, hat das Ordensleben in der Kirche seinen festen Platz und unersetzlichen Wert. Im Gegenteil! Es bietet eine eigene Wahrheit. Es leistet der Seelsorge einen wirksamen Dienst, weil und soweit es unverbrüchlich seiner Stellung in der Kirche treu bleibt und den Charismen, die diesen Platz näher bestimmen.

Unmöglich kann ich hier auch nur eine kurze Zusammenfassung der Theologie des Ordenslebens bieten. Aber es ist doch sinnvoll, gleichsam als lebendige Auswirkung dieser Begegnung mit dem Papst einige Aspekte zu nennen.

Der erste wird allgemein bejaht und nicht einmal näher erörtert. Er besagt: Wenn wir vom Ordensleben sprechen, geht es um etwas sehr Kostbares in der Erfahrung der Kirche, wenigstens, was seine wesentlichen Elemente angeht. Jeder Christ hat die volle und berechtigte Freiheit, nach dem Entscheid des eigenen Gewissens das Ordensleben zu wählen oder einen anderen Weg. Aber er darf auf keinen Fall das Wesentliche am Ordensleben definieren oder einschränken ohne Rücksicht auf das Leben, die Geschichte und – ich wiederhole es – die 2000jährige Erfahrung der Kirche.

Dieses Wesentliche wurde vor kurzem noch durch das Konzil und weitere Dokumente zu seiner authentischen Interpretation dargelegt. Bedenkt dieses Wesentliche wohl:

1. Das Ordensleben ist eine »Schule für den Dienst des Herrn« (»schola dominici servitii«), wie es der hl. Benedikt schön formuliert hat (*Regel*, Prolog 45). Der Ordensmann will dem Herrn dienen, und er macht es darum zum Inhalt seines Lebens, dies mit Eifer, Liebe und Beharrlichkeit zu lernen. In die Perspektive dieses Dienstes ordnen sich alle weiteren Dimensionen des Ordenslebens ein, wie es das Zweite Vatikanische Konzil betont hat.

2. Das Konzil lehrt weiter, daß das Ordensleben in der Kirche nicht auf der Ebene der institutionellen Strukturen zu sehen ist (es ist kein hierarchischer Rang, es bildet auch kein drittes Element zwischen Bischöfen und Laien). Es gehört vielmehr in die Ordnung der Charismen und genauer, in die Dynamik jener Heiligkeit, die die grundlegende Berufung der Kirche ist. Der erste Grund, warum sich ein Christ dem Ordensstand weiht, ist nicht, in der Kirche eine Stellung, eine Verantwortung oder eine Aufgabe zu übernehmen, sondern sich zu heiligen. Das ist seine Aufgabe und Verantwortung, »alles andere aber wird ihm hinzugegeben werden«. Es geht hier um einen

Dienst an der Kirche: sie braucht diese Schule der Heiligkeit, um konkret ihre eigene Berufung zur Heiligkeit verwirklichen zu können.

3. Wenn das vom Laien erhoffte Zeugnis die zeitlichen Dinge betrifft, das Wirken in der Welt, so ist das dem Ordensleben im allgemeinen und jedem Ordensmann im besonderen natürliche Zeugnis das der Seligpreisungen, das man im Alltag gibt: das Zeugnis vom Absoluten Gottes, vor dem alles andere, alle mehr oder weniger wichtigen Aufgaben dieser Welt innerlich relativiert werden. Es ist deswegen das Zeugnis vom Unsichtbaren und schließlich das von der eschatologischen Vollendung, die ihr voll Hoffnung schon in diesem Leben erfahrt.

4. Aus all diesen Gründen ist im Ordensleben die Ganzhingabe wichtig, in der sich jeder Ordensmann durch seine Gelübde Gott hingibt, um diese Gelübde in einem Leben nach den evangelischen Räten zu leben. Diese Ganzhingabe bedeutet für ihn tiefste und echteste, vollste Befreiung, die ihn zugleich inniger mit Gott und den Brüdern verbindet, ihn tiefer am göttlichen Leben und an der Gemeinschaft der Menschen teilnehmen läßt, angefangen bei jener Gemeinschaft, die mit ihm zusammen Gottes Antlitz sucht. Diese Ganzhingabe schließt als Folgerung totale Verfügbarkeit ein. Die Kirche hat im Verlauf ihrer Geschichte immer erfahren, daß sie auch für die schwierigsten Aufgaben auf die Ordensmänner zählen konnte.

5. Aus alledem ergibt sich, daß der Ordensmann unbedingt ein Mann des Gebetes, ein großer Beter sein muß. Das gilt zumal für die kontemplativen Orden, aber auch für jeden Ordensmann überhaupt.
Im Licht des Wesentlichen möchte ich einige Aspekte des Ordenslebens konkret anwenden und euch, liebe Brüder und Söhne, einige Worte der Ermunterung und Anregung sagen.

Zunächst erinnere ich daran, daß die Kirche in verschiedenen jüngeren Dokumenten die Erneuerung des Ordenslebens angesprochen hat. Ich glaube, es ist wohl überflüssig einzuschärfen, daß diese Erneuerung, will sie gesund sein und dem Denken der Kirche, damit aber auch dem Plan Gottes entsprechen, sich nicht absolut setzen und zum Selbstzweck werden darf, wobei man von gültigen Kriterien absieht. Zwei Kriterien scheinen unter anderem sehr wichtig: zunächst kann sich das Ordensleben – und konkret jede einzelne Ordensgemeinschaft – nicht wahrhaft erneuern, wenn das Ziel der Erneuerung praktisch die Suche nach dem Leichteren und Bequemeren ist, sondern nur, wenn das Ziel die Suche nach dem Authentischen, den Zielsetzungen des Ordenslebens Entsprechenderen ist. Das zweite Kriterium lautet: das Ordensleben erneuert sich, wenn es noch mehr den Weg der Heiligkeit beschreitet. Hier gilt besonders eindringlich das Wort des Herrn: »An seinen Früchten erkennt man den Baum.« Soweit es an uns liegt, wollen wir alles tun, damit man nicht sagen kann, die Erneuerung des Ordenslebens habe zu seiner Erschlaffung und am Ende zu seiner Auflösung geführt.

Im Licht der beiden erwähnten Kriterien muß ich euch sagen: verwirklicht in Demut die gewünschte Erneuerung des Ordenslebens. Sie verdient ernsthafteste Bemühungen der Ordensgemeinschaften und der Konferenzen der männlichen Orden auf allen Ebenen.

An zweiter Stelle möchte ich auf die Einzigartigkeit der Präsenz des Ordensmannes in der Welt hinweisen. Dieser Punkt wurde schon verschiedentlich dahingehend zusammengefaßt, daß es zwei Weisen der Präsenz in der Welt gibt: eine physische, direkte und materielle Präsenz und eine unsichtbare, geistliche, aber deswegen nicht weniger reale Präsenz. Wollen die Laien ihrer Berufung zur physischen Präsenz in der Welt gerecht werden, brauchen sie notwendig jene Lebenskraft, die ihnen gerade die geistliche Präsenz der Ordensleute bietet, und sie würden ihr Fehlen spüren, wenn die Ordensleute durch die Berauschung am »Eintauchen in die Welt« am Ende der Kirche gerade jenen Beitrag verweigern würden, der ihnen eigen ist. Das ist keine Aufforderung zur Entfremdung, sondern eine Aufforderung, darüber nachzudenken, daß nach der Auffassung des hl. Paulus die Kirche weiter eine klare Unterscheidung (keine Vermischung) und eine fruchtbare gegenseitige Ergänzung (keine Isolierung) der Charismen und Berufungen braucht. Auf lange Sicht (aber auch im Augenblick) wäre eine Präsenz der Ordensleute in zeitlichen Auseinandersetzungen unfruchtbar, wenn sie auf Kosten der wesentlichen, auch der bescheidensten Werte des Ordenslebens ginge.

Ein dritter Gedanke. Beim Streben nach Zusammenarbeit begegnet man häufig der Versuchung, weitgehend aufzulösen, ja geradezu abzuschaffen, was dem Ordensleben und den Ordensleuten Charakter gibt. Es ist wohl klar, daß dies nicht positiv zu bewerten ist, weder für das Ordensleben noch für die Zusammenarbeit. Ein Ordenspriester, der an der Seite von Weltpriestern in der Seelsorge mitarbeitet, müßte in seinem Verhalten klar zeigen, daß er Ordensmann ist. Die Gemeinschaft müßte das spüren. Dasselbe wäre von einem Laienbruder oder einer Ordensfrau bei der Zusammenarbeit mit Laien zu sagen.

Ein letzter Gedanke, der das Gesagte weiterführt: Ordensmännern und Ordensfrauen ist die Versuchung nicht fremd, die charakteristischen Züge ihrer Ordensfamilie aufzugeben, um sich mit anderen zu verbinden und Werken zu widmen, die, wie man sagt, zur »direkten Pastoral« gehören. Die Tatsachen scheinen aber schon klar zu zeigen, daß der geistliche Reichtum der Kirche und ihres Dienstes an den Menschen in der Vielfalt liegt. Es ist immer eine Verarmung, wenn alle, unter dem Vorwand der Einheit oder beeindruckt von einer bestimmten Priorität, das gleiche tun wollen. Gebe Gott, daß die Ordensleute der Kirche helfen, auf den verschiedensten Gebieten ihrer pastoralen Sendung weiter tätig zu sein: in der Erziehung,

Fürsorge, Krankenpflege, Betreuung der Waisen, karitativen Tätigkeit usw.
Ich bin sicher, daß die menschliche Gesellschaft im allgemeinen und dazu die Gemeinschaft der Kirche den Ordensleuten dafür dankbar sein werden...

47 An Priester- und Ordenskandidaten und ihre Ausbilder, Porto Alegre

... 2. Euch, liebe Jugend, gilt meine erste Botschaft, denn ihr tragt im Herzen den hohen Anspruch oder das Geheimnis des besonderen Rufes, den Christus an euch richtet. Seid euch immer der Auszeichnung bewußt, die diese Initiative des göttlichen Meisters bedeutet: jede Berufung macht einen Teil des umfassenden göttlichen Plans aus, in dem jeder Berufene wichtig ist. Auch Christus, das Wort Gottes und der »Auserwählte« schlechthin, »hat sich nicht selbst die Würde eines Hohenpriesters verliehen, sondern der, der zu ihm gesprochen hat: ›Mein Sohn bist du. Heute habe ich dich gezeugt‹, wie er auch an anderer Stelle sagt: »Du bist Priester auf ewig nach der Ordnung Melchisedeks« (*Hebr* 5, 5; vgl. *Ps* 2, 7; 110, 4).
Die Berufung ist ferner ein Geheimnis, das der Mensch annimmt und in der Tiefe seines Seins lebt. Als Gnadengeschenk hängt sie von der souveränen Freiheit der göttlichen Allmacht ab, in ihrer vollen Wirklichkeit übersteigt sie unser Verstehen. Vom Geber aller guten Gaben dürfen wir keine Erklärungen fordern: »Warum hast du mich so gemacht?« (*Röm* 9, 20) – denn der, der beruft, ist auch der, der ist (vgl. *Ex* 3, 14).
Im übrigen gehört die Berufung eines jeden bis zu einem bestimmten Punkte zu seinem eigenen Wesen: man kann sagen, daß Berufung und Person zu einer einzigen Sache werden. Das bedeutet, daß zur schöpferischen Initiative Gottes ein besonderer Akt der Liebe zu den Auserwählten gehört, die nicht nur zum Heil, sondern zum Dienst am

Heil berufen werden. Daher wollte uns Gott von Ewigkeit her, seit wir in seinem Schöpfungsplan zu existieren begannen und seit er uns als seine Geschöpfe wollte, auch als seine Auserwählten. Er hat darum in uns die Gaben und Vorbedingungen für eine persönliche, bewußte und bejahende Antwort auf den Anruf Christi oder der Kirche geschaffen. Gott, der uns liebt, der Liebe ist, ist auch jener, der ruft (vgl. *Röm* 9, 12).
Daher beten wir angesichts einer Berufung das Geheimnis an, antworten mit Liebe auf die Initiative der Liebe und sagen Ja zu dem Anruf.

3. Ihr wißt ferner gut, daß am Ursprung jeder Berufung immer Jesus Christus steht, die höchste Inkarnation der Liebe Gottes. In der Liebe Christi liegt das Warum einer Berufung. Er selbst hat das erklärt: »Nicht ihr habt mich erwählt, sondern ich habe euch erwählt und dazu bestimmt, daß ihr euch aufmacht und Frucht bringt...« (*Joh* 15, 16). Laßt mich wiederholen, als auch für euch gesagt, was ich vor kurzem geschrieben habe: »Wenn ich zu euch von der Berufung spreche, ... tue ich das als der demütige, aber leidenschaftliche Diener jener Liebe, von der Christus erfüllt war, als er die Jünger in seine Nachfolge berief« (*Botschaft zum Weltgebetstag für die geistlichen Berufe*, 1980, 4).
Im Grunde ist der, der uns ruft, der Vater, der Winzer (vgl. *Joh* 15, 1), und er zieht uns zu dem, den er gesandt hat (vgl. *Joh* 6, 44). Seine Auserwählung setzt in uns das Werk der Liebe fort, das mit der Schöpfung begann. Es ist aber immer Christus – direkt oder durch das universale Sakrament des Heils, das die Kirche ist – der den göttlichen Ruf als einen Auftrag verstehen läßt, der persönliche Mitwirkung mit ihm bedeutet. So tat er es mit den ersten Aposteln: »Er rief die zu sich, die er erwählt hatte, und sie kamen zu ihm« (*Mk* 3, 13; 6, 7).
Die Antwort hängt ab von der Großmut des Herzens beim Berufenen, denn er, der ruft, achtet immer die Freiheit der

Entscheidung: »Wenn du willst...« (*Mt* 19, 21). Bei dieser Begegnung mit euch danke ich, indem ich den Geist zu Gott erhebe, der uns immer liebt, der uns Trost und Hoffnung gibt (vgl. *2 Thess* 2, 16), und ich bitte, »daß eure Liebe immer noch reicher an Einsicht und Verständnis wird, damit ihr beurteilen könnt, worauf es ankommt« (*Phil* 1, 9–10). Laßt euch nicht verwirren wie der reiche Jüngling im Evangelium. Es lohnt sich, viele Dinge zu verkaufen, um einen Schatz im Himmel zu haben.
An diesem Punkt muß ich jedem einzelnen von euch besonders und dringend nahelegen, was ich bei ähnlichen Gelegenheiten anderen jungen Menschen, die dem gleichen Ideal zustreben, zu sagen pflegte: Hört auf den Herrn, den großen Freund. Er kann euch die Augen öffnen und zu eurem Herzen sprechen im innigen persönlichen Gebet (vgl. *Offb* 3, 20), im gemeinschaftlichen Gebet (vgl. *Mt* 18, 20) und in der Liturgie, denn er »ist seiner Kirche immerdar gegenwärtig, besonders bei den liturgischen Handlungen« (Konstitution *Sacrosanctum concilium,* 7). Ihr könnt sicher sein, daß er euch erleuchten und helfen wird, den Sinn und den Wert der Berufung zu entdecken und zu lieben. Wer weiß, ob er euch nicht heute bei dieser Begegnung »in seinem Namen« einige von seinen Geheimnissen anvertraut? Wenn dem so wäre, »verhärtet eure Herzen nicht« (*Hebr* 3, 8). Nur in der Aufgeschlossenheit für die Stimme Gottes könnt ihr die Freude einer vollen Selbstverwirklichung finden.

...

Die Ausbildung eines Priesters und Ordensmannes kann nicht der Improvisation überlassen bleiben. Die Gnade Gottes weckt den Beruf, und die gleiche Gnade führt den Priester und Ordensmann. Doch wird diese Gnade in der Kirche und für die Kirche gewährt. Es steht daher der Kirche zu, die Echtheit eines Berufs zu prüfen, zu bestätigen und sein Reifen zu verfolgen bis hin zu den Weihen und den heiligen Gelübden. Nur kann für die Kirche aufgrund ihrer Überlieferung und Erfahrung das alles nicht im Vollsinn verwirklicht werden ohne eine Institution, die mit einem sehr bezeichnenden Namen »Seminar« genannt wird, oder ähnliche Institute zur Ausbildung der Ordensleute. ...

... Die Kirche wünscht, daß für die Ausbildung der Priester und Ordensleute von heute die geeignetsten Mittel und Methoden zur Verfügung gestellt werden. Die vom Konzil erlassenen Weisungen und die späteren Verlautbarungen des Hl. Stuhls bewegen sich alle in dieser Richtung. Das Konzil hat mit Recht angeregt, zu große Seminargemeinschaften aufzuteilen. Es forderte die Priesteramtskandidaten auf, die Kontakte zu den Gemeinden zu halten und schon am Ort ihrer Ausbildung in der Seelsorge mitzuhelfen. Den erzieherischen Wert solcher Programme kann man kaum bezweifeln.

Nachdem aber nun eine mehr als ausreichende Zeit für Experimente vergangen ist, haben wir auch alle die Pflicht, einige Initiativen zu überprüfen, die gewiß in guter Absicht ergriffen wurden, aber die Weisungen des Konzils verfälschen können und evtl. zu trügerischen und besorgniserregenden Ergebnissen führen. Was muß z. B. bei den verschiedenen nicht immer glücklichen Initiativen korrigiert oder ergänzt werden, die darauf abzielen, die Seminare zumal durch sogenannte »kleine Gemeinschaften« zu ersetzen? Was spricht für und wider die Ausbildung künftiger Priester ausschließlich in den Gemeinden, in denen sie später ihr Dienstamt ausüben sollen? Wie läßt sich vermeiden, daß das Studienprogramm im Seminar aufs äußerste verkürzt wird zum evidenten Schaden für die spezifische intellektuelle und spirituelle Ausbildung, die dem neuen Diener Gottes zusteht? Gerade von seiten der Bischöfe ist hier Klarheit und Mut gefordert, um alle Punkte deutlich zu machen, die die Ausbildung neuer Diener der Kirche, speziell der Priester, betreffen. Wir freuen uns, feststellen zu können, daß die vom Zweiten

Vatikanischen Konzil erlassenen Normen erneut überdacht, akzeptiert und in die Praxis umgesetzt werden, während Erfahrungen, die keine Frucht gebracht oder sich als eindeutig negativ herausgestellt haben, eingeschränkt, relativiert oder nötigenfalls aufgegeben wurden.

9. Vor allem möchte ich hervorheben, daß bei dieser Arbeit das Tun der Priester und Ordensleute, ob sie nun Obere, Professoren oder Novizenmeister sind, weiter fundamentale Bedeutung hat. Eure Aufgabe ist herrlich, wenn auch schwer. Die Hirten der Diözese und die für das Ordensleben Verantwortlichen haben überlegt und gebetet, bevor ihre Wahl auf euch fiel und sie euch einen der schwierigsten Dienste in der Kirche anvertrauten: die künftigen Former des Volkes Gottes auszubilden!
Habt ihr diese Aufgabe einmal übernommen, so müßt ihr auch die Verantwortung für eure persönliche Vorbereitung übernehmen. Das Konzil betonte diesen Punkt (vgl. *Optatam totius,* 5). Die erste Bischofssynode erließ genaue Weisungen. Eure Bischöfe und Ordensobern werden euch helfen; aber eure ständige geistliche, intellektuelle und pastorale Weiterbildung hängt von euch ab, von eurem Pflichtbewußtsein.
Eure Spiritualität muß sich nähren an der reinen Quelle, die Christus, der Lehrer aller Lehrer, Hirte unserer Seelen und höchstes Vorbild jeden Lehrers und jeder Bildung ist. Eure intellektuelle Vorbereitung muß immer auf der Höhe sein, in voller Treue zum Lehramt und zur lebendigen Tradition der Kirche, in demütiger und liebevoller Offenheit für das Wort Gottes, das alle menschliche Weisheit übersteigt. Eure pastorale Erfahrung aber wird Gewinn ziehen aus eurer Einfügung in das Presbyterium der Diözese: seine Erfahrung wird euch bereichern, so wie ihr das Presbyterium mit eurer Erfahrung bereichern könnt.
Durch solche Vorbereitung verwirklicht sich eure Sendung in Mühe, aber auch in Freude. Ihr steht unter dem Segen Gottes, der dem seine Hilfe nicht versagt, der be-

dingungslos mit ihm zusammenarbeiten will. So eingestellt, werdet ihr Licht und Kraft finden zu einer wirklich dem Evangelium gemäßen Bildungsarbeit.
Führt die euch anvertrauten Kandidaten so, daß sie am Primat des Geistigen festhalten, jenem Primat, der sie später in den Mühen des apostolischen Dienstes wird tragen müssen, der ihr Halt ist in der Treue zu den Verpflichtungen, die sie im Angesicht der Kirche übernommen haben. Führt sie so, daß sie ihren Beruf klar erkennen, den eigenen Charakter stählen und das Opfer eines Lebens auf sich nehmen, das ganz Gott und der Kirche geweiht ist. Führt sie auch zu einer soliden kulturellen Bildung hin, die klug und offen angelegt ist, wie man es heutzutage von dem erwartet, der seinerseits einmal Lehrer des Volkes Gottes sein soll. Führt sie ein in das Wissen und die Weisheit der Seelsorge, d. h. in die Verkündigung des Wortes Gottes, die Feier der göttlichen Geheimnisse, die geistliche Betreuung der Gemeinde und der Seelen im besonderen. Mit einem Wort: eure Schüler sollen aus eurem Reichtum schöpfen, so wie ihr schöpft aus dem unerschöpflichen Reichtum des Herzens Christi.

10. Das ist es, liebe Söhne, was ich euch aus tiefstem Herzen heraus sagen wollte. Das wollte ich euch allen und jedem einzelnen anvertrauen. Stellt Christus hochherzig euren Geist, euer Herz und alle eure Kräfte zur Verfügung. Ich sage das euch, den Obern und Lehrern, die ihr in täglicher Hingabe an eure schwierige Aufgabe berufen seid, Zeichen und Werkzeug des Dienstes Christi zu sein, der seinen Leib aufbaut. Ich sage das euch, junge Männer, die ihr den Ruf gehört und euch entschieden habt, den Weg der Nachfolge Christi anzutreten, um morgen Zeugen seiner Liebe inmitten eurer Brüder und Schwestern zu werden.
Meine Gedanken und meine Wünsche richten sich aber auch auf die christlichen Familien, die das Zweite Vatikanische Konzil als »erstes Seminar« für geistliche Berufe

bezeichnete (vgl. *Optatam totius,* 2). Euch obliegt es, in eurem eigenen Schoß jenes Klima des Glaubens, der Liebe und des Gebetes zu schaffen, das die Söhne zu einer Haltung hochherziger Verfügbarkeit anleitet, wenn Gott ruft und seinen Heilsplan für die Welt weiterführt. Neben der Familie spielt die Schule eine wichtige Rolle, in der vor allem die katholischen Lehrer sich verpflichtet fühlen müssen, den Geist der Schüler nicht nur mit den Angeboten der Kultur zu bereichern, sondern ihr Herz auch dem Anruf der ethischen Werte zu erschließen und der begeisternden Anziehungskraft großer Ideale.
Ein besonderes Wort noch für die Pfarrei, die in unserem Fall immer eine entscheidende Rolle spielt. In ihr machen die Jugendlichen ja ihre Erfahrung als Christen, in ihr hören sie die Verkündigung des Wortes Gottes, nehmen teil an der Feier der Zeichen des Heils; hier begegnen sie auch dem Zeugnis der verschiedenen Berufungen und der verschiedenen Dienste. Es ist daher evident, wie wichtig die kirchlichen Vereine, Gruppen und Bewegungen sind, abgesehen von der Persönlichkeit der Priester, die mit der seelsorglichen Leitung der Gemeinden betraut sind. Sie alle sind das normale Werkzeug der Auserwählung durch Gott zu einem hochherzigen Dienst für das Kommen seines Reiches. Ich ermahne daher alle einzelnen Glieder und Gruppen der christlichen Gemeinden, die eigene Verantwortung auf diesem für das Leben der Kirche wesentlichen Gebiet zu übernehmen.
Christus braucht den Beitrag aller, um das Wort, das nicht alle fassen können (vgl. *Mt* 19, 11), zu anderen Herzen gelangen zu lassen: das Wort bedingungsloser Hingabe an die Sache seines Reiches...

48 Predigt zum 600. Todestag der hl. Katharina von Siena

1. Eine zahllose Schar »kluger Jungfrauen« hat gleich denen, die im eben gehörten Gleichnis des Evangeliums ge-

priesen werden, im Lauf der christlichen Zeit mit ihren mit Öl wohlversehenen Lampen den Bräutigam erwartet, um mit ihm das irdische Freudenfest und das Fest der Herrlichkeit im Himmel zu feiern. Unter ihnen glänzt heute vor unseren Augen die große und teure hl. Katharina von Siena, die leuchtende Blüte Italiens, die strahlende Zierde des Dominikanerordens, ein Stern von unvergleichlicher Schönheit am Firmament der Kirche, sie, die wir hier am 600. Jahrestag ihres Todes ehren, der an einem Sonntagmorgen, dem 29. April 1380, um die dritte Stunde eintrat, als man das Fest des von ihr so sehr geliebten hl. Petrus des Märtyrers feierte...

2. Wir blicken heute auf die hl. Katharina vor allem, um an ihr das zu bewundern, was alle, die ihre Bekanntschaft machten, unmittelbar beeindruckte: der außergewöhnliche Reichtum einer durch die Gnade mitnichten verdunkelten, sondern gesteigerten und vollendeten Menschlichkeit, gleichsam ein lebendiges Abbild jenes echten und gesunden christlichen Humanismus, dessen Grundgesetz vom Mitbruder und Lehrer Katharinas, dem hl. Thomas von Aquin, mit dem bekannten Satz ausgedrückt wurde: »Die Gnade unterdrückt die Natur nicht, sondern erhebt und vollendet sie« (Summa Theol. I, q. 1, a. 8, ad 2). Der vollkommene Mensch ist derjenige, welcher sich in der Gnade Christi verwirklicht.
Wenn ich in meinem Dienstamt immer wieder die Aufmerksamkeit aller auf die Würde und die Werte des Menschen hinweise, die heute zu verteidigen und zu achten sind und denen es zu dienen gilt, dann spreche ich vor allem von der Natur, die aus den Händen des Schöpfers hervorgegangen und im Blut Christi, des Erlösers, erneuert worden ist: einer Natur, die an sich gut ist, deren Unvollkommenheit korrigiert und deren Anlagen und Gaben vervollkommnet werden können; denn sie ist berufen, jenes Mehr zu empfangen, das sie zur Teilhaberin an der göttlichen Natur und am ewigen Leben macht. Wenn die-

ses übernatürliche Element in den Menschen eingeht und mit seiner ganzen Kraft dort wirksam wird, haben wir das Wunder der »neuen Kreatur«, die in ihrer transzendenten Erhabenheit alles rein Menschliche nicht etwa aufhebt, sondern es bereichert, verdichtet und festigt.

So wird unsere Heilige zu einer Frau, die in reichem Maß mit Phantasie, Intuition, Feinfühligkeit, Willenskraft und Energie, Kommunikationsfähigkeit, Hingabe und Dienstbereitschaft begabt ist; sie verarmt nicht im Lichte Christi, der sie beruft, seine Braut zu sein, sich in der Tiefe der inneren Erkenntnis mystisch mit ihm zu identifizieren und sich unter Großen und Kleinen, Reichen und Armen, Gelehrten und Ungebildeten dem karitativen, sozialen und sogar politischen Wirken zu widmen. Und sie, die selbst kaum lesen und schreiben kann, bringt es fertig, daß Regenten von Städten und Ländern, Kirchenfürsten und Prälaten, Mönche und Theologen sie hören, lesen und erwägen, was sie sagt. Ja, viele von ihnen verehren sie geradezu als »Lehrerin« und »Mutter«.

Es ist eine erstaunliche Frau, die da in der zweiten Hälfte des 14. Jahrhunderts an sich beweist, wozu ein Menschengeschöpf und – ich betone – eine Frau, Tochter eines bescheidenen Färbers, fähig sein kann, wenn sie auf die Stimme des einen Hirten und Meisters hört und sich vom Tisch des göttlichen Bräutigams nährt, dem sie als »kluge Jungfrau« hochherzig ihr Leben geweiht hat.

Es handelt sich um ein Meisterwerk der erneuernden und erhebenden Begnadung des Geschöpfes bis zur vollkommenen Heiligkeit, die auch die volle Verwirklichung der Grundwerte des Menschseins darstellt.

3. Das Geheimnis Katharinas: daß sie so gefügig, treu und fruchtbringend dem Anruf ihres göttlichen Bräutigams nachkam, – läßt sich gerade aus den Erläuterungen und Anwendungen des Gleichnisses von den »klugen Jungfrauen« erfassen, die sie ihren Schülern in ihren Briefen wiederholt gibt. Besonders in dem Brief an eine junge

Nichte, die »Braut Christi« werden möchte, legt sie eine klare Synthese des geistlichen Lebens dar, die in besonderer Weise für denjenigen gilt, der sich Gott im Ordensstand weiht, die aber allen als Wegweiser und Führer dienen kann.

»Wenn du wirklich Braut Christi sein willst – schreibt die Heilige –, mußt du die Lampe, das Öl und das Licht haben.«

»Weißt du, was damit gemeint ist, mein Töchterchen?«

Und dann zur Symbolik der Lampe: »Mit der Lampe ist das Herz gemeint, das wie eine Lampe sein muß. Du siehst wohl, daß die Lampe oben weit und unten eng ist: so ist unser Herz beschaffen, um deutlich zu machen, daß wir es nach oben immer öffnen sollen – durch heilige Gedanken, heiligmäßige Vorstellungen und ständiges Gebet; wobei wir unser Denken immer darauf richten sollen, uns der Wohltaten Gottes zu erinnern und besonders der Wohltat des Blutes, durch das wir erlöst worden sind...

Ich sagte auch, daß die Lampe unten eng ist: dasselbe gilt auch für unser Herz, was besagen soll, daß es gegenüber den irdischen Dingen verschlossen sein soll, indem es sie weder über Gebühr verlangt noch liebt, noch sie in größerem Maß erstrebt, als Gott uns davon geben will, vielmehr sollen wir ihm stets danken, indem wir bewundern, wie liebevoll er für uns sorgt, so daß es uns nie an etwas mangelt...« *(Brief 23)*.

In der Lampe muß Öl sein. »Die Lampe würde nicht genügen, wenn kein Öl darinnen wäre. Und mit dem Öl ist jene wertvolle kleine Tugend der tiefen Demut gemeint... Jene fünf törichten Jungfrauen, die selbstgefällig bloß mit der Unversehrtheit und Jungfräulichkeit ihres Körpers prahlten, haben die Jungfräulichkeit der Seele vergessen, weil sie das Öl der Demut nicht bei sich trugen...« *(ebd.)*.

»Schließlich muß die Lampe angezündet werden und die Flamme brennen: sonst können wir uns nicht sehen lassen. Diese Flamme ist das Licht des allerheiligsten Glaubens. Ich spreche vom lebendigen Glauben, denn die Heiligen

sagen, daß der Glaube ohne die Werke tot ist...« (*ebd.*; vgl. *Briefe 79, 360*).
Katharina hat in ihrem Leben wahrhaftig mit großer Demut die Lampe ihres Herzens genährt und das Licht des Glaubens, das Feuer der Nächstenliebe, den Eifer für die aus Liebe zu Gott verrichteten guten Werke auch in den Stunden der Drangsal und des Leidens brennen lassen. Ihre Seele wurde dem gekreuzigten Christus gleichgestaltet, bis eines Tages der Herr mit ihr in der kleinen Zelle, wo sie wohnte, die mystische Hochzeit feierte und von seiner göttlichen Gegenwart alles in strahlendes Licht getaucht wurde (vgl. *Vita,* Nr. 114–115).
Würde es doch den heutigen Menschen und besonders den Christen gelingen, die Wunder wiederzuentdecken, die man in der »inneren Zelle«, besser noch im Herzen Christi kennenlernen und auskosten kann! Dann würde der Mensch sich selbst wiederfinden, die Grundlage seiner Würde, das Fundament seines Werkes, die Erhabenheit seiner ewigen Berufung!

4. Doch die christliche Spiritualität erschöpft sich nicht in Innerlichkeit, und sie treibt auch nicht in eine individualistische und egozentrische Isolation. Die Erhöhung der Person geschieht im Chor der Gemeinschaft. Katharina lebt, auch wenn sie für sich die Zelle ihres Hauses und ihres Herzens hütet, seit jungen Jahren in Gemeinschaft mit vielen anderen Söhnen Gottes, in denen sie das lebendige Geheimnis der Kirche spürt: mit den Ordensbrüdern des hl. Dominikus, mit denen sie sich im Geiste auch vereint, wenn die Glocke sie nachts, zur Frühmesse, in den Chor ruft; mit den Dominikanerinnen von Siena, unter die sie zu Werken der Nächstenliebe und zur Teilnahme am gemeinsamen Gebet aufgenommen wird; mit ihren Schülern, deren Kreis wächst, um schließlich um sie herum eine Gruppe von glühenden Christen zu bilden, die ihre Ermahnungen zum geistlichen Leben und die Aufforderungen zur Erneuerung und zur Reform, die sie im Namen

Christi an alle richtet, aufnehmen; man darf sagen, mit dem ganzen »mystischen Leib der Kirche« (vgl. *Dialog*, cap. 166), mit dem und für den Katharina betet, arbeitet, leidet, sich hingibt und schließlich stirbt.
Ihr feines Gespür für die Probleme der Kirche ihrer Zeit wird so zur Gemeinschaft mit dem »leidenden Christus« und mit der »leidenden Kirche«. Diese Gemeinschaft steht am Beginn der äußeren Wirksamkeit, die zu entfalten Katharina sich zu einem gewissen Zeitpunkt gedrängt fühlt: zunächst durch karitative Arbeit und Laienapostolat in ihrer Stadt und schon sehr bald auf größerer Ebene durch Einsatz auf sozialem, politischem und kirchlichem Gebiet.
In jedem Fall schöpft Katharina aus jener inneren Quelle »des leidenden Christus« den Mut zum Handeln und jene unerschöpfliche Hoffnung, die sie auch in den schwierigsten Stunden, selbst wenn alles verloren scheint, stützt und die es ihr möglich macht, auf die anderen auch hochgestellten kirchlichen Kreise Einfluß zu nehmen mit der Kraft ihres Glaubens und der Ausstrahlung ihrer völlig der Sache der Kirche hingegebenen Persönlichkeit...

49 An Mitglieder von Säkularinstituten

... Diese Begegnung bereitet mir innige Freude. Denn euer Stand des gottgeweihten Lebens stellt ein besonderes Geschenk des Heiligen Geistes an unsere Zeit dar, um ihr zu helfen – so haben es meine lateinamerikanischen Mitbrüder in Puebla formuliert –, »die Spannung zwischen objektiver Offenheit für die Werte der modernen Welt (echt christlicher weltlicher Stand) und der vollen Hingabe des Herzens an Gott (Geist der Weihe) zu lösen« (vgl. *Dokument der dritten Generalkonferenz des lateinamerikanischen Episkopats in Puebla vom 13. 2. 1979*, Nr. 775). Ihr befindet euch tatsächlich sozusagen im Mittelpunkt des Konflikts, der die Seele des modernen Menschen bewegt und spaltet, und daher könnt ihr »einen wirksamen pastoralen Beitrag für die Zukunft leisten und dem Volk Gottes neue Wege von universalem Wert öffnen« *(ebd.)*. Ich bringe eurem Kongreß daher großes Interesse entgegen und bitte den Herrn, euch sein Licht und seine Gnade zu schenken, damit es euch bei den Arbeiten eurer Versammlung gelingt, die Möglichkeiten und Gefahren eurer Lebensweise klar zu analysieren, um dann Entscheidungen zu treffen, die eurer Lebensweise, von der sich die Kirche heute viel erhofft, günstige Entwicklungsmöglichkeiten sichern.

2. Als Thema habt ihr für euren Kongreß gewählt: »Evangelisierung und Säkularinstitute im Licht des Apostolischen Schreibens *Evangelii nuntiandi*.« Damit seid ihr der Empfehlung einer Ansprache meines verehrten Vorgängers Paul VI. gefolgt, dem ihr gewiß dankbar seid für alle Aufmerksamkeit, die er euch immer geschenkt, und für den Nachdruck, mit dem er von seiten der Kirche die Weihe an Gott im weltlichen Leben bejaht hat. Als er sich am 25. August 1976 an die Generalobern eurer Institute wandte, bemerkte er: »Wenn sie ihrer Berufung treu bleiben, werden die Säkularinstitute gleichsam zu ›Versuchslaboratorien‹, in denen die Kirche die konkreten Möglichkeiten ihrer Beziehungen zur Welt einer Probe unterzieht. Deshalb müssen sie sich in erster Linie betroffen fühlen, wenn die Apostolische Konstitution *Evangelii nuntiandi* feststellt: ›Ihre erste Aufgabe ist diese: ... sie sollen alle christlichen, vom Evangelium her gegebenen Möglichkeiten, die zwar verborgen, aber dennoch in den Dingen der Welt schon vorhanden sind und aktiv sich auswirken, verwirklichen. Das eigentliche Feld ihrer evangelisierenden Tätigkeit ist die weite und schwierige Welt der Politik, des Sozialen und der Wirtschaft, aber auch der Kultur, der Wissenschaften und Künste, des internationalen Lebens und der Massenmedien (Nr. 70)«

(Ansprache an die Weltkonferenz der Säkularinstitute vom 25. August 1976, O.R. dt. Nr. 36 / 1.9.76).
Es wird niemandem entgangen sein, daß in diesen Worten der Akzent auf der kirchenbezogenen Wirklichkeit der Säkularinstitute liegt, was für ihr Sein ebenso wie für ihr Wirken gilt. Dieser Aspekt wird übrigens auch in anderen Dokumenten entfaltet. Ich möchte ihn besonders unterstreichen. Es ist zweifellos sehr wichtig, daß sich eure Lebenserfahrung (gekennzeichnet und zur Einheit verbunden durch eure Weihe, euer Apostolat und euer Leben in der Welt), in einem gesunden Pluralismus entwickelt durch die echte Gemeinschaft mit den Hirten der Kirche und die Teilnahme an ihrer Sendung zur Evangelisierung des ganzen Volkes Gottes. Das ist im übrigen ja auch nicht nachteilig für die euch eigene Art der Weihe an Christus. Mein Vorgänger hat das in der schon zitierten Ansprache betont, und er machte bei dieser Gelegenheit auf eine sehr wichtige methodische Unterscheidung aufmerksam: »Das heißt selbstverständlich nicht – so sagte er –, daß die Säkularinstitute als solche diese Aufgaben übernehmen müssen; sie obliegen vielmehr jedem einzelnen ihrer Mitglieder. Die Institute selbst sind daher verpflichtet, für die Gewissensbildung ihrer Mitglieder Sorge zu tragen und diese zu einer Reife und Offenheit zu führen, die Triebfeder einer sorgsamen Berufsausbildung wird. So werden ihre Mitglieder schließlich in der Lage sein, mit Kompetenz und im Geist der vom Evangelium geforderten inneren Freiheit die Lasten und Freuden der sozialen Verantwortung auf sich zu nehmen, welche die Vorsehung für sie bestimmt hat« (vgl. *ebd.*).

3. In Übereinstimmung mit diesen Hinweisen Papst Paul VI. haben eure Institute in den letzten Jahren auf verschiedene Weise auf nationaler oder kontinentaler Ebene sich näher mit dem Thema Evangelisierung beschäftigt. Euer derzeitiger Kongreß möchte die Ergebnisse zusammenfassen und sie bewerten, um die Arbeit eines jeden

noch besser am Leben der Kirche auszurichten, die sich auf jede Weise bemüht, »herauszufinden, wie man dem modernen Menschen die christliche Botschaft nahebringen kann, in der allein er die Antwort auf seine Fragen zu finden vermag und die Kraft für seinen Einsatz zu menschlicher Solidarität« (*Evangelii nuntiandi,* Nr. 3).
Ich bin glücklich zu erfahren, daß ihr gute Arbeit geleistet habt, und ich ermahne alle Mitglieder, Priester und Laien, auch weiterhin ein besseres Verständnis der irdischen Wirklichkeiten und Werte im Hinblick auf die Evangelisierung anzustreben. Der Priester soll es tun, um für die Situation der Laien immer aufgeschlossener zu werden und um dem Diözesanklerus nicht nur die Erfahrung eines Lebens nach den evangelischen Räten und der Unterstützung durch eine Gemeinschaft anzubieten, sondern auch ein waches Empfinden für das Verhältnis der Kirche zur Welt. Der Laie soll es tun, um die besondere Aufgabe zu übernehmen, der er sich als Laie im Dienst der Evangelisierung geweiht hat.
Daß die Laien auf diesem Gebiet eine besondere Aufgabe haben, durfte ich schon bei verschiedenen Gelegenheiten unterstreichen, übrigens in enger Übereinstimmung mit den Hinweisen des Konzils. »Als heiliges Volk Gottes – so sagte ich z. B. in Limerick im Verlauf meiner Pilgerreise nach Irland – seid ihr aufgerufen, eure Aufgabe bei der Evangelisierung der Welt zu übernehmen. Ja, die Laien sind ›ein auserwähltes Geschlecht, eine königliche Priesterschaft‹, dazu berufen, das ›Salz der Erde‹ und das ›Licht der Welt‹ zu sein. Die spezifische Berufung und Sendung der Laien besteht darin, dem Evangelium in ihrem Leben Ausdruck zu geben und so die Frohbotschaft als Sauerteig in die Wirklichkeit der Welt, in der sie leben und arbeiten, einzubringen. Gerade die großen Kräfte, die unsere Welt gestalten – Politik, Massenmedien, Wissenschaft, Technik, Kultur, Erziehung, Industrie und Arbeit –, sind die Bereiche, in denen die Laien in besonderer Weise berufen sind, ihre Sendung zu erfüllen. Wenn diese

Kräfte in der Hand von Menschen liegen, die wahre Jünger Christi sind und die gleichzeitig in ausreichendem Maße über das einschlägige Fachwissen und Können verfügen, dann wird die Welt in der Tat von innen her durch die erlösende Kraft Christi verwandelt« *(Predigt in Limerick am 1. Oktober 1979)*.

4. Wenn ich dieses Thema jetzt erneut aufgreife und weiterführe, dann möchte ich euch auf drei fundamentale Bedingungen für die Wirksamkeit eurer Sendung aufmerksam machen:
a) Ihr müßt vor allem wahre Jünger Christi sein. Als Mitglieder eines Säkularinstituts wollt ihr das sein durch eure radikale Entschlossenheit, den evangelischen Räten so zu folgen, daß dadurch euer Stand nicht nur nicht geändert – ihr seid und bleibt Laien –, sondern vielmehr aufgewertet wird in dem Sinn, daß euer weltlicher Stand gottgeweiht ist und höhere Anforderungen stellt und daß euer Einsatz in der Welt und für die Welt, wie er zu diesem weltlichen Stand gehört, beständig und treu geleistet wird.
Bedenkt wohl, was das bedeutet: die besondere Weihe, die jene durch die Taufe und Firmung vollzogene zur Fülle führt, muß euer ganzes Leben und all euer tägliches Tun prägen, indem ihr für den Willen des Vaters total verfügbar werdet, der euch in der Welt und für die Welt haben will. So wird die Weihe zum unterscheidenden Element für den weltlichen Stand, und ihr lauft nicht mehr Gefahr, diesen Stand einfach als solchen mit oberflächlichem Optimismus anzunehmen. Ihr bejaht ihn vielmehr und bleibt euch dabei des doppelten Sinnes bewußt, der ständig mit ihm verbunden ist. Ihr spürt infolgedessen auch die Notwendigkeit, das Positive an ihm vom Negativen zu unterscheiden und – eben aufgrund dieser Übung der geistlichen Unterscheidung – dem einen den Vorzug zu geben, das andere aber nach und nach auszuschalten.
b) Die zweite Bedingung ist, daß ihr an Wissen und Erfahrung in eurem Fachbereich wirklich kompetent seid,

um dort durch eure Präsenz das Apostolat des Zeugnisses und des Engagements für die anderen auszuüben, das eure Weihe und euer Leben in der Kirche euch zur Pflicht machen. Tatsächlich vermögt ihr nur dank dieser Fachkenntnis die den Mitgliedern der Säkularinstitute vom Konzil gegebene Empfehlung durchzuführen: »Darum müssen auch sie das Streben nach Ganzhingabe an Gott in vollkommener Liebe als ihre wichtigste Aufgabe betrachten; die Institute ihrerseits müssen den ihnen eigenen und besonderen Weltcharakter bewahren, damit sie dem Apostolat in der Welt und gleichsam von der Welt her, das der Grund für ihre Entstehung war, überall wirksam gerecht zu werden vermögen« (*Perfectae caritatis,* Nr. 11).

c) Die dritte Bedingung, über die ich euch nachzudenken bitte, betrifft jenen Entschluß, der kennzeichnend für euch ist, nämlich: die Welt von innen her zu wandeln. Ihr steht tatsächlich mitten in der Welt, nicht nur aufgrund eurer soziologischen Situation, sondern eure innere Haltung verpflichtet euch dazu. Ihr habt euch also als »Teil« der Welt zu betrachten, damit beauftragt, diese zu heiligen, indem ihr voll und ganz die Forderungen annehmt, die sich von der berechtigten Autonomie der weltlichen Wirklichkeiten, ihrer Werte und Gesetze herleiten.

Das bedeutet: ihr müßt die Naturordnung und ihre »ontologische Dichte« ernst nehmen und zu erkennen suchen, welchen Plan Gott in seiner Freiheit in ihr verfolgt; ferner eure Mitarbeit anbieten, damit dieser Plan sich in der Geschichte immer mehr verwirklicht. Der Glaube erleuchtet euch hinsichtlich der höheren Bestimmung, die die Geschichte dank des Heilswerkes Christi hat. Freilich findet ihr in der göttlichen Offenbarung keine fertigen Antworten auf die zahlreichen Fragen, die euer konkretes Engagement aufwirft. Es ist vielmehr eure Pflicht, im Licht des Glaubens entsprechende Lösungen für die sich immer neu ergebenden praktischen Probleme zu finden. Oft wird es das Wagnis einer nur teilweise überzeugenden Lösung sein müssen.

Es gibt also ein Engagement, das die Wirklichkeit der Naturordnung entwickeln, und ein anderes, das die Werte des Glaubens in sie einbringen möchte; beide müssen sich in eurem Leben verbinden und harmonisch ergänzen; sie müssen euch grundlegend orientieren und euch immer wieder neu anregen. So könnt ihr dazu beitragen, die Welt von innen her zu wandeln, indem ihr ein belebender Sauerteig für sie werdet und dem Auftrag entsprecht, der euch im Motu proprio *Primo feliciter* gegeben wurde: »Bescheidener, aber wirksamer Sauerteig sein, der immer und überall wirkt, der unter alle Klassen von Bürgern, von den untersten bis zu den höchsten, gemengt ist und sie alle und jeden einzelnen erreichen und durchformen möchte durch das Beispiel und auf jede sonst mögliche Weise, bis die ganze Masse durchsäuert, d.h. in Christus erhoben und umgestaltet ist« (Einleitung).

5. Wenn so der besondere Beitrag eures Lebensstils herausgestellt wird, darf euch das nicht zu einer Unterbewertung der anderen Formen des gottgeweihten Lebens führen. Die Weihe erfolgt immer um des Himmelreiches willen, auch die eure. Ich denke hier an das, was in *Evangelii nuntiandi* unter Nr. 73 gesagt ist, wo es heißt: »Die Laien können sich auch berufen fühlen oder berufen werden zur Mitarbeit mit ihren Hirten im Dienst der kirchlichen Gemeinschaft, für ihr Wachstum und ihr volles Leben. Sie können dabei sehr verschiedene Dienstaufgaben übernehmen, je nach der Gnade und den Charismen, die der Herr ihnen jeweils schenkt.«
Dieser Aspekt ist gewiß nicht neu, er entspricht vielmehr sehr alten Überlieferungen in der Kirche und betrifft auch eine gewisse Anzahl von Mitgliedern der Säkularinstitute, vor allem, aber nicht ausschließlich jene, die in den Gemeinden Lateinamerikas leben oder in anderen Ländern der Dritten Welt.

6. Liebe Söhne und Töchter! Wie ihr seht, ist euer Aktionsradius sehr weit. Die Kirche erwartet viel von euch. Sie braucht euer Zeugnis, um der Welt, die nach dem Wort Gottes hungert, auch wenn sie sich dessen nicht bewußt ist, die frohe Botschaft zu bringen, daß jedes echte Verlangen des Menschen in Christus seine Erfüllung finden kann. Sucht also die großen Möglichkeiten, die die göttliche Vorsehung euch jetzt, am Ende des zweiten Jahrtausends Christentum, anbietet, voll zu nutzen.
Was mich betrifft, so bete ich erneut zum Herrn, er möge euch durch die mütterliche Fürbitte der Jungfrau Maria reichlich Licht und Weisheit schenken und Entschlossenheit im Suchen nach den besten Wegen, damit ihr unter euren Brüdern und Schwestern in der Welt lebendige Zeugen für Christus seid und zugleich ein bescheidener, aber überzeugender Appell, seine Neuheit in das persönliche Leben und die sozialen Strukturen einzubringen...

50 An den Generalobern der Christlichen Schulbrüder

Die Gestalt und Persönlichkeit des hl. Jean-Baptiste de La Salle hat bei Historikern aller Richtungen Achtung und Bewunderung hervorgerufen. Und es gibt heute niemanden, der die außergewöhnlichen Verdienste seines Werkes auf historischer, sozialer und gesellschaftlicher Ebene in Zweifel ziehen könnte. In einer Zeit, wo es keinen Schulunterricht für das Volk gab, war Jean-Baptiste de La Salle der eigentliche Gründer der modernen Volksschule: mag es sich um die Elementarschule handeln, um die Lehrerbildungsstätte, die höhere Berufsausbildung, die Einrichtung von Abend- und Sonntagskursen für Arbeiter und Lehrlinge oder um die Erziehungsanstalt für Straffällige. Doch diesen genialen Schöpfungen psychologischen und pädagogischen Charakters lag bei diesem Heiligen eine christliche Schau zugrunde, die den Auffassungen von Kultur und Erziehung einen umfassenden und vollgülti-

gen Sinn gab. Für ihn, den die Liebe Christi antrieb, konnte die Schule nicht nur der Ort sein, wo sich Ideen vermitteln oder aufdrängen ließen – mochten diese noch so nützlich und interessant sein –, sondern sie mußte eine echte Gemeinschaft der Liebe sein, wo der junge Schüler nicht als »ein zu füllendes Gefäß, sondern als eine zu formende Seele« angesehen wird. Damit die Schule dieses edle Ziel wahrnehmen könne, erkannte der Heilige, daß religiöse Laien notwendig waren, gebührend ausgebildete und vorbereitete Lehrer, die er »Brüder der christlichen Schulen« nannte: Brüder vor allem untereinander, denn sie verbindet dasselbe Ideal der Hingabe an Gott und des Einsatzes für die Jugend; Brüder im Hinblick auf die Schüler, denn sie alle vereint die Liebe, der Widerschein ihrer Verbundenheit mit Christus und ihrer Liebe zu ihm; Brüder schließlich, weil alle, Lehrer und Schüler, Jünger des einen Meisters Jesus sein sollen (vgl. *Mt* 23, 8. 10).
In einer Zeit, in der die Kinder aus armen Familien auf der Straße sich selbst überlassen waren und daher leicht dem Bösen zum Opfer fielen, bekräftigte der Heilige, daß »das wichtigste Ergebnis, das man von der Einrichtung christlicher Schulen erwarten darf, darin besteht, diesen ungeordneten Verhältnissen zuvorzukommen und ihre üblen Folgen zu verhindern« (*Regeln,* Kap. I, Art. 6). Unter diesem Gesichtspunkt konnte für Jean-Baptiste die Schule keine mittelmäßigen Lehrer dulden, die ohne Freude an ihrer Aufgabe nur an ihren Vorteil denken, und auch nicht solche, die lediglich mit Wissen angefüllt, aber keine Heiligen sind. »Es ist eure Pflicht, jeden Tag durch das Gebet zu Gott aufzusteigen, um von ihm das zu lernen, was ihr sie lehren sollt – sagte er wiederholt zu seinen geistlichen Söhnen –, dann zu ihnen herabzusteigen und euch auf ihr Fassungsvermögen einzustellen, um sie das zu lehren, was Gott euch für sie mitgeteilt hat: sowohl im Gebet wie in den heiligen Büchern« *(Meditation 198 zu den Exerzitien).*
Diese Auffassung von der »christlichen« Schule regte den Schüler an und half ihm, in der Vielfalt der verschiedenen

Unterrichtsfächer, je mehr er sie studierte, eine einende Mitte zu entdecken. Diese Mitte war Christus, der durch eine ständige und tägliche Katechese verkündet wurde.
Wenn der Schulbruder diese Auffassung von der Schule echt und wahr leben und sich ganz der großen und verdienstvollen Aufgabe der Jugenderziehung und -ausbildung widmen will, dann wird er spüren, wie notwendig das Gebet, die Wachsamkeit und das gute Beispiel sind. Er wird von einem tiefen Glaubensgeist beseelt sein (vgl. *Regeln,* Kap. II); seinen Unterricht wird er zu einer ständigen Katechese gestalten, das heißt zu einem Weg des Glaubens, den er mit seinen Schülern Tag für Tag durch das Wort und Beispiel seines Lebens zurücklegt. Er wird in der Kirche einen ihm eigenen Dienst zu erfüllen haben, wie der hl. Jean-Baptiste de La Salle versicherte: »Seht eure Tätigkeit als eine der bedeutendsten und hervorragendsten Aufgaben der Kirche an, denn sie ist eine von denen, die am meisten dazu geeignet sind, sie zu stützen, weil sie ihr – durch die christliche Erziehung der Jugend – ein solides Fundament gibt« (*Meditation* 155, Par. 2). So kennzeichnet auch ein besonderes Gelübde den christlichen Schulbruder, nämlich das Gelübde, die Armen unentgeltlich zu unterrichten.
Es ist daher mein Wunsch, daß die Feier eures dreihundertjährigen Bestehens für euch alle, liebe Christliche Schulbrüder, eine bevorzugte Gelegenheit sein möge, über die Forderungen eurer Berufung nachzudenken.
Die erste Forderung bleibt die der Treue zum Charisma des Gründers. Seine Aktualität, seine Zeitnähe und sein Wert erscheinen noch offenkundiger in einer Zeit, in der die katholische Schule ihre Freiheit, ihre Würde, ihre Zielsetzung, ihre Funktion und sogar ihr Überleben bekanntmachen, geltend machen und mitunter sogar verteidigen muß (vgl. Dekret *Gravissimum educationis,* Nr. 8; Pastoralkonstitution *Gaudium et spes,* Nr. 61–62).
Treue zum ursprünglichen Charisma bedeutet von Freude erfüllte Treue zur Ordensberufung, also zu der bedin-

gungslosen und absoluten Weihe an Gott, die ihr durch die heiligen Gelübde der Armut, der Keuschheit und des Gehorsams vollzogen habt. Der Christliche Schulbruder, der mit hochherzigem Enthusiasmus auf den dringenden Anruf Jesu: »Folge mir nach!« (*Mt* 8,22; 19,21; *Lk* 18,22) geantwortet hat, folgt jeden Tag dem armen Christus, der keinen Ort hat, wo er sein Haupt hinlegen kann (vgl. *Mt* 8, 20; *Lk* 9, 58); Christus, der zur totalen Hingabe um des Himmelreiches willen einlädt und selbst das Vorbild dafür ist (vgl. *Mt* 19, 12); dem gehorsamen Christus, der vom ersten Augenblick seiner Menschwerdung an seine völlige Zustimmung zum Willen des Vaters kundtut (vgl. *Hebr* 10, 9). Der Bruder wird das Leben des heiligen Gründers nachahmen, ein Leben der ständigen Verbundenheit mit Gott, seinen tiefen Sinn für die Gegenwart Gottes (»erinnern wir uns, daß wir uns in der heiligen Gegenwart Gottes befinden«), seine volle Verfügbarkeit gegenüber dem Handeln Gottes. Möge jedes Mitglied der Kongregation Tag für Tag wiederholen, was Jean-Baptiste de La Salle im Augenblick des Todes flüsterte: »Ich bete in allem, was mich betrifft, den Willen Gottes an.«

51 Schreiben zur 1500-Jahrfeier der Geburt des hl. Benedikt

... In allen Religionen hat es stets Menschen gegeben, die »auf die ungelösten Rätsel des menschlichen Daseins eine Antwort« suchten[1] und sich in besonderer Weise zum Absoluten und Ewigen hingezogen fühlten. Unter diesen ragen im Christentum Mönche hervor, die schon im 3. und 4. Jahrhundert in einigen Gebieten des Ostens sich eine eigene Lebensform schufen. Von Gott erleuchtet, strebten sie mit Eifer danach, ähnlich wie Christus, »als er auf dem Berg in der Beschauung weilte«[2], ein Leben in Einsamkeit und Abgeschiedenheit zu führen oder sich dem Dienste

Gottes in einem von brüderlicher Liebe geprägten Gemeinschaftsleben zu widmen.
Vom Osten her verbreitete sich das monastische Leben in der ganzen Kirche und führte andere zu dem segensreichen Entschluß, die Elemente des Ordenslebens zu wahren und zugleich den Erlöser nachzuahmen, »wie er den Scharen das Reich Gottes verkündet und die Sünder zum Guten bekehrt«[3].
Als daher die Kirche durch diesen geistlichen Sauerteig wuchs, zugleich aber die Kultur verfiel und das römische Weltreich zusammenbrach – kurz zuvor war das Westreich untergegangen –, wurde um das Jahr 480 Benedikt in Norcia geboren.
»Der Gnade und dem Namen nach ein Gesegneter, besaß Benedikt von Kindheit an ein weises Herz und wollte einzig Gott gefallen[4].« Er neigte das Ohr seines Herzens zum Herrn, der »seinen Arbeiter sucht«[5]. Unter Führung des Evangeliums ein anfängliches Zögern überwindend, beschritt er durch »Rauhes und Hartes«[6] hindurch »den schmalen Weg, der zum Leben führt«[7].
Er führte an verschiedenen Orten das Leben eines Einsiedlers, und sein Herz, durch Bewährung in Versuchungen gereinigt, war schließlich ganz für Gott geöffnet. Die Liebe zu Gott drängte ihn, sich mit anderen Männern zusammenzutun und als ihr Vater mit ihnen eine »Schule für den Dienst des Herrn« einzurichten[8]. So bildeten er und seine Schüler durch Gebrauch der »Instrumente der guten Werke«[9], verbunden mit weisem Pflichtbewußtsein, ein kleines christliches Gemeinwesen. In ihm herrschten, nach einem Wort Paul VI., meines Vorgängers seligen Andenkens, »Liebe, Gehorsam, Unschuld, ein nicht den Dingen verhafteter Geist und die Kunst, sie richtig zu gebrauchen, der Primat des Geistigen und der Friede, kurz: das Evangelium«[10].
Indem er also das Gute vollbrachte, das sich in der kirchlichen Überlieferung des Ostens und Westens vorfand, gelangte der Heilige aus Norcia zu einer ganzheitlichen Sicht

des Menschen, dessen personale Würde er allen als unverletzlich einschärfte.
Als er im Jahre 547 starb, waren bereits feste Fundamente für die monastische Disziplin gelegt, die vor allem nach den Synoden der Karolingerzeit zum abendländischen Mönchtum schlechthin wurde. Durch Abteien und andere benediktinische Niederlassungen verbreitete es sich überallhin und gab dem neuen Europa seine Grundgestalt: jenem Europa, »dessen Völkern vom Mittelmeer bis Skandinavien, von Spanien bis zu den Weiten Polens die Söhne dieses Heiligen, Kreuz, Buch und Pflug in der Hand, christliche Kultur brachten«[11].

Ich möchte heute drei wichtige Dinge im benediktinischen Leben eurer Aufmerksamkeit empfehlen, nämlich das Gebet, die Arbeit und die väterliche Ausübung der Autorität. Eine eingehende Betrachtung dieser drei Dinge vom theologischen und menschlichen Standpunkt aus – und zwar so, wie sie sich aus Leben und Lehre Benedikts und ganz besonders aus seiner Regel ergeben – wird uns helfen, sie desto tiefer zu erfassen.
Dieses Lebensgesetz ist zwar nach den Worten seines Autors »eine bescheidene Regel für Anfänger«[12], in Wahrheit aber ein folgerichtiges und reichhaltiges Kompendium der Verwirklichung des Evangeliums in einer nicht alltäglichen Lebensweise. Den Menschen und sein mit der Erlösung verbundenes Schicksal vor Augen, bietet es grundlegende Lehren, vor allem aber eine bestimmte Lebensform. Und obwohl diese Lebensregel für Mönche – und zwar für die Mönche des 6. Jahrhunderts – verfaßt war, so haben doch die Weisungen, die sie enthält oder durchscheinen läßt, auch für unsere Zeit noch ihre Bedeutung und können allen eine Hilfe sein, die in der Taufe wiedergeboren und im Glauben gereift sind, allen, die »durch die Trägheit des Ungehorsams«[13] von Gott abgewichen sind, jetzt aber durch den nicht immer leichten Glaubensgehorsam zu ihm zurückkehren wollen[14].

Das benediktinische Leben stellt sich in der Kirche vor allem als intensive, eifrige Gottsuche dar, eine Haltung, die irgendwie das Leben jedes Christen, der nach den »Höhen der Weisheit und Tugend«[15] strebt, prägen muß, bis er in das himmlische Reich des Vaters gelangt. Der hl. Benedikt selbst verfolgt freudigen Herzens mit Hingabe und Treue diesen Weg, weist aber auch auf nicht wenige Hindernisse hin, die ihn schwierig machen, und auf Gefahren, die ihn zu versperren und alles Mühen vergeblich zu machen scheinen. Denn der Mensch ist Sklave ungeordneter Begierden, die ihn bald in eitlem Wahn und Stolz aufblähen, bald mit allen Kräften zermürbender Angst schrecken[16]. Aber dieser »Weg des Lebens«[17] kann nur unter bestimmten Bedingungen durchlaufen werden, insofern man nämlich Christus ohne Vorbehalt liebt und echte Demut übt. Dann ist der Christ sich wirklich seiner Armseligkeit und Schwäche bewußt und macht sich mit Gottes Gnade auf seinen geistlichen Weg. Er macht sich frei von dem Schädlichen, das ihn belastet, erkennt klarer seine wahre Natur als Person und entdeckt im Innersten seiner Seele Gott, der gegenwärtig ist. Dann werden Liebe und Demut eins und veranlassen den Menschen hinabzusteigen, um desto höher hinaufzusteigen. Unser Leben gleicht nämlich einer Leiter, »die vom Herrn zum Himmel aufgerichtet wird, wenn das Herz demütig geworden ist«[18].

Äußerlich betrachtet, könnte der monastische Lebensstil die Meinung aufkommen lassen, das benediktinische Leben diene lediglich dem eigenen Nutzen des Mönches, der sich zu ihm bekennt; es führe ihn leicht zur Vernachlässigung der anderen Menschen und entfremde ihn daher dem sozialen Zusammenleben sowie den echten Sorgen der Menschen. Leider fassen auch manche, die zur Kirche gehören, das Leben des Gebetes, das in Einsamkeit und Schweigen hinter Klostermauern geführt wird, so auf.

In Wahrheit aber will der Mönch, wenn er sich sammelt oder, wie der hl. Gregor über Benedikt von Norcia sagt, bei sich selber einkehrt, auf sein Verhalten achtet und sich auf dem Weg der Buße reinigt, sich damit auch von den Ketten des Eigenwillens freimachen. Diese Hinlenkung des Geistes auf sich selbst ist nur eine durchaus notwendige Vorbedingung dafür, sich mit echterem Verlangen Gott und den Brüdern zu öffnen. Die benediktinische Lebensweise bewirkt, daß die einzelnen Mönche in Gemeinschaft leben und diese zum Ort der Gastfreundschaft wird.

Der hl. Benedikt lehrt den Weg, auf dem man im Raum der monastischen Familie zu Gott geht. Das monastische Zusammenleben dieser Familie, in der die Herzen derer, die ihr angehören, weit werden in der Ausübung des gegenseitigen Gehorsams[19], ist bewegt und getrieben von einer lebendigen Liebe zum Nächsten, die jeden drängt, sich dem Wohl des Bruders zu widmen und seinen eigenen Vorteil beiseite zu rücken.

Wenn der Mensch sich Tag für Tag müht, die unaufgebbare Forderung der Sammlung und Bescheidenheit mit der anderen, ebenso unerläßlichen Forderung der Teilnahme am gemeinsamen Leben in Übereinstimmung zu bringen, dann wächst in ihm die Fähigkeit, als echte Person zu handeln, die in Beziehung zu den anderen und erst recht in Beziehung zu Gott steht, der »der absolut Andere« ist.

Bei solcher Achtung vor den Menschen und der sozialen Wirklichkeit, wie sie dem hl. Benedikt und der ganzen von ihm herkommenden Tradition eigen ist, beschränken sich die Beziehungen keineswegs auf die Gemeinschaft der Mönche selber. Die Klausur trennt den Mönch von der Welt und soll gegen alle eitle Ausgegossenheit eine Art Schranke bilden, die man nicht überschreiten darf. Aber sie trennt ihn nicht von der Liebe. Diese Grenze öffnet ihm vielmehr den notwendigen Raum für eine umfassendere Freiheit, in der der Mönch – und in gewissem Maße gilt das für jeden Menschen, der sich um seine »kleine Klausur« bemüht – in der Liebe lebt und wächst. Hier kann er sein Herz den Brüdern öffnen, die teilhaben möchten an all dem, was er in seiner Vereinigung mit Gott

erfährt. Hier geschieht es dann, daß, nach einem treffenden Wort Paul VI., sein Haus »immer häufiger als Haus des Friedens und des Gebetes aufgesucht wird, wo die Menschen sich selber und Gott in ihrem Inneren finden«[20]. Hier soll also, mit anderen Worten, »die Schule für den Dienst des Herrn« entstehen, »die Schule ... der Tugend und die Schule einer aus der klaren und gründlichen Erklärung des Evangeliums, der überlieferten Lehre und den Lehräußerungen der Kirche überreich fließenden Kontemplation«[21]. Im Gebet überwindet der Mönch die Grenzen von Raum und Zeit und erreicht alle und jeden. So wird der Benediktinermönch zum Bruder aller, zum Verkünder des Evangeliums, zum Boten des Friedens und der Liebe.
...

... Jesus Christus ist die absolut notwendige Lebensmitte, auf die alles ausgerichtet werden muß, damit es Sinn und festen Bestand hat. Bezugnehmend auf ein Wort des hl. Cyprian, Bischofs von Karthago, betont Benedikt ernst und mit großer Eindringlichkeit, daß »der Liebe zu Christus gar nichts vorgezogen werden darf«[22].
Menschen und Dinge besitzen Gewicht und Wichtigkeit, soweit sie mit Christus verbunden sind. Sie müssen daher in diesem Licht gesehen und gewertet werden. Alle im Kloster, vom Obern angefangen (dem Abt, d. h. Vater) bis zum unbekannten und armen Gast, vom Kranken bis zum Geringsten der Brüder, stellen die lebendige Gegenwart Christi dar. Auch die Dinge sind Zeichen der Liebe Gottes zu den Geschöpfen oder der Liebe, die den Menschen auf Gott hinlenkt, so daß sogar Geräte oder Werkzeuge »wie geweihte Altargefäße betrachtet werden« sollen[23].
Der hl. Benedikt trägt kein theologisches Gedankenspiel vor. Er prägt vielmehr – wie er es zu tun pflegte – den Herzen eine Denk- und Verhaltensweise ein, die von der Wahrheit der Dinge ausgeht und dazu führt, daß die Theologie in die Praxis umgesetzt wird. Es geht ihm nicht dar-

um, daß über die Wahrheiten von Christus gesprochen wird, sondern darum, daß man wahr und wirklich aus dem Mysterium Christi und der daraus sich ergebenden »Christozentrik« lebt.
Der Primat, der einer übernatürlichen Sicht der Dinge des alltäglichen Lebens zugewiesen wird, muß mit der Wahrheit von der Menschwerdung Gottes übereinstimmen. Ein Mensch, der Gott die Treue hält, darf nicht das Menschliche übersehen, er muß auch dem Menschen die Treue halten. Daher steht die Pflicht zur sogenannten vertikalen Ausrichtung, die am stärksten im Gebetsleben zum Ausdruck kommt, erst dann im rechten Gleichgewicht, wenn sie sich in geeigneter Weise mit dem verbindet, was von unserer horizontalen Ausrichtung gefordert wird, das ist vor allem die Arbeit.
In der monastischen Gemeinschaft unter der Leitung dessen, »in dem der Glaube den Stellvertreter Christi sieht«[24], zeigt der hl. Benedikt einen Weg auf, der sich durch große Ausgeglichenheit auszeichnet. Diesen Weg, der Einsamkeit und Zusammenleben, Gebet und Arbeit verbindet, muß – bei aller Verschiedenheit der Akzentsetzung – auch der Mensch in unserer Welt und in unserer Zeit gehen, um seiner Berufung voll gerecht zu werden.

Die wahre und absolute Liebe zu Christus erweist sich besonders im Gebet. Es ist der Angelpunkt, um den sich das ganze benediktinische Leben dreht.
Das Fundament des Gebets besteht aber, wie der hl. Benedikt sagt, darin, daß man auf das Wort hört: auf das menschgewordene Wort, das hier und heute die einzelnen Menschen in ihrer unwiederholbaren derzeitigen Situation durch die Heilige Schrift und den Mittlerdienst der Kirche anspricht, im Kloster auch durch die Worte des Vaters und der Brüder der Gemeinschaft.
In einem solchen Glaubensgehorsam wird das Wort Gottes in Demut und Freude gehört, denn es ist und bleibt immer neu; die Zeit kann ihm nichts anhaben, sondern

gibt ihm noch mehr Frische und Lebendigkeit und macht es von Tag zu Tag anziehender. Ja, dieses Wort wird zur unerschöpflichen Quelle, denn »Gott selber spricht zur Seele und gibt ihr die Antwort, die das Herz erwartet. Dieses Gebet, auf die verschiedenen Tageszeiten verteilt, ist wie eine unterirdische Wasserader, die die tägliche Arbeit nährt«[25].

Durch die ruhige, die Dinge verkostende Betrachtung – man kann sie ein echtes geistliches »Wiederkäuen« nennen – bringt das Wort Gottes in jenen, die sich so dem Gebet widmen, ein Licht zum Aufleuchten, dessen Strahlen den ganzen Tageslauf erhellen. Dies ist wirklich das »Gebet des Herzens«, das »kurze und reine Gebet«[26], in dem wir den göttlichen Anregungen antworten und zugleich den Herrn um das Geschenk seiner unerschöpflichen Barmherzigkeit bitten.

Jeden Tag wendet die Seele dem Wort Gottes, das vom unergründlichen Geheimnis unseres Heils erfüllt ist, ihre liebende Aufmerksamkeit zu und erforscht es mit Eifer. Immer darauf bedacht, ihr Leben danach zu formen, sucht sie daraus nicht menschliches Wissen zu schöpfen, sondern die Weisheit, die von Gott kommt. Es geht ihr nicht darum, mehr zu wissen, sondern – wenn man so sagen darf – mehr zu sein: damit wir mit Gott sprechen, sein eigenes Wort an ihn richten und seine Gedanken denken dürfen, kurz, sein eigenes Leben mitleben.

Wer das Wort Gottes als Glaubender hört, gewinnt neues Verständnis für all das, was sich nach der Vorsehung des Herrn im Ablauf der Zeit und der geschichtlichen Ereignisse in der Menschheitsfamilie abspielt. So wird dem glaubenden Herzen der Blick für die Schau des großen Heilsplanes Gottes geöffnet. In dieser Glaubenshaltung nehmen wir die Großtaten Gottes mit offenen Augen und »mit aufgeschrecktem Ohr« wahr[27]. Das heilbringende Licht der Kontemplation nährt die Flamme; Schweigen und Staunen, Jubellieder und freudige Danksagung geben dem Gebet, mit dem die Mönche täglich das Lob Gottes feiern, seine besondere Note. Das Gebet wird damit gleichsam zur Stimme der ganzen Schöpfung und nimmt bereits den erhabenen Gesang des himmlischen Jerusalem vorweg. Das Wort Gottes läßt bei der irdischen Pilgerfahrt erfahren, daß alles Leben offen vor dem Blick Gottes liegt; und im Gebet zum Vater erhalten auch jene eine Stimme, die ohne Stimme sind: Freuden und Ängste, glückliche Ereignisse, enttäuschte Hoffnungen und die Erwartung einer besseren Zukunft, all das schwingt in diesem Gebet mit.

Der hl. Benedikt läßt sich vor allem in der heiligen Liturgie vom Wort Gottes leiten, aber er versteht die Gemeinschaft nicht lediglich als eine Versammlung, die mit Eifer die göttlichen Geheimnisse feiert und im Chorgesang die gemeinsame geistgeschenkte Erfahrung ausdrückt. Was ihm am meisten am Herzen liegt, ist: dem Wort Gottes, das der Mund spricht und singt, muß auch die innere Haltung des Menschen entsprechen, »damit das Herz mit der Stimme im Einklang sei«[28]. Die Heilige Schrift, in Verbindung mit dem Leben verstanden und verkostet, wird gern gelesen, weil man sich zugleich intensiv dem Gebet widmet. Von der Liebe angeregt, sammelt sich der Geist oft vor Gott: nichts wird dem Lob Gottes vorgezogen[29]. Das in der Liturgie vollzogene Gebet wird ins Leben übertragen, und das Leben selbst wird zum Gebet. Ist nämlich die Liturgiefeier beendet, dann zieht das Gebet noch weitere Kreise und setzt sich im Schweigen des gesammelten Herzens und im persönlichen Zwiegespräch des einzelnen mit Gott fort. Schließlich durchdringt das Gebet, zur Gewohnheit geworden, auch die Arbeit und alles, was der Tag bringt. Als Liebhaber des Wortes Gottes findet es der hl. Benedikt nicht nur in den Heiligen Schriften, sondern auch im großen Buch der Natur. Wenn der Mensch die Schönheit der Schöpfung betrachtet, dann wird er, in der Tiefe seines Herzens davon berührt, auf den hingewiesen, der Quelle und Ursprung von allem ist. Zugleich bringt es ihn dazu, sich der Natur gegenüber ehrfürchtig zu verhalten, ihre

Schönheit ins Licht zu stellen und ihre Wahrheit zu achten.

»Wo Stille atmet, spricht das Gebet[30]. In der Einsamkeit gewinnt das Gebet einen gewissen persönlichen Tiefgang. Das galt von der Wildnis im Aniene-Tal, wo der hl. Benedikt allein mit dem alleinigen Gott sprach, gilt aber auch heute von den Städten, die mit allen Mitteln der Technik ausgestattet sind, aber die Herzen einander entfremden, weil der Mensch oft isoliert und sich selbst überlassen bleibt. Es ist jedoch notwendig, daß sich der Mensch in eine gewisse Einsamkeit einübt, um ein echtes geistliches Leben führen zu können. Das bewahrt nämlich vor leeren Worten und erleichtert es, zu einem neuen Verhältnis zu Gott, den Menschen und den Dingen zu finden. Im Schweigen der Einsamkeit kehren die umherschweifenden Gedanken zu dem zurück, was wichtig und vorrangig ist. Dazu kommt eine gewisse Strenge, bis das Herz rein ist und die Übung des täglichen Gebetes, das sich aus der Tiefe des Herzens zu Gott erhebt, neu entdeckt ist. Dieses Gebet besteht nicht in einer Fülle von Worten, sondern in der Reinheit eines glühenden Herzens und in Tränen der Zerknirschung[31].

...

... Für den hl. Benedikt ist der Mensch keine anonyme Maschine, deren sich jemand einfach in der Absicht bedienen kann, möglichst großen Gewinn daraus zu ziehen, dem Arbeiter dabei aber die moralische Anerkennung verweigert und den gerechten Lohn vorenthält. Man muß sich freilich vor Augen halten, daß damals die Arbeit für gewöhnlich von Sklaven verrichtet wurde, die nicht als Menschen galten. Benedikt sieht die Arbeit, aus welchem Grund auch immer sie geschieht, als wesentlichen Teil des Lebens an, und er veranlaßt jeden einzelnen Mönch, sie als Gewissenspflicht auf sich zu nehmen. Diese Arbeit soll »aus Gehorsam und zur Sühne«[32] geleistet werden, auch wenn gelegentlich die harte Anstrengung Schmerz und

Schweiß kostet. Solches Mühen gewinnt erlösende Kraft, denn es reinigt den Menschen von der Sünde und adelt nicht nur die Dinge, auf die der Fleiß verwendet wird, sondern auch die ganze Umwelt, in der solche Arbeit verrichtet wird.

Der hl. Benedikt führte auf Erden ein Leben, in dem Arbeit und Gebet in ausgewogenem Gleichgewicht standen. Die Arbeit ist bei ihm auf eine glückliche Weise in die übernatürliche Sicht dieses Lebens einbezogen. So hilft er dem Menschen, sich als Mitarbeiter Gottes zu betrachten und es in der Tat zu werden und dabei in der Ausübung einer irgendwie schöpferischen Tätigkeit seine Person in einer Gesamtheit zur Entfaltung zu bringen. Das menschliche Tun wird kontemplativ, und die Kontemplation wird eine dynamische Kraft, die der Arbeit wiederum Antrieb gibt und deren vorgegebene Ziele ins Licht rückt.

Das alles geschieht aber nicht nur, um Müßiggang, der den Geist abstumpfen läßt, zu vermeiden, sondern mehr noch, um den Menschen zu befähigen, daß er im bewußten und gewissenhaften Befolgen seiner Pflichten zur Reife seiner Persönlichkeit kommt und daß vielleicht noch unerkannt in ihm schlummernde Möglichkeiten geweckt und dem Gemeinwohl nutzbar gemacht werden, »damit in allem Gott verherrlicht werde«[33].

Der Arbeit wird also nicht die harte Mühe genommen, doch sie erhält einen zusätzlichen inneren Antrieb. Der Mönch ist nämlich mit Gott verbunden nicht trotz der Arbeit, sondern auch durch die Arbeit selbst, denn »während die Hände arbeiten, bleibt sein Herz ständig Christus zugewandt«[34].

So kommt es, daß die Arbeit, auf der (auch auf der gewöhnlichen und unbedeutenden), immer eine gewisse Würde ruht, aufgegriffen und zu einem unverzichtbaren Teil »jenes hohen Strebens (wird), bei dem man einzig Gott sucht: in der Einsamkeit und im Schweigen. So gewinnt das Leben die Kraft zu einem beständigen Gebet und zu einem Lobopfer, das man in einer Atmosphäre fröhlicher und brüderlicher Liebe zusammen feiert und zusammen darbringt«[35].

Europa wurde christlich, vor allem weil die Söhne des hl. Benedikt unseren Vorfahren eine sehr umfassende Unterweisung geboten haben. Sie haben sie nämlich nicht nur Kunst und Handwerk gelehrt, sondern ihnen vor allem den Geist des Evangeliums eingeprägt, der notwendig ist, um den geistlichen Besitz der menschlichen Person zu verteidigen.

Das Heidentum, das damals durch große Scharen von Mönchsmissionaren für das Christentum gewonnen wurde, breitet sich heute im Westen immer mehr aus und ist bereits Ursache wie Wirkung des Verlustes der christlichen Auffassung von der Arbeit und ihrer Würde.

Wenn nicht Christus dem Wirken des Menschen hohe und ewige Bedeutung schenkt, wird der arbeitende Mensch zum modernen Sklaven einer ungesunden, gewinnsüchtigen Industrie. Im Gegensatz dazu betont Benedikt die Notwendigkeit, die geistige Dimension der Arbeit herauszustellen und der menschlichen Tätigkeit einen weiteren Horizont zu geben, so daß sie mehr wird als bloße Ausübung technischer Fertigkeiten und Streben nach dem eigenen Nutzen.

In den sozialen Verhältnissen unserer Tage, die da und dort den Charakter einer »vaterlosen Gesellschaft« annehmen, hilft uns der Heilige von Norcia, jenem erstrangigen Wert wieder mehr Bedeutung beizumessen, der von den Trägern der Autorität vielleicht etwas übersehen wurde und den wir Vaterschaft nennen.

Der hl. Benedikt nimmt unter seinen Mönchen die Stellvertretung Christi wahr, und sie gehorchen ihm wie dem Herrn in der gleichen Haltung, die unser Erlöser seinem Vater gegenüber pflegte. Wenn die Söhne so »aufs Wort gehorchen«, fällt damit auch ein deutliches Licht auf die Gestalt des Vaters, der seinerseits darauf antwortet durch die große Liebe und Besorgtheit, die Benedikt allen Mönchen zuwendet und mit der er auf die Ganzheit ihrer Person Rücksicht nimmt. Diese Aufmerksamkeit drängt ihn, für die verschiedenen Bedürfnisse der Gemeinschaft um so eifriger Sorge zu tragen.

Wer Autorität ausübt, darf nicht die Dinge aus dem Blick verlieren, die für die Ordnung in der monastischen Familie und das materielle Auskommen erforderlich sind, aber er muß vor allem um das geistliche Wohl jedes einzelnen besorgt sein, das vor allem Irdischen und Vergänglichen bei weitem den Vorrang hat.

Beim Erwägen dieser geistigen und grundlegenden Werte im Leben des Menschen schöpft der Abt Licht aus dem ständigen Umgang mit dem Wort Gottes, aus dem er Neues und Altes hervorholt. Diesem Wort Gottes muß er sich derart gleichgestalten, daß sein Tun zum Sauerteig der göttlichen Gerechtigkeit wird, den er ins Herz der Söhne einsenkt[36].

Bei den Entscheidungen, die innerhalb der Gemeinschaft zu treffen sind, gibt Benedikt dem Abt volle Amtsgewalt. Seine Entscheidung kann nicht angefochten werden. Das kommt aber nicht etwa daher, daß die Autorität als herrscherliche Befehlsgewalt betrachtet wird, denn der Vater berät sich mit allen Brüdern oder mit einigen von ihnen ohne irgendein vorgefaßtes Urteil, weil er überzeugt ist, daß auch in wichtigen Dingen »der Herr oft dem Jüngeren eingibt, was besser ist«[37].

In brüderlichem Gespräch hört der Abt die Bitten und Einwände jener, die er befragt, um ihnen ein besonderes Amt anzuvertrauen; aber zum Wohl des einzelnen oder dem der Gemeinschaft muß er fest sein in dem, was er anordnet und was vielleicht sogar unmöglich scheint. Er muß nur darauf bedacht sein, die einzelnen zu fördern, daß sie Fortschritte machen und die ganze Gemeinschaft sich mehrt und wächst.

Das besondere Ziel, das dem Vater der Gemeinschaft gesteckt ist, besteht ja darin, den Brüdern zu helfen und sie weise zu leiten in einer Art, die klar erkennen läßt, daß die

Liebe an erster Stelle steht. Ein echter Vater »läßt lieber Erbarmen walten als strenges Gericht«[38], er sucht, mehr geliebt als gefürchtet zu werden und weiß, daß er »mehr vorsehen als vorstehen« soll[39].

Im Bewußtsein, daß er über alle ihm Anvertrauten Rechenschaft ablegen muß, liebt der Abt seine Brüder. Mit ihnen und für sie nimmt er die Aufgabe des Guten Hirten wahr und tut das, was nach seinem Urteil zum Wohl aller nützlich ist, was er für passender und heilsamer hält. »Der Abt muß sich große Mühe geben und mit Umsicht und Beharrlichkeit alles daransetzen, um keines der ihm anvertrauten Schafe zu verlieren ... Und er ahme am Guten Hirten das Beispiel väterlicher Güte nach: Neunundneunzig Schafe ließ er auf den Bergen zurück und ging hin, um das eine Schaf, das sich verirrt hatte, zu suchen. Mit dessen Schwäche hatte er so großes Mitleid, daß er es huldvoll auf seine Schultern legte und so zur Herde zurücktrug[40].« Der Vater der Gemeinschaft, dem die Leitung von Seelen anvertraut ist, muß wissen, daß er in diesem pastoralen Dienst der Eigenart vieler zu dienen hat[41]. Er soll sich den einzelnen anpassen und angleichen, um ihnen sichere und konkrete Hilfe schenken zu können, wie sie es brauchen. Er sei mit allen geduldig, dulde aber nicht die Fehler der Schuldigen; er hasse Übertretungen, liebe jedoch, frei von Zorn und Parteilichkeit, seine Söhne und leite sie mit Großmut und Besonnenheit.

Hier wird auch für andere, denen Leitungsgewalt übertragen ist, ein weiterer Aspekt sichtbar, unter dem das Amt des Obern auszuüben ist: die Diskretion, das heißt Maßhalten und Ausgewogenheit beim Treffen von Entscheidungen, damit es nicht zu nutzlosem Murren kommt. Wenn die einzelnen in Bescheidenheit gehorchen, ist ihnen das nicht nur eine Hilfe, die engen Grenzen dessen zu überschreiten, was sie im Augenblick als für sich nützlich betrachten, sie öffnen sich vielmehr einer weiten Sicht des Heils und des sozialen Lebens und arbeiten aus Pflichtbewußtsein mit. Dabei gelangen sie zu jener inneren Frei-

heit, die zur Reifung der Persönlichkeit notwendig ist.
Was hier vom Abt gesagt ist, der seine Pflicht als weiser Verwalter im Hause des Herrn erfüllt[42], ist das Fundament für den wahren Frieden. Dieser Friede beruht auf der Tatsache, daß die Brüder voll Wohlwollen einander annehmen und sich schätzen, auch wenn sie unvermeidliche Fehler an sich haben, und wenn die persönliche Eigenart eines jeden sich auf sehr verschiedene Weise bemerkbar macht.

Dieser Friede erwächst daraus, daß die einzelnen demütig und pflichttreu in der Bindung an eine menschliche Gemeinschaft leben, in der das Gesetz des Geistes höher steht als das Gesetz der Materie, wo rechte Ordnung und Übereinstimmung herrschen und alles dem Kommen des Reiches Gottes dient.

In diesem Jahr kommt der hl. Benedikt gleichsam noch einmal zu uns und zeigt uns, wie der Mensch sein Leben gestalten soll, wenn er sich auf die Lehre des Evangeliums beruft. Das darf uns nicht unbeteiligt und gleichgültig lassen. Vor allem seine Söhne sind aufgerufen, dem Beispiel ihres Vaters und seinen Weisungen treu, eine so erhabene und zugleich sichere und fest umrissene Lebensform zu bezeugen. Dieses Zeugnis des Lebens wird auch einfachere und verhärtete Menschen ansprechen können, bei denen bloße Worte nicht leicht ankommen. Die daraus erwachsende Erneuerung wird der Welt ein neues Gesicht geben können, das geistlicher, echter und menschlicher ist. Wer aber in irgendeiner sozialen Gruppe, auf welcher Ebene auch immer, Autorität ausübt, muß immer mehr die Gabe der Vaterschaft pflegen und sichtbar machen, die allein in der Lage ist, die Menschen in brüderlicher Verbundenheit zu einen. So werden sie eine bessere Welt und Gesellschaft des Friedens errichten, wo der Mensch in Gebet und Arbeit zum einzigartigen Mitarbeiter und Gesprächspartner Gottes wird.

Anmerkungen

1 II. Vatikanisches Konzil, *Erklärung über das Verhältnis der Kirche zu den nichtchristlichen Religionen, Nostra aetate,* Nr. 2.
2 II. Vatikanisches Konzil, *Dogmatische Konstitution über die Kirche, Lumen gentium,* Nr. 46.
3 *Ebd.*
4 Gregor der Große, *Dialoge* Buch 2, *Vorwort: PL* 66, 126.
5 Vgl. *Regel des hl. Benedikt, Prolog* 1.14; (vgl. *Mt* 20, 1).
6 *Regel des hl. Benedikt,* 58, 8.
7 Vgl. *Mt* 7, 14.
8 *Regel des hl. Benedikt, Prolog* 45.
9 Vgl. *Regel des hl. Benedikt,* 4 (75. 78).
10 Vgl. *Ansprache in der Erzabtei Montecassino* vom 24. Oktober 1964: *AAS* 56, 1964, S. 987.
11 Vgl. Papst Paul VI., Apostolisches Schreiben *Pacis nuntius: AAS* 56, 1964, S. 965.
12 *Regel des hl. Benedikt,* 73, 8.
13 *Regel des hl. Benedikt, Prolog* 2.
14 Vgl. *Regel des hl. Benedikt, Prolog* 2.
15 *Regel des hl. Benedikt,* 73, 9; vgl. II. Vatikanisches Konzil, *Dogmatische Konstitution über die Kirche, Lumen gentium,* Nr. 9; *Dekret über den Ökumenismus, Unitatis redintegratio,* Nr. 2.
16 Vgl. *Regel des hl. Benedikt, Prolog* 48.
17 Vgl. *Regel des hl. Benedikt, Prolog* 20.
18 *Regel des hl. Benedikt,* 7, 8.
19 Vgl. *Regel des hl. Benedikt,* 71.
20 Papst Paul VI., *Brief an den Erzbischof von Westminster, Johannes Carmel Kardinal Heenan, AAS* 67, 1975, S. 474.
21 *Ebd.*
22 Vgl. *Regel des hl. Benedikt,* 4, 21; 72, 11.
23 Vgl. *Regel des hl. Benedikt,* 31, 10.
24 *Regel des hl. Benedikt,* 2, 2; 63, 13.
25 Vgl. Papst Paul VI., *Ansprache an die Benediktiner-Oberinnen vom 29. September 1976.*
26 Vgl. *Regel des hl. Benedikt,* 20, 4.
27 Vgl. *Regel des hl. Benedikt, Prolog* 9.
28 *Regel des hl. Benedikt,* 19, 7.
29 Vgl. *Regel des hl. Benedikt,* 43, 3.
30 Vgl. Papst Paul VI., *Ansprache an die Benediktinermönche vom 8. September 1971: AAS* 63, 1971, S. 746.
31 Vgl. *Regel des hl. Benedikt,* 20, 3; 52, 4.
32 Papst Pius XII., Enzyklika *Fulgens radiatur: AAS* 39, 1947, S. 154.
33 *1 Petr* 4, 41.
34 Vgl. Papst Pius XII. Enzyklika *Fulgens radiatur: AAS* 39, 1947, S. 147.

35 Vgl. Papst Paul VI. *Ansprache an Benediktiner-Oberinnen vom 28. Oktober 1966; AAS* 58, 1966, S. 1160.
36 Vgl. *Regel des hl. Benedikt,* 2, 5.
37 Vgl. *Regel des hl. Benedikt, 3, 3.*
38 *Regel des hl. Benedikt,* 64, 10; vgl. *Jak* 2, 13.
39 Vgl. *Regel des hl. Benedikt,* 64, 14; 64, 8.
40 *Regel des hl. Benedikt, 27, 5. 8–9.*
41 Vgl. *Regel des hl. Benedikt,* 2, 31.
42 Vgl. *Regel des hl. Benedikt,* 64, 5; 72, 3–8.

52 An die Benediktinerinnen von Norcia

... Eure Gegenwart macht den Beginn der Feierlichkeiten zum 1500. Geburtstag des hl. Benedikt noch froher und bietet dem Papst, der gekommen ist, dessen Heimaterde zu verehren, die Gelegenheit, einige Prinzipien benediktinischer Spiritualität in Erinnerung zu bringen, aus der im Lauf der Jahrhunderte so viele Ordensfamilien geschöpft haben. Sie hat von Anfang an eine tiefe Spur gezeichnet, sie war eine sichere Leitspur für das Kloster- und Ordensleben, indem sie in hochherzigen Seelen, die sich immer daran inspiriert haben, heilige Begeisterung weckte; und auch heute ist sie mit ihrem vorherrschenden Element, der Kontemplation, bestimmt, in Geist und Herz, die für den Anruf der Gnade der Berufung offen stehen, die Glut für den geistlichen Aufstieg zu entzünden.

1. Ich blicke daher mit aufrichtiger Bewunderung auf alle Klöster der Benediktinerinnen, und mit lebhafter Befriedigung mache ich im Hinblick auf sie von dem Bild Gebrauch, das dem hl. Benedikt so teuer war, der in ihnen »Schulen des Gottesdienstes« sah.
Darüber hinaus gelten meine Gedanken des Wohlgefallens allen Frauenklöstern der Region Umbrien, die im Lauf der Jahrhunderte stets auf die eindringlichen Anrufe des Geistes hörten. Ihr, liebe Schwestern, kennt keine andere Sehnsucht, als in Reinheit des Herzens, in Einsamkeit,

Schweigen und Gebet auf Gott zu warten: in dem stillen und dem Chorgebet, *opus cui nihil praeferendum,* »dem Werk, dem nichts vorzuziehen ist«. Da verfolgt ihr das heilige Ziel, daß nichts in euren Geist eindringt oder ihn verläßt, was nicht von Gott kommt und nicht zu Gott führt.

In eurer Askese erfüllt sich durch eigenen Entschluß die wichtigste Entscheidung eures Lebens: ihr habt großmütig auf alle Dinge, auf jede Annehmlichkeit, die die Welt euch bieten kann, verzichtet, ihr habt euch von jeder irdischen Neigung losgesagt, um euch ausschließlich an Gott zu binden und ihn fest in eurem Herzen zu besitzen.

In dieser Größe des mystischen Lebens, das den Höhepunkt der Vollkommenheit darstellt, wird euch, wenn ihr »in beschauliche Gedanken« versunken seid (Dante, *Paradies* XXI, 117), zuteil, durch unablässige Anwendung der geistlichen Kräfte selbst in der Verdunkelung des Glaubens Gott zu erfahren, zu schmecken und zu fühlen; und ihr wißt aus Erfahrung: je inniger das Gespräch mit dem himmlischen Vater, um so mehr erweist sich, daß die Zeit für diesen höchsten Akt der Liebe niemals ausreicht.

Wie sollte man in diesem Zusammenhang nicht an den reicherfüllten Tagesablauf erinnern, den das heilige Geschwisterpaar im Gotteslob und im heiligen Gespräch verbrachte, wie uns der hl. Gregor der Große erzählt, worauf die berühmte Nachtwache folgte, die von der hl. Scholastika im Gebet erlangt wurde, so daß die beiden miteinander verbundenen Heiligen die ganze Nacht damit verbrachten, sich mit schönen Gesprächen zu sättigen und von der Erfahrung des geistlichen Lebens zu sprechen? (vgl. Gregor d. Gr., *Dialogi* 2, 33; *PL* 66 194–196).

2. Die von dem hl. Patriarchen verfaßte goldene Regel war und ist noch immer Anregung, um den beschaulichen Geist zu entflammen und in seinem dauernden Eifer zu stützen. Von allen nachfolgenden Gesetzgebern wurde sie für ein Denkmal von Weisheit und bleibender Aktualität

gehalten, weil ihre Lehren Gewähr der Sicherheit, Fruchtbarkeit und Klarheit bieten, stammen sie doch aus der vollkommenen Übereinstimmung des hl. Benedikt mit dem Evangelium und dem Lehramt der Kirche.
Jene Vorschriften, die angeordnet wurden, um Gott und Christus im Mittelpunkt des Universums zu sehen und ihren absoluten Primat in allen Dingen zu bekräftigen, hätten nicht wirksamer den geistlichen Weg der benediktinischen Nonne beschreiben können und wurden zur Inspirationsquelle auch für viele andere Seelen, die sich danach sehnten, sich völlig Gott und den Brüdern zu widmen.
Die Benediktinerin, die durch die heiligende Gnade gewöhnlich ganz für Gott verfügbar ist, ist verpflichtet, gegenüber ihrem Herrn, ihrer einzigen Liebe und ihrem einzigen Gut, sich selbst mit äußerster Ehrlichkeit und Wahrheit zu sehen. Sie muß auf dieser Grundlage ihre innere und äußere Tätigkeit entfalten. Das setzt die entschlossene und dauernde Sehnsucht voraus, den eigenen Willen dem Willen Gottes anzugleichen. Der hl. Benedikt hat das vorausgesehen. In seiner Regel findet sich ständig der Aufruf zum Gehorsam als der Tugend, die am besten geeignet ist, die Heiligkeit zu erlangen.

3. Während ich euch, liebe Schwestern in Christus, auffordere, den Vorschriften und Charismen eurer Gründer und Gründerinnen treu zu bleiben, möchte ich euch die Anerkennung der Kirche für das Wirken zum Ausdruck bringen, das ihr zu Gunsten der Kirche entfaltet.
Denn ihr bietet Gott nicht nur ein hervorragendes Lobopfer, ehrt das Volk Gottes durch überreiche Früchte der Heiligkeit und spornt es durch euer Beispiel an (vgl. *Perfectae caritatis,* Nr. 7); ihr vollbringt mit eurem Leben verborgener Hingabe auch einen Akt der Versöhnung mit dem Vater der Barmherzigkeit zugunsten der Kirche in den Schwierigkeiten, die sie jetzt erleidet.
Besonders, liebe Schwestern in Christus, vertraue ich auf eure wertvolle Mitwirkung am heutigen Tag, an dem die

Kirche Italiens, im Gebet versammelt, dem Herrn ihr Leid anbietet für die von Umsturz und Terrorismus tief erschütterte moralische und soziale Ordnung, für die vielen Opfer, die ihre Treue zur Pflicht und den Idealen des menschlichen und sozialen Zusammenlebens mit ihrem Leben bezahlt haben, für die Verzweiflung so vieler Angehöriger, die ihrer Lieben beraubt wurden. Das Leiden Christi, das wir in den bevorstehenden Tagen der Karwoche wieder mitten unter uns lebendig werden lassen, dauert im Leiden und Blut dieser unserer Brüder und Schwestern fort, die von tödlichem Haß getroffen wurden. Die Kirche beweint sie, wenn sie über die Wunden ihres Herrn weint.

Mit dem Wunsch, daß man endlich von jeder Form der Gewalt ablasse und durch Vernunft und gegenseitiges Verständnis zu Gerechtigkeit und Frieden gelange, bitte ich euch, heute dem Herrn Christus euer von besonderen und innigen Opfern bekräftigtes Bittgebet anzubieten, auf daß in der geliebten italienischen Nation die angeborene Güte, die Arbeitsfreudigkeit und der menschliche und bürgerliche Zusammenhalt, Frucht vorbildlicher und konsequenter christlicher Lebensführung, triumphieren kann.

Eurer ständigen Hingabe, die zur göttlichen Majestät betet, sie verehrt und versöhnt, vertraue ich die Kirche und vertraue ich meine allgemeinen Sorgen als Hirt und Vater an.

Ich meinerseits vertraue euch Maria, der Jungfrau, an, Vorbild der beschaulichen und tätigen Seelen, Mutter der Kirche, und erteile euch meinen Segen, den ich auf jede einzelne und auf alle Mitschwestern eurer Institute sowie auf eure Angehörigen ausdehne.

53 Predigt in der Abtei Montecassino

... Wie es heute bei allen möglichen Beschlüssen und Werken geschieht, bemerkt ihr – vor allem die Hirten der

Gemeinschaft – mit Recht, daß es ganz darauf ankommt, eben die Haltung und Prägung eines Sohnes und Schülers des hl. Benedikt mit aller Klarheit sichtbar zu machen. »Ich spreche zu Wissenden«: Sooft ihr eure Regel lest und lange darüber nachsinnt, erkennt ihr selbst ganz richtig, was euer Ordensvater mit jener Regel aufbauen und lehren will, von der nach seiner Mahnung »ohne Grund in nichts abgewichen werden darf« (3, 7).

Ohne Zweifel steht fest, daß er eine *dominici schola servitii,* eine »Schule für den Dienst des Herrn« (*Prol.* 45), errichten wollte. In diesem absoluten und universalen Dienst am absolut Guten, das Gott ist, besteht also eure besondere Eigenart. Obgleich die ganze Welt schon in Gott ist, ist doch das Kloster – wie der hl. Benedikt beschrieb – in besonderer Weise ein »Haus Gottes« (*Reg.* 31, 19): denn dort lebt der Mönch, um in Demut, Gehorsam und Gebet, in Schweigen und Arbeit, vor allem aber in Liebe dem Herrn des Hauses zu dienen. Ihr wißt ja, mit welch kraftvollem Akzent euer Gesetzgeber und Vater zur Nachfolge Christi eben diese Tugend als Gestalterin des gesamten monastischen Lebens herausstellt. Das vierte Kapitel der Regel über die Instrumente der guten Werke gibt uns die Gewißheit, daß benediktinische Askese und benediktinische Mystik in der Tat schlechthin evangelisch sind – nämlich Ausfluß eines Evangeliums, das angenommen und in allen seinen Konsequenzen gelebt wird.

Ist aber einmal diese eure Eigenart, euer Selbstverständnis anerkannt, dann verlangt man folgerichtig – und das ist allenthalben auch heute noch der Fall – von eurer besonderen Wesensart den Willen und die Liebe zur Wahrheit. Von den Benediktinern erwarte ich und erwarten alle in der Kirche und in der Welt, daß sie wirklich Mönche im Geiste ihres Ordensvaters seien, daß sie tatsächlich – Benedikt sagt *revera* – Gott suchen, Gott lieben und sich freuen, getrennt von der Welt, aber durch die Gemeinschaft der Liebe mit den Brüdern in der Welt verbunden zu leben, und daß sie in dem vertrauten Rahmen des Gehorsams und der Liebe leben, aus dem Friede und Freude erwachsen: »Nemo perturbetur neque contristetur in domo Dei«, »damit im Hause Gottes keiner verwirrt oder traurig werde« (*Reg.* 31,19).

Eine lange und ununterbrochene Tradition – die längste überhaupt, die fast an den langen Bestand der Kirche selbst heranreicht – hat die Vorzüge, die Schönheit und Fruchtbarkeit der benediktinischen Spiritualität bewiesen. Rühmt euch ihrer also in heiligem Stolz und setzt nach Einführung notwendiger und wohlüberlegter Anpassungen an die veränderte Situation unserer Zeit den Weg fort, der von eurem Vater und von den anderen Vätern eurer Tradition vorgezeichnet wurde; laßt euch nicht von weltlichen Tendenzen erfassen und gefangennehmen; laßt euch nicht für unvernünftige, keinesfalls notwendige Neuerungen noch für übertriebene pluralistische Theorien gewinnen, die schließlich nur dahin führen, euch vom Weg eures Ordensvaters und Gesetzgebers abzubringen.

Als einer der Hauptvorzüge der Regel ist ihre Klarheit bezeichnet worden. Alle vermögen leicht zu erfassen und zu verstehen, was euer großer Lehrmeister vorschreibt und empfiehlt; es kommt ganz darauf an, es demütig, willig und freudig zu befolgen.

Fahrt also fort – unter dem Segen Gottes, unter dem mütterlichen Lächeln Marias, der Königin der Mönche, unter dem Schutz eures väterlichen Stifters –, entsprechend der Botschaft seiner durch eine gesunde Tradition entfalteten und durch euer treues Beispiel erfüllten Lehre auch heute und in Zukunft die Macht des Glaubens zu verkündigen, die süße Pflicht des christlichen Gebetes, die glühende Liebe zur Liturgie, die Wohltat der Autorität und des Gehorsams, die Pflege der Schriftlesung und aller heiligen Studien, die Schönheit und den Zauber des gregorianischen Gesanges, die eifrige Bereitschaft zur Arbeit des Geistes und der Hände, die Würde auch des äußeren Anstands im Verhalten und in der Ordenskleidung, die

Freude des Gemeinschaftslebens und vor allem das aufrichtige Bemühen um Liebe und Frieden.

Aber bei dieser einzigartigen und trostreichen Begegnung mit allen benediktinischen Äbten und Obern möchte ich gern – ja, es erscheint mir geradezu als Pflicht – nochmals auf das hinweisen, was ich in dem obengenannten Apostolischen Schreiben bereits über den besonderen väterlichen Charakter gesagt habe, den euer Ordensvater der Regierung des Abtes aufprägt. Ihr seid ohne Zweifel Obere, Verwalter und Lehrer – vor allem aber seid ihr Väter. Und in dieser »vaterlosen Gesellschaft« – wie ich dort sagte (vgl. Kap. VI) – müßt ihr Zeugnis davon geben, daß der hl. Benedikt im Sinn hatte, sein Kloster als Familiengemeinschaft einzurichten, wo es einen Vater gibt, der Sorge trägt für seine Mönche, sie lehrt und vor allem sie liebt, der sie achtet und ihre Würde hochhält, der sie außerdem zu Mitverantwortlichen seiner Beschlüsse macht und sie mit seiner Liebe begleitet, die etwas von der Zartheit mütterlicher Liebe an sich hat.
Die Norm eures Handelns ist: »plus amari quam timeri«, »mehr geliebt als gefürchtet zu werden« (*Reg.* 64, 15); und jene zwei Kapitel der Regel, die gewissermaßen eure Leitlinie enthalten – nämlich die Kapitel 2 und 64, wobei besonders das Kapitel 64 Bewunderung verdient, das wahrhaftig einem an Weisheit und Liebe reichen Herzen entspringt –, sind so etwas wie eine *Magna Charta,* das heißt ein Grundgesetz, das euer ganzes Leben leitet und durchdringen muß. Aber die ganze Regel spricht von euch, um euch Weisheit und Besonnenheit, unerschütterliche Unbeugsamkeit gegenüber Lastern und Förderung der Tugend, Mitleid mit den Schwachen und vor allem jene römische und christliche *discretio* einzuprägen, die eure berühmte Regel in besonderer Weise kennzeichnet und wohl der wesentliche Grund dafür ist, daß sie überall Verbreitung und Anerkennung gefunden hat. Die Ausgeglichenheit des Abtes erzeugt und nährt die gegenseitige Liebe

zwischen ihm und seinen Mönchen wie der Brüder untereinander. In unserer Welt, wo der Mangel an Liebe die Herzen der Kraft und der Freude beraubt, sehen und erkennen alle, daß durch eure hochherzigen Opfer das Kloster eine Gemeinschaft wahrer menschlicher und übernatürlicher Liebe ist.

Schließlich möchte ich noch einen besonderen Gruß an die einzelnen weiblichen Zweige der benediktinischen Familie richten, von denen einige offizielle Vertreterinnen hierher entsandt haben. Im Licht und Tugendhauch der hl. Scholastika, die hier an dieser Stätte neben ihrem Bruder ruht, erfreut und erbaut eure so reine und jungfräuliche Anwesenheit, Töchter des hl. Benedikt, das Volk Gottes. In eurer stillen Zurückgezogenheit oder in der Demut eurer Werke verkörpert ihr in einzigartiger Weise – und ihr müßt euch mit großer Überzeugung darum bemühen – die geistliche Haltung der jungfräulichen Mutter Maria, die sich freut, die Magd des Herrn zu sein, ganz dem Willen des himmlischen Vaters ergeben. »Wie Weihrauch werdet ihr Duft ausströmen und Blüten treiben wie die Lilie« (*Sir* 39, 14). Zur Freude und zum Wohl aller Brüder auf Erden singt dem Herrn das reinste Lob und eurem Bräutigam Christus den Jubel über eure innige, liebende Verbundenheit.
Patres, Brüder und Schwestern, alle, freuen wir uns also, voll ganz großer Freude, wenn wir den »Festtag zu Ehren des hl. Benedikt feiern«, über dessen Ruhm Engel und Heilige jubilieren, dessen Lehre und Stiftung Tausenden von Menschen auf Erden innerhalb und außerhalb der Klöster zugute kommt, aus dessen Vorbild und Schutzherrschaft die Kirche und die ganze Welt Nutzen zieht. Auch heute erschallt noch seine Stimme: »Christo nihil omnino praeponere«, »sie sollen gar nichts höher stellen als Christus« (*Reg.* 72, 11). Das ist seine grundlegende Botschaft; und wenn es sein glühender Wunsch ist, daß alle Mitglieder der Ordensfamilie in Frieden leben, wird der-

selbe Vorsatz und Wunsch in der Tat für die gesamte Menschheitsfamilie dann zur glücklichen und bleibenden Wirklichkeit werden, wenn dereinst Christus bei ihr eintritt.

54 Gebet an den hl. Benedikt in Subiaco

1. O heiliger Abt Benedikt!
Der demütige Nachfolger Petri und die Bischöfe Europas, das du so sehr geliebt hast, sind an diesen Ort gekommen, wo du als junger Student den wahren Sinn deines Daseins gesucht und gefunden hast; an diesen Ort, wo du dich durch Schweigen, durch Nachdenken, Gebet, Buße darauf vorbereitet hast, das gefügige Werkzeug der Barmherzigkeit Gottes zu sein, der dich zum Führer und Lehrer Europas, der Kirche, der Welt machen wollte.
Wir sind als Pilger gekommen, um vor allem unserer unermeßlichen Dankbarkeit der Heiligsten Dreifaltigkeit gegenüber Ausdruck zu geben für das Geschenk, das sie vor fünfzehn Jahrhunderten der Kirche gemacht hat; wir sind gekommen, um dir, heiliger Patron Europas, unsere glühende Bewunderung auszusprechen für dein volles Ja zur Gnade und die Botschaft zu hören, die du selbst gelebt und auch den künftigen Generationen weitergegeben hast. Sie wurzelt in der befreienden Kraft des Evangeliums, das »eine Macht Gottes ist und jeden retten wird, der glaubt« (*Röm* 1,16).
O heiliger Patriarch, der du nicht anders gelehrt als gelebt hast (Gregor, *Dialog* II, 36), laß uns alle bei dieser einzigartigen Gelegenheit die ewige Aktualität deiner Lehre spüren, auf daß du weiter den modernen Menschen zum Guten antreibst.

2. Du hast uns gelehrt, daß Gott, der Schöpfer und Vater, »der erste ist, dem wir dienen müssen« durch lebendigen Glauben, durch würdevollen Kult, durch fromme Anbe-

tung, eifriges Gebet, durch freudigen Gehorsam gegenüber seinem heiligen Willen. Du hast uns gelehrt, daß das Leben des Menschen wert ist, gelebt zu werden ohne oberflächlichen utopischen Optimismus noch verzweifelten Pessimismus, da es ein Geschenk der Liebe Gottes ist und eine ständige, dauernde, beharrliche Suche nach Gott, dem einzigen wahren und echten absoluten Wert, sein muß.

Du hast uns gelehrt, daß der Christ, um wahrhaft Christ zu sein, »in der Heerschar des Herrn Christus, des wahren Königs, dienen« muß (*Regula,* Prolog), indem er Christus zum Mittelpunkt seines Lebens und seiner eigenen Interessen macht.

Du hast uns gelehrt, daß wir zugleich mit der inneren Abkehr von den vergänglichen irdischen Gütern eine freudige, tätige Offenheit des Geistes und des Herzens für alle Menschen, Brüder in Christus, Kinder desselben himmlischen Vaters, besitzen müssen.

Du hast uns gelehrt, daß die Arbeit – nicht nur die Arbeit dessen, der sich über die Bücher beugt, nein, auch die Arbeit dessen, der sich mit schweißnasser Stirn und schmerzenden Händen niederbückt, um die Erde urbar zu machen – für den Menschen weder Demütigung noch Entfremdung ist, sondern Erhebung, Lobpreisung, ja Teilhabe am Schöpfungswerk Gottes; sie ist bewußter, verdienstvoller Beitrag zum Bau der irdischen Stadt in Erwartung der endgültigen und ewigen.

Du hast uns gelehrt, daß der christliche Glaube, weit entfernt davon, ein Element der Spaltung oder Zerstreuung zu sein, Mutterboden der Einheit, der Solidarität, des Zusammenschlusses auch in der irdischen, sozialen und kulturellen Ordnung ist und daß deshalb die religiöse Freiheit eines der unveräußerlichen Rechte des Menschen ist.

3. Darum rufen wir dich, heiliger Patriarch, heute abend an:

Erhebe deine weiten, väterlichen Arme zur Heiligsten Dreifaltigkeit und bete für die Welt, für die Kirche und be-

sonders für Europa, für dein Europa, dessen himmlischer Patron du bist: damit es den außerordentlichen Schatz des christlichen Glaubens, der jahrhundertelang seine Geschichte und den sittlichen, gesellschaftlichen, kulturellen und künstlerischen Fortschritt seiner einzelnen Nationen beseelt und befruchtet hat, nicht vergesse, zurückweise und aufgebe; damit es kraft seines christlichen Mutterbodens Träger und Schöpfer der Einheit und des Friedens unter den Völkern des Kontinents und der ganzen Welt sei und allen seinen Bürgern Ruhe, Frieden, Arbeit, Sicherheit und die Grundrechte garantiere, die die Religion, das Leben, die Familie, die Ehe betreffen.
Zugleich mit deinem Gebet, heiliger Patron Europas, erflehen wir demütig die Fürbitte deiner geliebten Schwester.
O heilige Scholastika, dir vertrauen wir im besonderen die Mädchen, die jungen Frauen, die Ordensfrauen, die Mütter an, damit sie, auf dein Vorbild blickend, heute ihre Würde als Frauen Gottes Plan gemäß zu leben wissen.
Hl. Benedikt und hl. Scholastika, bittet für uns!

55 An die Deutsche Bischofskonferenz in Fulda

... Drei Dinge liegen mir besonders am Herzen:
1. Die Seminare. Sie sollen Pflanzstätten echter priesterlicher Gemeinschaft und Freundschaft sowie Ort einer klaren, tragfähigen Entscheidung fürs Leben sein.

2. Die Theologie soll zum Glaubenszeugnis befähigen und zur Glaubensvertiefung führen, so daß die Priester die Fragen der Menschen, aber auch die Antworten des Evangeliums und der Kirche verstehen.

3. Die Priester sollen Hilfe erfahren, den hohen Anspruch des zölibatären Lebens und der Hingabe an Christus und die Menschen zu erfüllen und durch die priesterliche Ein-

fachheit, Armut und Verfügbarkeit zu beglaubigen. Gerade geistliche Gemeinschaft kann hier wertvolle Dienste leisten.

...

... 7. Lenkt Euer besonderes Augenmerk auf die Zukunft der geistlichen Berufe und pastoralen Dienste.
Nach menschlichem Ermessen wird sich bei Euch die Zahl jener Priester, die für den Dienst in der Pastoral zur Verfügung stehen, binnen eines Jahrzehnts um ein gutes Drittel verringern. Ich teile von Herzen die Sorge, die Euch das macht. Ich bin mit Euch der Überzeugung, daß es gut ist, mit allen Kräften den Dienst des Ständigen Diakons und auch den zumal ehrenamtlichen, aber auch beruflichen Dienst der Laien für die Aufgaben der Pastoral zu fördern. Doch der Dienst des Priesters kann nicht durch andere Dienste ersetzt werden. Eure Tradition der Seelsorge läßt sich nicht einfachhin vergleichen mit den Verhältnissen in Afrika oder Lateinamerika. Und doch gibt es mir zu denken, daß ich dort weithin einen größeren Optimismus bei wesentlich geringeren Zahlen von zur Verfügung stehenden Seelsorgern angetroffen habe als im westlichen Europa. Ich halte es für eine der wichtigsten Pflichten, mit dem ganzen Einsatz des Gebetes und des geistlichen Zeugnisses alles zu tun, daß der Ruf Gottes an junge Menschen, sich in ungeteiltem Dienst dem Herrn zur Verfügung zu stellen, hörbar wird und die Voraussetzungen dafür in der Familie, in den Gemeinden, in den Vereinigungen junger Menschen sich bessern. Aber eine Panik angesichts der schweren Situation verstellt uns den nüchternen Blick für das, was der Herr von uns will. Daß der Sinn für die evangelischen Räte und für die priesterliche Ehelosigkeit weithin abnimmt, bedeutet ebenso einen geistlichen Notstand wie der Priestermangel. Sicher ist das Heil der Seelen das oberste Gesetz. Aber dieses Heil der Seelen erfordert gerade, daß wir auch die Gemeinden selber aktivieren, daß wir jeden Getauften und Gefirmten zum Glaubenszeugnis

ermuntern, daß wir die geistliche Lebendigkeit in unseren Familien, Gruppen, Gemeinden und Bewegungen fördern. Dann wird der Herr sprechen und rufen können – und wir hören.
Ich habe auf die große Bedeutung des Presbyteriums um den Bischof hingewiesen. Könnte nicht durch ein dichteres Miteinander der Priester der geistliche Dienst wirksamer wahrgenommen werden? Ich möchte hier nochmals auf die große Bedeutung der geistlichen Gemeinschaft von Priestern hinweisen, die den einzelnen aus Überforderung und Isolierung zu befreien vermag. In dem Maße, wie Ihr aus geistlicher Gesinnung einmütig und eindeutig für das gemeinsame Zeugnis des Presbyteriums in der Ehelosigkeit und für eine Lebensform aus dem Geist der evangelischen Räte eintretet, wird der Herr mit seinen Gnadengaben nicht sparen.

56 Predigt zum Thema Orden, Säkularinstitute, Geistliche Gemeinschaften in Altötting

Liebe Brüder und Schwestern im Herrn!
1. Auf der Pilgerfahrt durch Euer Land kommen wir beim Hause des Herrn, bei diesem Heiligtum zusammen, um uns in besonderer Weise mit Maria, Unserer Lieben Frau, zu treffen. An dieser Begegnung nehmt vor allem Ihr teil, ehrwürdige Brüder und Schwestern, die Ihr als Mitglieder der Orden, der Säkularinstitute und anderer geistlicher Gemeinschaften unter einer besonderen Berufung steht. Ihr könnt also von Euch sagen, daß durch Eure geweihte Ganzhingabe »euer Leben mit Christus in Gott verborgen ist« (*Kol* 3, 3).
Mit Euch komme ich als Pilger zur Gnadenkapelle von Altötting. Und mit mir kommen Pilger aus ganz Deutschland, aus Österreich und anderen Ländern. Ich begrüße sie alle von ganzem Herzen. Mit Euch freue ich mich über die Gegenwart des Herrn Kardinals Joseph Ratzinger, Erzbi-

schof von München und Freising, des Oberhirten der Diözese Passau, Bischof Antonius Hofmann, vieler Kardinäle, Bischöfe und Weihbischöfe sowie zahlreicher Pilger – Priester und Laien – aus Bayern und aus den benachbarten Ländern, die sich zu dieser abendlichen Eucharistiefeier hier versammelt haben. Ein herzliches »Vergelt's Gott« für Euer Kommen und ein bayerisches und österreichisches »Grüß Gott« zum Beginn! Seid bedankt für das Gebet und die meist verborgenen stillen Opfer, mit denen Ihr seit Wochen diese Begegnung geistlich vorbereitet habt! Seid bedankt für die in Eurem Grußwort dem Nachfolger Petri bekundete mittragende Treue. Solch liebende Verbundenheit läßt mich heute, am Kirchweihfest von St. Peter und St. Paul in Rom, bei Euch wie zu Hause sein. Erlaubt mir, unseren gemeinsamen Besuch in Altötting mit dem Besuch Mariens bei Zacharias und Elisabeth zu vergleichen. Ich vertraue darauf, daß dieser unser Besuch reiche Frucht bringen wird, wenn wir ihn demjenigen Mariens ähnlich zu machen suchen. Dabei wollen wir uns möglichst vom Licht des in dieser Liturgie gehörten Wortes Gottes leiten lassen.

2. Maria betritt das Haus ihrer Verwandten, grüßt Elisabeth und hört von ihr Worte des Grußes. Diese Worte sind uns innig vertraut. Wir sprechen sie unzählige Male, vor allem wenn wir die Geheimnisse des Rosenkranzes betrachten: »Du bist gebenedeit unter den Frauen, und gebenedeit ist die Frucht deines Leibes« (*Lk* 1, 42). So grüßt die Frau des Zacharias Maria. Sie spricht damit eine erste Seligpreisung aus, deren Echo in der Geschichte der Kirche und der Menschheit, in der Geschichte der menschlichen Herzen und Gedanken widerhallt. Konnte der Mensch je Höheres erreichen? Konnte er jemals Tieferes von sich erfahren? Konnte der Mensch durch irgendwelche Errungenschaften seines Menschseins, durch Verstand, Geistesgröße oder heroische Leistungen höher erhoben werden, als ihm zuteil wurde in dieser »Frucht des

Leibes« Mariens, in der das Ewige Wort, der wesensgleiche Sohn des Vaters, Fleisch geworden ist? Kann die Weite des menschlichen Herzens eine größere Fülle an Wahrheit und Liebe aufnehmen als jene, daß Gott selber sich anschickt, dem Menschen seinen einzigen Sohn zu schenken? Der Sohn Gottes wird Mensch, empfangen durch den Heiligen Geist! Ja wirklich, du bist mehr gesegnet als alle anderen Frauen, Maria!

Elisabeth fügt ihrer ersten Seligpreisung eine zweite hinzu: »Selig ist die, die geglaubt hat, daß sich erfüllt, was der Herr ihr sagen ließ« (*Lk* 1, 45). Elisabeth rühmt und preist den Glauben Mariens.

Sie hat sich damit zutiefst in die einzigartige Größe jenes Augenblicks eingefühlt, in dem die Jungfrau aus Nazareth die Worte der Verkündigung gehört hatte. Denn diese Botschaft hatte alle Maße menschlichen Begreifens gesprengt, trotz der hohen Tradition des Alten Bundes. Und seht, Maria hat diese Worte nicht nur gehört, sie nicht nur aufgenommen, sie hat ihnen die voll entsprechende Antwort gegeben: »Ich bin die Magd des Herrn; mir geschehe, wie du es gesagt hast« (*Lk* 1, 38). Eine solche Antwort erforderte von Maria einen bedingungslosen Glauben, einen Glauben nach dem Vorbild Abrahams und Moses, ja einen noch größeren. Eben diesen Glauben Mariens preist Elisabeth.

3. Meine lieben Brüder und Schwestern! Im Hinblick auf das Geheimnis der persönlichen Berufung eines jeden von Euch können wir gewissermaßen – freilich unter Wahrung der Proportionen – wiederholen: »Selig, weil du geglaubt hast.« Der Glaube Mariens ist auch in Euch aufgeleuchtet, als Ihr Euer »Fiat«, Euer Ja zum Ruf in die besondere Nachfolge Christi gesprochen habt. Nur im Glauben konntet Ihr – wie einst die Jünger am See Genesareth – die ersten Schritte der vom Herrn Berufenen tun. Im Glauben habt Ihr das Wort des Rufenden in Euch gehört; im Glauben habt Ihr Euren bisherigen Lebensraum mit all seinen

Möglichkeiten verlassen, im Glauben die Nachfolge des Herrn angetreten, von nun an bereit, nur mehr aus der totalen Bindung an ihn den Sinn und die Fruchtbarkeit Eures Lebens zu erwarten.
Im Glauben an die Treue des Rufenden und die Kraft seines Geistes habt Ihr Euch in den Gelübden der Armut, der gottgeweihten Jungfräulichkeit und des Gehorsams Gott zur Verfügung gestellt; und das nicht als »Verpflichtung auf Widerruf«, nicht als »Kloster auf Zeit«, nicht als Mitarbeit in einer Gruppe, die sich für eine Aufgabe zusammenfindet und beliebig wieder auseinandergeht. Nein, Ihr habt im Glauben ein Ja für ganz und für immer gesprochen, das in Eurer Lebensform, bis hin zum Ordenskleid, seinen Ausdruck findet. In unserer Zeit der Bindungsangst, wo viele in ein »Leben auf Probe« ausweichen möchten, kommt es Euch zu, Zeugnis dafür zu geben, daß eine endgültige Bindung, eine das ganze Leben tragende Entscheidung auf Gott hin gewagt werden kann; mehr noch: daß sie Euch frei und froh macht, wenn sie Tag für Tag erneuert wird.
Euer Ja, vor Jahren oder Jahrzehnten gegeben, muß dem Herrn immer neu bekräftigt werden. Dazu braucht es das tägliche Hineinhorchen in das Geheimnis des je größeren Gottes, das tägliche Eingehen auf seine gekreuzigte – und kreuzigende – Liebe. Nur er kann das Geschenk der Berufung in Euch lebendig erhalten. Nur er kann durch seinen Geist die immer wieder erfahrene Schwäche überwinden. Auch das Ja Mariens, in einmaliger Entscheidung gesprochen, mußte von ihr immer neu eingelöst werden, bis zu ihrem Aushalten unter dem Kreuz, wo sie ihren Sohn hingab und uns zur Mutter wurde. Er, der Marias Ja zur Mitwirkung an der Erlösung in Anspruch genommen hat, will auch das Eure in Anspruch nehmen. Ihr habt es gesprochen! Sprecht es täglich neu! Dann gilt auch für Euch: »Selig, weil du geglaubt hast!«

4. Der Glaube läßt den Stand der Ordensleute zu einem besonderen Zeugnis des kommenden Gottesreiches werden. Christus spricht von diesem Reich im Zusammenhang mit dem Geheimnis der Auferstehung des Fleisches: »Bei der Auferstehung werden sie nicht mehr heiraten« (*Mt* 22, 30). In dem Gottesdienst, den wir heute bei Unserer Lieben Frau in Altötting feiern, ist dieses Geheimnis im Brief des heiligen Paulus an die Korinther ausgesprochen: »Wenn sich aber«, so schreibt er, »dieses Vergängliche mit dem Unvergänglichen bekleidet und dieses Sterbliche mit Unsterblichkeit, dann erfüllt sich das Wort der Schrift: Verschlungen ist der Tod vom Sieg. Tod, wo ist dein Sieg? Tod, wo ist dein Stachel? Der Stachel des Todes aber ist die Sünde, die Kraft der Sünde ist das Gesetz. Gott aber sei Dank, der uns den Sieg geschenkt hat durch Jesus Christus, unseren Herrn« (*1 Kor* 15, 54–57).
Diese eindrucksvollen Worte des Völkerapostels wurden heute zu Ehren Marias verlesen. Sie ist nämlich durch ihre Aufnahme in den Himmel zur vollen Teilhabe an der Auferstehung Christi gelangt.
Dieselben Worte richtet der Apostel jedoch an Euch, liebe Brüder und Schwestern; denn Ihr habt im großen Ja Eures Lebens die gottgeweihte Ehelosigkeit »um des Himmelreiches willen« (*Mt* 19, 12) erwählt. Dadurch seid Ihr ein sichtbares Zeichen des kommenden Gottesreiches!
Das Herz eines jeden von Euch, die Ihr auf irdische Vater- und Mutterschaft verzichtet habt, möge immer wieder erfüllt werden vom unschätzbaren Reichtum geistlicher Vater- und Mutterschaft, derer so viele Eurer Mitmenschen ganz dringend bedürfen! Ihr liebt nicht weniger; Ihr liebt mehr! Daß Ihr in einer ganz tiefen Weise zu sorgen, zu helfen, zu heilen, zu bilden, zu führen und zu trösten versteht, das bezeugen nicht zuletzt die vielen, oft ergreifenden Briefe, in denen der Papst angefleht wird, es doch nicht zuzulassen, daß Schwestern, Patres oder Brüder von einem Kindergarten, einer Schule, von einem Altenheim

oder Krankenhaus, von einer Sozialstation oder Pfarrei abgezogen werden.
Warum wird Euer Dienst so geschätzt? Nicht nur wegen Eurer fachlichen Tüchtigkeit; nicht nur, weil Ihr dank Eurer Lebenswahl mehr Zeit schenken könnt, sondern in erster Linie deshalb, weil die Menschen spüren, daß durch Euch ein Anderer wirkt. Denn in dem Maß, in dem Ihr Eure volle Hingabe an den Herrn lebt, teilt Ihr etwas von ihm mit; und nach ihm verlangt letztlich das menschliche Herz.
Ihn liebt Ihr in allen, die Eurer vielfältigen Sorge, Eurem fürbittenden Gebet, Eurem verborgenen Opfer anvertraut sind. Ihm dient Ihr »in den Kranken und Alten, den Behinderten und Benachteiligten, deren sich sonst niemand annimmt ..., in den Kindern, den Jugendlichen, in Schule, Katechese und Seelsorge. Ihm dient Ihr in den einfachsten Diensten wie auch in der Erfüllung von Aufgaben, die manchmal hohe Bildung erfordern« (vgl. Ansprache vom 5. Juni 1979 in Tschenstochau). Seinetwillen verlassen viele aus Euren Gemeinschaften ihre Heimat, um in nimmermüdem Einsatz in den jungen Kirchen dem Reich Gottes zu dienen. – Ihn sucht und findet Ihr überall, wie die Braut des Hohen Liedes: »... ich habe den gefunden, den meine Seele liebt« (*Hld* 3, 4). Diese Lebenserfüllung – daß Ihr in allem ihn und in ihm alles findet – ist zugleich die beste Ermutigung für junge Christen, sich in der Kirche auf den Ruf Jesu einzulassen – auch auf den Ruf in den Stand der Räte. In Euch kann ihnen aufleuchten, daß, wer sich hingibt, den Sinn seines Lebens gefunden hat (vgl. *Mk* 8, 35).

5. Maria, zu der wir heute nach Altötting gepilgert sind, trägt die Züge jener Frau an sich, die uns die Geheime Offenbarung beschreibt: »Eine Frau, mit der Sonne bekleidet; der Mond war unter ihren Füßen und ein Kranz von zwölf Sternen auf ihrem Haupt« (*Offb* 12, 1). Diese Frau, die am Ende der Schöpfungs- und Heilsgeschichte steht,

entspricht offenbar der, von welcher es auf den ersten Seiten der Bibel heißt, sie werde »der Schlange den Kopf zertreten«.

Zwischen diesem verheißenden Anfang und dem apokalyptischen Ende hat Maria einen Sohn ans Licht gebracht, »der alle Völker weiden wird mit eisernem Stab« (*Offb* 12, 5).

Ihre Ferse ist es, die von jener ersten »Schlange« verfolgt wird. Sie ist es, mit der der apokalyptische Drache kämpft, denn als Mutter der Erlösten ist sie Bild der Kirche, die wir ebenso Mutter nennen (vgl. *LG* 68).

Liebe Brüder und Schwestern! An diesem geistigen Kampf teilzunehmen, seid Ihr in besonderer Weise gerufen! Ihr seid gerufen in diese dauernde Auseinandersetzung, die unsere Mutter Kirche durchsteht und die in ihr das Bild der Frau, der Mutter des Messias, formt. Ihr, die Ihr in der Anbetung des heiligen Gottes die Mitte Eures Berufes findet, seid auch der Anfechtung des Bösen besonders ausgesetzt – wie es in der Versuchung des Herrn beispielhaft sichtbar wird. Der Kampf tobt zwischen dem Wort Gottes und der Parole des Bösen. Zwischen »Laß diese Steine zu Brot werden!« und »Der Mensch lebt nicht vom Brot allein« (*Mt* 4, 3f.). Gott will, daß wir die Erde uns untertan machen (vgl. *Gen* 1, 28), indem wir sie – und uns selbst – vollenden. Die Versuchung des Bösen will, daß wir sie und uns entstellen; daß uns die Arbeit versklavt und die Freizeit verwöhnt; daß wir für unser Äußeres endlose Opfer bringen und innen verkümmern, das Heim ausschmücken und heimatlos sind, aufs Haben schauen und das Sein vergessen; daß der Besitz unser »Gott« wird (vgl. *Phil* 3, 19). – Durch den inneren Kampf um den Geist der Armut und durch die zeichenhafte Sichtbarkeit dieser Armut helft ihr, liebe Schwestern und Brüder, allen Gliedern der Kirche und der Menschheit, diese Welt sorgsam zu verwalten, die Dinge so zu besitzen, daß sie nicht uns besitzen; den Lebensunterhalt nicht zum Lebensinhalt zu machen.

»Stürz dich hinab«, so heißt die zweite Versuchung Jesu

(vgl. *Mt* 4, 6). Stürze dich ins Abenteuer, wage den Sprung ins Reich der Träume, so lockt es heute; berausche dich am Füllhorn des Lebens: im Rausch der Geschwindigkeit, im Rausch der Sinnlichkeit, im Rausch der Wahnbilder und im Rausch der Gewalttat. Gott hat uns ein Herz zum Erleben gegeben und vieles, was uns erfüllen kann – vor allem das Du. Aber ohne ihn ist alles zu wenig. Entweder wir suchen in ihm unser Glück oder wir verfehlen es, gejagt von der Jagd nach dem Glück, von Enttäuschung zu Enttäuschung, bis hin zu Überdruß und Ekel. – Durch Euren Verzicht auf das ehelich erfüllende Du und durch die besondere Pflege der liebenden Offenheit für Gott, liebe Brüder und Schwestern, helft Ihr allen in der Kirche: sich hinzugeben, ohne sich zu verlieren; aufeinander zuzugehen, um miteinander in Gott hineinzuwachsen; des Vergehenden, wie die Liturgie betet, sich so zu erfreuen, daß man zugleich schon dem Ewigen verbunden ist (17. Sonntag im Jahreskreis).
Noch herrlicher und gefährlicher als die Welt und das Du, als Besitz und Glück, ist das Ich und sein Anspruch auf Verwirklichung. Gott will den Menschen »nach seinem Bild und Gleichnis« (vgl. *Gen* 1, 26f.); Luzifer will ihn als Gegengott – der die Anbetung verweigert (vgl. *Jer* 2, 20) und als Preis dafür dem Götzen verfällt. »Er zeigte ihm alle Reiche der Welt ...: Das alles will ich dir geben, wenn du dich vor mir niederwirfst und mich anbetest« (*Mt* 4, 8f.). Alles schöpferische Gestalten und jede Selbstverwirklichung – in der Politik, in der Wirtschaft, im Geistesleben und auch in der Kirche – hat die Gefahr der Eitelkeit, des Stolzes, ja der Rücksichtslosigkeit. – Liebe Ordensleute, durch Euren treuen Kampf um den Geist des Gehorsams und durch dessen sichtbares Zeichen, den Gehorsam gegenüber den Oberen, helft Ihr allen Gläubigen und der Kirche selbst – ich möchte sagen: auch dem Papst –, die Versuchung der Macht zu erkennen und zu bestehen; helft Ihr, die Freiheit zu vollenden in der Hingabe.
Gerade heute, vielleicht mehr denn je, braucht das Reich

Gottes, das »Gewalt leidet« (*Mt* 11, 12), neue »Kämpfer«, den Versuchungen und Anforderungen unserer Zeit entsprechend. Es will sie finden in Euren Klöstern und Gemeinschaften, vom gemeinsamen Leben geformt und getragen. Seid überzeugt, daß solche großherzigen Männer und Frauen neue Generationen nach sich ziehen werden, die Christus nachfolgen und »das Angesicht der Erde erneuern« (*Ps* 103 [104], 20) – auch heute und morgen!

6. In diesen Tagen meiner Pilgerschaft bei Euch gedenkt die Kirche dreier Heiliger Eurer Heimat. Ihnen möchte ich zum Abschluß Euren Weg und Dienst in der Kirche anempfehlen. Der heilige Albert helfe Euch, aus den Zeichen der Zeit den Anruf Gottes zu hören und im Geist Eurer Gründer zu beantworten. Die heilige Gertrud erwirke Euch den Eifer und die Frucht der Gottbegegnung in Betrachtung und Liturgie. Die heilige Elisabeth vermittle Euch das feine Gespür und die unbegrenzte Offenheit in der Zuwendung zu allen, die Euch brauchen.
Albert, Gertrud, Elisabeth – zu ihnen gesellt sich hier in Altötting der demütig-frohe Pförtner des Sankt-Anna-Klosters, der heilige Bruder Konrad. Wir sehen ihn in seiner Zelle knien vor dem Fensterchen, das man ihm eigens durch die Mauer gebrochen hatte, damit er immer zum Altar der Kirche schauen konnte. Durchbrechen auch wir mitten im Alltag die Mauer des Sichtbaren, um immer und überall den Herrn im Auge zu behalten!
Zusammen mit Maria wollen wir nun unseren Besuch bei dem ihr so lieben Heiligtum fortsetzen. Treten wir vereint mit ihr ein und laßt uns wiederholen:
»Meinc Seele preist die Größe des Herrn,
und mein Geist jubelt über Gott, meinen Retter.
Denn auf die Niedrigkeit seiner Magd hat er geschaut.
Siehe, von nun an preisen mich selig alle Geschlechter.
Denn der Mächtige hat Großes an mir getan,
und sein Name ist heilig.

Er erbarmt sich von Geschlecht zu Geschlecht
über alle, die ihn fürchten« (*Lk* 1, 46–50).
Wahrhaftig, meine lieben Brüder und Schwestern! Der Allmächtige hat »Großes« an jedem von euch getan! Großes an jedem von Euch, Großes an jedem von uns, allen hier anwesenden Pilgern, Großes! Hört nicht auf, ihn zu preisen! Hört nicht auf, ihm zu danken! Hört nicht auf, Eure Hingabe, Eure Berufung jeden Tag von neuem zu leben unter dem Schutz der Unbefleckten Jungfrau, Unserer Lieben Frau von Altötting!
Meine lieben Brüder und Schwestern und all Ihr Pilger von heute:
So wird das Reich Gottes in Euch leben!
So wird das Reich Gottes zu uns kommen. Amen.

57 An das Generalkapitel der Schönstattpatres

Liebe Mitbrüder!
Es war euch ein Herzenswunsch, nach dem Abschluß des 2. Generalkapitels eurer Gemeinschaft der Schönstatt-Patres mit dem Nachfolger Petri in Rom zusammenzutreffen. Ich habe eurem Anliegen gern entsprochen und grüße euch alle sehr herzlich.
Der Herr Generalobere, dem ich für sein Grußwort aufrichtig danke, hat bereits auf die Bedeutung und den Sinn unserer heutigen Begegnung hingewiesen. Sie ist für mich persönlich ein willkommener Anlaß, euch und dem ganzen Internationalen Schönstatt-Werk meine Freude darüber zum Ausdruck zu bringen, daß die von Pater Kentenich ins Leben gerufene »Apostolische Bewegung zur Verbreitung, Verteidigung und Verinnerlichung des christlichen Lebens« seit den Jahren ihrer Gründung eine solch fruchtbare Entwicklung erfahren hat. Gegenüber manchen krisenhaften Erscheinungen in einigen Bereichen des religiösen und kirchlichen Lebens zeichnet sich die Schönstatt-Bewegung in ihren verschiedenen Zweigen

und Gruppierungen auch heute durch eine besondere geistliche Lebenskraft und ein segensreiches Apostolat aus, die vom Geist ihres Gründers, einer großen Liebe zur Kirche und einer innigen Verehrung der Gottesmutter Maria entscheidend geprägt sind. In dankbarer Anerkennung seines geistlichen Vermächtnisses an die Kirche habe ich deshalb Pater Kentenich während meines kürzlichen Deutschlandbesuchs in Fulda als eine der großen Priestergestalten der neueren Geschichte namentlich nennen und so in einer besonderen Weise ehren wollen.

Die Versprechen, die Pater Kentenich meinen beiden Vorgängern Papst Pius XII. und Papst Paul VI. im Namen seines Schönstatt-Werkes persönlich gegeben hat, nämlich entschlossen für die Wiederherstellung einer christlichen Gesellschaftsordnung einzutreten und auch bei der Verwirklichung des II. Vatikanischen Konzils nach Kräften mitzuhelfen, behalten weiterhin ihre große Aktualität und Dringlichkeit. Deshalb nehme ich die Erneuerung dieser Versprechen von euch, seinen geistlichen Söhnen, um so dankbarer entgegen und ermutige euch und die ganze Schönstattfamilie zu weiterem und noch verstärktem mitverantwortlichen Einsatz für die sittliche Erneuerung der Gesellschaft durch eine Verlebendigung und Vertiefung des religiösen und kirchlichen Lebens im Geist des Konzils in den Familien, Gemeinden und kirchlichen Gemeinschaften.

Diese Ermutigung gilt in einer besonderen Weise eurer Gemeinschaft der Schönstatt-Patres, die sich als »pars motrix et centralis« des ganzen Schönstatt-Werkes versteht. Ihr selbst habt ja eurem Institut zum Ziel gesetzt, zusammen mit den übrigen Schönstatt-Gemeinschaften mitzuhelfen »in der Erziehung eines ›neuen Menschen in neuer Gemeinschaft‹ nach dem Bild Mariens, um so Sauerteig und Werkzeug in der Hand Gottes zu werden zur Erneuerung der Gesellschaft«.

Im Geist eures Gründers stellt ihr euer Priestertum und seelsorgliches Wirken unter den besonderen Schutz der

Gottesmutter Maria, die ich in meinem Schreiben zum Gründonnerstag 1979 »die Mutter der Priester« genannt habe. In ausdrücklicher Bezugnahme auf dieses Schreiben seid ihr nun nach Rom gekommen, um euch meinem dort geäußerten Wunsch entsprechend in feierlicher Form der Mutter Christi und der Kirche zu weihen. Für diese bereitwillige und hochgemute Antwort auf meine brüderliche Einladung danke ich euch aufrichtig. Gerade das II. Vatikanische Konzil hat die hervorragende Stellung Mariens im Geheimnis Christi und der Kirche leuchtend herausgestellt und sie als »überragendes und völlig einzigartiges Glied der Kirche wie auch als ihr Typus und klarstes Urbild im Glauben und in der Liebe« bezeichnet, die die katholische Kirche »in kindlicher Liebe als geliebte Mutter« verehrt (*Lumen gentium*, Nr. 53).

Als geistliches Vermächtnis unserer heutigen Begegnung anläßlich eurer Marienweihe möchte ich euch aus jenem Schreiben an alle Priester die folgende abschließende Betrachtung mit auf den Weg geben: »Eure Aufgabe (als Priester) ist es ja, Christus zu verkünden, der ihr Sohn ist. Wer aber wird euch besser die Wahrheit über ihn vermitteln als seine Mutter? Ihr sollt die Herzen der Menschen mit Christus nähren. Wer aber kann euch das, was ihr tut, tiefer erkennen lassen als jene, die ihn selber genährt hat? ... Zu unserem Dienst-Priestertum gehört die herrliche und prägende Dimension der Nähe zur Mutter Christi. Bemühen wir uns also, diese Dimension zu leben« (*a.a.O.*, Nr. 11). Auch das II. Vatikanische Konzil hebt im letzten Kapitel der Kirchenkonstitution ausdrücklich hervor, daß die Jungfrau Maria »in ihrem Leben das Beispiel jener mütterlichen Liebe war, von der alle beseelt sein müssen, die in der apostolischen Sendung der Kirche zur Wiedergeburt der Menschen mitwirken« (*Lumen gentium*, Nr. 65).

Mit euch zusammen empfehle ich euer priesterliches Leben und Wirken dem besonderen Schutz der Gottesmutter Maria, die ihr unter dem Titel der »dreimal Wunderbaren«

verehrt, und begleite das Apostolat eurer Gemeinschaft und der ganzen Schönstatt-Bewegung von Herzen mit meinem Apostolischen Segen.

58 Predigt am Fest der Darstellung des Herrn

... 3. Heute, vierzig Tage nach der Feier des Geheimnisses der Geburt Christi, will die Liturgie mit dem Fest der Darstellung des Herrn bereits vor uns die Osternacht aufleuchten lassen, wo die Kerze als Symbol des auferstandenen Christus, des Siegers über Sünde und Tod, geweiht wird.
Auch heute schreibt uns die Kirche die Weihe der Kerzen vor, die ihr, liebe Brüder und Schwestern, in einer Opfergeste von tiefer inniger Bedeutung mitgebracht habt. Die Kerze, die ihr in den Händen tragt, ist vor allem Symbol Christi, »Herrlichkeit Israels und Licht der Völker«, und gleichfalls Symbol seiner Macht und messianischen Sendung. Deshalb teilen wir dieses Licht mit den anderen und wollen es auf alle Haltungen unseres Lebens übertragen.

4. Diese Kerze verkörpert auch das Geschenk des Glaubens, der euch bei der heiligen Taufe, wo ihr der Heiligsten Dreifaltigkeit dargestellt und geweiht wurdet, eingegossen wurde. Im besonderen aber bedeutet diese Kerze in euren Händen als Ordensmänner und Ordensfrauen jene bedingungslose Entscheidung, die ihr für Christus, das Licht eures Lebens, getroffen habt durch entschiedene und völlige Hingabe eurer selbst, als ihr euch dem Ordensleben weihtet, das eine noch vollkommenere Form der Taufweihe darstellt. »Die Mitglieder aller Institute – so das II. Vatikanische Konzil – sollen sich bewußt bleiben, daß sie durch ihr Gelöbnis der evangelischen Räte vor allem einem göttlichen Ruf geantwortet haben und dadurch nicht nur der Sünde gestorben sind, sondern auch der Welt entsagt haben, um Gott allein zu leben; denn sie haben ihr

ganzes Leben seinem Dienst überantwortet. Das begründet gleichsam eine besondere Weihe, die zutiefst in der Taufweihe wurzelt und diese voller zum Ausdruck bringt« (*Perfectae caritatis,* Nr. 5).
Ihr seid daher zur besonderen Nachfolge Jesu und zum lebendigen Zeugnis der geistlichen Forderungen des Evangeliums in der heutigen Gesellschaft berufen. Und wenn die Kerze, die ihr in euren Händen tragt, auch Symbol eures Gott hingegebenen Lebens ist, dann muß dieses sich ganz zu seinem Ruhm verzehren.

5. Stärkung, Hilfe und Ansporn zu dieser Nachfolge und diesem Zeugnis erfahrt ihr in der vorbildlichen inneren Haltung der Personen, von denen das heutige Evangelium spricht: in der stillen, zärtlichen Liebe des hl. Josef; im starken, festen Glauben des greisen Simeon; in der beharrlichen Treue und dem Gebet der alten Prophetin Anna; vor allem aber in der absoluten und völligen Bereitschaft Mariens, die in diesem Heilsgeheimnis, das die Darstellung im Tempel auf das Heilsgeschehen des Kreuzes ausrichtet, zusammen mit ihrem Sohn Hauptperson ist. »Die Kirche selbst«, schrieb Paul VI., »erblickte im Herzen der Jungfrau, die ihren Sohn nach Jerusalem bringt, um ihn dem Herrn darzustellen, eine Opferbereitschaft, die den üblichen Sinn des rituellen Darbringens übersteigt« (*Marialis cultus,* Nr. 20).
Auch ihr, liebe Brüder und Schwestern, müßt die »Opferbereitschaft« stets unversehrt bewahren, mit der ihr auf die Einladung Jesu, ihm unmittelbar auf dem Weg nach Kalvaria zu folgen, hochherzig geantwortet habt durch die heiligen Gelübde, die euch in Keuschheit, Armut und Gehorsam in einzigartiger Weise mit ihm verbinden. Diese Gelübde sind eine Synthese, in der Christus sich selbst zum Ausdruck bringen will, indem er – durch euer Ja – einen entschiedenen Kampf gegen den Geist dieser Welt aufnimmt. Die Ehelosigkeit um des Himmelreiches willen (vgl. *Mt* 19, 12) macht in besonderer Weise das Herz des

Menschen frei (vgl. *1 Kor* 7, 32ff.), um es immer stärker von Liebe zu Gott und den Brüdern entbrennen zu lassen; die freiwillige Armut in der Nachfolge Christi macht uns zu Teilhabern jener Armut Christi, der, obwohl reich, aus Liebe zu uns arm wurde, um uns durch seine Armut reich zu machen (vgl. *2 Kor* 8, 9; *Mt* 8, 20); der Gehorsam, durch den die Ordensleute die volle Hingabe ihres Willens als Opfer ihrer selbst Gott darbringen, verbindet euch mit dem göttlichen Heilswillen (vgl. *Perfectae caritatis,* Nr. 12–14).
Aber gerade durch diese radikale Entscheidung seid ihr, wie Christus und wie Maria, zu einem »Zeichen, dem widersprochen wird«, geworden, das heißt zu einem Zeichen der Trennung, des Bruchs und der Auseinandersetzung mit dem Geist dieser Welt, der Ziel und Glück des Menschen in den Reichtum, das Vergnügen, die Selbstbehauptung der eigenen Individualität legt.

6. Während wir heute das Licht der Kerzen einander weitergeben und mitteilen, denken wir an alle in der Welt verstreuten Ordensmänner und Ordensfrauen und beten innig für sie, damit sie, wo immer sie sich befinden und tätig sind, wahrhaftig glänzen mögen in jenem Licht, das Christus ist, und immer ein authentisches Zeichen seines Evangeliums und seines Geistes seien!

59 An Ordensfrauen in Manila/Philippinen

... An erster Stelle möchte ich euch helfen, eure hohe Berufung gebührend zu schätzen und die Liebe zu ihr im Herzen zu bewahren und immer mehr zu entfalten. Ich bete, daß ihr auf diese Berufung jeden Tag hochherziger antwortet, damit ihr beständig in der Ähnlichkeit mit Christus, eurem Vorbild und Lehrer, wachsen möget; denn eure Ordensweihe an Gott ist wesentlich ein Akt der Liebe zu Jesus Christus.

2. Je intensiver ihr diese Liebe lebt und je enger ihr euch an Jesus bindet, um so größeres Zeugnis für das Evangelium werdet ihr geben. Oft schon hat man feststellen können, daß zwischen dem Eifer der Hingabe, mit dem das Ordensleben in einem Land gelebt wird, und dem Zustand der Kirche in diesem Land eine enge Beziehung besteht: Eifer im Ordensleben bedeutet eine lebendige und apostolische Kirche; wo aber dieser Eifer erkaltet, läßt die Vitalität in der Ortskirche nach. Sollten sich unglücklicherweise Lauheit und Mittelmäßigkeit einschleichen, dann würden sich die Rückwirkungen davon bald im christlichen Volk zeigen. Wenn andererseits im Lauf der Geschichte die Kirche von Krisen befallen war, war es immer das Ordensleben, das das Signal für ein Wiedererwachen und eine neue Treue zum Evangelium gegeben hat.
Eure Verantwortung in dieser Hinsicht ist noch größer durch die besondere Lage, in der sich die Philippinen befinden. Euer Land ist tief vom Katholizismus geprägt in einem Großraum der Welt, der das Zeugnis einer glaubensstarken, lebendigen Kirche braucht, damit das Evangelium weiter bekannt gemacht und verbreitet werden kann.

3. Ihr habt das ausgezeichnet verstanden, und all eure Tätigkeit zeigt, daß eure hochherzige Hingabe an die Liebe Gottes euch besonders fähig macht, alle eure Brüder und Schwestern zu lieben, bereit, euch für sie rückhaltlos und ohne an euch selbst zu denken bis zum letzten einzusetzen. Ich weiß, wie sehr ihr euch um die Kinder bemüht, um die Kranken und Alten, um die Familien, um die Armen und die vielen Flüchtlinge, die hierhergekommen sind. Ich weiß, daß euer hingebender Eifer sich bis auf die Missionsländer erstreckt. Ich weiß, daß ihr euch an der katechetischen Arbeit beteiligt und versichere euch, daß diese Arbeit von den Bischöfen sehr geschätzt wird. Ihr seid wirklich Zeuginnen für die Liebe Christi, und eure Hirten sind dankbar für eure liebevolle Gegenwart und

Tätigkeit unter denen, die der Erlöser mit besonderer Liebe liebt. Im Namen Jesu und im Namen seiner Kirche danke ich euch allen. Und zugleich möchte ich euch versichern, daß die Umgestaltung der Welt und der Aufbau von Christi Reich der Gerechtigkeit und des Friedens nur durch die Gnade und Macht der Liebe Gottes in uns geschehen kann. Nur die Liebe kann die Herzen umwandeln, und ohne die Liebe kann es keine entsprechende Reform gesellschaftlicher Strukturen geben. Die einzige Gewalt, die zum Aufbau des Reiches Christi führt, besteht in Opfer und Dienst, die aus der Liebe geboren sind.

4. Ich sage auch denen unter euch meinen Dank, die ein kontemplatives Leben in der Klausur führen, offen für die Gegenwart des lebendigen Gottes inmitten einer Welt, die so oft verwirrt umhertastet auf der Suche nach dem Licht. Ihr seid dringend notwendig. Und durch euer tägliches Leben des Gebetes und Opfers in Vereinigung mit dem Opfer Christi helft ihr kraftvoll euren Schwestern im aktiven Apostolat. Ihr seid überdies eine große Stütze für die ganze Kirche und ihr sichtbares Haupt bei ihrem Auftrag, Christus zu verkünden. Und ich sage euch, daß ich sehr auf eure Mitarbeit und euer fürbittendes Gebet beim Herrn baue.

5. Die Ordensfrauen haben also einen sehr bedeutsamen Auftrag. Und um euch zu helfen, ihm immer vollkommener zu entsprechen, möchte ich drei Punkte von grundlegender Bedeutung erwähnen.

Der erste ist eure Pflicht, Zeugnis zu geben. Auf Grund eurer Taufe müßt ihr Zeichen und Werkzeug der Verbindung mit Gott und der Erlösung der Welt sein. Das »Leben im Geist« muß an erster Stelle stehen durch Hören des Wortes, durch inneres Gebet, durch treue Erfüllung der euch übertragenen Aufgabe, durch Selbsthingabe an den Dienst und durch die Demut der Buße (vgl. *Mutuae relationes*, Nr. 4b). Durch eure Weihe an Gott gebt ihr der

Welt ein sichtbares Zeugnis für das tiefe Geheimnis Christi, denn ihr macht ihn sichtbar, »wie er auf dem Berg in Beschauung weilt oder wie er den Scharen das Reich Gottes verkündigt oder wie er die Kranken und Schwachen heilt und die Sünder zum Guten bekehrt oder wie er die Kinder segnet und allen Wohltaten erweist, immer aber dem Willen des Vaters gehorsam ist, der ihn gesandt hat« (*Lumen gentium,* Nr. 46). Durch die euch eigene Berufung, die ihr in einem Orden oder einer Kongregation lebt, die von der Kirche approbiert sind, seid ihr ein besonderes Zeichen der Weihe an Gott und der apostolischen Arbeit und habt eine spezifische Rolle in der Kirche, eine Rolle mit eigenem, unterscheidendem Charakter. Bleibt eurer Berufung immer treu, trotz mancher Versuchungen. Findet eure Freude darin, eure innere Identität zu wahren und nach außen hin als das erkannt zu werden, was ihr seid.

Der zweite Punkt, den ich erwähnen möchte, ist das Gebet. Es ist für jeden lebenswichtig, die Notwendigkeit des Gebetes anzuerkennen und auch wirklich zu beten; aber Ordensleute, dazu berufen, »Spezialisten« im Gebet zu sein, müssen vor allem anderen Gott suchen und lieben. Sie müssen unter allen Umständen danach trachten, ein in Gott verborgenes Leben mit Christus zu führen, ein Leben, aus dem die Nächstenliebe entspringt und zu einem dringenden Bedürfnis wird. Ihr müßt darum durch Christus, mit Christus und in Christus eure persönliche und gemeinschaftliche innige Verbundenheit mit der ersten Quelle des Apostolats und der karitativen Tätigkeit immer mehr pflegen. So nehmt ihr innerlich teil an der Sendung, die im Vater ihren Ursprung hat. Wie ich in meiner Botschaft an die Vollversammlung der Kongregation für die Ordensleute und Säkularinstitute sagte, ist es »eure erste Pflicht, bei Christus zu sein. Wer im Apostolat arbeitet, ist ständig in Gefahr, so von der Arbeit für den Herrn in Anspruch genommen zu sein, daß er den Herrn der Arbeit darüber vergißt«. Seid also immer darauf bedacht, eure apostolischen Aufgaben so zu planen, daß ihr jeden Tag bestimmte Zeiten dem persönlichen und dem gemeinsamen Gebet widmet. Diese Gebetszeiten müssen sorgfältig eingehalten werden und lang genug sein, und ihr dürft nicht zögern, sie zu gewissen Zeiten, die diesem Zweck vorbehalten sind, durch Perioden tieferer Sammlung und intensiveren Gebets zu ergänzen. Ihr müßt sicherstellen, daß die Eucharistie natürlicher Mittelpunkt eurer Gemeinschaften ist. Das tut ihr, wenn ihr täglich mit Eifer an der Meßfeier teilnehmt und eure Gemeinschaftsgebete in einem Oratorium verrichtet, wo die eucharistische Gegenwart Christi das zum Ausdruck bringt und verwirklicht, was die erste Sendung jeder Ordensfamilie sein muß (vgl. *Evangelica testificatio,* Nr. 48).

Als dritten Punkt möchte ich die liebende Fügsamkeit gegenüber dem Lehramt der Kirche nennen, die offensichtlich aus eurer eigenen kirchlichen Stellung folgt. Wie ihr wißt, hat das Ordensleben nur Sinn in der Kirche und in der Treue zu ihren Weisungen. »Es wäre ein schwerer Irrtum, das Ordensleben von kirchlichen Strukturen unabhängig zu machen – noch viel schwerer wäre der Irrtum, wollte man das eine zum andern in Gegensatz bringen –, als ob zwei Kirchen bestünden: eine charismatische und eine institutionelle. Vielmehr bilden beide Elemente, die Geistesgaben und die kirchlichen Strukturen, eine einzige, wenn auch komplexe Wirklichkeit« (*Mutuae relationes,* Nr. 34). So ermahne ich euch, immer bereit zu sein, die Lehre der Kirche anzunehmen und in Treue zu eurem Charisma in der Pastoraltätigkeit eurer örtlichen Diözesen mitzuarbeiten, unter der Leitung eurer Bischöfe mit Petrus verbunden und in Einheit mit Christus. Der Erfolg eures Wirkens in der Weitergabe der Wahrheit und Freiheit Christi wird sich an eurem Festhalten am Worte Gottes, so, wie es von der Kirche verkündet wird, bemessen. Der gleiche Heilige Geist, der uns auf die »Zeichen der Zeit« aufmerksam macht, hat die Kirche Christi mit dem apostolischen und pastoralen Charisma des Lehramtes ausgestattet, so daß sie Christi lebenspendendes und befreiendes Wort der Wahrheit wirksam überliefern kann. Laßt uns immer an die Worte Jesu denken: »Ihr werdet die Wahrheit erkennen, und die Wahrheit wird euch frei machen« (*Joh* 8, 32).

6. Es ist also passend, daß eure Zusammenkunft heute in diesem Heiligtum stattfindet, das Maria, der Mutter der immerwährenden Hilfe, geweiht ist. Der Titel erinnert uns daran, daß wir beständig ihren Schutz und ihre Hilfe brauchen. Nach der Lehre des Konzils ist die Gottesmutter das Vorbild der Christen in Hinsicht auf den Glauben, die Liebe und die vollkommene Einheit mit Christus (vgl. *Lumen gentium*, Nr. 63), und auf besondere Art ist sie die Mutter und das Vorbild derer, die ein gottgeweihtes Leben führen.
Ihr bezeigt Maria eure liebende Verehrung durch die Feier ihrer Feste, durch das tägliche Gebet zu ihrer Ehre, besonders des Rosenkranzes, und durch die Nachahmung ihres Lebens. Möge diese Frömmigkeit jeden Tag stärker werden. Euer gottgeweihtes Leben sollte das Leben Mariens widerspiegeln. Das Ja, das sie bei der Verkündigung sprach, war nur die Bestätigung einer Haltung, die ihr schon vorher eigen war, und der Ausgangspunkt für den Weg mit dem Herrn ihr ganzes Leben hindurch. So erinnert Maria die Ordensfrauen an die Notwendigkeit, immer hochherziger dem zu entsprechen, was der Herr mit ihnen vorhat. Diese Antwort wird für jede in erster Linie in ihrem Offensein für den Heiligen Geist bestehen, in ihrer beständigen Bekehrung zu Christus, in ihrer Jungfräulichkeit, ihrer Armut und ihrem Gehorsam, kurz in der nie endenden Entdeckung ihrer Berufung und Sendung in der Kirche. Das ist jene »beständige Weiterbildung«, die für eine Reihe von Jahren unerläßlich ist.

7. Die gottgeweihte Liebe eures Ordenslebens wird im Rahmen eines kirchlich approbierten Instituts gelebt und

schließt daher das Element der Gemeinschaft ein. Das betrifft alle Ordensleute, auf welchem Platz auch immer sie in ihrer Kommunität stehen. Jedes Institut ist für die Ausbildung seiner Mitglieder verantwortlich, seinem eigenen Charisma entsprechend und in Treue zum Lehramt der Kirche. So werden die Einheit unter den Schwestern, die Hingabe für die anderen, das Interesse an den Problemen der Welt und eine angemessene Ordnung des Tagesablaufes die Bemühungen aller unterstützen und fördern.

8. Ich möchte euch dringend einladen, eure apostolische Zusammenarbeit im Dienst der christlichen Familien zu verstärken. Dies steht im Einklang mit den Beschlüssen der letzten Bischofssynode. Es bestehen tiefe und lebenswichtige Verbindungen zwischen Familie und Ordensleben. Die christliche Familie ist die normale Quelle für Berufungen zum Ordensleben, und das Ordensleben hilft den Familien, immer bessere Christen zu werden und immer deutlicher die Liebe Christi zu bezeugen, indem es ihnen bei der christlichen Erziehung ihrer Kinder, der Sorge für die Kranken und der Bewältigung der Lebensprobleme behilflich ist.

9. Durch euren Kontakt mit den Familien und durch das Beispiel der Heiligkeit, das ihr bei all euren apostolischen Arbeiten gebt, seid ihr fähig, im Hinblick auf Berufe Werkzeug der Gnade Gottes zu sein. Ja, diese Rolle ist euch zugefallen: ihr seid aufgerufen, durch das Gebet und durch euer frohes Leben der Hingabe an Gott die Berufung zum Ordensleben in der Kirche den jungen Mädchen und jungen Frauen von heute anziehend zu machen. Sie müssen klar erkennen können – überzeugt von dem Zeugnis, das ihr gebt –, daß euer Leben durchdrungen ist von persönlicher Liebe zu Jesus Christus, eurem Bräutigam, einer Liebe, in die ihr die ganze Menschheit einschließt. In meiner ersten Enzyklika erwähnte ich, daß wir »nicht ohne Liebe leben können«. Wir bleiben uns selbst unver-

ständlich, wenn wir keine Liebe erfahren und uns zu eigen machen (vgl. *Redemptor hominis,* Nr. 10). Wenn wir Zeugnis geben für eine frohe und opferbereite Liebe, dann wird unser Leben glaubhaft, und der Ruf Christi wird, menschlich gesprochen, anziehend, und man hält es für wert, ihm zu folgen. Es ist eine große Aufgabe des Glaubens, jungen Menschen zeigen zu können, daß die Liebe zu Jesus im Ordensleben das tiefste Verlangen der menschlichen Person zu erfüllen vermag, und, liebe Schwestern, gerade hier liegt eure Aufgabe...

60 Predigt vor Priestern, Ordensmännern und Seminaristen in Manila

...2. Diesmal möchte ich eine besondere Botschaft an die Ordensmänner – Priester wie Brüder – richten, die hier anwesend sind, und durch sie an alle Ordensmänner auf den Philippinen. Darf ich, meine Brüder, damit beginnen, dem Herrn zu danken für eure Gegenwart in der Kirche und für eure Mitarbeit in der Sendung der Kirche, das Evangelium unseres Herrn Jesus Christus zu verkündigen.

In dem Abschnitt aus dem Johannesevangelium, den wir soeben gehört haben, werden wir an das Wesen des Ordenslebens erinnert. »Nicht ihr habt mich erwählt, sondern ich habe euch erwählt und dazu bestimmt, daß ihr euch aufmacht und Frucht bringt« (*Joh* 15, 16). Durch die Initiative des Erlösers und eure freiwillige Antwort ist Christus zum Ziel eures Lebens und zum Mittelpunkt aller eurer Gedanken geworden. Wegen Christus habt ihr euer Gelübde der evangelischen Räte abgelegt; und Christus wird euch Halt geben in der Treue zu ihm und im Dienst der Liebe für seine Kirche.

Die Ordensweihe ist ihrem Wesen nach ein Akt der Liebe: der Liebe Christi zu euch und umgekehrt eurer Liebe zu ihm und zu allen seinen Brüdern. Dieses Geheimnis wird im heutigen Evangelium ausgesprochen, wenn Jesus zu seinen Jüngern sagt: »Wie mich der Vater geliebt hat, so habe auch ich euch geliebt. Bleibt in meiner Liebe!« (*Joh* 15, 9). Christus will, daß ihr in ihm bleibt, täglich von ihm bei der Feier der Eucharistie Nahrung empfangt und durch Gebet und Selbstverleugnung euer Leben an ihn hingebt. Indem ihr seinem Wort und seiner Barmherzigkeit vertraut, antwortet ihr auf die Liebe Christi. Ihr beschließt, ihm in Keuschheit, Armut und Gehorsam noch entschlossener zu folgen; und ihr wollt noch vollkommener am Leben und an der Heiligkeit der Kirche teilnehmen. Ihr wollt alle lieben, die Christus als Brüder und Schwestern liebt.

3. Die heutige Welt muß eure Christusliebe sehen können. Sie bedarf des öffentlichen Zeugnisses des Ordenslebens. Wie Paul VI. einmal sagte: »Der moderne Mensch hört lieber auf Zeugen als auf Lehrer, und wenn er auf Lehrer hört, dann deshalb, weil sie Zeugen sind« (*AAS* 66, 1974, 568). Wenn die Nichtglaubenden dieser Welt an Christus glauben sollen, brauchen sie euer glaubwürdiges Zeugnis – ein Zeugnis, das eurem vollkommenen Vertrauen in das reiche Erbarmen des Vaters und eurer beharrlichen Hoffnung auf die Macht des Kreuzes und der Auferstehung entspringt.
Daher müssen die Ideale, Werte und Überzeugungen, die eurer Bindung an Christus zugrundeliegen, in die Sprache des täglichen Lebens übersetzt werden. Inmitten des Gottesvolkes, in der Ortskirchengemeinde stellt euer öffentliches Zeugnis einen Teil eures Beitrags zur Sendung der Kirche dar. Wie der hl. Paulus sagte, »seid ihr ein Brief Christi, ... geschrieben nicht mit Tinte, sondern mit dem Geist des lebendigen Gottes, nicht auf Tafeln aus Stein, sondern – wie auf Tafeln – in Herzen von Fleisch« (*2 Kor* 3, 3).

4. Als Ordensbrüder und -priester seid ihr mit einer Vielzahl apostolischer Tätigkeiten beschäftigt: Verkündigung

des Wortes Gottes, Verwaltung der Sakramente, Unterricht, Katechese, Krankenfürsorge, Unterstützung der Armen und Waisen, Übung der Nächstenliebe, Dienst durch Gebet und Opfer, Aufbau der Ortsgemeinden, wo das Evangelium sich widerspiegeln und das Reich Gottes verkörpert sein soll. Denkt, während ihr diese Dienstwerke mit standhafter Ausdauer durchführt, stets an den Rat des hl. Paulus: »Tut eure Arbeit gern, als wäre sie für den Herrn und nicht für Menschen« (*Kol* 3, 23).
Alle diese apostolischen Tätigkeiten behalten heute ihre Bedeutung. Sie sind weiterhin lebendige Dimensionen der Evangelisierung, da sie in prophetischer Weise Zeugnis ablegen für Gottes Liebe und zum Wohl des ganzen Menschen beitragen. Ich bin sicher, daß die Gesellschaft im allgemeinen wie auch die Kirchengemeinden den Ordensleuten dankbar sein werden, daß sie der Kirche helfen, ihrer Verpflichtung zu den verschiedenen Formen pastoralen Wirkens tatsächlich nachzukommen.
Gleichzeitig sucht ihr mit Recht weitere Wege, um für Christus Zeugnis abzulegen und seinem Volk zu dienen. Die Kirche muß in der Tat sorgfältig auf die Nöte der Männer und Frauen unserer Zeit achten. Sie darf gegenüber den Problemen, vor denen sie stehen, oder den Ungerechtigkeiten, die sie erleiden, nicht gleichgültig sein. Wenn ihr nach neuen Wegen und Möglichkeiten sucht, die intensivere Verbreitung des Evangeliums zu unterstützen und die menschlichen Werte zu fördern, biete ich euch meine Ermutigung dazu an und die Versicherung meines Gebets. Zugleich bitte ich euch, folgende Leitlinie zu beachten: daß jede apostolische Bemühung in Übereinstimmung stehen muß mit der Lehre der Kirche, mit den apostolischen Zielsetzungen eurer jeweiligen Ordensinstitute und mit dem ursprünglichen Charisma eurer Gründer. Darf ich euch auch an meine Worte in Mexiko erinnern: »Seid Priester und Ordensleute, nicht soziale oder politische Führer oder Funktionäre einer weltlichen Macht ... Bilden wir uns nicht ein, es wäre ein Dienst am

Evangelium, wenn wir unser priesterliches Charisma durch ein übertriebenes Interesse für das weite Gebiet irdischer Probleme ›verwässern‹« (*Hoffnung so weit wie das Meer*, S. 50). Es ist für die Menschen sehr wichtig, euch als »Diener Christi und als Verwalter von Geheimnissen Gottes« zu erkennen (*1 Kor* 4, 1).

5. Treue zu Christus im Ordensleben erfordert eine dreifache Treue: Treue zum Evangelium, Treue zur Kirche, Treue zum besonderen Charisma eures jeweiligen Instituts.

Zuerst und vor allem müßt ihr dem Evangelium treu sein. Daran erinnert uns das Zweite Vatikanische Konzil, das lehrt: »Letzte Norm des Ordenslebens ist die im Evangelium dargelegte Nachfolge Christi« (*Perfectae caritatis*, Nr. 2). Auf diesem Fundament macht ihr es zu eurer vorrangigen Pflicht, auf das Wort Gottes zu hören, es in eurem Herzen zu erwägen und zu versuchen, es in die Praxis umzusetzen. Ihr sollt jeden Tag Zeit finden, über Gottes Wort nachzudenken, im Vertrauen darauf, daß seine Macht euren Geist erleuchtet und in euch den Geist der Seligpreisungen zum Leben erweckt.

Sodann bindet euch eure Ordensweihe – außer daß sie eure Bindung an Christus stärkt – auch untrennbar an das Leben und die Heiligkeit seiner Braut, der Kirche. Und dem wird in der örtlichen Kirchengemeinde konkret Ausdruck verliehen. Deshalb ist es so wichtig für euch, daß ihr eng mit dem Klerus und den Laien der Ortskirche zusammenarbeitet und bereitwillig die Autorität und das Amt des Ortsbischofs als Brennpunkt ihrer Einheit annehmt.

In diesem Zusammenhang möchte ich zwei wichtige Ausdrucksformen dieser Bindung an die Ortskirche hervorheben. Die eine ist die Beziehung der Ordenspriester zum Diözesanklerus. Ordenspriester sollten glücklich sein, am Apostolat der Ortskirche auf loyale, selbstlose Weise zusammen mit den Weltpriestern teilzunehmen, deren Aufgaben sie nicht nur ausnahmsweise, sondern ganz regulär

teilen sollten. Das Zweite ist die Beziehung zur nationalen Bischofskonferenz. Ordensobere sollten im Geist des Dokumentes *Mutuae relationes* einen offenen, nach Sohnesart geführten Dialog mit den Bischöfen suchen, aufnehmen und pflegen, die der Heilige Geist zur Leitung der Kirche Gottes eingesetzt hat. In diesem Sinn kann gar nicht genug betont werden, wie wichtig die Beziehungen zwischen der nationalen Bischofskonferenz, zu deren Aufgabe die Ausarbeitung und Festlegung von Pastoralplänen für das Land gehört, und den Verbänden der Höheren Ordensobern sind, welche die Aufgabe der Förderung des Ordenslebens übernehmen, indem sie dafür sorgen, daß es seinen tiefsten Wurzeln und seinem charakteristischen Charisma treu bleibt.
Ihr seid als Ordensmänner in der Lage, einen besonderen Beitrag zur Förderung der Einheit der Kirche zu leisten. Eure Erfahrung des Gemeinschaftslebens, des gemeinsamen Gebets und des gemeinschaftlichen apostolischen Dienstes bereitet euch auf diese Aufgabe vor. Mögt ihr euch mit neuer Kraft der großen Sache der Einheit widmen, indem ihr im Geist der Offenheit und gegenseitiger Achtung danach trachtet, trennende Schranken niederzureißen und zu fortschreitender Eintracht und gegenseitiger Zusammenarbeit zu ermutigen!

61 An Priester und Ordensmänner in Tokio/Japan

... Liebe Brüder, eure Vereinigung mit Christus, die in der Taufe begann und durch eure Weihe im Ordensstand vertieft wurde, schließt eine besondere Verbindung mit der Kirche ein. Ihr teilt in vollerem Maße das Geheimnis ihres Lebens, ihr seid auch tiefer mit ihrer Sendung in der Welt verbunden. Im Gedanken an diese kirchliche Dimension des Ordenslebens wiederhole ich, was ich in meiner ersten Enzyklika geschrieben habe: »Die grundlegende Aufgabe der Kirche in allen Epochen und besonders in der unsrigen ist es, den Blick des Menschen, das Bewußtsein und die Erfahrung der ganzen Menschheit auf das Geheimnis Christi zu lenken und auszurichten, allen Menschen zu helfen, mit dem tiefen Geheimnis der Erlösung, die sich in Jesus Christus ereignet, vertraut zu werden« (*Redemptor hominis*, Nr. 10).

Euer durch die evangelischen Räte Christus geweihtes Leben kann Herz und Geist eurer Generation zu dem erheben, der allein heilig, zu dem, der allein der Schöpfer und Erlöser aller Menschen ist. Wenn ihr frohe Boten der Wahrheit, hochherzige Helfer der Notleidenden und Männer des Gebets seid, getragen von einem tiefen Vertrauen auf den Herrn, lenkt ihr den Blick der Männer und Frauen unserer Zeit nach oben. Ihr laßt sie in Hoffnung aufschauen. Ihr helft ihnen erkennen, daß es wirklich möglich ist, »auf den Höhen schreitend« (*Hab* 3, 19), in eine liebende Verbundenheit mit Gott und ins Gespräch mit ihm zu kommen.

Ein besonderes Wort möchte ich den hier anwesenden Diözesan- und Ordenspriestern sagen. Das Herz des priesterlichen Dienstes ist die Verkündigung des Evangeliums unseres Herrn Jesus Christus, eine Verkündigung, die ihren Höhepunkt und ihr Ziel in der Eucharistiefeier gewinnt. Da ihr an dieser lebendigen Sendung der Kirche Anteil habt, bitte ich euch, einem Punkt besondere Aufmerksamkeit zu schenken, den ich in meiner letzten Enzyklika betont habe: »Die Kirche lebt ein authentisches Leben, wenn sie das Erbarmen bekennt und verkündet – das am meisten überraschende Attribut des Schöpfers und des Erlösers« (*Dives in misericordia,* Nr. 13).

Laßt alle eure Worte und Taten ein beredtes Zeugnis für euren Gott und den Reichtum seines Erbarmens sein. Eure Predigten mögen Hoffnung auf das Erbarmen des Erlösers wecken. Die Art, wie ihr das Sakrament der Buße spendet, möge jedem helfen, auf einzigartige Weise die erbarmende Liebe Gottes zu erfahren, die mächtiger ist als die Sünde. Möge eure persönliche Freundlichkeit und Hirtenliebe je-

dem, der euch begegnet, die erbarmende Liebe des Vaters aufgehen lassen, der immer zum Vergeben bereit ist.
Meine priesterlichen Mitbrüder, seid auch jederzeit eins untereinander und mit euren Bischöfen. Ignatius von Antiochien schrieb an Polykarp: »Die Einheit, das größte aller Güter, muß eure Sorge sein.« Einheit innerhalb des Presbyteriums ist für euer priesterliches Leben und euren Dienst keine unwichtige Sache, sondern ein wesentlicher Bestandteil der Predigt des Evangeliums, symbolisiert sie doch das wahre Ziel unseres Dienstes: zur Einheit mit der Heiligsten Dreifaltigkeit zu führen und die Brüderlichkeit unter allen Menschen zu fördern. Der gleiche Eifer, der uns antreibt, den uns anvertrauten Menschen zu dienen, sollte uns also auch zur Einheit untereinander anleiten. Denkt daran, wie das Verlangen nach Einheit Jesus beim letzten Abendmahl beten ließ: »Alle sollen eins sein. Wie du, Vater, in mir bist und ich in dir bin, sollen auch sie in uns eins sein, damit die Welt glaubt, daß du mich gesandt hast« (*Joh* 17, 21).
Und so mahne ich euch mit den Worten des hl. Paulus: »Seid einander in brüderlicher Liebe zugetan« (*Röm* 12, 10). Inmitten eurer pastoralen Verpflichtungen sollt ihr doch noch Möglichkeiten finden, gemeinsam zu beten, einander Gastfreundschaft zu gewähren, euch gegenseitig beim Werk des Herrn zu ermuntern. Nehmt euch besonders jener unter euren Mitbrüdern an, die einsam, krank oder von der Last des Lebens niedergedrückt sind. Als »Mitarbeiter für die Wahrheit« (*3 Joh* 8) unterstützt eure priesterlichen Mitbrüder bei unserer großen Aufgabe, die erbarmende Liebe Gottes zu verkünden, die in Christus Jesus, unserem Herrn, sichtbar geworden ist...

62 An die Ordensfrauen in Nagasaki/Japan

... Nagasaki ist deshalb ein ganz besonderer Ort, eine Stätte, die für unsere heutige Begegnung in vollkommener

Weise geeignet ist; denn seit den ersten Jahrhunderten des Christentums wurde das Ordensleben immer wieder mit dem Martyrium verglichen. Wie das Martyrium wird das Ordensleben von einer tiefen, alles übersteigenden Liebe zum Herrn inspiriert, die sich in der freien, selbstlosen Aufgabe wirklicher Werte – wie Eigentum, Familie, eigener freier Wille – kundtut, um sich vollständig Christus hinzugeben. Ich bin deshalb besonders glücklich, mit euch heute hier zusammenzutreffen und euch als einen der kostbarsten Schätze der edlen und würdigen Kirche Japans zu begrüßen, einer Kirche, die sowohl ein ehrwürdiges Alter als auch jugendlich-missionarische Lebenskraft besitzt.

2. Es trifft zu, wenn man sagt, daß in diesem großen Land mit seinen vielen Millionen fleißiger und kultivierter Menschen die Kirche dem Senfkorn gleicht oder dem Sauerteig, den eine Frau unter mehrere Maß Mehl mischt, bis der ganze Teig durchsäuert ist. Eure Rolle hier ist weniger sichtbar und mehr verborgen als in vielen Ländern, wo der Katholizismus weiter verbreitet ist; doch sie ist nicht weniger bedeutsam, auch wenn die Methoden der Evangelisierung hier recht anders sein müssen.
In dieser Situation nimmt das Zeugnis eures Lebens eine besondere Bedeutung und einen besonderen Wert an. Wenn es auch nicht immer möglich ist, die Frohbotschaft in Worten zu verkünden, so ist es doch immer möglich, sie durch das eigene Leben deutlich zu machen. Zudem sind viele angestammte Werte des Japanischen Volkes Stufen zum Evangelium hin: Liebe zur Arbeit, Offenheit für die anderen, das hohe Niveau humaner Kultur und vor allem der angeborene Sinn für Sammlung und Kontemplation, der ein charakteristisches Merkmal der Völker des Ostens ist.

3. Die kontemplative Dimension ist denn auch das wahre Geheimnis der Erneuerung des Ordenslebens, und sie ist

ein Element, für das eure Mitbürger besonders offen sind. Macht eure Häuser zu Zentren des Gebets, der Sammlung, des persönlichen und gemeinschaftlichen Gesprächs mit dem Einen, der der Eine ist und immer sein muß, mit dem ihr während eures arbeitsreichen Tages am meisten sprecht. Laßt euch nicht von der Versuchung zu Geschäftigkeit und Zerstreuung verleiten, die die moderne Konsumgesellschaft mit allen ihren materialistischen Zwischentönen nach sich zieht.

Ohne Gebet fehlt eurem Ordensleben der Sinn. Es verliert den Kontakt zu seiner Quelle, wird seines Wesens entleert und kann sein Ziel nicht erreichen. Das Gebet hält euch mit Christus, eurem Bräutigam, in Verbindung. Die einprägsamen Worte aus *Evangelica testificatio* verdienen, daß man über sie nachdenkt: »Vergeßt zudem nicht das Zeugnis der Geschichte: Treue zum Gebet oder seine Preisgabe sind der Prüfstein für die Lebendigkeit oder den Verfall des Ordenslebens« (*ebd.* Nr. 42).

4. Mit diesen Worten im Sinn richte ich einen besonderen Gruß und ein Wort der Ermunterung an alle Schwestern, die in diesem Land in der Klausur eines Klosters leben. Ihr lebt zutiefst »im Herzen der Kirche«. Euer intensives und unablässiges Gebet, das sich auf ein reiches Erbe an Geist und Lehre gründet, ist ein Geschenk an die Welt und zugleich eine Herausforderung für diese selbe Welt. Es ist auch eine Antwort an alle jene Leute unserer Zeit, die dringend nach Methoden und Erfahrungen der Kontemplation suchen.

5. Das evangelische Zeugnis, das ihr durch eure im praktischen Vollzug der evangelischen Räte der Keuschheit, der Armut und des Gehorsams gelebte Ordensweihe und durch das Zeugnis des Gebets gebt, das eure Kommunitäten beseelt, findet in euren apostolischen Tätigkeiten frischen und besonders fruchtbaren Ausdruck. Ich denke dabei besonders an euer Wirken unter den Armen, den

Kranken, den Kindern und den Familien, an eure Arbeit im weiten Bereich von Unterricht und Katechese. Eure Hingabe an die Ausbildung der Jugend ist stets von großer Bedeutung. Diese eure Tätigkeiten sind ein besonderes Mittel der Evangelisierung, der echten Förderung des Menschen. Die Ausübung dieses Apostolats mit der Vollmacht eurer Kongregation und in voller Zusammenarbeit mit den Gemeinden der Ortskirche gibt euch eine klare, besondere Stellung in der Kirche. Bleibt trotz aller Versuchungen stets eurer Rolle treu, bewahrt frohen Herzens eure innere Identität und erscheint nach außen so, wie ihr seid.

6. Zugleich bewahrt sorgfältig die ständige Achtung und liebevolle Fügsamkeit, die ihr stets für das Lehramt der Hierarchie an den Tag gelegt habt. Wie ihr wißt, hat das Ordensleben nur Sinn und Bedeutung innerhalb der Kirche und in Treue zu ihren Weisungen. Seid also immer bereit, die Lehren des Lehramtes anzunehmen; seid auch entsprechend eurem besonderen Charisma bereit, am apostolischen Werk der Ortsdiözese unter der Leitung eurer Bischöfe, verbunden mit Petrus und in Gemeinschaft mit Christus, mitzuarbeiten. Das Wort Christi, das von der Kirche unter dem Beistand des Heiligen Geistes getreu verkündet wird, soll für euch die wahre Quelle der Heiligkeit und Freiheit sein. Jesus versichert uns: »Dann werdet ihr die Wahrheit erkennen, und die Wahrheit wird euch befreien« (*Joh* 8, 32).

7. Ich möchte euch auch dringend bitten, eure apostolische Mitarbeit im Dienst der Familien zu verstärken, denn die Familie ist das bevorzugte Feld für die Evangelisierung und Ausbildung der Jugend. Wenn ihr das tut, handelt ihr ganz in Übereinstimmung mit den Beschlüssen der letzten Bischofssynode.

8. Schließlich vertraue ich euch der Fürbitte aller Märtyrerheiligen von Nagasaki an und ganz besonders dem

Schutz Mariens, der Königin der Märtyrer und Mutter der Kirche. Sie ist in der Tat die Mutter aller Christen, besonders derjenigen, die das Ordensleben leben, sie, die in Japan als Edo no Santa Maria und als Unsere Liebe Frau von Otome-tôge so sehr verehrt wird. Sie war es, die Paul VI. als die Jungfrau vorstellte, die zuhört, die Jungfrau, die betet, die Jungfrau, die Christus zur Welt bringt und ihn opfert für die Erlösung der Welt. Möge sie eure Führerin sein auf dem bisweilen schwierigen, aber immer frohen Weg zum Ideal der vollkommenen Vereinigung mit Christus. Das ist mein Gebet zu Maria für eine jede von euch und eure Kommunitäten, und indem ich darum bete, daß eure Freude vollkommen sei, erteile ich euch meinen Apostolischen Segen.

63 An das Generalkapitel der Weißen Väter

... 2. Eure Gesellschaft ist seit ihrer Gründung ein Missionsinstitut. Sie trägt mit anderen zu dem großen Werk der Evangelisierung der Völker bei, die »die wesentliche Sendung der Kirche« ist (*Evangelii nuntiandi,* Nr. 14). Wir können uns vorstellen, wie glücklich Kardinal Lavigerie gewesen wäre, wenn er um die missionarischen Bestrebungen und Erfahrungen unserer Zeit und auch um die Dokumente der Kirche gewußt hätte, die zugleich kostbare Frucht und unerläßliche Richtschnur sind. Nennen wir nur das Apostolische Schreiben *Evangelii nuntiandi,* das ausdrücklich daran erinnert, daß die Evangelisierung die eigentliche Berufung der Kirche ist (Nr. 14) und daß »evangelisieren für die Kirche besagt, die Frohbotschaft in alle Bereiche der Menschheit zu tragen, sie durch deren Einfluß von innen her umzuwandeln und die Menschheit selbst zu erneuern ...« (*ebd.,* Nr. 18). Möge dieses Dokument für euch eine Charta und ein Licht auf eurem Weg sein! Eure besondere Aufgabe war und bleibt die Evangelisierung der afrikanischen Welt. Deshalb hat eure Gemeinschaft stets den Angehörigen des Islam eine besondere Aufmerksamkeit entgegengebracht. Die Kirche freut sich darüber und ermutigt euch, die Aufgaben weiterzuführen, die ihr im Dienst der islamischen Welt sachkundig erfüllt: Aufgaben des Dialogs und des Zeugnisses, die in den kommenden Jahren so bedeutend sein werden. Zu diesem in höchstem Maße pastoralen Zweck hat euch der Hl. Stuhl das Päpstliche Institut für arabische Studien anvertraut, um den Geistlichen und den Laien zu ermöglichen, sich in der arabischen Sprache und Literatur sowie in der Kenntnis der Religion und der Einrichtungen des Islams zu vervollkommnen. Das afrikanische Heldenlied der Weißen Väter ist eine Tatsache. Es kommt darauf an, es neu zu lesen, und zwar mit großem Verständnis für die Umstände, unter denen es entstand und sich entfaltet hat, mit Achtung und Anerkennung für eure Vorgänger. Ich selbst habe während meiner Pastoralreise in Afrika großen Wert darauf gelegt, mich am Grab der alten Missionare in Kisangani in Zaire im Gebet zu sammeln. Die Generationen der Weißen Väter, die Leib und Seele hingegeben haben für die Verkündigung des Evangeliums in Afrika, waren mir auf Schritt und Tritt und in meinem Gebet gegenwärtig. Laßt mich noch hinzufügen, daß für all diese mühevolle, seit mehr als hundert Jahren in Afrika geleistete Arbeit die Kirche euch öffentlich ihre herzlichen Glückwünsche und ihren Dank zum Ausdruck bringt.

3. Aber eure Aufgabe ist nicht zu Ende. Gerade im Verlauf dieses 22. Generalkapitels habt ihr alle miteinander einen sehr aufmerksamen Blick auf die aktuellen und dringenden Bedürfnisse des afrikanischen Kontinents gerichtet, der mehr und mehr seine kulturelle Selbständigkeit und seinen Willen zu Wachstum auf sozialem und wirtschaftlichem Gebiet bekundet. Ihr werdet eure Aufgabe als Verkündiger des Glaubens nicht ohne den Dialog mit den Andersgläubigen vollbringen können und nicht ohne die mitunter himmelschreienden Bedürfnisse der afrikani-

schen Entwicklung zu berücksichtigen (vgl. *Evangelii nuntiandi*, Nr. 31 ff.). Aber eure Verantwortung ist ebenso groß im Hinblick auf die Ortskirchen, die noch nicht über genügend Priester und Seelsorger verfügen. Wieviele Bischöfe wenden sich mit dringenden und erschütternden Appellen an den Hl. Stuhl in Rom! Bleibt an der Seite dieser jungen Kirchen, und findet immer mehr euren Stil der Mitverantwortung mit ihnen. Setzt auch die Mitarbeit an der von den Diözesen Europas – ich habe bei meinen Pastoralbesuchen in Frankreich und in Deutschland davon gesprochen – betriebenen Aktion zugunsten afrikanischer Arbeiter und Studenten fort, die eine Zeitlang auf diesen Kontinent kommen. Dieser erweiterte Blick auf euren Apostolatsbereich hat in den von Arbeit und Gebet geprägten Wochen eures Kapitels ein »gemeinsames apostolisches Projekt« entstehen lassen. Nun geht ihr daran, es mit dem Ernst und der Dynamik, die euch auszeichnen, zu verwirklichen. Aber um die Zukunft realistisch vorzubereiten, werdet ihr euch klarerweise um die Ausbildung von Glaubensverkündern bemühen. Zu allen Zeiten hat sich eure Gesellschaft das Ziel gesetzt, die afrikanischen Ortskirchen darauf vorzubereiten, selbst missionarisch tätig zu werden. Ihr habt ihnen sehr dabei geholfen, wahre Afrikaner zu werden, indem ihr eine eindrucksvolle Anzahl ihrer Priester und ihrer Bischöfe herangebildet habt. Aber es gibt auch Afrikaner, die die Frohbotschaft in andere Länder als in ihr eigenes bringen wollen. Ja, manche haben heute wie gestern den Wunsch, Mitglieder eurer Missionsgesellschaft zu werden. Das ist eine Chance für das Apostolat. Diese afrikanischen Patres und Brüder werden Erben eurer missionarischen Tradition sein und in den Kommunitäten leben können, die mehr und mehr rassisch gemischt und zugleich international werden.

4. Ihr seid Männer der Kirche, Missionare und Apostel. Hier liegt eure Identität und die Quelle eurer Freude. Ich

möchte noch unterstreichen, daß ihr immer, seit den Anfängen eurer Gesellschaft, eure Berufung in Kommunitäten leben wolltet, die ein Zeugnis dafür sind, daß die Vorurteile von Rasse, Klasse, Nation, Kultur um des Reiches Gottes willen aufgegeben werden können. So lebt ihr eure Hingabe an die Mission. So wollt ihr auf den Wegen eines tiefen geistlichen Lebens schreiten, wo die Werte der Armut, der Ehelosigkeit und des Gehorsams ihren ganzen Sinn wiedergewinnen, ob ihr Patres oder Brüder seid. Die Aufrechterhaltung und der Aufbau solcher Kommunitäten der Weißen Väter ist ein vorrangiges Ziel eurer Gemeinschaft für die kommenden Jahre. Der Papst freut sich zutiefst darüber und ermutigt euch aus ganzem Herzen. Die Kirche und die Welt von heute bedürfen durchaus solcher Kommunitäten, in denen die Teilnahme und die Gemeinschaft nicht nur in Worten besteht, sondern von Tag zu Tag mit Demut und Begeisterung gelebte Wirklichkeit ist. Braucht man noch hinzufügen, daß solche Kommunitäten – und sie allein – ein Appell an die Jugend und auch an die Erwachsenen aller Länder sein werden, sich in eure Reihen einzugliedern und das Ordenskleid zu nehmen? Ich bin überzeugt, daß der Plan, ihr ganzes Dasein in den ausschließlichen Dienst des Reiches Gottes zu stellen, das Herz junger Menschen gestern wie heute zu faszinieren vermag und imstande ist, sie nach Afrika zu führen zur Zusammenarbeit mit den »Schwesterkirchen«, wie ich sie genannt habe. Befreien wir uns alle von unseren allzu subjektiven Stimmungen und Reaktionen! Keine Kirche sollte sich in sich selbst zurückziehen. Es ist mehr denn je die Stunde der Mission!
Dafür genügen die schönsten Beschlüsse nicht. Wie in den ersten Tagen der Kirche brauchen wir dringend das Licht und die Kraft des Heiligen Geistes ...

64 Predigt zum Abschluß des Benediktusjahres in St. Paul, Rom

... 3. Als eine Frucht des Gedenkjahres, in dessen Verlauf die Gestalt und das Werk des hl. Benedikt in der Kirche und in der Gesellschaft eine überraschende Botschaft des Lichtes verbreitet haben, läßt sich schon deutlich das Verlangen wahrnehmen, daß das Mönchtum seine echten und vielfältigen Traditionen, sowohl die des Lebens in strenger Klausur als auch die der aktiven Präsenz in den Bereichen der Seelsorge, des Handwerks, der Landwirtschaft, der wissenschaftlichen Forschung usw., wieder lebendig werden lasse. Das wird sich dann um so leichter und wirksamer realisieren lassen, wenn die Gottsuche in der Liturgie und in der lectio divina Vorrang behält und die Forderungen des Gemeinschaftslebens sowie die treue Hingabe an die Arbeit in ihren verschiedenen Formen respektiert werden.

Ich möchte aufgreifen, was im vergangenen September die Äbte, Äbtissinnen und Obern der Benediktiner, Zisterzienser und Trappisten zum Abschluß ihres Symposions zum Ausdruck brachten, und spreche gerne den Wunsch aus, daß »die monastischen Gemeinschaften verkünden, daß alle Generationen, Mentalitäten, Rassen und sozialen Klassen sich in Christus begegnen können. Sie müssen Zentren des Gebetes sein, in denen das Wort Gottes gehört und aufgenommen wird. Durch die Einfachheit ihres Lebens müssen sie den Unterdrückten und Kleinen dieser Welt nahe sein, nach Frieden und Gerechtigkeit für alle suchen und unsere Zeitgenossen für die Übel des Konsumismus, des Individualismus und der Gewalt sensibilisieren« (vgl. *Botschaft des monastischen Symposions*).

Wie am Ende der Antike der hl. Benedikt und seine Mönche Baumeister und Hüter der Kultur und Zivilisation werden konnten, so ist es in unserer Zeit, die von einer schnellen kulturellen Entwicklung gekennzeichnet ist, dringend notwendig, uns der Herausforderungen der modernen Welt bewußt zu werden, gleichzeitig aber treu zu den bleibenden Werten zu stehen. Der größte und unerschöpfliche Wert ist das Wort Gottes, das wir zur ständigen Bekehrung unseres Lebens jeden Tag hören und zu den aktuellen Problemen, wie auch zu jenen, die sich am Horizont abzeichnen, in Beziehung setzen müssen: Probleme wie die geophysikalischen Vorgänge, die Dritte Welt, die Krise der Familie, die Ausbreitung der Drogensucht und der Gewalt, die Bedrohung durch das Wettrüsten und die Schwierigkeiten wirtschaftlicher Ordnung. Wenn wirklich im Christen, im Ordensmann, im Priester eine so tiefe Spiritualität vorhanden ist wie in Benedikt, wenn jeder – wie er es sein soll – ein »Mann Gottes« ist, dann wird er in wirksamer Weise ein »Diener des Menschen« sein können. ...

4. An diesem Punkt kann, so scheint mir – aufgrund eines einzigartigen und, ich würde sagen, von der Vorsehung bestimmten Zusammentreffens –, der Abschluß des Gedenkjahres für den hl. Benedikt unter dem besonderen Aspekt der Armut in das Gedenkjahr zum 800. Geburtstag des hl. Franz von Assisi hinüberführen, das im kommenden Oktober seinen Anfang nehmen wird. In der Tat handelt es sich um eines der wichtigsten Erfordernisse, die sich aus den monastischen Begegnungen während des soeben zu Ende gegangenen Benediktusjahres ergeben haben: es war unmöglich, die Augen vor der Woge des Materialismus, des Hedonismus, des theoretischen und praktischen Atheismus zu verschließen, die von den westlichen Ländern aus die ganze übrige Welt überflutet hat. Den Mönchen des weitverzweigten Benediktinerordens, den Söhnen und Töchtern der verschiedenen franziskanischen Familien und überhaupt allen Ordensleuten obliegt die Verantwortung dafür, mit eindeutigem Zeugnis, durch Umkehr des Herzens und des Lebensstils, die Werte der wirklichen Armut, der Einfachheit des Lebens, der brüderlichen Liebe und des selbstlosen Teilens wieder in die

Gesellschaft einzuführen. Ich möchte mir die Worte aus der Botschaft der Benediktiner und Benediktinerinnen Asiens zu eigen machen und auch hier den Wunsch aussprechen, das Vorbild der hl. Benedikt und Franziskus möge »uns unsere Berufung zum Bewußtsein bringen, arm zu sein mit dem armen Christus; uns anspornen, ihm mit Freude zu folgen durch eine größere Solidarität mit den Ärmsten unserer Länder und der ganzen Welt. Auf diese Weise, so glauben wir, können wir zusammen mit der ganzen Menschheit Gottes Liebe zu den Menschen tiefer begreifen und uns konkret zugunsten unserer Mitmenschen einsetzen«. Auf eben diesen Einsatz zugunsten des Menschen und der menschlichen Gesellschaft haben im übrigen auch die Bischöfe Europas in ihrer Erklärung Bezug genommen, die am 28. September 1980 von Subiaco aus verkündet wurde.

5. Aber, liebe Brüder und Söhne, es ist klar, daß dieses weltweite Bemühen und die damit verbundenen Pflichten und Dienste alle und immer auf ihre geistliche Quelle verweisen. Wer wüßte nicht, daß die Aktion die Kontemplation voraussetzt? Und erfordert diese, besonders in den Mönchs- und Bettelorden, nicht als Voraussetzung eine lebendige Eucharistiefeier, Treue im Chorgebet und eine engagierte Form des Gemeinschaftslebens, um das Übergewicht des Tuns über das Sein und die Förderung eines unausgeglichenen Aktivismus gegenüber dem Vorrang des inneren Lebens zu vermeiden? Ja, in jedem apostolischen Dienst, von wem und in welcher Form er auch geleistet wird, bedarf das dienende Tun der Katechese, der Einsatz bedarf des Gebetes, damit sich die Liebe nicht auf bloße Menschenfreundlichkeit beschränkt, sondern damit die Liebe zum Nächsten von der Liebe Gottes geleitet, beseelt und fruchtbar gemacht wird. ...

5 An die Mitglieder des Krankenpflegeordens vom hl. Johannes von Gott

... In einer Zeit wie der unsrigen, in der die Krankenpflege Gefahr läuft, gegenüber anderen, für vorrangig gehaltenen Werten an zweite Stelle zu geraten, ist es mehr denn je notwendig, daß es Menschen gibt, die durch ihr Beispiel und ihr Wort die höchste Würde der Person bezeugen, besonders im Hinblick auf Schwache und Wehrlose. Die Worte Christi: »Ich war krank, und ihr habt mich besucht« (*Mt* 25, 36), sollen daran erinnern, daß diese Würde jedem Menschen, auch dem ärmsten, eigen ist und daß sie niemals angesichts eines Gewinnes, möge er auch noch so bedeutend sein, geopfert werden darf.
Ihr kennt die Antwort, die der hl. Johannes dem Erzbischof von Granada gab, als dieser ihn aufforderte, »das Krankenhaus zu säubern« und einige undisziplinierte und streitsüchtige Kranke zu entlassen. Der Biograph berichtet, daß der Heilige »mit großer Aufmerksamkeit alles hörte, was sein Bischof ihm sagte, und dann voll Demut und Milde antwortete: ›Mein Vater und gütiger Bischof, ich allein bin schlecht, unverbesserlich und unnütz und verdiene, aus dem Haus Gottes geworfen zu werden. Die Armen im Krankenhaus sind gut, und ich weiß von keinem von ihnen ein Vergehen. Und da Gott die Schlechten und die Guten duldet und jeden Tag über allen die Sonne aufgehen läßt, ist es nicht recht, die Verlassenen und Kranken aus ihrem eigenen Haus zu jagen‹« (F. De Castro, *op. cit.*, S. 103).
...

Mein Wunsch ist, daß jeder Angehörige des Ordens sich von diesen Beispielen konkret anregen und in seinem Wirken unter den Kranken von ihnen führen lasse, um so Zeugnis für jene geheimnisvolle und doch wirkliche Gegenwart zu geben, mit der Christus auch heute noch unter den Kranken und Leidenden weilt, »Gutes tut und alle heilt«, wie er einst bei den Kranken Palästinas war (vgl. *Apg* 10, 38). ...

66 Botschaft zum Weltgebetstag für geistliche Berufe 1981

... 1. Jede Ortskirche muß sich immer mehr bewußt werden, was sie in Wirklichkeit ist, und dies im Licht des Geheimnisses der universalen Kirche. Denn gerade in diesem Glaubenslicht findet die Ortskirche Kraft zu leben, zu ringen, zu wachsen. Unter dieser Rücksicht haben einige Gläubige wohl eine Vertiefung ihres Bewußtseins nötig. So muß gut und in aller Klarheit verstanden werden, welches die Berufung und die Sendung des Volkes Gottes ist, wie es als Pilger durch die Welt geht und die ewige Heimat zum Ziel hat. Mit gleicher Klarheit muß man erkennen, was ein Bischof ist, ein Priester, ein Diakon; welches ihre genaue und unersetzliche Sendung im Dienst am Volke Gottes ist; was diese Personen, die das Weihesakrament empfangen haben, von den anderen Mitgliedern des Volkes Gottes unterscheidet. Ebenso klar muß verstanden werden, wer jene anderen Personen, Männer und Frauen, sind und was sie tun, die ebenfalls für den Dienst am Volke Gottes geweiht sind, aber nicht durch das Weihesakrament, sondern durch die Ordensgelübde oder andere heilige Bindungen. Ein solches klares Verständnis im Licht des Glaubens läßt uns dem Herrn Dank sagen und ihn für die Fülle an Diensten und Gaben preisen, mit denen er die Kirche reich beschenkt hat. Im Hinblick darauf ist es hilfreich, daß jedes Mitglied der Kirche über seine eigene Verantwortung ernsthaft nachdenkt, seine eigene, persönliche Berufung entdeckt und bereit ist, in hochherziger Weise der kirchlichen Gemeinschaft mit der ihm vom Heiligen Geist geschenkten Kraft und Gnade zu dienen.

2. Jede Ortskirche muß aus dem Reichtum ihres Glaubens und im Bewußtsein ihrer Sendung dem Herrn Jesus Christus alle ihr mögliche Mithilfe anbieten, um ihre apostolische Wirkkraft lebendig zu erhalten, sie zu mehren und ständig zu erneuern. Das II. Vatikanische Konzil hat zu Recht betont, daß die Pflicht, die geistlichen Berufe zu fördern, die gesamte christliche Gemeinde betrifft (vgl. *Optatam totius*, Nr. 2). Wenn der Herr uns eine solche große Verantwortung für das Leben und die Zukunft der Kirche hat übertragen wollen, können wir dann die Ehre zurückstoßen, die er uns damit erweist, und das Vertrauen ablehnen, das er uns schenkt?
Hier ergibt sich eine Frage an unser Gewissen. Im Angesicht Gottes darf niemand sagen: Darum sollen sich die anderen kümmern! Gewiß, wer mehr empfangen hat, muß mehr geben: Die Priester und die anderen geweihten Personen sind hier an erster Stelle angesprochen. In der Frage der geistlichen Berufe haben sie nämlich eine ganz besondere Verantwortung, die sie weder ignorieren noch übersehen noch von sich abwälzen dürfen. Mit ihrem Leben und Beispiel, mit ihren Worten, mit der Treue und hohen Qualität ihrer apostolischen Arbeit sollen sie deshalb die anderen, und vor allem die jungen Menschen, dazu erziehen, Freude daran zu finden, der Kirche zu dienen. Dies alles ist für einen Geistlichen wie für einen Menschen im Ordensstand eine Ehrensache, ein Akt der Treue gegenüber der eigenen Berufung, eine Probe für die Echtheit der eigenen Existenz. Aber auch die Familien und die anderen Erzieher haben ihre besonderen Gnadengaben und damit auch eine entsprechende Verantwortung. Auch sie müssen es darum verstehen, ein Klima des Glaubens zu schaffen, die Freude daran weiterzugeben, dem Nächsten beizustehen und der Kirche zu dienen sowie geistige Voraussetzungen im Menschen zu wecken, damit er den Willen des Herrn annimmt und ihm folgt. Auf diese Weise werden die Jugendlichen weniger Schwierigkeiten haben, ihren Weg zu suchen und zu finden.

3. Schließlich möchte ich jede Ortskirche bitten, in meinen Worten erneut die Aufforderung Christi zu vernehmen, den Herrn der Ernte zu bitten, »Arbeiter für seine Ernte auszusenden« (*Mt* 9, 38; *Lk* 10, 2). Deshalb wollen wir, liebe Brüder und Schwestern, mit unserem gemeinsamen Gebet, so weit wie die Welt, so stark wie unser Glaube, so ausdauernd wie die Liebe, die der Heilige Geist uns ins Herz gegeben hat,

– den Herrn lobpreisen, der seine Kirche mit der Gabe des Priestertums, mit den vielfältigen Formen des gottgeweihten Lebens und mit ungezählten weiteren Gnadengaben beschenkt hat zur Auferbauung seines Volkes und zum Dienst an der Menschheit;

– wir wollen dem Herrn danksagen, der immer noch seinen Ruf aussendet, dem zahlreiche junge Menschen und auch ältere Personen in diesen Jahren und in verschiedenen Teilen der Welt mit wachsender Hochherzigkeit folgen;

– wir bitten den Herrn um Vergebung für unsere Schwachheiten und Untreue, die vielleicht anderen den Mut nehmen, dem Ruf des Herrn zu folgen;

– zugleich flehen wir zum Herrn mit brennender Liebe, daß er den Seelsorgern, den Ordensmännern und Ordensfrauen, den Missionaren und den anderen dem Herrn geweihten Personen die Gabe der Weisheit, des Rates und der Klugheit schenke für ihr Bemühen, andere zu einem vorbehaltlosen Dienst für Gott und die Kirche einzuladen; und daß er ebenso einer wachsenden Zahl von Jugendlichen und auch Älteren die Hochherzigkeit und den Mut verleihe, dieser Einladung zu entsprechen und in Treue zu folgen.

Laßt uns dieses demütige und vertrauensvolle Gebet an den Herrn richten und es auch der Fürbitte Mariens anvertrauen, der Mutter der Kirche und Königin des Himmels, leuchtendes Beispiel für jeden Menschen, der dem Dienst am Volke Gottes geweiht ist.

67 An Priester und Ordensleute in Bergamo

... Wer wüßte nicht, wie wertvoll und groß der Beitrag der Ordensfrauen an der Seelsorgstätigkeit und den modernen kirchlichen Diensten ist? Wenn mit Recht die Felder des Apostolats für entsprechend vorbereitete und hochherzige Laien geöffnet wurden, so ist der Bereich noch um vieles umfassender, in dem zu arbeiten unsere Schwestern berufen sind. In ihnen wirken das Charisma der Ordensberufung, die Bindung durch ihr Ordensgelübde, das ihnen eigene Einfühlungsvermögen und die anderen fraulichen Gaben zusammen und lösen einen mächtigen Antrieb aus, der überall dorthin reichen kann und auch tatsächlich reicht, wo sich die Kirche in verantwortlicher Weise engagiert. Das hebe ich hier in Bergamo mit um so größerer Freude hervor, weil ich weiß, welch großartigen Impuls diese fruchtbare Erde, auf der im vorigen Jahrhundert so viele neue Institute entstanden, der Ausbreitung des Ordenslebens gegeben hat. In besonderer Weise denke ich an die Klausurschwestern, die, ihrer spezifischen Berufung getreu, mit ihrem Gebet und ihrer Liebe geistig hier anwesend sind.

Liebe Ordensfrauen! Welches immer die Art oder die Form sein mag, in der ihr euren apostolischen Dienst ausübt – sei es beim Gebet in der Stille des Klosters, sei es auf einem Lehrstuhl, am Krankenbett in einem Hospital, in der sozialen Fürsorge, in der Presse oder bei anderen Kommunikationsmitteln –, wo immer ihr euch befindet, haltet stets das Bewußtsein des »Einmündens« eures Seins und eurer Aufgabe in die Kirche wach. Ihr seid lebendige Kräfte der Kirche: das wißt ihr, das wollt ihr, das müßt ihr sein! Und ihr seid es, weil es der Herr, der euch berufen hat, so haben will. Seid also »Hauptdarsteller« seines Evangeliums: wie die klugen und wachsamen Jungfrauen im Gleichnis, deren Lampen immer mit Öl versehen waren, um auch den Brüdern den Weg zum Himmelreich zu erleuchten (vgl. *Mt* 25, 1–3). ...

... 3. Das Problem der Priesterberufe – ebenso wie der männlichen und weiblichen Ordensberufe – ist, das will ich offen sagen, das Grundproblem der Kirche. Es ist der Nachweis ihrer geistlichen Lebenskraft und die Voraussetzung dieser Lebenskraft. Von den Berufen hängt die Erfüllung ihres Auftrages und ihrer Entfaltung ab.
Das gilt für die Kirche in ihrer universalen Dimension wie für jede Ortskirche, für die Diözese und analog für die Ordensgemeinschaften. Dieses Problem muß daher in jeder dieser Dimensionen betrachtet werden, wenn unser Einsatz auf dem Gebiet der Weckung neuer Berufe geeignet und wirksam sein soll.
Die Berufungen sind der Nachweis der Lebenskraft der Kirche. Das Leben bringt Leben hervor. Nicht zufällig unterstreicht das Dekret über die Priesterausbildung, wo es von der Aufgabe spricht, »Berufe zu fördern«, daß die christliche Gemeinde »diese Aufgabe vor allem durch ein wirklich christliches Leben erfüllt« (*Optatam totius*, Nr. 2). Wie ein Boden seinen Reichtum an Lebenskräften durch die Frische und Üppigkeit der in ihm herangereiften Ernte beweist (unwillkürlich stellt sich der Bezug zum Gleichnis vom Sämann her: vgl. *Mt* 13, 3–23), so wird eine Kirchengemeinde dadurch, daß sich in ihr ein blühender Reichtum an Berufungen einstellt, ihre Kraft und ihre Reife beweisen.
Die Berufungen sind auch die Bedingung für die Lebenskraft der Kirche. Diese hängt zweifellos von allen Gliedern der Gemeinde ab, vom gemeinsamen Apostolat, besonders vom Apostolat der Laien. Doch ebenso sicher steht fest, daß sich für die Entwicklung dieses Apostolats das Priestertum als unerläßlich erweist. Das wissen übrigens die Laien selbst sehr gut. Das authentische Laienapostolat gründet sich auf das Priestertum und beweist seinerseits dadurch seine Echtheit, daß es unter anderem in seinem Bereich neue Berufe zu wecken vermag.

4. Man wird uns fragen, warum das so ist. Damit rühren wir an die entscheidende Dimension des Problems, nämlich die Wahrheit von der Kirche: die Wirklichkeit der Kirche, so wie sie von Christus im Ostergeheimnis geformt wurde und ständig unter der Wirkung des Heiligen Geistes weiter geformt wird. Um das Bewußtsein von der Wichtigkeit der Berufungen neu zu wecken oder zu vertiefen, muß man zu den Wurzeln einer gesunden Ekklesiologie zurückgehen, wie sie vom Zweiten Vaticanum freigelegt wurden. Das Problem der Berufungen, das Problem der Weckung neuer Berufe gehört in organischer Weise zu jener großen Aufgabe, die man als »Verwirklichung des Zweiten Vaticanum« bezeichnen kann.

...

Dann die Berufe zum Ordensleben. Sie sind der Nachweis und zugleich die Bedingung der Lebenskraft der Kirche, weil diese Lebenskraft nach dem Willen Christi in dem radikalen evangelischen Zeugnis für das Reich Gottes inmitten alles Irdischen ihren Ausdruck finden soll.

5. Das Problem der Berufungen, liebe Brüder, wird immer ein Problem sein, das mir ganz besonders am Herzen liegt. Das habe ich bei verschiedenen Anlässen gesagt. Ich bin überzeugt, daß – ungeachtet aller Umstände, die zu der geistlichen Krise in der modernen Gesellschaft gehören – der Heilige Geist nicht aufhört, in den Seelen zu wirken. Ja, er ist umso intensiver wirksam. Und eben von daher tun sich auch vor der Kirche unserer Tage günstige Perspektiven in bezug auf Berufungen auf, wenn sie nur Christus wirklich treu zu bleiben trachtet; wenn sie nur ihre Hoffnung unbegrenzt in die Macht seiner Erlösung setzt und alles ihr Mögliche versucht, um auf dieses Vertrauen mit Recht »Anspruch zu erheben«.

Bedingung für die communio, die besondere Gemeinschaft des Gottesvolkes – habe ich bei anderer Gelegenheit gesagt – ist die Vielfalt der Berufe und der Charismen. Es gibt eine einzige gemeinsame christliche Berufung: die Berufung zur Heiligkeit; und es gibt ein grundlegendes Charisma des Christseins: das Sakrament der Taufe. Auf seiner Grundlage entwickeln sich jedoch die einzelnen Berufe, wie der Priester- und Ordensberuf und daneben die Berufung der Laien, die wiederum einen ganzen Komplex vielfältiger Möglichkeiten einschließt. Denn die Laien können auf sehr verschiedene Weise in ihrem Apostolat am Auftrag der Kirche teilhaben.

Sie dienen der Gemeinschaft der Kirche, wenn sie sich z. B. an der Katechese oder am karitativen Dienst beteiligen und gleichzeitig in der Welt die Wege für Christus in vielen Bereichen ihres besonderen Engagements erschließen.

Der Gemeinschaft des Gottesvolkes in der Kirche dienen heißt, für die verschiedenen Berufe und Charismen in ihrer Eigentümlichkeit Sorge zu tragen und dahin zu wirken, daß sie sich gegenseitig ergänzen wie die einzelnen Glieder des Leibes« (vgl. *1. Kor* 12, 12ff.).

Wir dürfen der Zukunft der Berufungen voll Zuversicht entgegensehen, wir können auf die Wirksamkeit unserer Bemühungen für die Weckung von Berufen zählen, wenn wir bewußt und entschieden von jener eigentümlichen »ekklesiologischen Versuchung« unserer Zeit abrücken, die von verschiedener Seite und mit vielfältigen Motivierungen sich im Bewußtsein und Verhalten des christlichen Volkes breitzumachen versucht. Ich spiele damit auf Vorschläge an, die eine Laisierung des Priesteramtes und des priesterlichen Lebens anstreben; die die sakramentalen Dienste durch andere Dienste ersetzen wollen, die angeblich den heutigen pastoralen Bedürfnissen besser entsprechen; und die auch die Ordensberufung ihres prophetischen Zeugnischarakters für das Reich Gottes zu berauben trachten, indem sie sie ausschließlich auf Funktionen des gesellschaftlichen Wandels oder sogar des unmittelbaren politischen Engagements ausrichten wollen. Diese Versuchung rührt an die Lehre der Kirche, wie sich Papst Paul VI. ausdrückte, als er vor der Vollversammlung der

Italienischen Bischofskonferenz über die Probleme des Amtspriestertums sprach: »Was uns in diesem Zusammenhang betroffen macht, ist die Annahme, die in manchen Köpfen mehr oder weniger weit vorgedrungen ist, man könne von der Kirche als solcher, von ihrer Lehre, von ihrer Verfassung, von ihrer Geschichte und den heiligen Schriften absehen und nach bestimmten ideologischen und soziologischen Schemen, die veränderlich sind und nicht von inneren kirchlichen Erfordernissen getragen werden, eine neue ›Kirche‹ erfinden und schaffen; so müssen wir mitunter sehen, daß es nicht so sehr ihre äußeren Feinde sind, die die Kirche diesbezüglich zu erschüttern und zu schwächen trachten, als vielmehr einige ihrer Kinder, die vorgeben, ihre freien Förderer zu sein« (*Insegnamenti di Paolo VI.*, vol. VIII, 1970, S. 302).

6. Christus ist die Tür zu den Schafen!
Mögen alle Anstrengungen der Kirche – und besonders eures Kongresses! –, mögen alle Gebete unserer heutigen Eucharistiefeier diese Wahrheit aufs neue bestätigen!
Mögen sie ihre volle Wirkkraft entfalten! Mögen durch Christus, die »Tür«, immer neue Generationen von Hirten der Kirche eintreten! Immer neue Generationen von »Verwaltern der Geheimnisse Gottes«! (*1 Kor* 4, 1). Immer neue Scharen von Männern und Frauen, die durch ihr ganzes Leben, durch freiwillig übernommene und gelobte Armut, durch Keuschheit und Gehorsam Zeugnis geben von dem Reich, das nicht von dieser Welt ist und das unvergänglich ist.
Möge Christus – die Tür zu den Schafen – sich weit öffnen für die Zukunft des Gottesvolkes auf der ganzen Erde. Und er möge alles annehmen, was wir, unseren schwachen Kräften entsprechend, aber auf die Unermeßlichkeit seiner Gnade gestützt, für die Weckung von Berufen zu tun versuchen.
Die demütige Dienerin Gottes stehe uns in diesen Initiativen bei. Maria, die das vollkommenste Vorbild für alle Be-

rufenen ist; sie, die auf den Ruf des Höchsten antwortete: »Mir geschehe, wie du es gesagt hast« (*Lk* 1, 38).

69 Schreiben zum 400. Geburtstag des hl. Vinzenz von Paul

Nun sind es 400 Jahre her seit der Geburt des hl. Vinzenz am 24. April 1581 in dem Dorf Pouy/Landes. Die Kirche ist dem dritten Kind des Johann Depaul und der Bertrande Demoras sehr dankbar und kann deshalb diesen Geburtstag nicht übergehen. Im Lauf der Jahrhunderte, ja schon zu ihren Lebzeiten, aber mehr noch nach ihrem Tod sind die Heiligen Zeugen der liebenden Gegenwart Gottes und seiner heilbringenden Taten in der Welt. Der 400. Jahrestag der Geburt des hl. Vinzenz ist eine Gelegenheit für die Ordensfamilien, die seinem Charisma ihr Dasein verdanken, aber auch für das christliche Volk, über die Wunder nachzudenken, die der Gott der Liebe und des Erbarmens durch einen Menschen bewirkt hat, der sich ihm ohne Vorbehalt durch die unwiderrufliche Bindung im Priestertum hingegeben hat. Es ist mein lebhafter Wunsch, der Kongregation der Mission, der Genossenschaft der Töchter der christlichen Liebe, den Vinzenzkonferenzen und allen Gemeinschaften und Gruppen, die sich vom vinzentinischen Geist leiten lassen, zu sagen, wie sehr die Kirche die apostolische Arbeit schätzt, die sie in der Nachfolge des hl. Vinzenz ausüben. Durch Sie möchte ich allen Gemeinschaften die Gedanken übermitteln, die dieses Ereignis in mir weckt, und sie ermutigen, immer und überall das Feuer der evangelischen Liebe zu entzünden, wie es im Herzen des Herrn Vinzenz brannte.

...

Um den Armen besser dienen zu können, schloß Vinzenz sich mit andern zusammen, die sich, ohne an eine Pfarrei gebunden zu sein, im Einverständnis mit den Bischöfen ganz dem Heil der armen Landbevölkerung widmen sollten durch Predigten, Katechismusunterricht und Hören von Generalbeichten. Sie sollten in keiner Weise irgendein Entgelt annehmen. Diese Gruppe von Priestern, die bald »Lazaristen« genannt wurden nach dem berühmten Priorat von St. Lazarus, das sie 1632 erwarben, entwickelte sich schnell. Die Priester ließen sich in 15 Diözesen nieder, um Pfarrmissionen zu halten und Caritas-Vereine zu gründen. Die Kongregation der Mission breitete sich sogar in Italien, Irland, Polen, Algerien und Madagaskar aus. Vinzenz versäumte nicht, seine Gefährten immer wieder auf die »Gesinnung unseres Herrn« hinzuweisen, die sich ihm in fünf Grundtugenden ausdrückt. Es sind die Einfalt, die Sanftmut (hinsichtlich des Nächsten), die Demut (in bezug auf sich selbst) und als Vorbedingung dieser drei Tugenden die Abtötung und der Eifer. Diese sind gewissermaßen der dynamische Aspekt der ersteren. Die Ermahnungen, die er denen gab, die er aussandte, das Evangelium zu verkünden, sind von großer geistiger Weisheit und pastoralem Realismus: es geht nicht darum, selbst geliebt zu werden, sondern die Liebe zu Jesus Christus zu wecken. In einer Zeit, wo viele Priester griechische und lateinische Zitate in ihre komplizierten Predigten einflochten, verlangte er im Namen des Evangeliums Einfachheit und eine überzeugende, bildhafte Sprache. Mögen die Vinzentiner heute, ihrem Vater, dem hl. Vinzenz, getreu, das Wort Gottes durch ihre Predigten reichlich säen und unaufhörlich dazu beitragen, »die priesterliche Identität und die wahre evangelische Dynamik« im Volk Gottes zu stärken. Diesen Wunsch habe ich selbst in einem Brief an alle Priester der Kirche am Gründonnerstag 1979 zum Ausdruck gebracht. Das Beispiel des Herrn Vinzenz möge all diejenigen aneifern, die die große Verantwortung tragen, geweihte Priester für die christlichen Gemeinden in Stadt und Land auszubilden, wo sie so dringend gebraucht werden.

...

Ein anderer Aspekt der rastlosen Tätigkeit und des Wirklichkeitssinns des hl. Vinzenz besteht darin, daß er den Caritas-Vereinen, die sich immer mehr ausbreiteten, eine einheitliche und wirksame Struktur gab. Luise von Marillac, Witwe des Anton Le Gras, die zuerst von Franz von Sales zum geistlichen Leben angeregt und dann von Vinzenz selbst geleitet wurde, erhielt von diesem den Auftrag, die Caritas-Vereine zu besuchen und zu betreuen. Sie hat wunderbar gewirkt, und ihre Ausstrahlung bewog mehrere »gute Landmädchen«, die in den Vereinen tätig waren, ihrem Beispiel der Ganzhingabe an Gott und an die Armen zu folgen. Am 29. November 1633 wurde die Genossenschaft der Töchter der christlichen Liebe gegründet. Der hl. Vinzenz gab ihr eine einmalige und sehr anspruchsvolle Regel: Sie haben als Kloster die Krankenhäuser, als Zelle eine Mietwohnung, als Kapelle die Pfarrkirche, als Kreuzgang die Straßen der Stadt, als Klausur den Gehorsam, als Sprechgitter die Furcht Gottes, als Schleier die heilige Eingezogenheit. Der Geist der Genossenschaft ist zusammengefaßt in den Worten: »Sie müssen das tun, was der Sohn Gottes auf Erden getan hat. Sie müssen den armen Kranken das Leben geben, das Leben des Leibes und das Leben der Seele.« In der Nachfolge Luisens haben Tausende und Abertausende von Frauen ihr ganzes Leben verzehrt im unauffälligen Dienst an den Leidenden, den Bettlern, den Sträflingen, den Außenseitern, den Behinderten, den Analphabeten, den Findelkindern. Als Töchter des Herrn Vinzenz sind sie nach seinem Beispiel und wie er das Herz Christi in der Welt der Armen und auch in der Welt der Reichen, die sie zur Güte gegen die Armen bewegen. Ohne die Frauenbewegungen unserer Zeit zu kennen, wußte Herr Vinzenz unter den Frauen seiner Zeit intelligente und großmütige, treue und ausdauernde Helferinnen zu finden. Die Geschichte der Genossenschaft erhellt auf eigenartige Weise das ohne Zweifel tiefste Wesen wahrer Fraulichkeit: ihre Berufung zur Zartheit, zum Mitleid, dessen die Menschheit immer bedarf; denn es gibt

immer Arme in ihrer Mitte, und die moderne Gesellschaft läßt neue Formen der Armut entstehen.
Dieser betrachtende Blick auf die vinzentinische Heldenzeit macht es leicht, zu sagen, daß Vinzenz ein moderner Heiliger ist. Wenn er heute wiederkäme, wäre sein Arbeitsfeld nicht mehr das gleiche. Es ist inzwischen gelungen, viele Krankheiten zu heilen, die er nur pflegen konnte. Aber er würde sofort den Weg zu den Armen entdekken, zu den neuen Armen in den städtischen Ballungsgebieten unserer Zeit, wie er sie früher auf dem Land gefunden hat. Es läßt sich kaum ausdenken, was dieser Held des zärtlichen Erbarmens Gottes heute fertigbringen würde, wenn er mit Klugheit die modernen Hilfsmittel gebrauchen würde, die heute zur Verfügung stehen. Mit einem Wort: Sein Leben würde das sein, was es gewesen ist: ein weit offenes Evangelium, und sein Gefolge wären die Armen, Kranken, Sünder, die unglücklichen Kinder und dazu Männer und Frauen, die sich zur Verfügung stellen, die Armen zu lieben und ihnen zu dienen. Alle hungern nach Wahrheit und Liebe mehr als nach irdischer Speise und körperlicher Pflege. Und alle würden das Wort Christi vernehmen: »Lernt von mir, denn ich bin sanftmütig und demütig von Herzen« (*Mt* 11, 29).

70 Schreiben zum 750. Todestag der hl. Elisabeth

»Eine kostbare Perle, die Liebe..., selbst wenn du sie allein besitzest, genügt es dir« (Augustinus, *In Ep. Jo. ad Parth,* 5, 3, 7; *PL* 35, 2016). Nach diesen Worten des hl. Augustinus, welche die Lehre des Evangeliums klar zum Ausdruck bringen, scheint die hl. Elisabeth ihr Leben gänzlich ausgerichtet zu haben, denn diese strahlende Tugend war ihr höchstes Geschmeide. Dafür hält die Kirche sie für immer hoch in Ehren.
Des beispielhaften Lebens dieser Frau werden sich die Menschen wieder einmal besonders deutlich bewußt, weil

sich nun schon das 750. Jahr vollendet, seit sie nach ihrem kurzen Erdenleben, Gottes würdig, in den Himmel eingegangen ist.

Das ist der Grund, daß in der Diözese Fulda, die mit Elisabeths irdischem Wandel so eng verbunden ist und die ihr Andenken so treulich bewahrt, besondere Feierlichkeiten stattfinden. Ich selbst kehre bei dieser Gelegenheit im Geiste gern dorthin zurück, wo ich im vergangenen Jahr in Ausübung meines höchsten apostolischen Dienstamtes geweilt habe.

Das war doch das ganz Besondere und Ureigene an der Persönlichkeit der hl. Elisabeth, daß sie, entflammt von einem mystischen Feuer, »als die Welt erkaltete« das Evangelium Christi durch und durch begriff und es für ihr tägliches Leben, nie mit einem Mittelmaß zufrieden, tapfer und eifrig ummünzte.

Elisabeth übte jene Liebe, in der das Gesetz Christi seine Vollendung findet und die sich von einem bloß menschlichen Wohlwollen und menschlicher Freigebigkeit, die rein natürlichen Beweggründen und Kräften entspringen, unterscheidet. Auf diese Weise wurde sie die »Trösterin der Armen« (wie Konrad von Marburg an Papst Gregor IX. schreibt). Freigebig spendete sie von ihren Gütern, richtete Spitäler ein und diente den Kranken mit ihren eigenen Händen. Sie wurde zur »Retterin der Hungernden« *(ebd.)* besonders damals, zur Zeit der großen Hungersnot. Kurz gesagt: sie wurde zur Mutter aller, die in Not waren, und half ihnen; sich selbst vergessend, scheute sie keine Mühe.

Aber der kostbaren Perle der Liebe fügte Elisabeth auch die Edelsteine der anderen Tugenden hinzu. Sie wetteiferte mit dem hl. Franz von Assisi im Streben nach Armut, von dem jener entbrannt war. Sie »entsagte dem eigenen Willen und aller Pracht der Welt und all dem, was der Erlöser im Evangelium zu verlassen angeraten hat« (Konrad v. Marburg, *ebd.*).

Man konnte die hochadlige Frau in einem abgetragenen

Gewand die niedrigsten Dienste verrichten, ja betteln gehen sehen von Tür zu Tür.
Ihren Starkmut kann man nur bewundern, wenn sie sich, ganz an Christus hingegeben, durch keine Anfeindungen von ihrem heiligen Vorhaben abbringen ließ und die größten Drangsale standhaft ertrug. Für die Menschen ihrer Zeit wurde sie so zu einem wahrhaft leuchtenden Beispiel der Tugend.
Doch auch den Menschen von heute scheint Elisabeth etwas zu sagen zu haben. Bei dem rasenden Lauf der Dinge, bei soviel Lärm und soviel Leere erinnert sie mahnend an das, was erstrangig und ewig ist. Da auch in unserer Zeit die Menschen von soviel Elend geplagt werden, in den unterentwickelten Ländern ganze Massen Hunger leiden, Flüchtlinge sich in größter Not befinden – von anderem Elend ganz zu schweigen –, kann man zu den Aufgaben christlicher Liebestätigkeit gar nicht genug aufrufen.
Elisabeth mahnt alle, die den christlichen Namen tragen, nicht zu sehr an den vergänglichen Dingen zu hängen, sondern »unter den irdischen Betätigungen die rechte Ordnung zu wahren in Treue gegenüber Christus und seiner frohen Botschaft, dergestalt, daß ihr ganzes Leben ... geprägt sei vom Geist der Bergpredigt, insbesondere von der Seligpreisung der Armut« (*Gaudium et spes,* Nr. 72).
Desgleichen sollten sich alle aufgerufen fühlen, mit christlichem Mut ihren Glauben zu bekennen durch das Zeugnis ihres Lebens, in Übereinstimmung mit den Geboten Gottes und durch den Einsatz ihrer Kräfte für das Wachstum der Kirche.

1 An die Teilnehmer der nächtlichen Gebetswache im Petersdom und in Assisi, 4.10.1981

... Die Botschaft des seraphischen Bruders Franz ist, weil sie im Evangelium gründet, auch heute beredt und reich an Lehren. In dieser Stunde möchte ich euch vor allem einen

Aspekt zum Nachdenken ans Herz legen: die große Liebe zur Kirche, dem mystischen Leib Christi, die in dem Heiligen mit der Liebe zu Christus verschmolz. Der Sohn des Pietro Bernardone war ein Mann der Kirche. Er gab sich der Kirche und für die Kirche hin, die er nie von Christus, dem Herrn, trennte. Er widmete ihr auch unter Schmerzen jeden Herzschlag, darin bestärkt von der Aufforderung des Gekreuzigten in San Damiano: »Geh und stelle mein Haus wieder her!« Diese Liebe kennzeichnete seine Berufung zum Reformer und zuvor zum Bekehrten, zum neuen Menschen.

Bekanntlich verbreiteten sich in der Zeit, als sein Zeugnis und das seiner Bewegung Leben annahm, kirchliche Irrlehren, wie es sie immer gegeben hat und immer wieder geben wird. Indem sie vorgaben, sich am ursprünglichen Evangelium zu inspirieren, verursachten sie Spaltungen und Schismen, stellten das Evangelium der hierarchischen Kirche und ihrer Autorität entgegen und führten, gestützt auf eine subjektive Auslegung der Heiligen Schrift, die freie Bibeldeutung ein, noch ehe diese so hieß.

Das Charisma und die prophetische Sendung des hl. Franziskus sollten konkret zeigen, daß das Evangelium der Kirche anvertraut ist und ursprünglich und rein in der Kirche und mit Zustimmung und Unterstützung der Kirche gelebt und verkörpert werden muß. Im Schweigen und in gehorsamer Demut hat er ein leuchtendes Bild des erlösten Menschen verwirklicht, das zur Herausforderung der Jahrhunderte geworden ist.

Christus hat der Kirche die Weiterführung seines Erlösungswerkes übertragen. Und wenn auch der Einfluß dieses Werkes die Grenzen der sichtbaren Kirche übersteigt, um durch Inspirierung und Unterstützung jedes gültigen und echten Versuches der Liebe und Hingabe schließlich die Grenzen der ganzen Menschheit zu erreichen, so ist es doch Sache der Kirche und ihrer Kinder, bewußtes Heilszeichen zu sein. Das Konzil betont mit eindringlichen Worten: »Christus hat ... durch seinen lebendigmachenden Geist seinen Leib, die Kirche, zum allumfassenden Heilssakrament gemacht. Zur Rechten des Vaters sitzend, wirkt er beständig in der Welt, um die Menschen zur Kirche zu führen und durch sie enger mit sich zu verbinden ... und sie seines verherrlichten Lebens teilhaftig zu machen« (*Lumen gentium,* Nr. 48).

Dieses Heilsgeheimnis wird uns in der Kirche offenbart und in ihr weitergeführt und verwirklicht (vgl. *Apostolicam actuositatem,* Nr. 2; *Presbyterorum ordinis,* Nr. 22; *Gaudium et spes,* Nr. 40), und aus dieser echten und einzigen Quelle erreicht es als »schlichtes, nützliches, kostbares und reines« Wasser die ganze Welt. Liebe junge Leute, liebe Gläubige! Es geht darum, daß ihr euch wie Bruder Franz dieser fundamentalen Wahrheit bewußt seid und euch den von der Überlieferung geheiligten Satz zu eigen macht: »Außerhalb der Kirche gibt es kein Heil.« Allein aus dieser Wahrheit entspringt sicher und voll die lebendigmachende Kraft, dazu bestimmt, in Christus und seinem Geist die Erneuerung der ganzen Menschheit herbeizuführen. Denn jeder Mensch soll ja am mystischen Leib Christi teilhaben.

Nachdem also jede oberflächliche, oft nur von der eigenen Lauheit motivierte Kritik beiseite gelassen wurde, ist ein neuer tiefer Eifer notwendig, der sich in zweifacher Weise kundtut.

Einerseits seid ihr aufgerufen, gemäß eurer franziskanischen Berufung mutig Christus zu bezeugen. Tut es durch bereitwillige Treue zur Kirche, indem ihr eure Bischöfe kindlichen Gehorsams und der Zusammenarbeit versichert und nach der geeignetsten Form eures Apostolats in der Sendung und damit in der Pastoral eurer Ortskirchen sucht. Andererseits müßt ihr euch vornehmen, eine gültige Antwort auf die Bedürfnisse, die Erwartungen und die schweren Herausforderungen zu finden, mit welchen die Wirklichkeit des bedürftigen Nächsten sich an eure Evangelisationsarbeit als junge Menschen und Söhne des hl. Franz von Assisi wendet.

Die Aufgaben sind so umfangreich und so dringlich! Bitten wir zusammen um den Mut und die Liebe, die den »Poverello« von Assisi beseelten. Möge seine 800-Jahrfeier ein Ansporn sein, intensiv die Ideale zu leben, auf die er auch heute noch eine Menschheit hinweist, die so sehr des Heils bedarf...

72 Schreiben zum 400. Todestag der hl. Theresia von Avila

Am 4. Oktober 1582, dem Tag, der nach dem damals gerade eingeführten Gregorianischen Kalender zum 15. Oktober wurde, ist die hl. Theresia von Jesus, Vorbild und Lehrerin der Tugend, nicht etwa durch das Alter beschwert oder durch Krankheit geschwächt, sondern stets von einem leidenschaftlichen Geist und glühender Liebe zu Gott und der Kirche erfüllt, in Alba in der Diözese Salamanca zum himmlischen Bräutigam aufgebrochen. Während sie den langen, vom Geschenk der Gnade erleuchteten Weg durchlief – wahrhaftig ein »Weg der Vollkommenheit«, auf dem sie zum Dienst der Liebe, im Gebet sich übend, schnell aufstieg und immer tiefer in die »Seelenburg« vordrang –, erkannte sie durch ihre Erfahrung, daß die Liebe, je enger sie jemanden mit Gott verbindet, ihn um so heftiger dazu antreibt, mit der Kirche zu fühlen und sich ihr hinzugeben. Ihre *Autobiographie,* die die Kontemplation des lebendigen Gottes und die Gründung von Klöstern entsprechend ihrer Reform des Karmels zum Gegenstand hat, enthält ganz deutlich eine Denkweise, die weit offen ist für jenes Geheimnis und jene Präsenz, deren Sakrament die Kirche ist. Sterbend rief die hl. Theresia aus: »Ich bin eine Tochter der Kirche!« Sie gab damit deutlich ihre Geisteshaltung zu erkennen, aus der heraus die Betrachtung Gottes in Christus zur liebenden Betrachtung der Kirche wird. Das Verlangen, sich Gott hinzugeben, wird zum Willen, sich der Kirche hinzugeben. Das Opfer ihrer selbst um Jesu willen wird zur Ergänzung dessen, was seiner Passion zum Wohl seines Leibes, der Kirche, noch fehlt. Auch das Buch *Weg der Vollkommenheit,* bei dessen Abfassung sie ihren Blick fest auf Jesus und seine Kirche geheftet hielt (vgl. Kap. 1–37), endet mit dem oben erwähnten Ausruf. Die eigentliche Bedeutung dieses Rufes: mit der Kirche zu fühlen, mit ihr zu leben und sie zu unterstützen, – wird uns von Theresia als Frucht aus der Fülle mystischen Lebens vorgestellt (vgl. *Die Seelenburg,* VII, 4, 4).

1. Vierhundert Jahre nach ihrem Tod erscheint uns diese großartige Frau wie umflutet von diesem kirchlichen Licht. Als mein Vorgänger seligen Andenkens Paul VI. sie im Jahre 1970 zur Kirchenlehrerin erhob, stellte er das, was sie uns über das Erlernen des Gebetes überlieferte, in den Mittelpunkt, auf daß sie »mit immer größerer Autorität ihren Heilsdienst in ihrer eigenen Ordensfamilie, in der betenden Kirche und in der Welt erfülle« (vgl. *A.A.S.,* 62, 1970, S. 592). In dieser Zeit nach dem Zweiten Vatikanischen Konzil, dem eine allgemeine Bereitschaft zu innerer Erneuerung folgte, ist der vierhundertste Todestag der hl. Theresia in der Tat ein wirksamer Ansporn für die Seelen, sich den höchsten Gütern zuzuwenden, für die Theresia ihr Leben verzehrte und die die Allgemeine Synode auch den Menschen unserer Zeit nahezubringen versuchte.
Diese ohne Beispiel dastehende Frau setzte das Zeitalter des Konzils von Trient durch ihr so überaus stark auf die Kirche ausgerichtetes Denken und Fühlen derart in Bewegung, daß man es fast charismatisch nennen könnte. Sie betrachtet nämlich die Kirche als Heilssakrament (vgl. *Die Seelenburg,* V, 2, 3), das in der heiligen Liturgie wirksam wird (vgl. *Autobiographie,* 31, 4) durch den vermittelnden Dienst der Hierarchie und des Priestertums, deren Mitglieder *lumina Ecclesiae,* »Lichter der Kirche« sein sollen. Sie will deshalb, daß das, was sie erfährt und niederschreibt, von der Kirche gebilligt wird und daß ihre Töch-

ter in voller Gemeinschaft mit der Kirche und unter Wahrung des Gehorsams gegenüber der Kirche diese Lehre annehmen (vgl. *Weg der Vollkommenheit,* Prolog.; *ebd.,* 30, 4). Was sie lehrte, das tat sie auch, und sie konnte von sich selbst bezeugen: »Sie war immer, wie sie es auch jetzt ist, in allem dem heiligen katholischen Glauben demütig ergeben. Mit ihren Gebeten und den Klöstern, die sie gründete, wollte sie seinem Wachstum dienen« (vgl. *Geistliche Berichte,* IV, 6).

Diese Worte zeigen klar die Liebe zur Kirche, die in Theresias Gebet und in ihren Werken glüht. Ihre besorgten Ermahnungen an ihre geistlichen Töchter, für die Kirche zu beten und sich für sie aufzuopfern, machen aber nicht nur deutlich, daß ihr bei der von ihr durchgeführten Reform vor allem die Kirche vor Augen stand, sondern sie prägen gewissermaßen auch ihren Karmel (vgl. *Weg der Vollkommenheit,* Kap. 1–3). Sie zeigen das Verlangen, alle Kräfte dafür einzusetzen, daß die Kirche von Tag zu Tag mehr als die Braut erscheint, deren Antlitz ohne Flekken und Falten ist (vgl. *Eph* 5, 27). Theresia empfindet tief das Martyrium des gespaltenen und geschändeten Leibes Christi (vgl. *Weg der Vollkommenheit,* 1, 1–2) und erkennt richtig, daß die Liebe zu Gott zu hochherzigem Wirken für die Kirche ansporn muß. Sie sagt: »Die Liebe besteht nicht in geistigem Genuß, sondern sie bewirkt, daß wir mit größerer Entschiedenheit Gott in allem zu gefallen suchen, daß wir in eifrigem Streben darauf bedacht sind, ihn nicht zu beleidigen, und daß wir mit größter Inständigkeit bitten, die Ehre und Verherrlichung seines eingeborenen Sohnes stetig zu mehren und die Grenzen der katholischen Kirche immer weiter auszudehnen« (vgl. *Seelenburg,* IV, 1, 7). In ihrer *Autobiographie* ruft sie deshalb, nachdem sie von denen gesprochen hat, die der Kirche wirklich dienen, aus: »Glücklich jene, die in diesem Werk eingesetzt sind!« (40, 15). Und während sie von höchster Beunruhigung und Angst angesichts der Spaltung des einen Leibes Christi erfaßt wird, weitet sich ihr

Geist, wenn er die neuen Bereiche sieht, die sich der Missionsarbeit in Lateinamerika auftun (vgl. *Die Klostergründungen,* 1, 7). Denn für sie bedeutet es dasselbe: Christus zu betrachten und die Kirche zu betrachten, die in ihrer irdischen Existenz durch ihr Leben seine Taten und sein Geheimnis zum Ausdruck bringt. Die heilige Ordensmutter, die selbst »bereit war, tausend Leben hinzugeben für die Rettung und das Heil einer einzigen Seele« (*Weg der Vollkommenheit,* 1, 2), wollte, daß ihre geistlichen Töchter in freiwilliger Hingabe Härten und Bitterkeiten auf sich nehmen, damit der Herr »seine Kirche schütze«; darauf sollten sie ihr Bestreben richten. Sie sagt ihnen: »Wenn euer Beten und Streben, eure Disziplin und euer Fasten nicht diesem Ziel gilt (nämlich der Kirche und der Hierarchie), dann könnt ihr sicher und gewiß sein, daß ihr nicht den Zweck erfüllt, zu dem euch der Herr an diesem Ort versammelt hat« (*ebd.*, 3, 10).
Theresia erkannte als ihre Berufung und ihre Pflicht das Gebet in der Kirche und mit der Kirche, in und mit jener betenden Gemeinschaft, die der Heilige Geist dazu anspornt, mit Jesus und in Jesus den Vater »im Geist und in der Wahrheit« anzubeten (*Joh* 4, 23 ff.). Als sie über das Geheimnis der in jener Zeit von Leid heimgesuchten Kirche meditierte, begriff sie, daß die Spaltung der Einheit, der Verrat zahlreicher Christen, der Verfall der Sitten wie eine Verweigerung, Verachtung und Entweihung der Liebe zu betrachten sind; daß die Freundschaft mit Gott in höchstem Maße verletzt worden ist. Menschen, die die Kirche nicht annehmen, nicht mit ihr leben, nicht ihrem Lehramt folgen, weisen Christus und seine Liebe zurück. Die Folgerung daraus wird in einzigartiger Weise an der Reform des Karmels sichtbar, die jedoch nichts von Kampf und Widerspruch an sich hat, sondern gleichsam eine »Freundin Gottes« ist: »Da Gott so viele Feinde, aber nur wenige Freunde hat, war all mein Trachten darauf gerichtet..., daß zumindest diese wenigen gut sein sollten; mit aller Entschlossenheit entschied ich mich also bei mir

selbst, das Geringe, das in mir vorhanden war, einzusetzen, die evangelischen Räte mit der größten mir möglichen Vollkommenheit zu befolgen und mich zu bemühen, daß die wenigen Nonnen, die hier sind, dasselbe tun« (vgl. *Weg der Vollkommenheit*, 1, 2).
Und so sieht sie auch das Gebet als hochherzige Nachfolge dessen, der »uns so sehr geliebt hat« (vgl. *ebd.*, 11, 1). Es ist »nichts anderes als ein Gespräch unter Freunden, eine persönliche, vertrauensvolle Zwiesprache mit Gott, von dem wir uns geliebt wissen« (vgl. *ebd.*, 8, 5). Im Gebet überlassen wir uns ja der Liebe, die der Heilige Geist in unsere Herzen ausgießt. Er verbindet uns als Brüder und Freunde mit Jesus, der ausruft: »Abba, Vater!« (vgl. *Röm* 5, 5.8, 15). Theresia ist davon überzeugt, daß in den Gebeten im Heiligen Geist die gesamte Kirche betet. Daher wird jede echte, aus dem Glauben und der Liebe erwachsende Betrachtung der höchsten Dinge, sei es bei der heiligen Liturgie, beim Anhören und beim Lobpreis Gottes oder in schweigender Anbetung – womit der Vater gepriesen und die Gemeinschaft mit Jesus Christus vollzogen wird –, zugleich zu einer in der Kirche geleisteten »Unterstützung für meinen geliebten Jesus«, wie die heilige Frau und Kirchenlehrerin versichert (vgl. *Weg der Vollkommenheit*, 1, 5, 2).
Wenn also einer betet, wenn er aus dem Gebet lebt, wenn er im Gebet den lebendigen Gott erfährt und sich ihm hingibt, dann hat er auch ein stärkeres Empfinden für die Kirche, in der Christus durch das Wirken der Gnade seine verborgene Gegenwart fortsetzt; er spürt, daß er zu größter Treue gegenüber der Braut Christi gedrängt wird; er fühlt sich im Innersten seiner Seele dazu getrieben, für die Kirche tätig zu sein und mit allen Kräften sich für sie einzusetzen. Wenn das Gebet unter der starken Einwirkung der Liebe Gottes die verborgene Freundschaft mit Gott bezeugt und dahin gelangt, daß daraus die Verbundenheit oder Einheit der Liebe hervorgeht, bei der das Geschöpf seinen Willen völlig dem göttlichen Freund überläßt, dann

wird die Freundschaft zum Ansporn für das Apostolat, zur Ursache der Freude für die Kirche und die Menschen, wie eine mächtige Stimme, die in das göttliche Herz eindringt und es zum Wohle seines ganzen Volkes überfließen läßt (vgl. *ebd.*, 32, 12).

Das lehrt uns die hl. Theresia mit der Autorität, die dem innewohnt, der den Weg zurückgelegt hat. Aus der praktischen Erfahrung ihres Lebens hatte sie begriffen, daß es keine andere Liebe zu Christus gibt als die Liebe, mit der sich jemand der Kirche hingibt, und daß man nicht die echte, achtungsvolle Gesinnung von Söhnen und Töchtern der Kirche haben kann, wenn sie sich nicht in tatkräftigem Eifer erweist, wozu das Gebet Kraft und Stärke gibt.

Entsprechend der von Theresia vorgeschlagenen Definition des Gebets, nach der es ein freundschaftliches Verweilen bei Gott, eine Zwiesprache mit ihm ist, muß man sich zuvor der lebendigen Gegenwart dessen bewußt werden, der Urheber dieses Gespräches ist, der es als Freund führt, der spricht, wenn auch »ohne vernehmbare Worte« (*ebd.*, 25, 2), und sich auf unaussprechliche Weise schenkt. Die hl. Theresia hält das Gebetsleben für den höchsten Erweis des auf Gott bezogenen Lebens der Christgläubigen, die im Glauben an die göttliche Liebe alle Dinge zurücklassen, um ganz seine von Liebe erfüllte Gegenwart zu erlangen. Die Erfahrung Gottes ist also jene wunderbare Gemeinschaft mit ihm, in welcher der Geist seinem Handeln mit einer gewissen wohlschmeckenden, vom Heiligen Geist eingegossenen Weisheit weit offen steht, während Verstand und Herz dem fleischgewordenen Wort, »jenem geliebten Jesus« anhangen, der »Pforte«, durch die man zum Vater gelangt und durch die der Vater seine vertraute Nähe gewährt: »Durch diese Pforte müssen wir eintreten«, sagt Theresia, »wenn wir wollen, daß uns von der höchsten Majestät die verborgenen Geheimnisse eröffnet werden. Suche also keinen anderen Weg, auch wenn du zum Gipfel der Kontemplation gelangt bist. Auf diesem Weg wirst du ja sicher und geschützt fortschreiten. Unser Herr ist der, von dem und durch den uns alles Gute zukommt« (vgl. *Autobiographie*, 22, 6–7). Aus diesem Grunde stützt sich diese Lehrmeisterin des heiligen Gesprächs auch immer auf Christus, den menschgewordenen Sohn Gottes. Seine Freundschaft und Gemeinschaft erleuchten den Weg des geistlichen Lebens und führen zur höchsten Erfahrung des Geheimnisses der Heiligsten Dreifaltigkeit, wenn das Geschöpf »davon überzeugt ist, daß diese heiligen Personen niemals mehr abwesend sind oder sich von ihm entfernen. Es sieht vielmehr klar und deutlich ... im Innersten seiner Seele, daß diese göttliche Gemeinschaft in tiefer Verborgenheit gegenwärtig ist, und es fühlt sie in sich« (vgl. *Die Seelenburg*, VII., 1, 7).

Es handelt sich um die erhabenen Gaben Gottes, die in der innigen Vertrautheit mit ihm, wie sie die Gnade hervorbringt, und in der aus dem Glauben und der Liebe geschöpften Gewißheit der Gegenwart des Herrn »im kleinen Himmel unserer Seele« (vgl. *Weg der Vollkommenheit,* 28, 5) aufleben und erblühen. Deshalb kann jeder, der in seinem Leben vor allem der Liebe des in ihm wohnenden Gottes treu ist, der im Glauben sein Angesicht sucht, jeder, der Gottes Willen in seinen Werken erfüllt vor allem durch Hingabe an seine Brüder – jeder kann teilhaben an der Erfahrung, die Gott den Kleinen und Unmündigen in seinem Reich nicht verwehrt, den Kleinen, denen der Vater der Liebe seine Geheimnisse offenbart (vgl. *Mt* 11, 25). Gott verweigert niemandem das frische Wasser der Kontemplation, wie die hl. Theresia versichert; »ja, mehr noch: er ruft uns ganz offen mit voller Stimme! Aber weil er so gut ist, übt er nicht den geringsten Zwang auf uns aus, und, was bei weitem mehr ist, er gibt denen, die ihm folgen wollen, reichlich und auf verschiedene Weise zu trinken, damit keiner ungespeist und ungestärkt vergehe oder vor Durst sterbe« (*Weg der Vollkommenheit,* 20, 2).

Nach der hl. Theresia ist die Erfahrung Gottes ein Geschenk, das eng mit der Treue zum Gebet verbunden ist. Aus diesem Grund mahnt sie dringend, daß »wir uns der Kontemplation zuwenden sollen« (*ebd.*, 18, 3). Gott aber, der immer Getreue, will, wenn er die Seele bereit sieht, nichts anderes als sie mit Gaben überhäufen (vgl. *Gedanken über die Gottesliebe,* 5, 1). Er »will unserem Willen keine Gewalt zufügen; er gibt sich uns erst dann ganz hin, wenn wir uns selbst ganz und zutiefst ihm hingeben« (*Weg der Vollkommenheit,* 28, 12). So erkennt man, warum die Heilige den geistlichen Menschen ermahnt, am Gebet festzuhalten, »mag er unterwegs auch zuvor seine Seele aushauchen« (*ebd.*, 21, 2). »Ich bin fest davon überzeugt, daß allen, die unterwegs nicht stehenbleiben, dieses lebendige Wasser der Kontemplation nicht im geringsten mangeln wird« (vgl. *ebd.*, 19, 15). Das ist das erhabene Geschenk, das Gott gewährt, auf daß wir seine Gegenwart erfahren, eine Gabe, die den Menschen erfreut und ihn zu der Stufe der Liebe und des Heiles führt, deren Sakrament in der Welt die Kirche ist.

2. Die Zeit, in der wir leben und die von einem neuen Kirchen- und Gebetsverständnis gekennzeichnet ist, scheint eine Zeit der Gnade zu sein, die in besonderer Weise für die Lehre und Erfahrung der hl. Theresia geeignet ist. Sie, die mit einer Kraft ausgestattet ist, die sie aus ihrer praktischen Lebenserfahrung und Lebensweise schöpft, fordert alle dazu auf, Christus und seinen mystischen Leib zu lieben, damit sie durch die Wirkung des Heiligen Geistes, der diesen Leib beseelt, kosten und sehen, wie gütig der Herr ist (vgl. *Ps* 34, 9). Diese Botschaft habe ich gleich zu Beginn meines Pontifikats in den Vordergrund gestellt; und so habe ich in meiner ersten Ansprache in der Sixtinischen Kapelle und später immer wieder dazu ermahnt, die Treue gegenüber der Kirche zu bewahren (vgl. *Wort und Weisung,* 1978, S. 53 f.); zugleich habe ich ihre Söhne wiederholt ermuntert, nicht abzulassen vom Gebet, von der

Anbetung, vom Hören auf Gott, der in uns spricht, von der Kontemplation; und am Schluß meiner Enzyklika *Dives in misericordia* habe ich die Anbetung und Anrufung des göttlichen Erbarmens gleichsam als ein Recht und eine Pflicht der Kirche eingeprägt (vgl. *ebd.*, Nr. 15). Dort habe ich gewissermaßen die vorrangige Verpflichtung zur Gemeinschaft des Glaubens und der Liebe herausgestellt, die durch das Gebet zustande kommt und aus der Erfahrung des Erbarmens hervorgeht und die in den ewigen Lobgesang des göttlichen Erbarmens übersetzt wird, wie es bei der hl. Theresia geschieht.

Diese Aufforderung wendet sich in erster Linie an jene, die sich in spezieller Weise der Nachfolge des ehelosen, armen und gehorsamen Christus geweiht haben und die ich oft an ihre besondere Verbundenheit mit der Kirche erinnert habe, nämlich daß »sich besonders im Ordensleben die Treue zu Christus niemals von der Treue zur Kirche trennen läßt« (*AAS*, 71, 1979, S. 1255). Ich habe sie aufgefordert, sich durch das Gebet mit Christus zu verbinden, und versichere mit Ernst, daß »ohne Gebet das Ordensleben ohne Sinn ist, daß es von seiner Quelle losgerissen wird, sein Wesen einbüßt und das ihm gesteckte Ziel nicht erreicht« (*ebd.*).

Wenn wir der hl. Theresia gedenken, wollen wir das auf alle Ordensleute, im besonderen aber auf diejenigen beziehen, die diese Heilige zur Mutter und Begünderin ihrer besonderen Lebensform haben, durch die sie sich innerhalb des Gottesvolkes auszeichnen. In ihrer eigenen Ordensfamilie wiederholt die Mutter und Gesetzgeberin als Vorbild des neuen Lebens – das im übrigen immer das Leben der Heiligen ist – für ihre Söhne und Töchter die folgenden Worte, die sichtlich verpflichtende Kraft haben: »Ich bin eine Tochter der Kirche.« Und sie ruft ihnen die wichtigste Verpflichtung in Erinnerung, an die sie in der Kirche gebunden sind (vgl. *Weg der Vollkommenheit*, 17, 1), nämlich die höchst bedeutsame, die ihnen die Ordensregel auferlegt (vgl. *ebd.*, 4, 2): den Auftrag zu unablässi-

gem Gebet (vgl. *ebd.*, 21, 10); und dies in einer armen und strengen inneren und äußeren Lebensweise (vgl. *ebd.*, 4, 2), durch die sich die wahren Freunde des Kreuzes Christi auszeichnen. An sie richtet die hl. Theresia erneut die Worte: »Alle, die wir dieses heilige Ordenskleid der Karmeliten tragen, sind berufen, uns um Gebet und Kontemplation zu bemühen« (vgl. *Seelenburg*, V, 1, 2). Die Unbeschuhten Karmeliten und Karmelitinnen müssen, wenn sie treu und beständig am Gebet und der Gebetsgewohnheit festhalten, zu jener Erfahrung des lebendigen Gottes gelangen, die ihre Würde, ihre besondere Berufung, ihren Heilsdienst ausmacht. Sie müssen sich bemühen, sich von Tag zu Tag mehr als Anbeter im Geist und in der Wahrheit zu erweisen, die der Vater sucht und die – wie die hl. Theresia schrieb – davon überzeugt sind, daß dieser eingeschlagene »Weg zur Vollkommenheit« nicht nur ihnen selbst, sondern unzähligen Seelen zum Wohl gereicht (vgl. *Autobiographie*, 11, 4).
Die Unbeschuhten Karmelitinnen, die den wahren Geist ihrer Regel auch heute noch bewahren, mögen dem treu sein, was die »Wüste«, jener »leere Raum« in ihrem Leben von ihnen fordert: daß sie, ihrer Berufung und Sendung entsprechend, im Vollsinn und in besonderer Weise kontemplativ sein müssen. Ihre Klausur hat keinen Sinn ohne dieses kontemplativ geführte Leben, das die hl. Theresia kurz vor ihrem Tod im III. Kapitel des Buches der *Klostergründungen* so großartig beschrieben hat. Meine besorgte Ermahnung – die ich auch in meiner Ansprache an die Vollversammlung der Kongregation für die Ordensleute und Säkularinstitute im Jahr 1980 zum Ausdruck gebracht habe – nämlich, daß »eine gereche Strenge bei der Forderung, die Klausur zu beachten«, geboten sei, kann sich wohl auf die Vorschriften der hl. Theresia berufen. Ganz in ihrem Sinne, die überzeugt war, daß das Gute nicht verborgen ist (vgl. *Weg der Vollkommenheit*, 15, 6), sagte ich damals: »Die Klausur isoliert die kontemplativen Ordensleute nicht von der Gemeinschaft des mystischen

Leibes. Sie stellt sie vielmehr in das Herz der Kirche« (vgl. *O.R. dt.* vom 4. April 1980, S. 9). Sie sollen daher voll Liebe ihrer Pflicht und ihrer Berufung Genüge tun, sich nach dem Vorbild der hl. Theresia vom Kinde Jesus bemühen, »im Herzen der Kirche zu sein«, und sich an eben deren Ermahnung erinnern, daß »wir allein durch das Gebet und unser Bemühen um völlige Hingabe der Kirche nützlich sein können« (*Derniers entretiens,* 8, VII, 16).
Die Unbeschuhten Karmeliten aber, von denen Theresia wollte, daß sie »kontemplative Eremiten« *(Brief an P. Marianus vom 21. 10. 1576)* und »himmlische Männer« seien *(Brief an P. Gratianus vom 21. 10. 1576),* wurden von ihr auch dazu angespornt, einen Weg apostolischer Wirksamkeit einzuschlagen, und zwar in dem Sinne, daß sie den Schwestern beistehen, der Regel entsprechend zur Vollkommenheit zu gelangen (vgl. *Die Klostergründungen,* 2, 5; 10, 14), den Kleinen und Unmündigen das Evangelium verkündigen (vgl. *ebd.,* 14, 8) und zugleich eine größere Kraft im theologischen und missionarischen Bereich entfalten. Deshalb wollte sie, daß es bei ihnen »Lehrer und für das Lehramt in Aussicht Gestellte« gebe, da sie sehr wohl wußte, daß ein wahrhaft gelehrter Mann bei der Leitung und Führung der Seelen kaum je versagt (vgl. *Autobiographie,* 5, 3). Sie war überzeugt, daß wahre Wissenschaft, mit Demut verbunden, sehr große Bedeutung für den Gebetsweg hat. Genau diese Wirkung nahm die hl. Theresia bei ihrem ersten geistlichen Sohn wahr, dem hl. Johannes vom Kreuz, Lehrer und Führer der Wege Gottes, der als erster das neue Leben im Karmelitenkloster in Durelo eingeführt hat. Nach seinem Vorbild sollen die Unbeschuhten Karmeliten in unserer heutigen Welt Führer und Lehrer der Menschen sein, die nach der Gemeinschaft und Erfahrung Gottes dürsten. Das ist ihre Sendung, die aus ihrer Berufung erwächst.
Mit liebevollem Herzen wendet sich die heilige Ordensmutter auch den Instituten und Kongregationen zu, die ihrem Geist und ihrer Form der Vollkommenheit im aposto-

lischen Leben folgen, dem sie sich widmen und das in der Kirche und besonders in verschiedenen Bereichen der Nächstenliebe und sozialen Hilfe so außerordentlich fruchtbar ist. Sie fordert deren Mitglieder auf, Menschen zu sein, die sich dem Gebet widmen und die jede Begegnung mit den Brüdern dazu nützen, diese zur Gemeinschaft mit Gott einzuladen. Diese Mahnung der hl. Theresia ist gleichsam ein Ansporn, der sie zum Gebet und zur Tat ermuntert, wobei sie jedoch die Einheit des Lebens, die die Treue zur Kontemplation gebietet, unbedingt bewahren müssen: »Je mehr jemand im Gebet vorangekommen ist, desto tatkräftiger ist er bei der Tröstung seiner Nächsten und bei der Sorge für das Heil der Seelen, und wenn er auch nur eine Seele aus dem Zustand der Sünde herausführt, ist es, als würde er vielen das Leben schenken« (*Gedanken über die Gottesliebe*, 7, 8).
Die hl. Theresia lebt und spricht noch immer in der Kirche. Möge sich das von neuem Eifer erfaßte Denken in wirksamer Weise dem Vorbild und der Lehre ihres Lebens zuwenden, vor allem in dem eben begonnenen Gedenkjahr.

73 An die Mitglieder der Vollversammlung der Kongregation für die Ordensleute und Säkularinstitute

... Für diese Vollversammlung habt ihr das Thema gewählt: Überprüfung des Wesens, der Rolle und Funktion der Konferenzen oder Vereinigungen der Höheren Ordensobern auf nationaler und übernationaler Ebene im Lichte der Konzilsdokumente und insbesondere auch des Dokuments *Mutuae relationes* über die Beziehungen zwischen Bischöfen und Ordensleuten in der Kirche...
Die Bischöfe lassen erkennen, daß sie sich des Wertes des Ordenslebens und ihrer diesbezüglichen Verantwortung immer bewußter werden. Ihre Sorge um eine bessere

Kenntnis des Ordensstandes als solchem und nicht nur in seinem apostolischen Wirken kommt unter anderem in ihren Bemühungen zum Ausdruck, den Seminaristen und Priestern eine immer gründlichere und vollständigere Information zu bieten. Wie ich in der Botschaft an die letzte Plenarversammlung sagte, ist es sehr wichtig, darauf zu achten, daß sie durch wertvolle Priester den Ordensfrauen eine qualitativ hochstehende geistliche Hilfe bieten. Ebenso muß der Weltklerus stets den spezifischen Charakter der verschiedenen Ordensinstitute respektieren, was ihre Spiritualität, ihre apostolische Zielsetzung und ihr Gemeinschaftsleben betrifft. Nur echte Ordensleute können fruchtbar an einer wahren Evangelisierung mitarbeiten.

Als Hüter der Lehre und Liturgie werden die Bischöfe daher sorgfältig darauf achten, ihrer ganzen Herde, besonders aber der auserwählten Schar, die die Ordensmänner und Ordensfrauen bilden, eine gesunde und reiche geistliche und theologische Nahrung zu bieten, wobei sie darauf bedacht sein werden, sie vor Abweichungen in der Lehre und praktischen Mißbräuchen zu bewahren, die der apostolischen Fruchtbarkeit und der Existenz des Ordenslebens selbst abträglich sein könnten.

Auch wenn das Thema eurer Vollversammlung nicht unmittelbar das kontemplative Leben betrifft, möchte ich hier die ganze Anerkennung der Kirche für die unschätzbare Hilfe wiederholen, die die Gebete und Opfer der Mönche und Nonnen bei der Evangelisierung leisten. Ich weiß, daß die Bischöfe alle diesen Standpunkt teilen und daß ein jeder von ihnen in seiner Diözese sehnlichst das Bestehen eines oder mehrerer Klöster wünscht.

Eine besondere Ermutigung möchte ich gleichfalls den Laienbrüdern und Schwestern aussprechen, die sich an der Pastoralarbeit der Bischöfe beteiligen; ihre Mitarbeit ist besonders wertvoll, was die christliche Erziehung und die Katechese der Jugend betrifft.

4. Niemals dürfen sich die Ordensleute fürchten, die wesentlichen Elemente ihres Lebens – die Verbundenheit mit Gott in Gebet und Kontemplation, die Befolgung der evangelischen Räte, das gemeinsame Leben – klar herauszustellen. Niemals darf die Seelsorge für sie ohne Zwang Oberhand gewinnen über die fundamentalen Werte, sondern muß sich von diesen nähren.
Ebenso muß sich ihr kirchlicher Sinn entfalten in einer besseren Eingliederung in die Ortskirche und Universalkirche. Vor allen Dingen müssen sie eine Abkapselung vermeiden, die durch eine irrige Auffassung von Exemtion zu einer Spaltung der Kirche in gleichsam unverbundene Teile führen könnte. In den Beziehungen im Rahmen der Teilkirchen kann diese keinerlei Schwierigkeiten hervorrufen, denn in der Apostolatsarbeit stehen die Ordensleute ebenso wie alle Gläubigen unter der Jurisdiktion der Bischöfe.
Die Beziehungen zu den Bischöfen ist zum gegenwärtigen Zeitpunkt besonders notwendig, in dem es einer ganzen Reihe von Ordensinstituten an Berufen mangelt und es darum geht, Häuser zusammenzulegen oder die Arbeitsfelder neu zu strukturieren. Derartige Maßnahmen müssen immer im Zusammenwirken mit dem Ordinarius vorgenommen werden, dem die pastorale Verantwortung für die apostolischen Zielsetzungen obliegt.

5. Bezüglich all dieser Punkte können sich die Vereinigungen der Höheren Obern als sehr nützlich erweisen, wenn sie auf die bei ihrer Errichtung aufgestellte Zweckbestimmung entsprechend antworten. Auch ist es wünschenswert, daß sie regelmäßig ihr Tun und ihre Arbeitsweise nach den in den Statuten festgelegten Bestimmungen überprüfen.
Die Rolle der Konferenzen ist für die Annahme der Richtlinien des Hl. Stuhls von vorrangiger Bedeutung; es kommt ihnen häufig zu, diese bekanntzumachen, zu ver-

breiten und unter dem Gesichtspunkt einer besseren Anwendung durch die Ordensleute zu studieren.
Die bei den Vollversammlungen gewählten Themen sollen vorwiegend dazu bestimmt sein, die spezifischen Werte des Ordenslebens zu würdigen und zu fördern.
Die Rolle der Vereinigungen ist besonders wertvoll für die Beziehungen der Ordensinstitute untereinander und zur Hierarchie, was das pastorale Wirken betrifft. Es ist in höchstem Maße zu wünschen, daß Fragen bezüglich der Zusammenlegung von Häusern und der Umstrukturierung von Werken auf der Ebene der Vereinigung geprüft werden, damit die Zusammenarbeit eine bessere Verteilung der Arbeiter am Evangelium ermöglicht.
Der Dialog mit den Bischöfen wird dort sehr erleichtert, wo gemischte Kommissionen oder ähnliche Organismen aus Bischöfen und Ordensleuten bestehen und wo diese an den Pastoralräten teilnehmen. Die Formen des Dialogs können vielfältig und verschiedenartig sein; sie sind fruchtbar, wenn sie sich auf Liebe und gegenseitiges Vertrauen gründen.
Abschließend wünsche ich von ganzem Herzen, daß die Bischöfe, die Ordensobern und ihre Vereinigungen eng zusammenarbeiten, um den Ordensmännern und Ordensfrauen dabei zu helfen, der heutigen Welt ein getreues, hochherziges und frohes Zeugnis zu geben. Sie sind ja in besonderer Weise das Abbild Christi, weil sie durch ihren Stand die Lebensform des Herrn und seiner Jünger am meisten nachahmen und beständig vertreten (vgl. *Lumen gentium,* Nr. 44).

74 An den Generalrat der Christlichen Schulbrüder

In dem Brief, den ich am 13. Mai 1980 zur Eröffnung des Gedenkjahres anläßlich der Gründung eures Instituts vor 300 Jahren an euch richtete, ist das Wesentliche meiner Gedanken zum Ausdruck gebracht. Über ein Jahr lang habt ihr nun überall dieses Jubiläum gefeiert und dabei über die Treue zum Charisma eures Gründers nachgedacht. Dieses Charisma – daran gilt es zu erinnern – besteht darin, die Schule, die allen, besonders den Armen, zur Verfügung steht, als eine Erziehungsgemeinschaft nach christlicher Vorstellung zu verstehen, das heißt als eine Gemeinschaft, die auf der Liebe gründet und imstande ist, sowohl die Seele wie den Geist der Kinder und Jugendlichen zu bilden. Dies geschieht durch ordnungsgemäß ausgebildete und fähige Lehrer, die sich Gott geweiht haben, mit dem Gebet vertraut sind und als Brüder in der Schule des einen Lehrers, Jesus Christus, leben. Hier findet die katholische Schule ihre Inspiration und ihr Vorbild.

Wie in den Anfängen eures Instituts bleibt dieses Apostolat von vorrangiger Wichtigkeit und brennender Aktualität, um so mehr, als sich der Mangel an opferbereiten, fähigen und uneigennützigen Erziehern überall bemerkbar macht und die Stellung der katholischen Schule – mit verschiedenen, dem jeweiligen Land entsprechenden Bedingungen – neu bestätigt und ihr Erziehungsplan gewürdigt werden muß.

Ich weiß, wie sehr ihr euch bei eurer Erziehungstätigkeit bemüht, durch eine personale Pädagogik auf die tatsächlichen Bedürfnisse der jungen Menschen zu hören. Laßt euch dazu beglückwünschen und euch danken! Ich bin sicher, daß es euch ein Herzensanliegen ist, mit den Eltern und ihren Vereinigungen zusammenzuarbeiten.

Die Arbeit, die ihr in Verbindung mit den anderen Männer- und Frauenorden, die sich der Erziehung der Jugend widmen, und zusammen mit unzähligen Lehrern aus dem Laienstand ausführt, gehört zu einer Gesamtpastoral, für die jeder Bischof und die Bischofskonferenzen dem Papst verantwortlich sind. Wie wir gestern bei der Begegnung mit den Mitgliedern der Vollversammlung der Kongregation für die Ordensleute und Säkularinstitute gesagt haben, sollen vertrauensvolle Beziehungen, Verständnis und

Zusammenarbeit zwischen den Bischöfen und den Ordensleuten und zwischen den Ordensinstituten gegenseitig vertieft werden, um den aktuellen Bedürfnissen, vor allem wenn sich Probleme der Umstrukturierung stellen, unter sicherer Wahrung eures Charismas und eures Ordenslebens nachzukommen.
Was den geistlichen Weg betrifft, den mit euch zu gehen ihr die Jugend auffordert, werdet ihr euch an die schöne Mahnung eures heiligen Ordensgründers erinnern: »Die jungen Menschen, die Gott euch anvertraut, sind Kinder Gottes; sie sind ebenso wie ihr seit ihrer Taufe der Dreifaltigkeit geweiht.« Eure Aufgabe ist es daher, die Konsequenzen aus ihrer geistlichen Zugehörigkeit in einer Atmosphäre des Vertrauens, der Geduld und der richtig verstandenen Freiheit zu entfalten, was folgendes voraussetzt: Es gilt, durch eine lebendige, entsprechend den Weisungen der Hierarchie erneuerte Katechese ihren Glauben zu wecken, zu stärken oder ihn wieder entdecken zu lassen; sie, wenn nötig durch entsprechende Einkehrtage oder Exerzitien, für das Gebet zu formen, ihnen zu helfen, die Forderungen des Evangeliums als Weg der Befreiung, des Lebens und der Gnade anzunehmen; sie zu lehren, die Kirche zu lieben und in ihr einen aktiven Platz einzunehmen; ihre Verantwortlichkeit als Menschen und als Christen in ihrem Lebensbereich im Geist des Dienstes zu übernehmen; ihren Willen zur Hilfe für unterentwickelte Länder zu unterstützen; je nachdem wie es sich ergibt, ihr Missionsbemühen weiterzuentwickeln. Und für die unter euren Schülern, die nicht den katholischen Glauben teilen, ist das Zeugnis eurer Opferbereitschaft, eurer Achtung vor dem Gewissen, der von euch gelehrten geistlichen und sittlichen Werte gleichfalls ganz entscheidend: es gehört zur Sendung der Kirche.
Für euch ist der erzieherische Dienst, den ihr der Gesellschaft und der Kirche leistet, das Werk von Ordensleuten. Das heißt, ihr müßt aus dem Gebet und der täglichen Treue zu euren Gelübden den Geist eures Apostolats

schöpfen. In meinem Schreiben habe ich Nachdruck auf das Gebetsleben gelegt, auf das es sehr wesentlich ankommt. Ich möchte noch ein weiteres grundlegendes Element eures religiösen Lebens unterstreichen, für das der hl. Johannes Baptist de La Salle nicht nur ein Lehrer, sondern ein Vorbild ist: ich denke an das Gemeinschaftsleben.

Die Feier des dreihundertjährigen Jubiläums hat euch wieder die mühsamen Anfänge eures Instituts vor Augen geführt, die voll äußerer aber auch innerer Schwierigkeiten waren: die ersten Schüler, von allen Seiten angefochten, ohne sichere Zukunft, wurden von heftigen Versuchungen der Entmutigung und Verlassenheit heimgesucht. Damals verzichtete de La Salle auf seine Privilegien als Domherr und begann in ihrem Milieu ihr Leben mit ihnen zu teilen; er gab seinen ganzen Komfort auf, um ihre materielle Unsicherheit zu übernehmen. Von da ab gehörte ihnen alles gemeinsam. Die Lehrer, die zu Brüdern der christlichen Schulen geworden waren, waren nur noch ein Herz und eine Seele nach dem Vorbild der ersten Christengemeinde. Was für eine kostbare Quelle der Meditation für euch, liebe Brüder, in einer Welt, die den Gemeinschaftssinn neu entdeckt! Ich fordere euch ganz herzlich auf, diese brüderliche Gemeinschaft intensiv zu leben. Die Jugend unserer Zeit ist besonders empfänglich für das Zeugnis einer in Liebe und Hingabe an die anderen verbundenen Gemeinschaft; sie entdeckt darin Christus, und seine Gegenwart zieht sie an.

75 An die Vollversammlung der Vereinigung der Generalobern der Ordensgemeinschaften

... Die Ordensleute, die von den Bischöfen erwarten, als solche, das heißt auf Grund dessen, was sie sind (vgl. *Mutuae relationes,* Teil I, Kap. III), angenommen zu werden, werden zuerst ihre Identität als Gottgeweihte vertiefen und diese Identität durch ihr Leben und Wirken kundtun und glaubwürdig machen müssen, auch wenn sie den Bedürfnissen der heutigen Welt näher sein wollen. Das Zeugnis des gottgeweihten Lebens und die Treue zum eigenen Charisma sind die erste und auch wirksamste Form der Evangelisierung sowohl für die Angehörigen der kontemplativen Orden wie für jene, die apostolisch arbeiten. Denn sie sind Anruf und Ansporn, die drei hauptsächlichsten Versuchungen – Genuß, Besitz und Macht – nach dem Vorbild ihrer heiligen Stifter zu überwinden. Eine gewissenhafte und objektive Selbstkritik hat euch sicher dabei geholfen, Klarheit darüber zu gewinnen, ob eure Lebensweise so ist, daß die Kirche »von Tag zu Tag den Gläubigen wie den Ungläubigen Christus mehr sichtbar machen« kann (*Lumen gentium*, 46). Auch in den verschiedenen Werken des Apostolats, denen sich die Ordensleute je nach der Zielsetzung ihres Instituts widmen, wird ihr Einsatz für die radikale Nachfolge Christi sichtbar werden müssen. Sich in ihrer Lebensweise und in ihrem Wirken nicht mehr unterscheiden zu wollen, wäre eine schwere Verarmung für die Kirche.

2. Die Treue zum Charisma des gottgeweihten Lebens muß in den Ordensleuten ein tiefempfundenes kirchliches Bewußtsein wecken und damit ein stetes Bemühen, mit der Kirche, für die Kirche und in der Kirche zu leben. Wenn die Lehre vom Ordensleben ein Teil der Ekklesiologie ist, so ist um so mehr das gelebte Ordensleben Ausdruck des kirchlichen Lebens. Darauf beruht die Haltung des Glaubens, der Liebe und des Gehorsams der Ordensleute gegenüber den zur Leitung der Kirche bestellen Bischöfen wie auch die Pflicht, sich in das Leben der Ortskirche einzufügen, indem sie dieses mit ihren besonderen Gaben bereichern und in ihr als Teil von ihr und nicht bloß als zusätzliche Kräfte tätig sind.
Daher auch die Pflicht der Bischöfe, Priester und anderen Mitglieder der Diözesanfamilie, die Ordensleute als le-

bendigen Teil der Ortskirche zu betrachten, für die der Bischof eine besondere Verantwortung hat. Dem kirchlichen Bewußtsein entspringt auch die Gemeinschaft, die die Priester mit den Mitbrüdern aus den Orden als Teilhabern an dem einen Priestertum verbinden muß, die Verpflichtung, den gottgeweihten Seelen insbesondere durch das Sakrament der Versöhnung und durch geistliche Führung beizustehen und zu helfen, und die Pflicht aller, die Berufungen zum gottgeweihten Leben, die ein offenkundiges Zeichen der Vitalität der Ortskirche sind, zu fördern und zu pflegen.

3. In meiner kürzlichen Ansprache an die Mitglieder der Vollversammlung der Kongregation für die Ordensleute und Säkularinstitute habe ich den Bischöfen empfohlen, den Seminaristen und Priestern »eine immer tiefere und vollständigere Information« zu einer besseren Kenntnis des Ordenslebens als solchem zu bieten. Das Dokument *Mutuae relationes* fordert in Nr. 30 dazu auf, dafür zu sorgen, daß »die Ordensmänner und Ordensfrauen vom Noviziat an zu voller Kenntnis und Anteilnahme an der Ortskirche erzogen werden«, immer getreu dem eigenen Charisma. Auch die lehrmäßige Vertiefung der Bande, welche die Ordensleute mit der Universalkirche und Ortskirche verbinden, wird dazu beitragen, sie harmonisch in die letztere einzugliedern, – wobei sie die Unterordnung unter den Obersten Hirten auch kraft des Gehorsamsgelübdes stärker wahrnehmen und leben. Das wird ihnen helfen, seine Sendung der Heiligung, Vervollkommnung und Lehre gegenüber den Personen des gottgeweihten Standes zu verstehen.
Ein überzeugtes kirchliches Bewußtsein wird sodann die Entscheidungen erleichtern, die die Ordensleute nicht selten im Rahmen des Pastoralplanes unter den verschiedenen auch neuen Formen der Präsenz im Apostolat und in ihrem Einsatz treffen müssen. Es geht um eine Präsenz, die immer die Konsequenz und das Zeichen ihres im not-

wendigen und geeigneten Aggiornamento (vgl. *Perfectae caritatis,* Nr. 2–3) erneuerten und vertieften Ordenslebens sein muß, um so die Gefahr des Säkularismus zu vermeiden.

Die Vereinigung der Generalobern wie auch die Konferenzen der Höheren Obern können dazu einen wertvollen Beitrag leisten. Sache der Obern der einzelnen Institute wird es sodann sein, entsprechend den Weisungen der Kirche und in Verbindung mit der Teilkirche die Weiterführung der vom Ordensstifter gewünschten Werke dadurch zu gewährleisten, daß sie sie erneuern und den Zeitbedürfnissen entsprechend anpassen und neue Formen der Präsenz im Apostolat prüfen und vorbereiten (vgl. *Mutuae relationes,* Nr. 40–49), wobei sie den Anforderungen der pastoralen Sendung und jenen des Ordenslebens Rechnung tragen.

Liebe Verantwortliche der Kongregation! Ich vertraue auf eure Klugheit und euren Eifer, damit die verschiedenen Apostolatsformen harmonisch aufeinander abgestimmt und konkret verwirklicht werden. Ein Problem ist durch die steigenden Erfordernisse des Apostolats in der heutigen Kirche und den Personalmangel akut geworden. Unter dem Zwang der Dinge tut sich ein weites Feld der Zusammenarbeit zwischen den Bischöfen und den Ordensinstituten auf. Und bei dieser wirklich konzertierten Arbeit für das Evangelium kommt es darauf an, daß jede Ordensfamilie klar das Zeichen ihres gottgeweihten Lebens und der Treue zum Charisma ihres Institutes bewahrt.

Endlich, liebe Brüder, steht euch bei all eurem Bemühen, eurem Charisma, eurer Berufung zur Heiligkeit, eurem Dienst am Heil treu zu bleiben, Maria, die Mutter Jesu, bei, die euch leitet. Sie ermutigt euch durch ihr eigenes Beispiel der Treue; sie steht euch durch ihr treues Gebet bei. Eure Liebe muß wie die ihrige sich in Treue ausdrükken – Treue zu allem, was Gott durch seine Kirche von euch verlangt: Fiat voluntas tua! Dein Wille geschehe! Die

Treue ist für euch die Vorbedingung dafür, daß ihr wirksam zum Reich Gottes beitragen könnt; sie ist die Voraussetzung für die tatsächliche Teilhabe an der Evangelisierung. Die Menschwerdung des Wortes war an die Treue Marias gebunden; und das Leben Jesu in der Welt von heute ist an eure Treue gebunden. Euer größter Beitrag wird zweifellos eure Liebe sein – eine Liebe, die sich in der unerschütterlichen Treue zu Jesus Christus und seiner Kirche bekundet.
Dazu erteile ich euch meinen Apostolischen Segen.

Quellenverzeichnis

1 *OR (8) 1978, Nr. 45, S. 6f.*
Franz von Assisi
Ansprache in Assisi (Auszug)
5. November 1978

2 *OR (8) 1978, Nr. 45, S. 7*
Katharina von Siena
Ansprache am Grab der hl. Katharina (Auszug)
5. November 1978

3 *OR (8) 1978, Nr. 47, S. 4f.*
Ansprache für 13.000 Ordensfrauen der Diözese Rom
10. November 1978

4 *OR (8) 1978, Nr. 48, S. 2*
Ansprache an die Mitglieder der Internationalen Union der Generaloberinnen
16. November 1978

5 *OR (8) 1978, Nr. 49, S. 2*
Ansprache an die Generalobern der Männerorden
24. November 1978

6 *OR (9) 1979, Nr. 5, S. 4*
Homilie für den Klerus, die Ordensleute und Seminaristen, Santo Domingo (Auszug)
26. Januar 1979

7 *OR (9) 1979, Nr. 5, S. 9f. und S. 11*
Ansprache auf der 3. Generalversammlung der lateinamerikanischen Bischöfe in Puebla (Auszug)
28. Januar 1979

8 *OR (9) 1979, Nr. 6, S. 5*
Ansprache an die mexikanischen Welt- und Ordenspriester in der Basilika von Guadalupe (Auszug)
27. Januar 1979

9 *OR (9) 1979, Nr. 6, S. 5f.*
Begegnung mit den mexikanischen Ordensfrauen in der Basilika von Guadalupe
27. Januar 1979

10 *OR (9) 1979, Nr. 7, S. 5*
Ansprache an die Klausurschwestern in der Kathedrale von Guadalajara (Auszug)
30. Januar 1979

11 *OR (9) 1979, Nr. 7, S. 9*
Ansprache an die Mitglieder der Seminare für den Welt- und Ordensklerus in Guadalajara (Auszug)
30. Januar 1979

12 *OR (9) 1979, Nr. 17, S. 12*
Papstbotschaft zum Weltgebetstag für die geistlichen Berufe am 6. Mai 1979
6. Januar 1979

13 *OR (9) 1979, Nr. 21, S. 2*
Ansprache in Montecassino (Auszug)
18. Mai 1979

14 *OR (9) 1979, Nr. 24, S. 8*
Ansprache an die Ordensfrauen in Tschenstochau (Auszug)
5. Juni 1979

15 *OR (9) 1979, Nr. 25, S. 5*
Homilie an die Seminaristen und Ordensnovizen in Tschenstochau (Auszug)
6. Juni 1979

16 *OR (9) 1979, Nr. 29, S. 9*
Ansprache an das Generalkapitel des Franziskaner-Ordens (Auszug)
21. Juni 1979

17 *OR (9) 1979, Nr. 35, S. 5*
Predigt beim Gottesdienst mit den Klarissen in Albano
14. August 1979

18 *OR (9) 1979, Nr. 37, S. 5*
Ansprache an Generalobere und Generaloberinnen nichtkatholischer Ordensinstitute
21. Mai 1979

19 *OR (9) 1979, Nr. 37, S. 7*
Ansprache an die Bischöfe, Priester und Ordensleute in der Basilika von Loreto (Auszug)
8. September 1979

20 *OR (9) 1979, Nr. 38, S. 6*
Predigt in der Abtei von Grottaferrata (Auszug)
9. September 1979

21 *OR (9) 1979, Nr. 39, S. 3*
Botschaft an Hermann Kardinal Volk, Bischof von Mainz,
zum 800. Todestag der hl. Hildegard von Bingen

22 *OR (9) 1979, Nr. 42, S. 11*
Ansprache an Priester, Missionare, Ordensleute und Seminaristen
in Maynooth/Irland (Auszug)
1. Oktober 1979

23 *OR (9) 1979, Nr. 43, S. 4*
Ansprache an Ordensbrüder in Chicago/USA (Auszug)
4. Oktober 1979

24 *OR (9) 1979, Nr. 43, S. 10f.*
Ansprache an die Ordensfrauen in Washington
7. Oktober 1979

25 *OR (9) 1979, Nr. 44, Beilage X*
Apostolisches Schreiben »Catechesi tradendae« (Auszug)
16. Oktober 1979

26 *OR (9) 1979, Nr. 45, S. 5*
Ansprache an die Jesuitenobern
21. September 1979

27 *OR (9) 1979, Nr. 49, S. 14*
Ansprache bei der Jahresversammlung der Internationalen
Vereinigung der Generaloberinnen
14. November 1979

28 *OR (10) 1980, Nr. 1, S. 8*
Ansprache an die Mitglieder des Rates der Vereinigung
der Generalobern der Ordensgemeinschaften (Auszug)
26. November 1979

29 *OR (10) 1980, Nr. 4, S. 9*
Ansprache an den Generalrat der Redemptoristen (Auszug)
6. Dezember 1979

30 *OR (10) 1980, Nr. 5, S. 9*
Ansprache an das Generalkapitel der Barmherzigen Brüder (Auszug)
13. Dezember 1979

31 *OR (10) 1980, Nr. 5, S. 10*
Ansprache an die Ordensbrüder der Kleriker- und Laieninstitute Roms (Auszug)
12. Januar 1980

32 *OR (10) 1980, Nr. 8, S. 4*
Ansprache an das Generalkapitel der Vinzentinerinnen
11. Januar 1980

33 *OR (10) 1980, Nr. 13, S. 8*
Predigt in Norcia (Auszug)
23. März 1980

34 *OR (10) 1980, Nr. 13, S. 14*
Botschaft an den Abt von Montecassino (Auszug)
19. März 1980

35 *OR (10) 1980, Nr. 14/15, S. 9*
Ansprache an die Vollversammlung der Kongregation für die Ordensleute und Säkularinstitute (Auszug)
7. März 1980

36 *OR (10) 1980, Nr. 16, S. 2 und S. 9*
Botschaft zum Weltgebetstag für geistliche Berufe am 27. April 1980
2. März 1980

37 *OR (10) 1980, Nr. 20, S. 5*
Ansprache an die Ordensfrauen in Kinshasa/Zaire
3. Mai 1980

38 *OR (10) 1980, Nr. 20, S. 17*
Ansprache auf der Missionsstation St. Gabriel bei Kisangani/Zaire
6. Mai 1980

39 *OR (10) 1980, Nr. 20, S. 17*
Gebet am Grab der Missionare in Kisangani
6. Mai 1980

40 *OR (10) 1980, Nr. 21, S. 5*
Ansprache an die Karmelitinnen in Nairobi/Kenia
7. Mai 1980

41 *OR (10) 1980, Nr. 24, S. 11*
Ansprache an die Ordensfrauen von Paris (Auszug)
31. Mai 1980

42 *OR (10) 1980, Nr. 25, S. 12f.*
Predigt beim Gottesdienst in Lisieux
2. Juni 1980

43 *OR (10) 1980, Nr. 25, S. 14*
Ansprache an die Klausurschwestern von Lisieux
2. Juni 1980

44 *OR (10) 1980, Nr. 25, S. 14*
Ansprache an die Vertreter der Vereinigung der Höheren Ordensobern und des Ständigen Komitees der Ordensleute in Lisieux (Auszug)
2. Juni 1980

45 *OR (10) 1980, Nr. 28, S. 1 und S. 10*
Ansprache an die brasilianischen Ordensfrauen in São Paulo (Auszug)
3. Juli 1980

46 *OR (10) 1980, Nr. 28, S. 11*
Ansprache an die brasilianischen Ordensmänner in São Paulo (Auszug)
3. Juli 1980

47 *OR (10) 1980, Nr. 30, S. 4f.*
Begegnung mit den Priester- und Ordenskandidaten und ihren Ausbildern in Porto Alegre (Auszug)
5. Juli 1980

48 *OR (10) 1980, Nr. 34/35, S. 11*
Predigt zum 600. Todestag der hl. Katharina von Siena in St. Peter (Auszug)
29. April 1980

49 *OR (10) 1980, Nr. 38, S. 5*
Ansprache an Mitglieder von Säkularinstituten
28. August 1980

50 *OR (10) 1980, Nr. 38, S. 9*
Schreiben an den Generalobern der Christlichen Schulbrüder zum 300jährigen Gründungsjubiläum des Ordens (Auszug)
(ohne Datum)

51 *OR (10) 1980, Nr. 39, S. 6ff.*
Apostolisches Schreiben zur 1500-Jahrfeier der Geburt des hl. Abtes Benedikt (Auszug)
11. Juli 1980

52 *OR (10) 1980, Nr. 39, S. 11*
Ansprache an die Benediktinerinnen von Norcia und Umgebung
23. März 1980

53 *OR (10) 1980, Nr. 40, S. 8*
Predigt in der Benediktinerabtei Montecassino (Auszug)
20. September 1980

54 *OR (10) 1980, Nr. 41, S. 9*
Gebet an den hl. Benedikt in Subiaco
28. September 1980

55 *OR (10) 1980, Nr. 47, S. 20f.*
Ansprache an die Deutsche Bischofskonferenz in Fulda (Auszug)
17. November 1980

56 *OR (10) 1980, Nr. 48, S. 16f.*
Predigt zum Thema Orden, Säkularinstitute,
Geistliche Gemeinschaften in Altötting
16. November 1980

57 *OR (10) 1980, Nr. 50, S. 7*
Ansprache an das Generalkapitel der Schönstattpatres
28. November 1980

58 *OR (11) 1981, Nr. 8, S. 4*
Predigt am Fest der Darstellung des Herrn (Auszug)
2. Februar 1981

59 *OR (11) 1981, Nr. 9, S. 4*
Ansprache bei der Begegnung mit Ordensfrauen in Manila (Auszug)
17. Februar 1981

60 *OR (11) 1981, Nr. 9, S. 6*
Predigt beim Gottesdienst mit Priestern, Ordensmännern und
Seminaristen im Dom von Manila (Auszug)
17. Februar 1981

61 *OR (11) 1981, Nr. 10, S. 13*
Ansprache an Priester und Ordensmänner in der Kathedrale
von Tokio (Auszug)
23. Februar 1981

62 *OR (11) 1981, Nr. 11, S. 8*
Ansprache an die Ordensfrauen in der Kathedrale von Nagasaki
26. Februar 1981

63 *OR (11) 1981, Nr. 15, S. 10*
Ansprache an das Generalkapitel der Weißen Väter (Auszug)
15. Dezember 1980

64 *OR (11) 1981, Nr. 16/17, S. 4*
Predigt zum Abschluß des Benediktusjahres in St. Paul
vor den Mauern (Auszug)
21. März 1981

65 *OR (11) 1981, Nr. 18, S. 9*
Ansprache an die Mitglieder des Krankenpflegeordens
vom hl. Johannes von Gott
5. April 1981

66 *OR (11) 1981, Nr. 19, S. 12*
Botschaft zum 18. Weltgebetstag für geistliche Berufe
am 10. Mai 1981 (Auszug)
15. März 1981

67 *OR (11) 1981, Nr. 20, S. 9*
Ansprache an die Priester und Ordensleute in der Kathedrale
von Bergamo (Auszug)
26. April 1981

68 *OR (11) 1981, Nr. 22, S. 8*
Predigt am Weltgebetstag für die geistlichen Berufe in St. Peter
zur Eröffnung des Internationalen Kongresses für geistliche
Berufungen (Auszug)
10. Mai 1981

69 *OR (11) 1981, Nr. 29, S. 4*
Schreiben an Generalsuperior McGullen zum 400. Geburtstag
des hl. Vinzenz von Paul (Auszug)
12. Mai 1981

70 *OR (11) 1981, Nr. 40, S. 1f.*
Schreiben zum Elisabeth-Jubiläum 1981 (anläßlich des
750. Todestages der Heiligen) an Bischof Eduard Schick, Fulda
30. August 1981

71 *OR (11) 1981, Nr. 45, S. 6*
Botschaft an die Teilnehmer der nächtlichen Gebetswache
im Petersdom und im Dom von Assisi (Auszug)
4. Oktober 1981

72 *OR (11) 1981, Nr. 46, S. 4f.*
Schreiben an den Generalobern der Unbeschuhten Karmeliten
P. Felipe Sainz de Baranda zum 400. Todestag der hl. Theresia von Avila
14. Oktober 1981

73 *Supplement zum Jahrgang OR (11) 1981*
als Beilage zu OR (12) 1982, Nr. 14, V
Ansprache an die Vollversammlung der Kongregation
für die Ordensleute und Säkularinstitute (Auszug)
20. November 1981

74 *Supplement a.a.O. VI*
Ansprache an den Generalrat der Christlichen Schulbrüder
21. November 1981

75 *Supplement a.a.O. VIf.*
Ansprache an die 25. Vollversammlung der Vereinigung
der Generalobern der Ordensgemeinschaften (Auszug)
28. November 1981

Stichwortverzeichnis

Die Ziffern beziehen sich auf die numerierten Texte

Abt 34, 51, 53
Albert d. Gr. 56
Alfons Maria von Liguori 5, 29
Anbetung 5, 28, 35, 45, 56, 72
Apostolat
– Aufgaben, alte u. neue 45, 67, 75
– u. Charisma d. Gründer 60
– d. Erziehung u. Jugendseelsorge 22, 27, 37
– u. Gebet 28, 45, 51
– Gefahren 35, 59
– d. persönl. Heiligung 22
– katechetisches 25, 62
– Krankenpflege 22, 27, 31, 62
– d. Laien 68
– u. Lehre d. Kirche 60
– pastorales v. Ordensfrauen 67, 73
– gemeinsame Planung u. Durchführung 29
– v. Priesterorden 26
– Qualität d. 30, 66
– kath. Schulwesen 24, 74
– d. Seins 22
– Vielfalt 3, 27, 28, 37, 41, 46, 56, 59, 60, 62
– d. Zeugnisses 49
Arbeit 33, 51, 53, 54
– u. Apostolat 5, 30
– kirchlicher Charakter 31
– u. Gebet 28, 33, 35, 51
– als Gewissenspflicht 51
– durch Glaube gefiltert 30
– u. gottgeweihtes Leben 31, 51
– in Schweigen 13
– an sich selbst 15
– u. Solidarität mit Arbeitern 40
Arme 8, 9, 31, 32
Armut 32
– Christi 3, 41, 58, 64
– d. Ordensleute 4, 27, 32, 37, 41, 45, 56, 58, 64
Askese 28
– benediktinische 53
– ignatianische 26
– als Studium deificum 29, 52
Ausbildung
– d. Ordensleute 47, 59, 63
Augustinus 5, 43
Autorität 53
– d. Bischofs 60
– als Dienst 27, 44
– u. Verantwortung für Ordensgeist 44
– u. Vaterschaft 51

Basilius 5, 20
Benedikt 5, 13, 33, 34, 37, 46, 51, 52, 53, 54, 64
Bereitschaft
– z. totaler Hingabe 3, 36, 58
– Marias 58
– z. Zeugnis u. Dienst 24
Bernhard 37
Berufe, geistliche
– u. Gemeinde 68
– Grundproblem d. Kirche 68
– Förderung durch Laien 7
– Zukunft 55
Berufung 2, 12, 15, 47, 59
– Bedeutung für Kirche 3, 5, 6, 9, 35, 68
– Dank für 27, 36, 66
– Entdeckung, Weckung 3, 7, 11, 15, 35, 66, 68, 75

– franziskanische 1, 16, 71
– Gebet um 3, 36
– Geschenk 47, 56
– u. Glaube 3, 56
– z. Heiligkeit 3, 68
– d. Jünger 36
– kontemplative 22, 45, 72
– u. Jawort Marias 14
– d. ganzen Person 6, 47
– günstige Perspektiven 68
– u. Pfarrei, Familie 47
– u. göttlicher Plan 47
– Prüfung durch d. Kirche 47
– Quelle, Ursprung 23, 36
– Untreue in d. 66
– Verantwortung d. Priester u. Ordensleute für 66
– u. ekklesiologische Versuchung 68
Betrachtung 8, 41, 51, 60, 72
Bildung
– Verpflichtung z. 37, 47
Bindung
– an Christus u. Kirche 60
– endgültige 56, 66
Bischöfe 29, 36
– Anreger d. Apostolats 37
– Einheit mit Ordensleuten 7, 29, 45, 60, 73, 75
Bischofskonferenz, nationale 60
Buße 16, 18

Charisma
– d. Gründer 4, 5, 43, 50, 60, 74
– d. Kongregationen u. Orden 3, 24, 28, 37, 75
– Nivellierung 46
– d. Prophetischen 9
– Unterscheidung u. Ergänzung 46
– Vielfalt 46, 68
Charles de Foucauld 32
Christus
– u. Arme 32
– ständige Bekehrung z 59
– Bräutigam 5, 24, 37, 58, 62
– Entscheidung für 58
– d. Erste in Leben u. Tätigkeit 24, 31, 54, 60
– als Freund 47
– eucharistische Gegenwart 59
– hermeneutisches Grundprinzip f. Christsein 28
– Herz 48
– u. Hingabe an d. Brüder 31
– u. Leben d. ev. Räte 60
– als strenges strategisches Zentrum d. Liebe 29
Cyprian von Karthago 51

Dialog
– mit Andersgläubigen 63
Dienst 3, 6, 8, 12, 13, 31, 36, 38, 56, 61, 66
– u. Kompetenz 31
– u. Spiritualität 8
Dimension
– d. Evangelisierung 60
– geistige d. Arbeit 51
– geschöpfliche 30
– kirchliche 24, 61
– kontemplative 5, 35, 62
– missionarische d. Lebensweihe 45
– überzeitliche 9, 33, 36
– vertikale d. Ordensleben 5, 8, 9, 43
Diskretion 51
Disziplin 26, 35, 51
Dominikus 5, 48
Dreifaltigkeit, hl. 18, 24, 31, 54, 58, 61

Ehelosigkeit, gottgeweihte Keuschheit 8, 37, 56, 58
– wie Christus 41
Einheit
– d. Abendlandes 34
– d. Christen 18

– v. Katholiken u. Orthodoxen 20
– d. Ordensleute u. Bischöfe 7, 60, 61
Einzelmensch 13
Elisabeth von der hl. Dreifaltigkeit 41
Elisabeth von Thüringen 56, 70
Epiphanie 37
Erneuerung
– im Verständnis d. Berufung 22
– u. Buße 16
– franziskanischer Berufung 16
– d. Gesellschaft 57
– Kriterien 45, 46
– d. Orden 4, 5, 22, 27, 28, 44, 45, 46, 53, 62, 75
– Signal für 59
Erziehung, Formung d. Seminaristen, d. Jugend 11, 31, 74
Eucharistie
– u. Gebet 6, 35
– Mitte d, Ordenslebens 23, 24, 35, 59
– u. Tisch d. Wortes 15
Europa
– Benedikt als Patron 13, 33, 34, 51, 54
– geistige Einheit 34
– u. christlicher Glaube 13, 51
Evangelii nuntiandi
– Charta f. Missionare 63
Evangelisierung 41, 63, 75
– Anfänge d. 38
– Evangelisatoren 38
– u. Familien 62
– Forderungen 35
– u. Gottesdienst 37
– u. Beitrag d. Kontemplativen 40, 45
– Methode 38, 62
– u. Säkularinstitute 49
Evangelium 10, 23, 33, 34, 59
– u. beschauliches Leben 40
– Kriterium f. Anpassung an neue Erfordernisse 45
– als Lebensaufgabe 8, 9, 11, 28
– Missionare als Bahnbrecher 39
Exemtion 73
Experimente 4, 27, 35, 45, 47, 60

Familie 37, 38, 62
– u. geistliche Berufe 36, 47, 59, 66
– u. Evangelisierung 62
– monastische 51, 53
Franz von Assisi 1, 5, 16, 23, 32, 37, 64, 70, 71
Franz von Sales 5
Franz Xaver 42
Frau
– Apostolat 3, 67
– Fähigkeit 48
– Ratgeberin d. Päpste 2
– Rolle als 45
– Selbstbewußtsein 4, 37
– Sendung 2
– Weihe an Christus 27, 37
– Würde 54
Freiheit
– u. Berufung 3
– geistliche 23, 54
– u. Hingabe 56
– d. Kinder Gottes 3
– Opfer d. 4
– u. ev. Räte 23
Freude 1, 3, 4, 27
– an d. Berufung 14, 22, 59, 66
– am Lob Gottes 13

Gebet
– u. Arbeit 9, 28, 33, 35, 51

– Atmosphäre 45
– Bedeutung f. d. Ordensleben 24, 29, 35, 45, 62
– u. Bekehrung 40
– um geistliche Berufe 3, 12, 27, 36, 40, 66
– um Einheit d. Christen 18, 20
– u. Einsamkeit 51
– f. Familien 36
– als Freundschaft mit Gott 72
– als Geschenk u. Herausforderung 62
– um d. ungeteilte Herz 23
– in u. mit d. Kirche 72
– Klöster als Zentren 64
– kontemplatives 24, 35, 72
– liturgisches 31, 35, 51
– u. Mission 40
– als Nachfolge Christi 72
– Notwendigkeit, Pflicht 5, 13, 22, 35, 41, 45, 59, 62, 72
– u. Opfer 22, 23, 35
– persönliches 31, 51
– Spezialisten im 59
– Stimme d. Schöpfung 51
– feste Zeiten 59
Gehorsam 23, 32, 37, 41, 52, 53, 58
Geist, Heiliger 4, 6, 59, 63
– u. Ordensberufe 5, 11, 36, 68
– d. Welt 58
Gelübde 3, 5, 23, 27, 66
– d. Armut 41
– wegen Christus 60
– Erneuerung 32
– u. Ganzhingabe 46
– u. Geist d. Welt 58
– säkularisierte Interpretation 9
– d. Jungfräulichkeit 41
– besonderes d. Schulbrüder 50
– d. Stabilität 34
Gemeinschaft
– brüderliche im Orden 23, 37, 45
– geistliche 55, 59
– mit Gott, Christus 5, 23, 28, 48
– mit d. leidenden Kirche 48
– kleinere 45
– kontemplative in jungen Kirchen 35
– d. Orden 4, 9
– Voraussetzungen f. neue Formen 45
Gemeinschaftsleben
– als Begegnung von Rassen, Nationen, Klassen 4, 37, 63, 64
– u. universale Brüderlichkeit 37, 51
– u. Einheit d. Kirche 60
– u. geistlicher Fortschritt 9, 29, 31
– u. Freude 53
– als Appell an Jugend 63, 74
– Strenge 26
– Zeugnis 4, 27, 31, 45, 51, 63, 64
Generalate in Rom 3
Gertrud von Helfta 56
Gesellschaft, vaterlose 51
Glaube 3, 6, 9, 22, 38, 45, 54
Gott
– der absolut Andere 51
– schöpferische Berufungsinitiative 47
– des Erbarmens 61, 69, 72
– Freundschaft mit 72
– Primat 45, 53, 54
– als Vater 42, 52
– Zeichen sein für 45
Gregor d. Gr. 51, 52

Heilige 32, 42
Heiligkeit
– Berufung zur 3, 18, 22, 33, 46

– Früchte d. 28
– heroische 14, 33, 48
– d. Kirche 18, 46
– als Kriterium d. Erneuerung 46
– d. Orden 46
– persönliche 28, 29, 33
– d. Schöpfung 16
– verschiedene Wege zur 4, 5
Hierarchie u. Orden 5, 8, 25
Hildegard von Bingen 21
Hingabe
– Christi an d. Menschen 3, 40
– u. Eucharistie 35
– d. Menschen an Christus 3, 18, 27, 37, 40, 56, 59, 72
– als Wesen d. Ordensstandes 37, 46

Ideal 3, 5, 6, 11, 18, 27, 41, 45, 60, 62
Identität 5, 8, 9, 16, 39, 41, 45, 62, 63
Ignatius von Loyola 5
Institute
– z. Ausbildung d. Ordensleute 47
– päpstliches f. arabische Studien 63

Jawort 47, 56
Johannes Baptist de la Salle 5, 50, 74
Johannes Bosco 5
Johannes von Gott 65
Johannes Paul I. 26
Josef Benedikt Cottolengo 5
Jugend
– u. Antwort auf d. Ruf 12
– Ausbildung d. 62, 74
– u. geistliche Berufung 12, 36
– Hoffnung d. Kirche 12
– u. Suche nach Sinn 13

Katechese, Katechetenschwestern 37, 38
Katharina von Siena 2, 4, 48
Kentenich, Pater 57
Kind 10, 17, 42
Kirche 4, 5, 28, 29, 36, 46, 59, 60, 62, 66
– Braut 2, 27, 60, 72
– Charisma u. Institution 59
– fühlen mit d. 72, 75
– u. Gebet 72
– u. Geheimnis d. Gemeinschaft 27, 45
– junge 63
– Liebe zur 16, 27, 57, 70, 72, 75
– Mutter 2, 42, 56
– u. Orden 5, 24, 28, 35, 40, 68, 75
– Ortskirche u. Gesamtkirche 27, 66
– als Sakrament d. Heils 47, 70, 72
– Spaltung d. 72
– Tochter d. 72
– Verachtung d. 72
– ekklesiologische Versuchung 68
Klara von Assisi 37
Klausur 35, 43, 51, 72
Klausurorden, schwestern
– Bedeutung 10, 17, 22, 37, 40, 45, 59, 67
– u. Evangelisierung 40, 45
– u. Gotteslob 37
– im Herzen d. Kirche 3, 45, 62
– u. Probleme d. Menschheit 10, 17
Klöster 40, 45, 53
Kongregation f. d. Bischöfe 5
Kongregation f. d. Ordensleute u. Säkularinstitute 4, 5, 73
Kontemplation, kontemplatives Leben 10, 13, 22, 24, 35, 37, 40, 43, 45, 59, 62, 72, 73

– u. Aktion, Arbeit 28, 35, 51, 64
– Methoden 62
– d. Weltpriester u. Hilfe d. Orden 35
Konrad, Bruder 56
Konzil, II. Vatikanisches 3, 5, 12, 18, 28, 31, 35, 36, 37, 42, 46, 47, 49, 57, 58, 66, 68, 70
Kranke 30, 31, 65
Kreuz 6, 9, 27, 30, 32, 37, 56, 60, 72

Laienberufe u. geistliche Berufe 7, 68
Laienbrüder s. Ordensbrüder
Laienstand 31
Lavigerie, Kardinal 63
Leben
– benediktinisches 51
– beschauliches 10, 27, 40, 43
– u. geistliche Berufung 12, 36
– gottgeweihtes u. Marienleben 59
– gottgeweihtes u. Taufe 10
– schwesterliches 27
– Sinn d. 33
– Vorrang d. inneren 64
Lebensstil 10, 37, 64
Lehramt, kirchliches 7, 8, 16, 23, 24, 45, 59, 60, 62
Liebe 24, 59, 64
– z. Gott, Christus 3, 23, 24, 45, 56, 59, 72
– von seiten Gottes 4, 24, 60, 64
– z. Kirche 35, 72
– ohne Lohn 43
Liturgie 35, 51, 53, 64
Luise von Marillac 32, 69

Maria
– Aufnahme in d. Himmel 56
– u. keimende Berufung 15
– Besuch bei Elisabeth 56
– Bild d. Kirche 16, 56
– u. Gebet um geistliche Berufe 12, 36
– Jungfrau 62
– – d. Mönche 53
– Leben mit 4, 40
– Lehrerin des christlichen Lebens 17
– Mutter d. Erlösten 56
– – d. Immerwährenden Hilfe 59
– – d. Kirche 22, 23, 35, 52, 57, 62, 66
– – d. Ordensleute 22, 35
– – d. Priester 57
– – Dreimal wunderbare 57
– Nachahmer sein 19, 53
– u. Ordensprofeß 14, 75
– Schutz d. gottgeweihten Lebens 10, 31
– Seligpreisung 56
– Stellung im Geheimnis Christi 57
– Unbefleckte Empfängnis 16
– Vorbild jedes geweihten Lebens 5, 9, 16, 23, 27, 52, 53, 59, 66, 68
– Weihe an 57
Materialismus 33, 64
Meditationstechniken 35
Mensch
– eindimensionaler 28
– Einsatz für 28
– Entmenschlichung 30
– als Gegengott 56
– hilfsbedürftiger Bruder 30
– innerer 13, 15
– Heiligkeit d. Lebens 33
– Mitarbeiter Gottes 51
– neuer 4, 11, 57
– Würde 5, 48, 51, 54, 65
– Zukunft 33
Mission, Missionare

– Anfänge d. 38, 42
– Berufung 12, 36, 38, 56
Mönchstradition, griechische 20
Mutterschaft, geistliche 3, 19, 32, 56

Nachfolge Christi 5, 9, 10, 23, 31, 32, 36, 41, 45, 47, 56, 58, 72, 75
– Mariens 27
Nazaret, verborgenes Leben 31
Novizen, Ausbildung 26
Novizenmeister 47

Obere, Oberinnen 27, 32, 37, 41, 44, 45, 60
Ökumene 18, 20
Opfer 27, 37, 40, 58, 59
Orden
– u. vertikale Dimension d. Kirche 5
– Klausurorden 22, 40
– kontemplative 22, 35, 37
– Verhältnis zum Bischofskollegium 5, 46, 73
– – zur Ortskirche 5, 73, 75
– Ordensbrüder 31, 73
Ordensfrauen
– aktive u. kontemplative 41
– alte u. kranke 27, 37
– Bedeutung 45
– sichtbares Bild Christi 27
– u. menschliche Bildung 37
– u. bräutliche Beziehung d. Kirche zu Christus 24, 45
– Hauptdarsteller d. Evangeliums 67
– Töchter d. Kirche 24, 45
– u. Klerus 35
– als geistliche Kraftreserven 3, 67
– u. Lehramt 45
– Rolle als Mensch u. Frau 45, 67
– Freude, Stütze d. Papstes 17, 27, 37
– Mitarbeit in d. Seelsorge 37, 41, 67
– Zeichen f. Gott 45
Ordensgründer 5
Ordenshäuser als Zentren d. Gebets 5, 35, 62
Ordenskleid 3, 4, 22, 24, 27, 45, 53, 56
Ordensleben
– erste Aufgabe 5, 35, 46, 59, 73
– als Epiphanie Christi 44
– u. Erwartung d. Welt 37
– u. Familien 59
– als Gabe 35, 41
– als Geheimnis 37
– im Leben d. Kirche 5, 18, 24, 37, 45, 46, 59, 60, 61, 73, 75
– Krise d. 26
– d. Laien 31
– charismatische Lebensform 46
– u. Martyrium 62
– innere Mitte 27, 35
– u. Nächstenliebe 59
– Selbstverständnis 46
– u. Geist d. Seligpreisungen 18
– u. Taufweihe 58
– u. Zeugnis f. Christus u. Gottes Reich 6, 18, 56, 59, 60, 62
Ordensmänner
– als Bischöfe, Brüder 31, 46
– als geistliche Führer 8, 75
– nicht soziale oder politische Führer 60
– Helfer d. Notleidenden 61
– u. örtliche Hierarchie 8, 35, 73

– Kennzeichen 5
– u. Beitrag z. Einheit d. Kirche 60
– Konferenz d. 46
– als Männer d. Gebetes 46, 61
– Männer Gottes 64
– Vorbild f. Christusverbundenheit 28
– u. geistliche Präsenz in d. Welt 46
– u. Zusammenarbeit mit Weltpriestern 46, 60

Pastoral
– Mitarbeit u. Planung 29, 41, 59, 60, 73
Paul VI. 12, 13, 17, 23, 24, 26, 32, 34, 35, 36, 43, 45, 49, 51,57, 60, 68, 72
Paul vom Kreuz 5
Pius XI. 37
Pius XII. 13, 57
Plan Gottes 4, 11, 31, 36, 47, 49, 51
Profeß 31, 35, 43

Räte, evangelische 3, 4, 5, 41, 58, 60, 61
– u. Freiheit 23
– als Gabe, Angebot 24, 35
– Abnahme d. Sinnes für 55
– ernsthafte Übung 4, 28, 32, 50, 60, 62
Regel 5, 16, 27, 33, 34, 45, 51, 52, 53
Reinheit d. Herzens 51, 52
Ritus, byzantinischer 20
Rosenkranzgebet 8, 35, 59
Ruf Christi 12, 15, 41, 47, 56

Sakrament d. Versöhnung 8, 61
Säkularinstitute 12, 36, 49
Scholastika 13, 52, 53, 54
Schule, Schulbrüder 24, 47, 50
Schweigen 13, 35, 43, 51, 52
Schwierigkeiten
– für apostolischen Einsatz 4, 22, 27
– d. Gemeinschaften 27, 28
– d. Jugend 12
– d. geistlichen Lebens 3, 4, 6, 12
Sein u.
– u. Haben 56
– u. Tätigkeit 22, 27, 35, 64
Selbstverständnis 41, 46, 53
Seligpreisungen 5, 18, 46, 56, 60, 70
Sendung
– Christi 23, 42, 59
– d. Frau 2, 54
– d. Gesellschaft Jesu 26
– d. Kirche 36, 37, 42, 60, 61, 63, 66
– d. Laien 49
– d. Ordensbrüder 23, 31
– d. Säkularinstitute 49
Solidarität 9, 38, 40, 64
Spiritualität
– benediktinische 13, 52, 53, 64
– d. Gründer 35
– besondere d. Institute 41, 73
– Kurse für 37
– d. Ordensbrüder 31
– Quellen d. 31

Taufe 4, 10,18, 23, 24, 27, 31, 37, 49, 58, 59, 61
Theresia von Avila 4, 37, 72
Theresia vom Kinde Jesus 3, 17, 37, 40, 42, 43, 45, 72
Thomas von Aquin 48
Tradition 5, 13, 28, 35
Treue
– z. Berufung 1, 9, 16, 22, 27, 50, 59, 66, 75

– z. Christus u. Kirche 24, 27, 40, 45, 60, 71, 72
– z. Evangelium 59, 60
– z. Gebet 64, 72
– z. Gott u. Menschen 51
– z. Lehramt 26, 27, 47, 59, 62
– z. Ort d. Entstehung 3
– z. Ordenscharisma 3, 4, 23, 24, 26, 43, 44, 46, 50, 52, 60, 75
– z. Papst 26
– z. Regel 26, 47
– des Rufenden 56

Umkehr 18, 22, 24, 64
Unterscheidung der Geister 45, 49

Vaterschaft, geistliche 19, 51, 53, 56
Verbände der Höheren Ordensobern 4, 60, 73
Versuchung
– z. Aufgabe d. Gemeinschaftslebens 9
– ekklesiologische 68
– z. partikularistischer oder oppositioneller Haltung 5, 45
– Jesu 56
– d. Macht 56
– z. Nivellierung d. spezifischen Charismas 46
– z. sozialpolitischem Radikalismus 9, 45
– d. Versklavung durch Arbeit 56
– z. Verweltlichung 31
– d. Verwöhnung durch Freizeit 56
Vinzenz Pallotti 5
Vinzenz von Paul 5, 32, 69
Volksmission 29

Weihe an Gott 4, 5, 10, 24, 27, 37, 49, 59
Welt 32, 46, 49
Werke zur Förderung der geistlichen Berufe 12
Wort Gottes 23, 47, 51, 59, 60, 64

Zeichen 3, 5, 22, 33, 37, 56, 58, 59
Zeit 1, 13, 22, 27, 33, 43, 45, 64, 72
Zeuge 9, 22, 29, 42, 47, 49, 59, 60
Zeugnis
– d. Armut 41
– d. Liebe Christi zu d. Menschen 8
– d. transzendenten Dimension d. Menschen 43
– evangelisches 14, 58, 62
– d. Freude 3
– d. Klausurschwestern 10, 43
– v. Laien in d. Welt u. Ordensbrüdern 31, 74
– d. Lebens 3, 5, 10, 23, 24, 27, 28, 31, 36, 41, 45, 46, 51, 59, 62, 66
– öffentliches 60
– aller Ordensgemeinschaften 4, 75
– d. ausgereiften Persönlichkeit 3
– ja, kein Protest 5
– d. ev. Räte 5, 14, 41, 45, 60, 62
– v. Vorrang Gottes, Christi 4, 6, 28, 46, 59, 60, 61
Zusammenarbeit 36, 46, 60, 62, 63, 73, 74, 75